समृद्ध अर्थशास्त्र

समृद्ध अर्थशास्त्र
(Prosperous Economics)

डॉ॰ मनोज कुमार

arjun अर्जुन पब्लिशिंग हाउस

समृद्ध अर्थशास्त्र

संस्करण : 2025

ISBN : 978-81-8330-292-0

प्रकाशक :

अर्जुन पब्लिशिंग हाऊस

4831/24, गोविन्द लेन

अंसारी रोड, दरियागंज

नई दिल्ली—110002

फोन : 23242541, 23272541

e-mail : arjunbooks2001@gmail.com

टाइपसेटिंग :

डिम्पल कम्प्यूटर्स

दिल्ली—110092

प्रिन्टर्स :

मिलन इंटरप्राइजेस

दिल्ली

प्रस्तावना

अर्थशास्त्र तथा समृद्धि का निकट का सम्बन्ध है। अर्थशास्त्र के विधिवत अध्ययन के बिना आर्थिक समृद्धि की कल्पना नहीं की जा सकती है। मानव कल्याण तथा राष्ट्र विकास के संदर्भ में भी आर्थिक नियमों तथा सिद्धान्तों का विशेष महत्त्व है।

समृद्ध अर्थशास्त्र विषय पर प्रस्तुत इस पुस्तक की विषय-सामग्री में राज्य के आर्थिक कार्य, आर्थिक विकास का प्रतिष्ठित सिद्धान्त, आर्थिक सहायता, कार्ल मार्क्स का विकास मॉडल, हैरोड एवं डोमर का विकास मॉडल, जॉन रॉबिन्सन का आर्थिक विकास मॉडल, किन्स का आर्थिक विकास का सिद्धान्त, आर्थिक विकास का नव-प्रतिष्ठित सिद्धान्त, शुम्पीटर का आर्थिक विकास का सिद्धान्त, मानवीय संसाधन (जनसंख्या) और आर्थिक विकास, प्राकृतिक संसाधन और आर्थिक विकास, अर्द्धविकसित देशों में कौशल निर्माण की समस्या, पूर्ण रोजगार एवं राजस्व नीति, बजट नीति, महिला एवं बाल विकास, विश्व व्यापार संगठन, विदेशी व्यापार नीति एवं संवर्द्धन, विदेशी व्यापार आदि के विभिन्न आयामों का विस्तृत विवेचन प्रस्तुत किया गया है। इस पुस्तक के विभिन्न अध्यायों में प्रमाणिक शोध प्रकाशनों एवं सरकारी प्रतिवेदनों का विस्तृत उल्लेख किया गया है।

इस पुस्तक के अध्यायों का चयन विभिन्न विश्वविद्यालयों के पाठ्यक्रमों को ध्यान में रखकर किया गया है। आशा है यह पुस्तक विषय के विद्यार्थियों के लिए अत्यन्त उपयोगी सिद्ध होगी।

लेखक

विषय-सूची

1

राज्य के आर्थिक कार्य
(Economic Functions of a State)

प्रारम्भिक

विकास की जो भी पद्धति क्यों न अपनाई जाय, राज्य का विकास के प्रति तो कुछ न कुछ काम रहता है। वास्तव में उपयुक्त तो यह होता है कि राज्य पहले यह निर्णय करे कि सरकार किस प्रकार की होगी? इस सम्बन्ध में निर्णय लेने के बाद सरकार की स्थापना की जाय और राज्य उसके कार्यों को निर्धारित करे और तब विकास से सम्बन्धित की जाय और राज्य उसके कार्यों को निर्धारित करे और तब विकास से सम्बन्धित कार्य उसको दिये जायं। सरकार राजनीतिक आधार पर गठित समाज की एक प्रतिनिधि होती है। विश्व में विभिन्न प्रकार की सरकारों का गठन हुआ है, जैसे प्रजातान्त्रिक, तानाशाही, निरंकुशवादी, राजतंत्रीय, सैन्यवादी आदि। आर्थिक विकास पर दी जाने वाली महत्ता राज्य अथवा सरकार पर निर्भर करता है। आर्थिक विकास के सम्बन्ध में राज्य के क्या कार्य हो सकते हैं यह बहुत कुछ राज्य का ठीक ठीक अर्थ समझने में ही स्पष्ट हो सकता है। प्रो. हरमन फाइनर के शब्दों में, ''राज्य समाजों का समाज है, जो अपने अन्तर्गत सम्पूर्ण राष्ट्र को सम्मिलित करता है और सम्पूर्ण राष्ट्र के नाम में शासनभार चलाने के लिये अपने अधिकारों को लागू करता है।'' जो संस्थाएँ राज्य के नाम पर काम करती हैं उन्हें सरकार कहते हं।

जैसा कि ऊपर बतलाया गया है कि राज्य सरकार का प्रतिनिधित्व करता है और सरकार राज्य का। समाज का आर्थिक परिस्थितियों से गहरा सम्बन्ध है। समाज के लोगों की स्थिति बहुत कुछ आर्थिक परिस्थितियों पर ही निर्भर करती है। अत: अर्थव्यवस्था का जनसमाज से सम्बन्ध है और समाज का राज्य से, तो राज्य का आर्थिक क्रियाओं से सम्बन्ध स्वाभाविक ही है। अर्थव्यवस्था का सम्बन्ध मनुष्य के जीवन के कार्यकलापों और समाज के हितों से रहता है और इसका सम्बन्ध अन्य परिस्थितियों से रहता है। अर्थव्यवस्था मनुष्य मात्र

का, जो समाज का निर्माण करता है, एक अंग मानी जाती है। अतः राज्य के लिए आवश्यक होता है कि वह उसकी देखरेख करे।

आधुनिक युग में राज्य का प्रमुख आर्थिक कार्य आर्थिक विकास समझा जाता है। इस सन्दर्भ में पश्चिमी राष्ट्रों के इतिहास पर दृष्टिपात करने से ज्ञात होता है कि राज्य विकास के सम्बन्ध में निम्नांकित कार्य किया है-

(1) यह पता लगाने का प्रयत्न किया है कि कौन सा अंग विकसित करने के लिये छूट गया है।

(2) विकास के लिये आवश्यक तकनीक को विकसित करने का प्रयत्न किया है।

(3) राज्य सर्वसाधारण कल्याण की देख रेख भी करता है ताकि सम्पत्ति की सुरक्षा हो सकें।

(4) जन संरक्षण के लिये पुलिस शक्ति की व्यवस्था करती है।

(5) व्यापार और व्यवसाय में उपस्थित की जाने वाली बाधाओं के प्रति संरक्षण की व्यवस्था करती है।

उपरौक्त सभी प्रकार की क्रियाओं का सम्बन्ध प्रत्यक्ष या परोक्ष रूप से अर्थव्यवस्था से है। पश्चिमी राष्ट्रों में निजी एवं सरकारी क्षेत्रों का सम्मिश्रण है। उद्योग धन्धों का संचालन निजी हित के आधार पर होता है। अतः वहाँ पर निजी अर्थव्यवस्था पाई जाती है। इस अर्थव्यवस्था का यह गुण है कि सभी बातें व्यक्ति विशेष के हित पर निर्भर करती है। सरकार को निजी व्यक्तियों के कार्यवाहियों की बराबर देख रेख करनी पड़ती है और यह भी निश्चय करना पड़ता है कि अर्थव्यवस्था के किन अंगों को निजी क्षेत्र में छोड़ा जाय और किन्हें सरकारी क्षेत्र में लिया जाय।

निजी अर्थव्यवथा में राज्य का हस्तक्षेप तो कम रहता है, किन्तु अधिकतम मानवीय कल्याण की दृष्टिकोण से आधुनिक युग में इस अर्थव्यवस्था को उतना उपयुक्त नहीं माना जाता है। इसके बहुत से दोष हैं जैसे सार्वजनिक लाभ के कार्यों को सरकार को अपने ही साथ में लेना पड़ता है। इस व्यवस्था में प्राकृतिक संसाधनों का अव्यस्थित प्रयोग होता है।

बहुत से दोषों के कारण यह स्पष्ट है कि आर्थिक क्रियाओं का संचालनभार निजी हाथों में नहीं छोड़ा जा सकता। उन दोषों को रोकने के लिये किसी ऐसी संस्था की आवश्यकता है जो अर्थव्यवस्था की देख रेख ठीक से कर सके और उपयुक्त ढंग से सचालन करे। अतः राज्य के प्रतिनिधि, सरकार को बीच में आना पड़ता है।

किसी ऐसी संस्था की आवश्यकता क्यों है और वह क्या करें।

निजी क्षेत्र की अर्थव्यवस्था की कई बुराइयाँ है, अतः निजी क्षेत्र की पूर्णरूपेण स्वतन्त्र नहीं छोड़ा जा सकता है। इसलिए आवश्यकता पड़ती है कि राज्य इसमें भाग लेवे। राज्य की ओर से सरकार द्वारा हस्तक्षेप के निम्न कारण है-

(1) ताकि राज्य आदर्श उत्पादन कर सके और यह न सोचा जाय कि राष्ट्रीय धन उत्पादन की कुल मात्रा पर निर्भर करता है।

(2) संसाधनों में विवेकपूर्ण आवंटन करने के लिये सूचनायें इकट्ठा कर सके।

(3) चक्रीय प्रकृति की असंगत स्थिति को समाप्त कर सके।

(4) एकाधिकार को समापत कर सकने में सफलता के लिए।

(5) 'भेद रहित लाभ' की स्थापना करने के लिए संरक्षण, यातायात, शिक्षा एवं स्वास्थ्य आदि की व्यवस्था कर सकने के लिए।

(6) निजी क्षेत्र, यदि हो तो, के द्वारा तिरस्कृत किये गये क्षेत्रों का विकास किया जा सके।

राज्य का विकास में अनुकूली और क्रियाशील स्थान
(Adoptive and Active Role of State in Development)

विकास के सन्दर्भ में राज्य के लिए आवश्यक है कि अनुकूली और क्रियाशील रूप में अपना उत्तरदायित्व निभायें। उसे चाहिये कि –

(1) अभिप्रेरणा उत्पन्न करे। राज्य का यह कर्त्तव्य है कि सर्वसाधारण के विकास के लिए सभी कार्यों को करे और उनके धार्मिक, मानसिक एवं अन्य सभी प्रकार के उत्थान की व्यवस्था करे ताकि लोगों अभिप्रेरणा उत्पन्न हो। अभिप्रेरणा के उत्पन्न होने से लोगों का पूर्ण सहयोग प्राप्त होगा और विकासकार्य में सहायता मिलेगी।

(2) एक उपयुक्त समाज की विचारधारा का प्रतिनिधित्व करे और उसमें उपस्थित समाज से दर्शन एवं रीति-रिवाज को सन्निहित करे। इन्हीं आधारों पर राज्य उपलब्ध साधनों का प्रयोग करे और इसमें बराबर सन्तुलन बनाये रखने की व्यवस्था करे।

(3) आर्थिक विकास का कार्यभार संचालित करे और इसके लिए उपयुक्त अधिनियम, विधि एवं आवश्यक सामग्री का निर्माण करे और इस प्रकार से संचलित करे कि सभी लोगों को उनके प्रयत्न और त्याग के अनुसार लाभ प्रापत हो।

(4) आवश्यक है कि सभी आर्थिक कार्यों के संचालन के लिये उपयुक्त एवं योग्य प्रशासन की व्यवस्था हो। इस सन्दर्भ में न्याय, प्रतिरक्षा, सुरक्षा, मौद्रिक नीति, राजकोषीय नीति, आदि की व्यवस्था करे।

(5) राज्य के लिये यह भी आवश्यक है कि वइ इस बात का ध्यान रखे कि दीर्घकालीन और अल्पकालीन अवधि के दृष्टिकोण से लोगों को विकास का लाभ प्राप्त हो सके। इस कार्य के सम्बन्ध में यह भी आवश्यक है कि राज्य देश के सीमा से बाहर की परिस्थितियों से भी अपना सम्बन्ध बनाये रखे और आयात निर्यात, क्रय-विक्रय एवं कच्चे माल की उपलब्धि आदि की व्यवस्था भी उपयुक्त ढंग से करे।

राज्य के विभिन्न क्षेत्रों में कार्य

(1) श्रम शक्ति के प्रति राज्य के कर्त्तव्य – यह ज्ञात ही है कि सभी प्रकार के राज्यों में श्रम उत्पादन का एक अमूल्य साधन है। वह अन्य साधनों से भिन्न भी है, क्योंकि समाज मनुष्यों से ही बनता है और मनुष्यों में ही श्रम शक्ति सन्निहित होती है। उसी के लिये

प्रधानरूप में सभी आर्थिक क्रियायें की जाती है और वही उन्हें कार्यान्वित भी करता है। इन विशेष परिस्थितियों में राज्य के लिये यह आवश्यक है कि वह अपने श्रम शक्ति को शिक्षित एवं योग्य बनाये। श्रम शक्ति के प्रति राज्य का कर्त्तव्य है कि-उपयुक्त शिक्षा की व्यवस्था करे। इससे श्रमिकों में गतिशीलता, वृद्धिमत्ता एवं सहकारिता आती है एवं जीवन दर्शन में वृद्धि होते हैं।

राज्य को चाहिये कि वह अपनी शिक्षा प्रणाली इस प्रकार की बनाये कि लोगों में शान्ति, तन्मयता, अच्छे चरित्र, कार्य में नियमितता और समय की पाबन्दी और उत्तरदायित्व को ठीक से निभाने की आदत आये और सर्वसाधारण को ज्ञानोन्दीप्ति प्राप्त हो।

शिक्षा प्रणाली ऐसी हो कि श्रम एवं पूँजी से एक दूसरे के प्रति उत्तरदायित्व का अभाव हो और उसके फलस्वरूप सम्पूर्ण व्यवस्था के प्रति सद्भावना हो। ऐसी स्थिति के अभाव में श्रम एवं पूँजी में बराबर वैमनस्य रहेगा हौर उसका विकास पर बुरा प्रभाव पड़ेगा।

पेशेवर चुनाव के मार्गदर्शन के सम्बन्ध में भी शिक्षा दी जानी चाहिये और उपयुक्त प्रशिक्षण की भी व्यवस्था होनी चाहिये।

यदि इस प्रकार की व्यवस्था होगी तो श्रमिकों की इच्छा और श्रम की आवश्यकता का मेल होगा और इस प्रकार औद्योगिक विकास में सहायता मिलेगी। इसने आवश्यकता के अनुसार शिक्षा और शिक्षा के अनुसार आवश्यकता की प्रणाली का जन्म होगा।

आय के असमान वितरण और वर्ग भेद के कारण अर्द्धविकसित देशों में शिक्षा प्रसार में कठिनाई होती है। जिन लोगों का समाज में पहले से ही आर्थिक और सामाजिक दृष्टिकोण से उच्च स्थान है, वे ही और अधिक शिक्षा प्राप्त करने की स्थिति में रहते हैं। अत: बुद्धि के विकास में बाधा होती है। अत: इसे दूर करना चाहिये।

(2) पूर्ण रोजगार - संयुक्त राष्ट्र संघ के चार्टर के अनुसार भी प्रत्येक राज्य का यह कर्त्तव्य होता है कि अपने देशवासियों के लिये पूर्ण रोजगार की व्यवस्था करें और लोगों के रहन सहन के स्तर में वृद्धि का आवश्वासन देवे। प्रत्येक व्यक्ति का काम करने का अधिकार है। अत: राज्य का उत्तरदायित्व होता है कि वह विकास कार्यों को इस प्रकार से सन्तुलित करे कि वहाँ पर अधिकाधिक रोजगार की वृद्धि होवे।

(3) उपभोक्ताओं को प्रभावित करना - राज्य का कर्त्तव्य है अर्द्ध-विकसित अर्थव्यवस्था को विकसित करना। अत: उसके लिये आवश्यक है कि विपणि व्यवस्था पर ध्यान देवे। उपभोक्ताओं को विकास कार्यों से अवगत कराये। जिस वस्तु का उपभोग बढ़ाया अथवा घटाया जाना आवश्यक हो, उस पर आवश्यकतानुसार कर की अनुकूल प्रणाली को लागू करे। हाँ, यह अवश्य हे कि आवश्यकतानुसार उपभोक्ताओं को प्रभावित करने की क्रिया से प्रत्यक्ष और परोक्ष रूप में उपभोक्ताओं को कुछ हद तक स्वतंत्रताओं का परित्याग करना पड़ना है। पर वास्तव में ऐसा कार्य मानवीय जीवन स्तर को ऊपर उठाने के लिये ही किया जाता है। इस सन्दर्भ में सरकार को ऐसा प्रयत्न करना चाहिये कि जनता को अपने साथ लेकर चले और उसमें उद्दीपन भी बना रहे, जनता निरूत्साहित एवं असन्तुष्ट न हो।

अनिवार्य सामाजिक सुरक्षा का कार्यक्रम लागू करके ही सरकार उपभोक्ताओं को प्रभावित कर सकती है। क्योंकि उपभोक्ता सभी प्रकार की व्यवस्था स्वयं ही नहीं कर सकते हैं। इसका प्रभाव उनके उपभोग पर भी पड़ेगा क्योंकि सामाजिक सुरक्षा के कारण कई मदों पर व्यय से वे बच जायेंगे और मुद्रा को अपने रहन सहन की वृद्धि पर व्यय कर सकते हैं।

सरकार उपभोक्ताओं को अपने आर्थिक विकास की क्रिया से भी प्रभावित कर सकती है। परन्तु ऐसा भी सम्भव है कि जनता विकास से प्रभावित हो फिर भी उनमें उद्दीपन न हो। अत: सरकार को इस सन्दर्भ में जागरूक रहना चाहिये। विलासिता की वस्तुओं पर प्रत्यक्ष रूप में शत् प्रतिशत कर लगाकर सरकार ऐसा कर सकती है। उपभोग पर प्रत्यक्ष रूप से अवरोध लगाकर उपभोक्ताओं को प्रभावित किया जा सकता है और विकास के कार्य में सहायता ली जा सकती है। सोवियत रूस ने विकास के प्रारम्भिक काल में उपभोक्ताओं को ''वर्तमान पीढ़ी को भविष्य की पीढ़ी का उर्वरक'' कह कर प्रभावित किया गया।

यह भी ज्ञात है कि विकास कार्य के लिये पर्याप्त मात्रा में पूँजी की आवश्यकता पड़ती है। अत: इसलिये भी उपभोक्ताओं को प्रभावित करना आवश्यक हे। उपभोक्तागण वर्तमान उपभोग को कम करके मुद्रा बचा कर सरकार को दे सकते हैं। सोवियत रूप में विकास के प्रारम्भिक काल में जनता को अपने साथ लेने और विकास में पूर्णरूपेण सहयोग प्राप्त करने के लिये यह प्रचार किया गया कि ''प्रगति परिवर्तन का प्रतिफल है।'' अर्थात् बिना त्याग के प्रगति नहीं हो सकती।''

जनता को आर्थिक नगद या वस्तु के रूप में सहाय्य देकर भी कर को कम किया जा सकता है और जनता को प्रभावित किया जा सकता है।

उपभोक्ताओं को प्रभावित करने के लिये आय का पुनर्वितरण आवश्यक हैं। प्रतिगामी कर, मृत्यु कर और सम्पत्ति कर लगाकर आय के वितरण में असमानता को दूर किया जा सकता है और उपभोक्ताओं को प्रभावित किया जा सकता है।

(4) विनियोगकर्त्ताओं और नव प्रवर्तनों को प्रभावित करना (Influencing Investors and Innovations)- आज के 'राज्य' के विकास कार्य को सुचारूरूप से करने के लिए, उपभोक्ताओं एवं नवप्रवर्तनों को प्रभावित करना अत्यन्त ही आवश्यक है। इस कार्य को करने के लिए 'एकाधिकार' को समाप्त करना आवश्यक है। सरकार इस पर नियंत्रण लगा कर अथवा इसे अवैधानिक निरूपित कर के समाप्त कर सकती है। यदि राज्य इस प्रकार से सफल न हो तो वह उद्योगों को अपने हाथ में ले सकती है। शिशु उद्योगों की रक्षा करना, जनता को विनियोग की ओर आकर्षित करना और उन्हें प्रोत्साहित करना भी आवश्यक है।

विनियोगकर्त्ताओं को विकास के प्रति आकर्षित करने के लिए आवश्यक है कि 'मुल्य स्तर' एवं 'ब्याज दर' का नियमन किया जाय और इस नियमन का उत्तरदायित्व सरकार केन्द्रीय बैंक पर छोड़ देंवे।

राज्य को यह भी चाहिए कि बाजार से मुद्रा को लाभदायक एवं उपयोगी विनियोग की ओर आकर्षित करने के लिए अनुचित सट्टेबाजी को कम करे। राज्य जनता से ऋण बान्डों द्वारा मुद्रा अपने पास आकर्षित कर सकती हैं। अधिक ब्याज दर रखकर जनता द्वारा आसंचित राशि, को भी राज्य को आकर्षित करना चाहिए।

(5) जनसंख्या और संसाधनों को प्रभावित करना (Influencing Population & Resources)- राज्य को, जनसंख्या की मात्रा की ओर अपना ध्यान आकर्षित रखना आवश्यक है। यह देखना अत्यावश्यक है । कि देश की आर्थिक स्थिति एवं विकास के सन्दर्भ में जनसंख्या की मात्रा पर्याप्त है, अथवा अधिक या कम। जनसंख्या को आदर्श बनाने के लिए उपयुक्त उपाय किये जाने आवश्यक है। इस सन्दर्भ में जन्मदर, मृत्युदर एवं विकासदर पर ध्यान रखना आवश्यक है और प्रतिव्यक्ति आय से जोड़ना भी अत्यावश्यक है।

संसाधनों का भी उपयुक्त सर्वेक्षण होना चाहिए। सम्पूर्ण संसाधन शक्ति का ठीक-ठीक पता लगाना और उन्हें विकसित करना विकास के दृष्टिकोण से अनिवार्य होता है। यह पता लगाना भी आवश्यक होता है कि देश के अन्तर्गत कौनसा संसाधन कितना है और कौन-सा संसाधन नहीं है।

(6) विदेशी व्यापार को प्रभावित करना (Influencing Foreign Trade)- राष्ट्रीय उद्योगों के साथ प्रतियोगिता, देश के विकास, राष्ट्रीय आत्मनिर्भरता एवं विकास गति के दृष्टिकोण से विदेशी व्यापार को राज्य द्वारा प्रभावित किया जाना कम महत्त्वपूर्ण नहीं है। आयात-निर्यात को घटाने-बढ़ाने की पूरी व्यवस्था की जानी चाहिए। उपयुक्त तटकर-नीति का निर्माण किया जाना चाहिए। विकासशील देश के सन्दर्भ के आयात-निर्यात की क्या नीति होनी चाहिए, इसका सविस्तार वर्णन पुस्तक के ''आर्थिक विकास एवं अन्तर्राष्ट्रीय करण'' तथा ''विदेशी नीति'' के अध्यायों में किया जा चुका है। दीर्घकालीन स्थायित्व के लिए विश्व बाजार की स्थिति का ज्ञान रखना एवं ''पुनर्निर्माण एवं विकास बैंक'' से सम्बन्ध बनाना भी आवश्यक होता है। विकास के सन्दर्भ के विदेशी व्यापार का बहुत ही महत्त्वपूर्ण स्थान है। अत: इस पर पूर्ण ध्यान रखना राज्य का परम कर्त्तव्य है। निर्यात बढ़ाना और आयात को नियंत्रित रखना विकास के दृष्टिकोण से राज्य का सर्वोच्च कर्त्तव्य होता है।

राज्य के सक्रिय भाग लेने के सम्भाव्य संसाधन
(Potentials of State's Active Role)

(1) सरकार (राज्य) उपभोक्ता एवं बचत करने वाले के रूप में - अर्द्धविकसित एवं विकासशील राष्ट्रों में, विकास कार्यों में सरकार का सक्रिय कार्य, एक उपभोक्ता एवं बचतकर्त्ता के रूप में प्रारम्भ होता है। क्योंकि सरकार को ही निर्णय लेना पड़ता है कि सम्पूर्ण राष्ट्रीय आय का कितना भाग बचत करना आवश्यक है, ताकि विकास के लिये विनियोग किया जा सके। इस कार्य के लिए विभिन्न प्रकार से अनुकूल राजकोषीय एवं मौद्रिक नीति अपनानी पड़ती है। परन्तु सरकार कितनी राशि प्राप्त कर सकती है, यह भी इस बात पर निर्भर करता है कि वह जनता को कर देने के लिए प्रभावित करने में कहाँ तक सफल हो सकती है। सरकार उपभोक्ता के रूप में भी कार्य करती है क्योंकि बचत का सम्बन्ध उपभोग से है। किस वस्तु का कितना उपभोग किया जाय और किस का उपभोग बढ़ाया जाय अथवा घटाया जाय, इसका निर्णय सरकार द्वारा ही किया जाता है। उसी के अनुकूल सरकार कर नीति भी रखती है। अत: सरकार इन दोनों रूपों में महत्त्वपूर्ण ढंग से विकास को प्रभावित करने का काम कर सकती है और सरकार की यह दोनों स्थिति सहायक संसाधन के रूप में काम करके उसे सक्रिय बनने में योगदान दे सकती है।

(2) आगोपक एवं उत्पादक के रूप में स्थान (Insurer and Producer)- राज्य ऋणों की गारंटी देने, विभिन्न क्रियाओं को आगोपित करने, गृह निर्माण के लिए ऋण देने, फसलों का बीमा करने, व्यापारिक क्रियाओं के लिए ऋण देने, विदेशी विनियोजकों को गारंटी देने आदि का कार्य करती है। इन रूपों में सरकार (राज्य) एक प्रकार के आगोपक है। उत्पादक के रूप में भी सरकार काम करती है। कई प्रकार के उद्योगों का संचालन सरकार स्वयं करती है और जिन उद्योगों का संचालन नहीं करती है उन्हें निजी क्षेत्र को देती है, और उस उद्योग के विकास में उचित सहयोग देती है। पूँजीवादी अर्थव्यवस्था में भी राज्य बहुत से उद्योगों एवं संस्थानों का संचालन करता है। इस प्रकार प्राय: सभी देशों में राज्य उत्पादक का भी काम करता है। विकास के सन्दर्भ में दोनों रूपों में स्थान होने के कारण राज्य सक्रिय भाग लेता है।

(3) संसाधन धारक एवं नव प्रवर्तक (Resource Owner and Innovator)- ऐसे संसाधन जो बहुत ही महत्त्वपूर्ण होते हैं, सरकार (राज्य) के अधिकार में रहते हैं, जैसे खनिज, शक्ति, जल आदि। इनका संचालन राज्य स्वयं करती है अथवा निजी व्यक्तियों को लाइसेंस देती है। अत: सरकार का स्थान संसाधन धारक के रूप में होता है। कई प्रकार की प्रायोजनाओं के प्रवर्तक के रूप में भी राज्य कार्य करता है, जैसे अमेरिका में 'टेनेसी घाटी योजना', पंजाब में उत्सारण (Drains) का कार्य। राज्य की यह स्थिति एक महत्त्वपूर्ण सम्भाव्य संसाधन के रूप में कार्य करती है।

विभिन्न संसाधनों का संचालन राज्य स्वयं कर सकता है या निजी व्यक्तियों को दे सकता है। पर निजी व्यक्तियों के ऊपर ही इन सभी संसाधनों को छोड़ देना विकास में साधक न होकर बाधक होने लगता है। कई देशों का आर्थिक इतिहास यह सिद्ध करता है कि इन्हीं कारणों के फलस्वरूप राज्य को इन संसाधनों अथवा कार्यों को लेने के लिए बाध्य होना पड़ा। समाजवादी राज्यों में तो ये पूर्णरूपेण राज्य के द्वारा संचालित किये ही जाते हैं किन्तु प्रजातांत्रिक व्यवस्था वाले राज्य के हाथ में ये संसाधन तुलनात्मक दृष्टि से कम होते हैं। विकास-प्रणाली, सांस्कृतिक एवं सामाजिक स्थिति पर भी निर्भर करती है।

उपरोक्त कुछ ऐसे क्षेत्र हों जो राज्य के हाथ में रहते हैं। अत: राज्य उन उपलब्ध महत्त्वपूर्ण संसाधनों का उपयोग अपने कार्यों को सुचारू रूप से करने के लिए प्रयोग में लाता है।

विकास का वातावरण एवं सरकार का रूप
(Atmosphere of Development and Forms of Government)

किसी भी राज्य की सरकार का क्या रूप होगा - वहाँ के विकास के वातावरण पर निर्भर करता है। सरकार प्रजातांत्रिक होगी, या सर्वाधिकारवादी या स्वतन्त्र, यह बहुत कुछ इस बात पर निर्भर करता है कि वहाँ की जनता कैसी है। इसके लिए कोई विशेष नियम नहीं है। आर्थिक परिस्थितियों और जीवन के मूल्यों पर भी सरकार की प्रकृति निर्भर करती है। प्रजातांत्रिक राज्य में जनता को प्रत्येक दृष्टिकोणों से अधिक स्वतंत्रता उपलब्ध होती है। पर आर्थिक विकास की दृष्टि से यह प्रणाली उतनी उपयोगी नहीं कही जाती है। क्योंकि इसमें पूरी स्वतंत्रता रहती है, फलस्वरूप धर्म, जाति, संस्कृति आदि की ओर अधिक ध्यान दिया जाता है, जो कभी कभी सर्वांगीण विकास की गति में बहुत ही बाधक होता है। विकास के

लिए इन बन्धनों को तोड़ना पड़ता है। कौन सी सरकार विकास के दृष्टिकोण से उपयुक्त कही जा सकती है, इसके लिए एकतरफा निर्णय नहीं दिया जा सकता है। कोई भी सरकार हो, उसकी सफलता सरकार की सुरक्षा, उसके प्रति जनता का विश्वास, देश में साहस के वातावरण आदि पर निर्भर करती है। आवश्यक यही होता है कि सरकार वहाँ के सामाजिक परिस्थितियों और आर्थिक वातावरण के अनुकूल काम करे, सम्पत्ति के अधिकार की रक्षा करें, और यह देखे कि अधिनियमों को बिना पक्षपात के लागू किया जा सके। सामाजिक बाधाओं को समाज स्वयं ही समाप्त करें।

एक सरकार के लिए दीर्घकाल तक सफलतापूर्वक कार्य करने के लिए आवश्यक है कि –

(1) विकास कार्य, सांस्कृतिक, मानवीय एवं तकनीकी तैयारियों को ध्यान में रखते हुए हाथ में लिए जायँ। प्रारम्भिक अवस्था में वे बहुत ही अधिक एवं सनसनी पैदा करने वाले न हों। धीरे धीरे अनुभव के आधार पर कार्यक्रमों को बढ़ाना और हाथ में लेना अधिक उपयोगी होता है। जनता का त्याग एवं सहयोग प्राप्त करने के लिये आवश्यक है कि प्रारम्भिक अवस्था में थोड़े ही समय में बहुत अधिक मुद्रा उनके न ली जाये।

(2) राजनैतिक परिस्थितियों को ऐसा अनुकूल बनाया जाय कि वे प्रायोजनाओं पर पुनर्विचार करने, उनमें सुधार लाने और आवश्यकतानुसार उन्हें समाप्त कर देने में उनसे सहयोग मिले। सरकार त्रुटियों को छुपाने का नहीं बल्कि उन्हें दूर करने का प्रयत्न करें।

(3) विकास कार्यक्रमों के निर्धारित उद्देश्यों को पूरा करने के लिये उपयुक्त संस्थाओं की व्यवस्था की जाय जैसे 'योजना विकास, मूल्यांकन समिति' आदि।

(4) उच्च तकनीकी योग्यता के आधार पर अधिकतम स्थानीय विकेन्द्रीकरण होना चाहिए। देश के विभिन्न क्षेत्रों के विभिन्न वर्ग के व्यक्तियों को विकास के कार्यों का उत्तरदायित्व दिया जाय।

(5) आर्थिक विकास के लिए सर्वोत्तम शिक्षा प्रजातन्त्र है। क्यों 'स्वतंत्रता की कठिनाइयों को ठीक करने के लिए अधिक स्वतंत्रता की आवश्यकता होती है। अधिक स्वतंत्र रहने पर सरकार स्वतंत्रता के कार्यों को ठीक से कर सकती हैं।

यदि उपर्युक्त बातों को ध्यान में रखते हुए राज्य के द्वारा कार्य किया गया तो आर्थिक क्षेत्रों में अवश्य ही सफल होगा।

आधुनिक राज्य के द्वारा आर्थिक विकास की वृद्धि के लिय किये जाने वाले उपाय
(Measures of Modern States to Promote Economic Development)

पिछले पृष्ठों में हमने इन बातों पर विचार किया कि आर्थिक दृष्टिकोण से आधुनिक राज्य को क्या करना चाहिए। किन्तु यह आर्थिक विकास का युग है। अतः सहज ही में यह प्रश्न उत्पन्न होता है कि आर्थिक विकास को बढ़ाने के लिये आधुनिक राज्य क्या करता है? प्रस्तुत अध्याय के इस भाग में इसी प्रश्न पर विचार किया जायेगा।

राज्य आर्थिक विकास को आगे बढ़ाने के लिए जो भी कार्य करता है उसे प्रत्यक्ष एवं परोक्ष दो भागों में बाँटा जा सकता है। प्रत्यक्ष रूप में राज्य की निम्नांकित सेवायें आर्थिक विकास को बढ़ाने में सहायक होता हैं—

(1) आर्थिक एवं सामाजिक उपरिव्यय की सुविधा की व्यवस्था (Provision of Economic & Social Overhead Facilities)

(2) संस्थागत एवं संगठनीय परिवर्तन (Bringing about Institutional and Organisational Changes)

(3) पूर्ति आवर्धित करना और उत्पादन के घटकों की गतिशीलता में वृद्धि (Augmenting the Supply and Increasing the Mobility of Factors of Production)

(4) औद्योगीकरण में प्रत्यक्षरूप से भाग लेकर एवं निजी उद्योगों को सहायता देकर (Direct Participation in Industrialisation and Help to Private Industries)।

(1) आर्थिक एवं सामाजिक उपरिव्यय की सुविधा की व्यवस्था द्वारा - आर्थिक विकास के दृष्टिकोण से सामाजिक उपरिव्यय पूँजी और सेवायें अत्यावश्यक हैं। आर्थिक उपरिव्यय पूँजी का तात्पर्य यातायात, संवादवाहन, शक्ति सिंचाई, भूमि प्राप्ति आदि में विनियोग से हैं। सामाजिक उपरिव्यय पूँजी में विस्तार से तात्पर्य शिक्षा, स्वास्थ्य, गृह निर्माण यातायात और अन्य कल्याणकारी कार्यों पर व्यय से है। इन दोनों ही प्रकार की सुविधाओं के मिलने से अन्य उद्योगों में बाह्य मितव्ययता की सुविधा प्राप्त होती और इस प्रकार से उनकी पूँजीगत विनियोग की आवश्यकता में कमी आती है और साधारण विनियोग की स्थिति अच्छी होती है। इससे विकास दर में तीव्रता आती है। प्राय: सभी अर्द्ध विकसित अथवा अविकसित राष्ट्रों में ये सुविधायें पिछड़ी हुई हैं। अत: इन देशों में निजी साहसी तो इन सुविधाओं के अभाव के विकास का काम कर ही नहीं सकते। अत: प्राय: सभी ऐसे देशों में पूर्ण रूपेण यह कार्य सरकार ही करती है। भारत, वर्मा, लंका, फिलीपीन्स और थाईलैण्ड आदि के विनियोगों को देखन से ज्ञात होता है कि इन देशों के विकास के प्रारम्भिक काल में कुल विनियोगों के आधे से भी अधिक इन्हीं दों मदों पर विनियोग किया गया। उदाहणार्थ, सन् 1950 से 1959 तक के विकास काल में इन देशों में कुल विनियोग (सरकारी क्षेत्र) का क्रमश: 56, 66, 54, 58 और 72 प्रतिशत इन्हीं मदों पर व्यय किया गया।

(2) संस्थागत परिवर्तन - राज्य इन देशों में भूमि सुधार, उत्तराधिकार के नियमों में सुधार सामाजिक सांस्कृतिक में सुधार एवं पट्टेधारी अधिनियम में सुधार करके कृषकों की स्थिति में परिवर्तन लाती है। प्रतियोगिता का नियमन करती है और एकाधिकार की कर व्यवस्था समाप्त कर उपभोक्ताओं और उद्योगों की स्थिति में सुधार करती है। ग्रामीण क्षेत्रों में नेतृत्व की जागृति लाने की व्यवस्था, पंचायतों एवं समकक्ष संस्थाओं का विकास करके करती है। सामुदायिक विकास योजनाओं, सहकारी समितियों और इन्य इसी प्रकार के कार्यक्रमों द्वारा ऐसे देशों के ग्रामीण व्यक्तियों में सुधार लाती है। नगरीय स्तर पर भी राज्य, नियमों और अधिनियमों का निर्माण करके बड़े उद्योगों में श्रम और उद्योग संचालकों में

अच्छे सम्बन्ध स्थापित कर सकती है। विभिन्न नियमें एवं परिस्थितियों में सुधार लाकर उनकी आर्थिक स्थिति एवं रहन सहन के स्तरों में सुधार लाया जा सकता है और पुरानी परम्परागत रूढ़िवादी वातावरण को समाप्त किया जा सकता है।

राज्य वस्तुओं के बाजार –व्यवस्था में भी परिवर्तन लाकर संस्थागत परिवर्तनों को कार्यान्वित कर सकती हैं। विभिन्न स्तरों पर साख की सुविधा देकर लोगों की उत्पादन और क्रय शक्ति बढ़ा सकती है। क्रय शक्ति बढ़ने से मूल्यों की दर उचित रहेगी और उसके फलस्वरूप औद्योगिक संस्थाओं का विकास आदर्श सीमा तक हो सकता है। राज्य द्वारा माँग और प्रदाय का स्तर भी बढ़ाया जा सकता है। उपभोग बढ़ सकता है। उपभोग में वृद्धि के कारण उद्योगों का विकास होगा और इस प्रकार से राष्ट्रीय आय में वृद्धि होगी। उपभोग, आदर्श सीमा तक ही बढ़े, अन्यथा विनियोग की कठिनाई होगी। परोक्षरूप से भी संस्थागत परिवर्तन प्राप्त हो सकते हैं और विकास में सहायता मिल सकती है। औद्योगीकरण से लोगों की आय में वृद्धि होगी और आय में वृद्धि के फलस्वरूप विनियोग बढ़ेगा तथा विनियोग की उत्पादकता में भी वृद्धि होगी। इस प्रकार आर्थिक विकास में इन संस्थागत परिवर्तनों द्वारा पर्याप्त सहायता प्राप्त होती है।

(3) उत्पादन के घटकों की प्रदाय एवं गतिशीलता बढ़ाकर – इन देशों में पूँजी का अभाव और साधनारें की अगतिशीलता की समस्यायें बहुत ही जटिल होती है। इन देशों में श्रमिकों की संख्या, पूँजी की तुलना में अधिक रहती है। पर उस श्रमिकों में चातुर्य का अभाव रहता है। साहस का अभाव तो इन देशों की विशेषता हैं। साधनों में गतिशीलता और साहस का निर्माण शिक्षा के प्रचार एवं प्रसार द्वारा लाया जा सकता है। श्रमिकों में चातुर्य की वृद्धि भी प्रशिक्षण एवं पेशेवर शिक्षा द्वारा सरकार ला सकती है।

औद्योगिक विकास कार्य सरकार अपने हाथ में भी कुछ अंशों तक लेती है। (यदि समाजवादी सरकार नहीं है तो)। उन उद्योगों में प्रशिक्षण की व्यवस्था करके प्रबंधकों एवं संचालकों की संख्या में वृद्धि की जा सकती है। छोटे उद्योगों की स्थापना के लिए सरकार पूँजीगत सुविधायें स्वयं दे सकती है। इस प्रकार विकास में पर्याप्त सहायता मिल सकती है।

इन देशों में पूँजी का अभाव रहता है। राज्य विदेशों में पूँजी की व्यवस्था द्वारा, पुँजीगत संस्थाओं की स्थापना करके और बचत आदि में वृद्धि लाकर, पूँजी की मात्रा और गतिशीलता बढ़ा सकती है। वित्त निगमों एवं अधिकोषों की स्थापना से पूँजी में गतिशीलता लाई जा सकती है। इन विभिन्न प्रकारों से उत्पादनों के घटकों की प्रदाय एवं गतिशीलता बढ़ती है।

(4) औद्योगीकरण में प्रत्यक्ष रूप से भाग लेकर – ऐसे देशों में निजी विनियोगकों द्वारा भी उद्योगों का संचालन होता है। किन्तु राज्य, उद्योगों का राष्ट्रीयकरण करके एवं नए उद्योगों को स्वयं प्रारम्भ करके औद्योगीकरण में सहायता कर सकती है। इससे विकास में अत्यधिक बल मिलता है। आधुनिक समय में यह देखा जाता है कि राज्य स्वयं ही ऐसे उद्योगों की स्थापना करती है जो आधारभुत एवं प्रमुख उद्योग हैं। इन उद्योग की सहायता से बहुत से अन्य उद्योगों की स्थापना में बल मिलता है। विभिन्न विकासशील देशों के औद्योगिक इतिहास को देखने से यह ज्ञात होता है कि राज्य इस दिशा में पर्याप्तरूप से काम कर रही है। पर राज्य के द्वारा उद्योगों की स्थापना एवं संचालन का तातपर्य यह नहीं

होता है कि राज्य का भाग अत्यधिक बढ़ाया जाय और समाजवादी व्यवस्था का रूप प्रत्येक देश धारण कर लेवें । समाजवादी देशों में तो राज्य द्वारा सभी उद्योगों को संचालन होता ही हैं किन्तु पूँजीवादी अर्थव्यवस्था में भी राज्य के द्वारा बहुत से उद्योगों की स्थापना एवं संचालक सर्वसाधारण बात हो गई है। सच पूछा जाय तो अर्द्धविकसित देशों की बहुत सी ऐसी विशेषतायें हैं कि यदि राज्य विशेष उद्योगों की स्थापना स्वयं न करे तो तीव्रगति से औद्योगिकरण नहीं होगा। भारत इसका उपयुक्त उदाहरण है। स्वतन्त्रता के पूर्व तक निजी क्षेत्रों में बहुत से उद्योग थे। किन्तु वे प्रमुखरूप से उपभोक्ता सामान उत्पादक उद्योग थे। उनमें जोखिम कम थी पर लाभ की सम्भावना अधिक थी। किन्तु निजी साहसी लोग ऐसे उद्योगों की स्थापना नहीं किये थे जो औद्योगिकरण की कुंजीं हैं। उनमें पूँजी की अधिक आवश्यकता थी, लाभ को सम्भावना कम थी और लाभ के लिये अधिक समय तक प्रतीक्षा करने की आवश्यकता थी। अतः राज्य द्वारा इस कार्य को प्रारम्भ किया गया जिससे हमारे औद्योगीकरण में पर्याप्त सहायता मिली।

सरकार के द्वारा विकास में सहायता करने के लिए अपनाये गये उपायों में परोक्ष उपाय भी महत्त्वपूर्ण स्थान रखती है। परोक्ष उपायों के अन्तर्गत मौद्रिक एवं राजकोषीय नीति, विदेशी विनिमय एवं विदेशी व्यापार का नियमन एवं नियंत्रण, मित्तीकारा दर, खुले बाजार की क्रिया आदि सम्मिलित होते हैं। इनमें सार्वजनिक आय-व्यय, करनीति एवं घाटे की अर्थव्यवस्था आदि को सम्मिलित करते हैं। राजाकोषीय एवं मौद्रिक नीति द्वारा बहुत से ऐसे कार्य किए जाते हैं जिनसे पूँजी की प्राप्ति में वृद्धि होती है एवं विनियोग, औद्योगीकरण आदि में सहायता मिलती है। किस प्रकार से इन क्रियाओं द्वारा विकास में सहायता मिलती है, इसका सविस्तार वर्णन, 'घरेलू नीति विषयक' एवं 'अन्तर्राष्ट्रीय नीति विषयक' अध्यायों में किया गया है। इससे पूरी स्थिति स्पष्ट हो जाती है।

आर्थिक नियन्त्रण
(Economic Control)

नियोजित अर्थ-व्यवस्था में 'आर्थिक नियन्त्रणों' को विशेष महत्व प्राप्त होता है। ऐसी अर्थ-व्यवस्था में व्यक्तिगत स्वतन्त्रता बहुत कम मात्रा में पायी जाती है। नियोजन एवं भौतिक नियन्त्रण एक दूसरे से इतने निकट सम्बन्धित हैं कि उन्हें पृथक करना सर्वथा कठिन है। इसीलिए नियोजन को एक नियन्त्रित अर्थ-व्यवस्था कहा जाता है। नियोजित अर्थ-व्यवस्था के उद्देश्य के आधार पर ही आर्थिक नियन्त्रणों का क्षेत्र एवं पद्धति निर्धारित की जाती है। नियोजन के उद्धेश्य तथा आर्थिक नियन्त्रणों का एक दूसरे से अटूट सम्बन्ध होने के कारण आर्थिक नियन्त्रण हेतु सामान्य नियमों की रचना करना कठिन कार्य है, क्योंकि नियोजन के उद्देश्य में परिवर्तन के अनुरूप आर्थिक नियन्त्रणों में परिवर्तन होना स्वाभाविक है। युद्ध के समय अपनाये गये आर्थिक नियन्त्रणों का स्वरूप कठोर होगा जबकि विशिष्ठ प्रकार की आर्थिक समस्याओं से निपटने के लिए अपनाये गये आर्थिक नियन्त्रणों का स्वरूप अपेक्षाकृत कम कठोर होगा। जिस नियोजित अर्थव्यवस्था में जितना अधिक आर्थिक नियन्त्रण होगा उसमें उतनी ही अधिक समाजवादी तत्व की उपस्थिति मानी जायगी। इसी कारण जनतन्त्रात्मक अर्थव्यवस्था में अधिक स्वतन्त्रता की उपलब्धि के फलस्वरूप नियन्त्रण कम हो जाते हैं तथा नियोजन को अपनाना भी उतना सरल नहीं होता है। नियन्त्रण का अर्थ प्रायः

व्यक्तिगत स्वतन्त्रता पर प्रतिबन्ध से लगाया जाता है, जिसका सम्बन्ध उपभोग, उत्पादन, विनिमय तथा वितरण आदि से हो सकता है। इस अध्याय में आर्थिक नियन्त्रणों की विशेषताओं, उनके प्रकारों उन पर प्रभाव डालने वाले तत्वों आदि का वर्णन किया गया है।

आर्थिक नियन्त्रण की विशेषताएँ

आर्थिक नियन्त्रण के आशय की प्रारम्भिक जानकारी प्राप्त कर लेने के पश्चात् इनकी अग्रांकित प्रमुख विशेषताओं का अध्ययन किया जा सकता है:

(1) पूर्ण एवं आंशिक नियन्त्रण - ऐसा आर्थिक नियन्त्रण जो उस देश की सम्पूर्ण वस्तुओं पर नियन्त्रण रखेगा तो उसे पूर्ण नियन्त्रण कहा जायेगा। इसके विपरीत सीमित वस्तुओं पर लगाया गया नियन्त्रण आंशिक नियन्त्रण कहलायेगा। उदाहरण के लिए, उपभोग, उत्पादन, विनिमय तथा वितरण पर आर्थिक नियन्त्रण का आशय पूर्ण आर्थिक नियन्त्रण से है। इसके विपरीत सभी वस्तुओं के उपभोग पर नियन्त्रण न लगाकर विलासिता की वस्तुओं अथवा अन्य हानिकारक वस्तुओं पर आर्थिक नियन्त्रण आंशिक आर्थिक नियन्त्रण कहलायेगा। व्यवहार में पूर्ण नियन्त्रण मात्र एक कल्पना है। समाजवादी अर्थव्यवस्था का दम भरने वाले सोवियत रूप में भी पूर्ण नियन्त्रण के स्थान पर आंशिक नियन्त्रण ही सम्भव हो पाया है। कुछ वस्तुओं का उत्पादन एवं उपभोग वहाँ भी स्वतन्त्र है, किन्तु उसकी मात्रा नगण्य है।

(2) परस्पर निर्भर आर्थिक नियन्त्रण - आर्थिक नियन्त्रण प्रायः एक दूसरे से सम्बन्धित होते हैं। क्योंकि एक नियन्त्रण का दूसरे पर प्रभाव अवश्य ही पड़ता है। अतः आर्थिक नियन्त्रणों को पृथक रूप से लागू किया जाना कठिन है। उदाहरण के लिए किसी वस्तु के उत्पादन पर आर्थिक नियन्त्रण का लगाना तब ही उपयोगी है जबकि उस वस्तु के उपभोग पर भी नियन्त्रण लगाया जाय। नियोजित अर्थव्यवस्था में आर्थिक नियन्त्रण का उद्देश्य आर्थिक सुविधाओं का बढ़ाना तथा उन्हें उपयोगी बनाना होता है न कि असुविधाजनक तथा अनुपयोगी बनाना। इस प्रकार कोई भी नियन्त्रण दूसरे नियन्त्रण पर प्रभाव डाले बिना नहीं रहता। एक वस्तु पर नियन्त्रण लगाने का प्रभाव दूसरी सम्बद्ध वस्तुओं पर अवश्य ही पड़ेगा, क्योंकि सभी प्रकार के नियन्त्रण एक दूसरे से सम्बन्धित तथा एक दूसरे पर आधारित होते हैं।

(3) आर्थिक नियन्त्रण में उतार चढ़ाव - आर्थिक नियन्त्रणों की मात्रा में किसी राष्ट्र की परिस्थितियों के अनुसार कमी या वृद्धि सम्भव है। अतः किसी राष्ट्र की अर्थव्यवस्था में आर्थिक नियन्त्रणों का सदैव समान रहना आवश्यक नहीं है। उदाहरण के लिए युद्धकालीन परिस्थितियों से निपटने के लिए आर्थिक युद्ध की आवश्यकताओं को पूरा करने के लिए तात्कालिक नियन्त्रण लगाये जाते हैं। इसी प्रकार विकास की प्रारम्भिक अवस्था में आर्थिक नियन्त्रणों की मात्रा कुछ अधिक होती है जिसके अन्तर्गत बचत आदि पर नियन्त्रण लगाया जाता है। इसका उद्देश्य माँग बढ़ जाने के फलस्वरूप मूल्यों में वृद्धि को रोकना होता है। साधारण परिस्थितियों में नियन्त्रण की मात्रा कम होगी। इसके विपरीत असामान्य परिस्थितियों मे इनमें वृद्धि होगी। भारतवर्ष में चीनी एवं पाकिस्तानी आक्रमणों के समय उपभोग तथा वितरण पर कठोर आर्थिक नियन्त्रण लगा दिये गये थे तथा युद्ध समाप्ति के बाद इन्हें समाप्त कर दिया गया।

(4) प्रत्यक्ष एवं अप्रत्यक्ष आर्थिक नियन्त्रण - प्रत्यक्ष आर्थिक नियन्त्रण के अन्तर्गत सरकार किसी वस्तु विशेष के उत्पादन करने, विनियोग एवं उपभोग करने या न करने के बारे में प्रत्यक्ष आदेश देती है। इस प्रकार प्रत्यक्ष नियन्त्रण माँग या पूर्ति पर लगाया जा सकता है। उदाहरण के लिए, सरकार यह चाहती है कि जनता केवल चावल तथा गेहूँ का ही अधिक प्रयोग न करके अन्य खाद्य पदार्थो जैसे फल, मछली तथा अन्य पदार्थो का भी प्रयोग करे तथा इसके लिए सरकार द्वारा चावल तथा गेहूँ के वितरण पर आर्थिक नियन्त्रण लगाकर उपभोग का नियन्त्रण यदि किया जाता है तो यह प्रत्यक्ष नियन्त्रण कहलायेगा। इसके विपरीत किसी एक वस्तु का मूल्य बढ़ाकर तथा अन्य वस्तुओं के मूल्य घटाकर लागू की गयी आर्थिक नियन्त्रण की व्यवस्था अप्रत्यक्ष आर्थिक नियन्त्रण कहलायेगी। उदाहरणस्वरूप गेहूँ तथा चावल के साथ साथ फल, मछली तथा अन्य खाद्य पदार्थो के उपभोग को प्रोत्साहित करने के लिए गेहूँ तथा चावल के मूल्यों में वृद्धि कर देना।

(5) आर्थिक नियन्त्रणों का क्रियान्वयन - वास्तव में आर्थिक नियन्त्रणों से अर्थ व्यवस्था में अच्छे तथा बुरे दोनों परिणाम प्राप्त होना सम्भव है। प्रत्यक्ष आर्थिक नियन्त्रणों का जनता पर बुरा प्रभाव पड़ता है तथा इससे स्वतन्त्रता का हनन होता है। अविकसित राष्ट्रों में उपयुक्त कुशल कर्मचारियों के अभाव में भ्रष्टाचार की भरमार होती है। तथा ऐसी स्थिति में आर्थिक नियन्त्रणों का क्रियान्वयन अत्यन्त कठिन होता है। अप्रत्यक्ष आर्थिक नियन्त्रणों को आर्थिक सहायता के रूप में लागू किया जा सकता है। क्योंकि इससे उत्पादन एवं निर्यात में वृद्धि होकर उपभोग में कमी सम्भव है। नियोजित अर्थ व्यवस्था में आर्थिक नियन्त्रण यद्यपि महत्वपूर्ण होते हैं लेकिन इससे भी अधिक महत्वपूर्ण इन आर्थिक नियन्त्रणों का क्रियान्वयन होता है। उचित क्रियान्वयन के अभाव में सत्ताधारी सरकार को जन समूह के आक्रोश को सामना करना पड़ सकता है।

आर्थिक नियन्त्रण का क्षेत्र एवं प्रकार

जैसा कि इस अध्याय के प्रारम्भ में स्पष्ट किया गया है आर्थिक नियन्त्रणों से आशय व्यक्तिगत स्वतन्त्रता पर प्रतिबन्ध लगाने से लिया जाता है। इन नियन्त्रणों का सम्बन्ध उत्पादन, उपभोग, वितरण तथा विनियोग आदि से हो सकता है। इन आर्थिक नियन्त्रणों में चयन के प्रश्न का सम्बन्ध उत्पादकों एवं उपभोक्ताओं से होता है जिससे नियन्त्रण उत्पादकों तथा उपभोक्ताओं पर ही रहता है। लेकिन आर्थिक क्रियाओं का एक दूसरे से सम्बन्ध होने के कारण एक क्षेत्र की नियन्त्रण व्यवस्था के लिए उससे सम्बन्धित अन्य क्षेत्रों पर भी नियन्त्रण लगाना आवश्यक होता है। इस उद्देश्य से आर्थिक नियन्त्रण का क्षेत्र अधिक व्यापक हो जाता है। आर्थिक नियन्त्रणों के विभिन्न क्षेत्रों का विवरण इस प्रकार है:

(1) उत्पादन पर नियन्त्रण - उत्पादन पर नियन्त्रण का आशय उत्पादक द्वारा उत्पादित वस्तुओं, लागत साधनों तथा पद्धति पर नियन्त्रण से है। उत्पादन पर नियन्त्रण के अन्तर्गत सरकार द्वारा विभिन्न सेवाओं के एवं वस्तुओं के उत्पादन में वृद्धि के लिए सरकार द्वारा अनेक प्रकार के प्रत्यक्ष एवं अप्रत्यक्ष नियन्त्रण लगाये जाते हैं । जिन क्षेत्रों में निजी स्वामित्व अकेला उत्पादन कर रहा है वहाँ सार्वजनिक क्षेत्र का प्रवेश तथा कुछ वर्तमान निजी स्वामित्व वाली औद्योगिक इकाइयों को राष्ट्रीयकरण के माध्यम से सार्वजनिक स्वामित्व में ले लेना प्रत्यक्ष आर्थिक नियन्त्रण का एक महत्वपूर्ण अस्त्र है। इसके अतिरिक्त उत्पादन पर

अप्रत्यक्ष **आर्थिक आर्थिक नियन्त्रण** भी लगाया जाता है जिसके अन्तर्गत लघु एवं कुटीर उद्योगों का **विकास करने के लिए** आरक्षण की व्यवस्था करना होता है। रोजगार के साधनों के उद्धेश्य से भी **श्रम प्रधान** एवं पूँजी प्रधान उद्योग के विकास पर नियन्त्रण लगाये जा सकते है। उत्पादन पर **आर्थिक** नियन्त्रण में सरकार की औद्योगिक एवं प्रशुल्क नीति की भूमिका महत्वपूर्ण होती है। इन नीतियों से ही निजी, सार्वजनिक तथा संयुक्त उपक्रमों का क्षेत्र निर्धारित होता है। इसके अतिरिक्त लाइसेंस व्यवस्था भी उत्पादन पर नियन्त्रण का महत्वपूर्ण उपकरण है जिसके अन्तर्गत उत्पादन को नियन्त्रित किया जा सकता है। उत्पादन शुल्क की मात्रा से उत्पादन की मात्रा को प्रोत्साहित तथा हतोत्साहित किया जा सकता है।

(2) उपभोग पर नियन्त्रण - उपभोग पर नियन्त्रण से आशय उपभोक्तओं के लिए एक ऐसी स्थिति से होता है। जिसमें उन्हें इस बात की स्वतन्त्रता नहीं रहती कि वे यह निर्णय कर सके कि किन वस्तुओं का, किस मात्रा में, किस मुल्य पर तथा किस समय उपभोग किया जाय। उपभोग पर नियन्त्रण का प्रमुख उद्धेश्य किसी वस्तु के उपभोग को प्रोत्साहित अथवा हतोत्साहित करना होता है। प्राय: युद्ध तथा कमी की परिस्थितियों में उपभोग पर नियन्त्रण ही है। उपभोग पर नियन्त्रण के लिए पदार्थ नियन्त्रण अधिनियम बनाये जाते हैं। जो सम्बन्धित पदार्थो का नियमन करते हैं। अत: उपभोग पर नियन्त्रण का प्रमुख उद्धेश्य अभाव की स्थिति से निपटना, न्यायपूर्ण वितरण करना, चोर बाजारी तथा मुनाफाखोरी पर नियन्त्रण करना होता है।

(3) विनियोग नियन्त्रण - किसी राष्ट्र के नियोजित आर्थिक विकास के लिए विनियोग पर नियन्त्रण लगाना आवश्यक समझा जाता है। इसके अभाव में तीव्र औद्योगिकरण तथा पूर्ण रोजगार दोनो की प्राप्ति असम्भव है। विनियोग नियन्त्रण की सहायता से देश की आवश्यकताओं के अनुरूप उद्योग का केन्द्रीयकरण या विकेन्द्रीकरण किया जा सकता है। विश्व के अधिकतर राष्ट्रो के समक्ष सीमित साधनो की समस्या है। ऐसी सीमित साधनों वाली अर्थ व्यवस्था में विनियोग नियन्त्रण के माध्यम से ही सीमित साधनों का पूर्ण उपभोग सम्भव है। प्रत्येक राष्ट्र में विभिन्न उपक्रमों में प्रतियोगिता होती है। विनियोग नियन्त्रण के माध्यम से इस प्रतियोगिता को समाप्त अथवा नियन्त्रित किया जाता है। विनियोग नियन्त्रण के अनेक रूप हो सकते हैं। विनियोग नियन्त्रण परिमाणात्मक तथा गुणात्मक हो सकता है। परिमाणात्मक नियन्त्रण में विनियोग की जाने वाली राशि को पहले ही निश्चित कर दिया जाता है। इसके विपरीत गुणात्मक नियन्त्रण में व्यापार एवं उद्योग के मध्य विनियोग का उचित वितरण किया जाता है। विनियोग नियन्त्रण प्रतिबन्धात्मक नियन्त्रण में कुछ उद्योगों में धन के विनियोग को नियन्त्रित कर दिया जाता है। इसके विपरीत विकास के जिन कार्यक्रमों में नियोजन अधिकारी की रूचि होती है उनमें विस्तारक विनियोग की नीति अपनाकर अधिक से अधिक विनियोग को प्रोत्साहित किया जाता है। विनियोग नियन्त्रण प्रत्यक्ष एवं अप्रत्यक्ष भी हो सकता है। प्रत्यक्ष नियन्त्रण में विनियोग पर प्रतिबन्ध तथा अप्रत्यक्ष नियन्त्रण में उत्पादन, उपभोग एवं वितरण पर नियन्त्रण लगाये जाते हैं।

(4) विदेशी व्यापार पर नियन्त्रण - प्रत्येक राष्ट्र की अर्थ व्यवस्था में आयात, निर्यात व पुनर्निर्यात का विशेष महत्व होता है। यदि विदेशी व्यापार की गतिविधियों को स्वतन्त्र छोड़ दिया जाय तो भुगतान सन्तुलन, विदेशी व्यापार एवं विदेशी हितों की गम्भीर

समस्या उत्पन्न हो सकती है। इसके अतिरिक्त यदि आयात-निर्यात को स्वतन्त्र छोड़ दिया जाय तो उपभोग के नियन्त्रण का ढाँचा बिगडने का भी भय है। विदेशी व्यापार को नियन्त्रित किये बिना विदेशी विनिमय नियन्त्रण को भी प्रभावशाली नहीं बनाया जा सकता। देश में विदेशी विनिमय के अभाव को विदेशी व्यापार पर नियन्त्रण लगाकर दूर किया जा सकता है।

(5) विनिमय नियन्त्रण - किसी राष्ट्र की अर्थ व्यवस्था में विदेशी विनिमय की स्थिति का बहुत ही महत्वपूर्ण स्थान रहता है, तथा उसमें विनिमय नियन्त्रण की स्थिति को नियन्त्रित रखना बहुत आवश्यक है। सम्भवत: इसी तथ्य से प्रेरित होकर क्राउथर ने अपनी पुस्तक में विनिमय नियन्त्रण का महत्व बताते हुए लिखा है कि "सरकार के हस्तक्षेप और आर्थिक नियोजन के वर्तमान युग में विदेशी विनिमय पर किसी प्रकार का नियन्त्रण न लगाना आश्चर्य की बात होगी।" विदेशी विनिमय नियन्त्रण के अन्तर्गत पूँजी के प्रवाह पर नियन्त्रण लगाया जाता है। जिसका मुख्य उद्देश्य घरेलू पूँजी को विदेशों में जाने से रोकना होता है। विदेशी विनिमय दर में स्वामित्व बनाये रखने के लिए विदेशी प्रतिभूतियों, सिक्कों आदि के आयात-निर्यात पर नियन्त्रण लगाया जाता है। केन्द्रिय बैंक के पास पर्याप्त मात्रा में विदेशी मुद्रा या विदेशी विनिमय का एकत्रित करने के उद्देश्य से विदेशी सम्पत्ति के धारण पर नियन्त्रण लगाया जा सकता है।

(6) मूल्य नियन्त्रण - नियोजि अर्थव्यवस्था में मूल्य पर नियन्त्रण रखना अति आवश्यक होता है। मूल्यों पर नियन्त्रण के अनेक तरीके हो सकते हैं। उदाहरणस्वरूप उपभोग की समस्या जटिल हो जाने पर सरकार स्वयं मूल्य का निर्धारण कर सकती है या स्वयं वस्तुओं की खरीद एवं बिक्री कर सकती है अथवा पारस्परिक समझौते तथा वार्तालाप द्वारा सरकार स्वयं मूल्यों का निर्धारण कर सकती है। मूल्यों पर नियन्त्रण का प्रमुख उद्देश्य उपभोक्ता के हितों की रक्षा करना होता है। मूल्यों पर नियन्त्रण किस प्रकार के होंगे, किस हद तक होंगे तथा कितने समय के लिए होंगे आदि निर्णयों का निर्धारण आन्तरिक एवं बाह्य परिस्थितियों, योजना के उद्देश्यों एवं सरकार के स्वरूप तथा योजना आयोग के विचार आदि पर निर्भर करता है।

(7) बचत पर नियन्त्रण - विकासशील अर्थव्यवस्था में बचत का बहुत ही अधिक महत्व है। बचत पर ही विनियोग और भविष्य के विकास की गति निर्भर करती है अत: बचत को नियन्त्रित करना आवश्यक होता है। इसके लिए अनिवार्य जमा योजना तथा अल्प बचत को प्रभावपूर्ण विधि से लागू किया जाता है। राष्ट्रीय आय को बढ़ाने के लिए उपभोग को कम करके बचत को प्रोत्साहित किया जाना चाहिए। सार्वजनिक तथा निजी दोनों क्षेत्रों को बचत बढाने का दायित्व सुपुर्द किया जाना चाहिए। बचत प्रोत्साहन में स्फीति उत्पन्न हो तो उस पर नियन्त्रण रखना आवश्यक होता है तथा जनता के विश्वास के आधार पर विनियोग की मात्रा में वृद्धि की जानी चाहिए। इराके लिए सट्टेबाजी को रोककर मुद्रा के मूल्य को अनुकूल बनाया जाना चाहिए।

(8) मजदूरी नियन्त्रण - मूल्य नियन्त्रण को प्रभावी बनाने के लिए मजदूरी की दरों पर सरकार का नियन्त्रण आवश्यक है क्योंकि मजदूरी का प्रभाव मूल्यों पर बहुत अधिक पड़ता है। समाजवादी अर्थव्यवस्था में समस्त उद्योग-धन्धों पर राज्य का स्वामित्व एवं संचालन होने के कारण मजदूरी नियन्त्रण सरकार द्वारा किया जाता है। ऐसी व्यवस्था में

मजदूरी का निर्धारण अधिक आर्थिक समानता, उत्तरदायित्व या जातीय भेद के आधार पर किया जाता है। मजदूरी निर्धारण में श्रमिकों की कार्य प्रेरणा एवं उत्साह का पूरा ध्यान रखा जाता है। वास्तव में नियोजित अर्थव्यवस्था में मजदूरी का निर्धारण करते समय श्रमिकों को अधिक से अधिक सूख-सुविधाएँ प्रदान करने का पूर्ण प्रयास किया जाता है।

आर्थिक नियन्त्रणों को प्रभावित करने वाले घटक

नियन्त्रण को प्रभावित करने वाले घटक अर्थव्यवस्था की प्रकृति के अनुसार बदलते रहते हैं । नियोजित विकास वाली अर्थव्यवस्था के अन्तर्गत नियन्त्रण के घटक अन्य अर्थव्यवस्थाओं के नियन्त्रण से भिन्न होंगे। यदि आर्थिक विकास में नियोजन अपनाना किसी राष्ट्र की दीर्घकालीन एवं मूलभूत नीति हो जाती है तो ऐसी अर्थव्यवस्था में निर्धारित उद्देश्यों को ठीक ढंग से प्राप्त करने के दृष्टिकोण से नियन्त्रणों में वृद्धि की सम्भावना होती है। इसके विपरीत नियोजन को केवल अल्पकाल के लिए ही अपनाये जाने पर नियन्त्रणों की मात्रा अपेक्षाकृत कम रहती है। साधारणत: नियन्त्रण की मात्रा निम्नांकित तत्वों पर निर्भर करती है:

(1) नियोजन के उद्धेश्य - किसी देश में नियन्त्रण की मात्रा का नियोजन के उद्देश्यों द्वारा निर्धारण होगा। यदि नियोजन को शान्तिकालीन परिस्थितियों में लागू किया जाता है तो नियन्त्रण अधिक कठोर न होकर सरल एवं प्रेरणात्मक होंगे। यदि नियोजन का उद्देश्य युद्ध को सुचारू रूप से संचालित करना है तो नियन्त्रणों का अधिक कठोर और अप्रत्यक्ष होना स्वाभाविक है। ऐसी स्थिति में सरकार द्वारा उपभोग, उत्पादन, विनिमय, वितरण, आयात तथा निर्यात आदि पर अधिकाधिक नियन्त्रण लगाकर युद्ध में विजय प्राप्त करने के प्रयास किये जायेंगे। ऐसी स्थिति में सरकार अधिक से अधिक कार्यों को स्वंय द्वारा संचालित करेगी। यदि नियोजन का उद्देश्य पूर्ण रोजगार की प्राप्ति है तो नियन्त्रण प्रेरणात्मक होंगे।

(2) विकास की अवस्था - देश में विकास की अवस्था से आर्थिक नियन्त्रणों का गहरा सम्बन्ध होता है। एक अविकसित एवं पिछड़ी हुई अर्थव्यवस्था में नियन्त्रण रूपी उपकरण को सतर्कतापूर्वक प्रयोग करना पड़ता है। ऐसी स्थिति में प्राय: कठोर नियन्त्रण लगाये जाते हैं। बचत, पूँजी निर्माण, विनियोग की निम्न दर तथा अत्यधिक बेरोजगारी, जनाधिक्य आदि समस्याओं से निपटने के लिए अपेक्षाकृत व्यापक एवं कठोर नियन्त्रण लगाये जाते हैं। इसके विपरीत, विकसित राष्ट्रों में सफलता के साथ नियन्त्रण लगाये जा सकते हैं तथा उनकी प्रकृति अपेक्षाकृत ढीली होती है।

(3) आन्तरिक साधनों की उपलब्धता - योजना की वित्तीय व्यवस्था के लिए आन्तरिक साधनों की उपलब्धि में आर्थिक नियन्त्रणों की महत्वपूर्ण भूमिका होती है। यदि देश में वित्तीय आन्तरिक साधन सरलता से प्राप्त हो जाते हैं। तो आन्तरिक उपभोग तथा निर्यात आदि पर कठोर नियन्त्रण के लगाये जाने की आवश्यकता नहीं है। इसके विपरीत आन्तरिक साधनों के अभाव में सरकार द्वारा साधनों के विदोहन एवं आबंटन पर नियन्त्रण लगाये जाते हैं। इन नियन्त्रणों का प्रमुख उद्देश्य सीमित तथा महँगे साधनों के दुरूपयोग को रोकना होता है।

(4) जन सहयोग की मात्रा - जन सहयोग नियोजित आर्थिक विकास का आवश्यक तत्व होता है। किसी राष्ट्र में नियोजन का सफलतापूर्वक निर्माण एवं क्रियान्वयन जन सहयोग तथा सद्‌भावना पर निर्भर करता है। इस जन सहयोग की मात्रा पर आर्थिक नियन्त्रणों की प्रकृति निर्भर करेगी। यदि जनता का सहयोग अधिक, अपेक्षित तथा स्वेच्छापूर्वक प्राप्त हो जाता है। तो नियन्त्रणों की प्रकृति अपेक्षाकृत कम कठोर होगी। किन्तु यदि जनता का पूर्ण सहयोग प्राप्त नहीं होता तो नियन्त्रणों को अधिक कठोरतापूर्वक लागू करने की आवश्यकता पड़ती है। इस प्रकार की समस्या प्राय: अविकसित राष्ट्रों मे नियोजन के लिए आती है जिनका समाधान प्रचार साधनों का अधिक प्रयोग करके किया जाता है।

(5) सामाजिक एवं राजनीतिक स्थिति - यदि देश में सामाजिक एवं राजनीतिक स्थिरता है तो न्यूनतम नियन्त्रणों की सहायता से योजना को सफलतापूर्वक कार्यान्वित किया जा सकता है। किन्तु यदि राजनीतिक परिस्थितियाँ अस्थिर है, या अधिक उथल पुथल की सम्भावना है, तो स्वाभाविक रूप से आर्थिक नियन्त्रण अधिक लागू करने पड़ेगे, अन्यथा नियोजन को कार्यान्वित करना कठिन होगा। सामाजिक असमानता, पिछड़ेपन और अस्थिरता की दशा में अधिक नियन्त्रणों की आवश्यकता होती है, किन्तु जैसे जैसे परिस्थितियों में सुधार होता जाता है, नियन्त्रण की मात्रा कम होती जाती है अत: यह कहा जा सकता है कि राजनीतिक अस्थिरता में अधिक नियन्त्रण तथा सामाजिक असमानता होने पर नियन्त्रण की मात्रा में वृद्धि तथा सामाजिक सुधार होने पर नियन्त्रणों की मात्रा में कमी सम्भव है।

(6) अन्तर्राष्ट्रीय स्थिति - अन्तर्राष्ट्रीय स्थिति का भी नियन्त्रण की मात्रा पर बहुत ही अधिक प्रभाव पड़ता है। यदि अन्तर्राष्ट्रीय क्षेत्र में पूर्ण शान्ति तथा अर्थव्यवस्था में स्थिरता है और आर्थिक उतार चढ़ाव न्यूनतम है तो स्वाभाविक हो जाता है कि नियन्त्रण कम रहेगा। इसके विपरीत यदि अन्तर्राष्ट्रीय क्षेत्र में तनाव है, आर्थिक अस्थिरता है तो नियन्त्रण की मात्रा में वृद्धि करना आवश्यक होगा। इस प्रकार की आर्थिक अस्थिरता का प्रभाव प्राय. सभी देशों की आन्तरिक एवं बाह्य स्थिति पर पड़ता है अत: आर्थिक नियन्त्रणों की मात्रा में वृद्धि करनी पड़ती है।

(7) विदेशी विनिमय कोष की मात्रा - यदि देश की व्यापारिक स्थिति अच्छी है, निर्यात पर्याप्त मात्रा में हो जाता है, आयात की समस्याओं का समाधान हो जाता है तो उपभोग आदि पर नियन्त्रण कम हो जाते हैं। इन वर्णित तथ्यों के अभाव में विदेशी विनिमय की समस्या उत्पन्न होने पर विभिन्न प्रकार के नियन्त्रण लगाये जाते हैं। देश में विदेशी विनिमय कोष की उपलब्धि भी विदेशी व्यापार पर लगाये जाने वाले नियन्त्रणों की मात्रा को निर्धारित करती है। यदि देश में विदेशी विनिमय पर्याप्त मात्रा में उपलब्ध हो तो सरकार विदेशी व्यापार पर केवल सामान्य नियन्त्रण ही लगायेगी। इसके विपरीत, यदि देश में विदेशी विनिमय की कठिनाइयाँ हैं तो विदेशी व्यापार पर कठोर नियन्त्रण होंगे।

आर्थिक नियन्त्रण की विधियाँ

नियोजन सत्ता आर्थिक क्रियाओं पर दो प्रकार से नियन्त्रण कर सकती है जो कि निम्नलिखित है:

1. आर्थिक नियन्त्रण की प्रत्यक्ष विधियाँ

इन नियन्त्रणों का आशय ऐसे नियन्त्रणों से है जिनका प्रभाव अर्थव्यवस्था पर शीघ्र ही पड़ता है तथा जिन्हें नियोजन अधिकारी प्रत्यक्ष रूप से आदेश देकर लागू करता है। ये आदेश दो प्रकार के हो सकते हैं। प्रथम् धनात्मक आदेश जिनके अन्तर्गत नियोजन अधिकारी जनता को यह आदेश देता है कि योजना की सफलता हेतु कुछ विशेष कार्य ही किये जायें जैसे स्वदेशी उत्पादित वस्तुओं का अधिक से अधिक उपभोग करना। द्वितीय ऋणात्मक आदेश के अन्तर्गत नियोजन अधिकारी जन समूह को ऐसे कार्य न करने का आदेश देता है जो योजना को कार्यान्वित करने में रूकावट उत्पन्न करे। जैसे जन समूह के लिए दूध की कमी को पूरा करने के लिए ऐसी मिठाई न बनाने के आदेश दिये जाना जिनको बनाने में दूध का प्रयोग किया जाता हो। यदि सरकार द्वारा धनात्मक तथा ऋणात्मक दोनों ही प्रकार के आदेशों का एक साथ उपयोग किया जाता है तो देश की अर्थव्यवस्था पर नियन्त्रण कठोर तथा व्यापक होगा। इसके विपरीत किसी अकेले नियन्त्रण की सफलता की आशा बहुत ही कम है। इन नियन्त्रणों की प्रकृति कठोर होने के कारण प्रशासन को क्रियान्वयन में सतर्क रहना होता है। प्रत्यक्ष नियन्त्रणों का प्रयोग प्राय: संकटकालीन तथा असामान्य परिस्थितियों में किया जाता है। प्रत्यक्ष नियन्त्रण की प्रमुख विधियाँ निम्नलिखित हैं :

(1) मौद्रिक नीति – मौद्रिक नीति का आशय किसी देश के केन्द्रीय बैंक की मुद्रा व साख नीतियों से सम्बन्धित नीति से है। इस नीति के माध्यम से मुद्रा का नियन्त्रण एवं नियमन किया जाता है। आर्थिक नियन्त्रणों में सहायक के रूप में मौद्रिक नीति के अन्तर्गत उत्पादन, उपभोग, व्यापार एवं मजदूरी पर साख नियोजन, ब्याज दर में परिवर्तन तथा खुले बाजार की क्रियाओं के माध्यम से नियन्त्रण रखने के प्रयास किये जाते हैं।

(2) राजकोषीय नीति – इस नीति का आशय सरकार की उस नीति से है जिसके अन्तर्गत सरकार आय व्यय के कार्यक्रमों का निर्धारण करती है तथा साथ ही करारोपण, सार्वजनिक ऋण तथा बजट के स्वरूप का भी निर्धारण करती है। देश में उपलब्ध संसाधनों के आबंटन, पूँजी निर्माण, मुद्रा स्फीति तथा मूल्यों पर नियन्त्रण रखकर देश में उत्पादन, उपभाग, व्यापार, विनिमय एवं मजदूरी पर नियन्त्रण रखा जाता है। आय कर एवं ऋण नीति पर बजटीय प्रणाली द्वारा नियंत्रण रखा जाता है।

(3) लाइसेंस व्यवस्था – लाइसेंसिंग व्यवस्था या लाइसेंसिग का आशय ऐसी व्यवस्था से है जिसके अन्तर्गत उन सिद्धान्तों, नीतियों, नियमों, कार्य विधियों तथा प्रणालियों का समावेश होता है। जिसके आधार पर किसी औद्योगिक इकाई की स्थापना तथा उनके विस्तार से सम्बन्धित कार्य के लिए आज्ञा (लाइसेंस) प्रदान की जाती है। औद्योगिक उत्पादन पर नियन्त्रण के उद्धेश्य से लाइसेंसिंग व्यवस्था का प्रयोग किया जाता है। इस व्यवस्था के अन्तर्गत उद्योगों की स्थापना के लिए पंजीकरण तथा आयातों के लिए आज्ञा प्रदान किये जाने की व्यवस्था के माध्यम से नियन्त्रण रखा जाता है।

(4) राष्ट्रीयकरण – यह एक ऐसा माध्यम हे जिसके अन्तर्गत सरकार अब तक निजी उद्यमियों द्वारा संचलित तथा निजी स्वामित्व वाली इकाइयों को अपने स्वामित्व में ले लेती है। जब सरकार को निजी उद्यमियों द्वारा जन कल्याण तथा आर्थिक विकास की क्रियाओं का भली भाँति संचालन न किये जाने का आभास होता है तो उस उद्योग के

राष्ट्रीयकरण किये जाने के प्रयास किये जाते हैं। आर्थिक नियन्त्रणों को तत्काल लागू किये जाने का राष्ट्रीयकरण अपेक्षाकृत सरल माध्यम है। वर्तमान वर्षो में इस माध्यम का प्रयोग किया गया है। 1969 में व्यापारिक बैंकों तथा बर्मा शैल इत्यादि तेल कम्पनियों को सरकारी स्वामित्व में ले लिया जाना क्रमशः राष्ट्रीयकरण को प्रक्रिया का ही एक अंग रहा है।

(5) राशनिंग – इस व्यवस्था के अन्तर्गत उपभोग पर नियंत्रण किया जाता है। यद्धकालिन तथा अति कमी की स्थिति में राशनिंग द्वारा वस्तुओं के उपभोग को कम करने के प्रयास किये जाते हैं। किसी वस्तु के वितरण पर राशनिंग व्यवस्था लागू करके उपभोग नियन्त्रण करना इतना सरल तथा प्रभावशाली नहीं होता जितना कि पूर्ण नियन्त्रण के साथ भ्रष्टाचार तथा दुष्परिणाम की भी भरमार होती है। अतः राशनिंग व्यवस्था का उचित रूप से क्रियान्वयन अति आवश्यक है।

(6) राजकीय व्यापार – वर्तमान वर्षो में आर्थिक क्षेत्र में सरकारी हस्तक्षेप की प्रवृत्ति बढ़ रही है। राजकीय व्यापार भी इस हस्तक्षेप का एक भाग है। राजकीय व्यापार का आशय ऐसे व्यापार से होता है जो सरकार द्वारा स्वयं किसी मन्त्रालय, विभाग या प्रतिष्ठान द्वारा संचालित किया जाता है। निर्यात सम्वर्द्धन, दुर्लभ पदार्थो की नियमित पूर्ति तथा आर्थिक सत्ता के प्रजातन्त्रीकरण के उद्धेश्य से राजकीय व्यापार का संचालन किया जाता है। भारत में राज्य व्यापार निगम तथा भारतीय धातु एवं खनिज व्यापार निगम राजकीय व्यापार के उदाहरण है।

(7) सार्वजनिक क्षेत्र का विस्तार – सरकार द्वारा मौद्रिक तथा राजकोषीय उपायों तथा लाइसेंसिंग प्रणाली के माध्यम से बाजार पर नियन्त्रण स्थापित करने का प्रयास किया जाता है। लेकिन ये माध्यम पर्याप्त सिद्ध नहीं होते। अतः सरकार अधिकांशतः सभी आधारभूत उद्योगो का स्वामित्व अपने हाथ में लेकर अर्थव्यवस्था को इच्छित दिशा में मोड़ने का प्रयास करती है। सरकार इस उद्धेश्य की पूर्ति इस्पात, सीमेण्ट, बिजली आदि की कीमतों का निर्धारण करके करती है। सार्वजनिक क्षेत्र का विस्तार ही एक ऐसा उपाय है जिसके द्वारा सरकार अर्थव्यवस्था पर प्रभावी नियन्त्रण स्थापित कर सकती है।

(8) आयात-निर्यात नीति – आयात तथा निर्यात पर नियन्त्रण विदेशी व्यापार पर नियन्त्रण के प्रभावपूर्ण उपकरण है। प्रति वर्ष सरकार आयात तथा निर्यात से सम्बन्धित नीतियों की घोषणा करती है। इन नीतियों में राष्ट्रीय तथा अन्तर्राष्ट्रीय परिस्थितियों के अनुसार समायोजन किया जाता है। आवश्यक वस्तुओं के आयात तथा महत्वपूर्ण निर्यातों को प्रोत्साहित करने में आयात-निर्यात नीति की महत्वपूर्ण भूमिका होती है। इस प्रकार आयात-निर्यात नीति के माध्यम से विदेशी व्यापार के प्रोत्साहन के साथ साथ उस पर नियन्त्रण भी रहता है।

(9) आयात प्रतिबन्ध – आयात प्रतिबन्ध भी आर्थिक नियन्त्रणों का एक माध्यम है। लेकिन इस प्रतिबन्ध का प्रयोग युद्धकालिन तथा संकटकालीन परिस्थितियों मे ही सम्भव होता है। तुलनात्मक लागत विचारधारा के विकास के साथ विश्व के देशों की एक दूसरे पर निर्भरता बढ़ जाने के कारण आयात प्रतिबन्ध सम्भव नहीं है।

(10) विनिमय नियन्त्रण - अर्द्ध विकसित तथा विकासशील राष्ट्र प्राय: आर्थिक नियन्त्रणों मे विनिमय नियन्त्रण का भी सहयोग लेते हैं। इस प्रकार के विनिमय नियन्त्रण में इन राष्ट्रो का प्रमुख उद्धेश्य विदेशी विनिमय कोषों पर नियन्त्रण रखना, सट्टे बाजार की प्रवृत्तियों को तथा पूँजी बहिर्गमन को रोकना होता है। इन राष्ट्रो द्वारा विनिमय नियन्त्रण के माध्यम से आवश्यक आयात करने तथा अनावश्यक निर्यात को रोकने में काफी अधिक सफलता प्राप्त की गयी है। कई राष्ट्रों ने विनिमय नियन्त्रण को प्रभावी तरीके से लागू करने के लिए 'विदेशी विनिमय नियन्त्रण अधिनियम' बना रखे हैं। भारत में भी इस प्रकार का अधिनियम है।

2. आर्थिक नियन्त्रण की अप्रत्यक्ष विधियाँ

अप्रत्यक्ष आर्थिक नियन्त्रणों का आशय सरकार के उदार एवं प्रेरणादायक रवैये से है जिसके अन्तर्गत व्यक्तिगत उत्पादक अथवा उपभोक्ता का निर्णय अप्रत्यक्ष रूप से प्रभावित होता है। आर्थिक नियन्त्रणों में अप्रत्यक्ष आर्थिक नियन्त्रण प्रमुखत: दो प्रकार से लागू किये जा सकते हैं - प्रथम प्रेरणा प्रदान करके, तथा द्वितीय आर्थिक अवरोधकरों को लागू करके। प्रेरणाएँ अनुदान, अभिदान, साख, गारण्टी इत्यादि द्वारा प्रदान की जा सकती है। प्रेरणाओं सृजन माँग पक्ष अथवा दोनों पूर्ति पक्ष अथवा पक्षों की तरफ से किया जा सकता है। अप्रत्यक्ष नियन्त्रण प्रमुखत: निम्नलिखित हो सकते हैं :

(1) अनुदान एवं आर्थिक सहायता - कभी कभी सरकार किसी विशेष प्रकार की वस्तु अथवा सेवा के उपयोग को प्रोत्साहित करना चाहती है। इस उद्देश्य की पूर्ति के लिए सरकार इन वस्तुओं तथा सेवाओं के उत्पादक प्रतिष्ठानों को अनुदान एवं आर्थिक सहायता प्रदान करती है। भारत में कृषि क्षेत्र में उर्वरकों के प्रयोग को प्रोत्साहित करने हेतु उर्वरक उद्योग को अनुदान एवं सहायता, विदेशी व्यापार, प्रमुखत: निर्यात सहयोगी तथा आयात प्रतिस्थापन के क्षेत्र में अनुदान एवं आर्थिक सहायता, ग्रामीण क्षेत्रों में विद्युत प्रयोग के प्रोत्साहन हेतु 'ग्रामीण विद्युतीकरण निगम' को आर्थिक सहायता इसी के उदाहरण है।

(2) राजकीय संरक्षण - ऐसी वस्तुओं पर जिनका उत्पादन सीमित मात्रा में होता है, उचित नियन्त्रण आवश्यक होता है। प्रजातन्त्रात्मक शासन व्यवस्था में तो न्यायपूर्ण वितरण के लिए यह और भी आवश्यक है। सरकार इन वस्तुओं के उत्पादन को राजकीय संरक्षण प्रदान करके माँग के अनुरूप उनकी पूर्ति करने का प्रयास करती है। भारत में चीनी, सीमेंट लोहा-इस्पात उद्योग को इस प्रकार का संरक्षण प्रदान किया गया है।

(3) करों में छुट - कुछ ऐसी वस्तुओं के, जिनका महत्व स्वदेशी एवं निर्यात दोनों व्यापारों में हो, उत्पादन को सरकार करों में छुट देकर प्रोत्साहित करती है। पिछड़े क्षेत्रों में औद्योगिक विकास हेतु भी सरकार उत्पादन इकाइयों को प्रारम्भिक कुछ वर्षों में करों से छूट दे सकती है। सरकार कई बार जिन औद्योगिक इकाइयों के उत्पादन को प्रोत्साहन देना चाहती है तो उन वस्तुओं पर कम या बिल्कुल कर नहीं लगाती जिनका ये इकाइयाँ उत्पादन करती हैं तथा प्रतिस्पर्द्धात्मक वस्तुओं पर कुछ अधिक मात्रा में कर लगाकर उत्पादन एवं उपभोग को नियन्त्रित करती है। उदाहरणार्थ, खादी एवं अन्य हथकर्घा कपड़े को कर में छूट तथा अन्य कपड़ों पर अधिक कर। कभी-कभी सरकार करों में छूट इसलिए दे देती है जिससे

अधिक से अधिक लोग उस वस्तु या सेवा का प्रयोग कर सकें जैसे सिनेमा को मनोरंजन कर से मुक्त कर देना आदि।

(4) अनिवार्य बचत योजना – सामान्यत: इस प्रकार के अप्रत्यक्ष नियन्त्रण लगाने में सरकार का एकमात्र उद्धेश्य मुद्रा स्फीति पर नियन्त्रण करना होता है। इससे एक तरफ उपभोग हतोत्साहित है तथा दूसरी तरफ नागरिकों के हाथों में कम उपभोग के कारण जो पैसा बचता है वह सरकार को छोटी छोटी बचतों के रूप में प्राप्त हो जाता है जिससे देश में पूँजी निर्माण को बल मिलता है। सरकार द्वारा समय समय पर दिये जाने वाले महँगाई भत्ते का कभी कभी एक भाग अनिवार्य बचत के रूप में जमा कर लेना (जिसे Impounded Dearness Allowance कहते हैं।) तथा अधिक आय वाले व्यक्तियों से प्रतिवर्ष एक निश्चित रकम अनिवार्य जमा योजना में जमा करवाना भी इसी प्रकार के उदाहरण है। सरकार इस प्रकार से प्राप्त अनिवार्य बचत को एक अवधि के बाद नागरिकों को वापस लौटा देती है। इससे मुद्रा स्फीति पर नियन्त्रण तथा पूँजी निर्माण में सहयोग मिलता है।

(5) साख नियोजन – साख के नियोजन अथवा नियन्त्रण से अभिप्राय यह है कि साख प्रदान करने पर नियन्त्रण रखना जिससे साख का अधिक से अधिक लाभ प्राथमिक क्षेत्रों को प्राप्त हो तथा अन्य क्षेत्रों को प्राप्त होने वाली अनावश्यक साख पर नियन्त्रण स्थापित हो। बैंकिंग तथा वित्तीय संस्थाएँ साख नियोजन में महत्वपूर्ण भूमिका निभाती है। साख नियोजन से एक तरफ जहाँ उत्पादन वृद्धि सम्भव होती है। वहीं दूसरी तरफ आर्थिक सत्ता के संकेन्द्रण तथा एकाधिकारी प्रवृत्ति पर भी अंकुश रहता है।

(6) मूल्य समर्थन क्रियाएँ – वास्तव में इस प्रकार के मूल्य समर्थन का उद्धेश्य सरकार द्वारा किसी औद्योगिक एवं व्यापारिक इकाई को अपने उत्पादन का लागत से कम पर विक्रय करने के लिए सहायता देने से है। प्राय: सरकार प्रारम्भिक दिनों में इस प्रकार का समर्थन देती है तथा धीरे धीरे परिस्थिति अनुसार उसे समाप्त करती रहती है। सरकार द्वारा उर्वरक उद्योग को लागत से कम पर उर्वरक विक्रय करने के लिए कहना जिससे किसानों को सस्ते दामों पर उर्वरक उपलब्ध हो तथा किसान जब उर्वरकों का प्रयोग करने के अभ्यस्त हो जाय तब उसको समाप्त कर देना आदि मूल्य समर्थन क्रियाओं के ही उदाहरण है।

आर्थिक नियन्त्रण की सफलता हेतु आवश्यक शर्ते

आर्थिक नियन्त्रण देश की अर्थव्यवस्था को नियन्त्रित करने का एक साधन है साध्य नहीं। अत: आर्थिक नियन्त्रणों की सफलता के लिए कुछ आवश्यक शर्तों का निर्धारण अनिवार्य है। वास्तव में आर्थिक नियन्त्रण मानवीय व्यवहार तथा सरकारी नीतियों के मध्य एक संघर्ष है। सम्भवत: जनता द्वारा उस प्रत्येक सरकारी नीति का विरोध किया जाता है जिनमें नियन्त्रण की बात कही गयी हो। मानवीय मस्तिष्क सन्देहयुक्त होता है। वह प्रत्येक सरकारी नीति पर सन्देह करता है तथा कभी कभी सनक में आकर बिना सोच समझे विरोध भी प्रारम्भ कर देता है। अत: आर्थिक नियन्त्रणों की सफलता हेतु मानवीय व्यवहारों तथा सरकारी नीतियों में तालमेल बिठाने के लिए कुछ मूल तत्वों या शर्तो का निर्धारण किया जाता है। आर्थिक नियन्त्रणों की सफलता हेतु निम्नलिखित शर्ते आवश्यक हो सकती है:

(1) यथार्थ उद्देश्य- बिना यथार्थ उद्देश्य के आर्थिक नियन्त्रण लागू करना पूर्णतः नादानी तथा जनता में रोषपूर्ण वातावरण करने के तुल्य है। अतः सरकार द्वारा किसी भी आर्थिक नियन्त्रण की क्रियान्विति से पूर्व जनता के समक्ष उचित उद्देश्यों का स्पष्टीकरण किया जाना चाहिए। उपभोग पर नियन्त्रण सामान्यतया अधिक खतरनाक होते हैं तथा यदि सरकार के पास ऐसे नियन्त्रणों के लिए कोई यथार्थ उद्देश्य नहीं है तो इसके भयंकर परिणाम हो सकते हैं । इसके अतिरिक्त उपभोग पर नियन्त्रण सामान्यतः तब ही लगाये जाने चाहिए जब इससे किसी महत्वपूर्ण उपलब्धि की आशा हो। सामान्य उपलब्धि के लिए इस प्रकार के नियन्त्रण नहीं लगाये जाने चाहिए।

(2) संगठन का उपयुक्त ढाँचा - वर्तमान आर्थिक समस्याओं तथा आर्थिक नियन्त्रणों की संख्या को देखते हुए आर्थिक नियन्त्रणों की क्रियान्विति के लिए संगठन के उपयुक्त स्वरूप की भी परम आवश्यकता है। वास्तव में आर्थिक नियन्त्रणों के क्रियान्वयन तथा इनकी सफलता के मार्ग में उपयुक्त संगठन व्यवस्था की महत्वपूर्ण भूमिका होती है। यदि संगठन आर्थिक नियन्त्रणों के निर्माण एवं कार्यान्वियन में उच्च तथा विशिष्ट व्यक्तियों की सेवाएँ प्राप्त करने, आर्थिक नियन्त्रणों की प्रक्रिया में समन्वय स्थापित करने, आर्थिक नियन्त्रणों के समय-समय पर मूल्यांकन करने हेतु सक्षम नहीं है तो अर्थव्यवस्था का आर्थिक नियन्त्रणों द्वारा सफल संचालन असम्भव होगा।

(3) सुदृढ़ एवं स्थिर सरकार - आर्थिक नियन्त्रणों की सफलता के लिए सरकारी आधार सुदृढ़ होना चाहिए। सरकार में इस प्रकार की योग्यता होनी चाहिए कि दृढ़तापूर्वक आर्थिक नियन्त्रणों को लागू कर सके लेकिन इस कठोरता की प्रकृति अत्याचारी नही होनी चाहिए। आर्थिक नियन्त्रणों के परिणाम दीर्घकालीन होते हैं तथा इनका सरकारी नीतियो के परिणाम दीर्घकालीन होते हैं तथा इनका सरकारी नीतियों से गहरा सम्बन्ध होता है। अतः सरकार का स्थिर होना आवश्यक है जिससे नीतियाँ भी स्थिर रह सकें।

(4) कुशल एवं योग्य प्रशासन - सुदृढ़ योग्य एवं ईमानदार प्रशासन आर्थिक नियन्त्रणों की सफलता की सर्वप्रथम आवश्यकता है। बिना कुशल एवं योग्य प्रशासन के आर्थिक नियन्त्रणों का न तो उद्देश्यपूर्ण निर्माण हो पाता है तो और न ही सफल क्रियान्वयन। यदि प्रशासन कुशल, योग्य एवं ईमानदार नहीं है तो आर्थिक नियन्त्रणों की मात्रा के अनुसार भ्रष्टाचार प्रोत्साहित होगा। आर्थिक नियन्त्रणों के प्रति जनता को विरोधी अथवा सहयोगी बनाने में प्रशासन की ही महत्वपूर्ण भूमिका होती है। कुशल, योग्य एवं ईमानदार प्रशासन के अभाव में अर्थव्यवस्था को नियन्त्रण करने वाला यह सुगम साधन विकराल रूप धारण कर सकता है।

(5) विपक्ष का सहयोग - वास्तव में विपक्ष का सहयोग आर्थिक नियन्त्रणों की रचना एवं क्रियान्वयन दोनों में महत्वपूर्ण है। यदि विपक्ष का बहुमत प्रबल है तो सम्भवतः आर्थिक नियन्त्रणों की रचना में कठिनाई उत्पन्न होगी। इसके अतिरिक्त मानव की सहज प्रवृत्ति होती है कि वह सहयोगी की अपेक्षा विरोधी की बात पर अधिक विश्वास करता है। यदि विरोधी दल इन आर्थिक नियन्त्रणों के विरूद्ध जनमत तैयार करने में सफल हो जायें हो आर्थिक नियन्त्रणों को लागू करना कठिन होगा।

(6) जन सहयोग - वास्तव में जन सहयोग के अभाव में आर्थिक नियन्त्रणों का निर्माण एवं क्रियान्वयन दोनों अपूर्ण हैं। प्रत्येक आर्थिक नियन्त्रण का प्रत्यक्ष अथवा अप्रत्यक्ष रूप में जनता से सम्बन्ध अवश्य ही होता है। उपभोग पर नियन्त्रण सामान्यत: जनता के लिए कष्टदायक होता है, तथा प्रशासन के लिए उसे लागू करना कठिन होता है। अत: इस प्रकार के नियन्त्रणों को इस प्रकार से लागू किया जाना चाहिए जिससे सरकार को जनता का सहयोग प्राप्त हो जाय। सीमेण्ट, चीनी, केरोसीन, पेट्रोल आदि पर नियन्त्रण में जन सहयोग आवश्यक है।

(7) व्यावहारिक एवं उपयुक्त व्यवस्था - आर्थिक नियन्त्रणों की प्रकृति व्यावहारिक होनी चाहिए। उनमें किसी न किसी रूप में निरन्तरता का गुण रहे जिससे जनता सदैव नियन्त्रणों की अभ्यस्त रहे। इसके अतिरिक्त आर्थिक नियन्त्रणों की प्रक्रिया में लोच होनी चाहिए एवं इसकी अवधि लम्बी होनी चाहिए। आर्थिक नियन्त्रणों में इन गुणों की विद्यमानता से ही व्यावहारिकता आयेगी। इसके अतिरिक्त आर्थिक नियन्त्रणों में उपयुक्त समन्वय एवं सन्तुलन का गुण भी विद्यमान होना चाहिए। अर्थव्यवस्था के विभिन्न क्षेत्रों में लागु किये गये आर्थिक नियन्त्रण सन्तुलित एक समन्वित होने चाहिए अन्यथा आर्थिक नियन्त्रण अप्रभावी तथा असफल रहेंगे।

भारत में आर्थिक नियन्त्रण

भारत में वर्तमान आर्थिक परिस्थितियों के अनुरूप तथा आर्थिक नियोजन के सफल क्रियान्वयन हेतु आर्थिक नियन्त्रणों से सम्बन्धित किसी उपयुक्त नीति का अपनाया जाना आवश्यक है। वर्तमान आर्थिक परिस्थितियों को देखते हुए विवाद का विषय आर्थिक नियन्त्रणों की प्रकृति तथा मात्रा का है न कि नियन्त्रण लागू किये जाने या न किये जाने का। स्वतन्त्रता प्राप्ति के तीन दशकों पश्चात् भी ज्वलन्त आर्थिक समस्याओं (बेरोजगारी, निम्न जीवन स्तर, गरीबी, भुखमरी, आर्थिक सत्ता का संकेन्द्रण) का निवारण नहीं किया जा सका है। अत: भारत में आर्थिक नियन्त्रण आवश्यक है। आर्थिक प्रशासन आयोग के अध्यक्ष श्री एल. के. झा. का सुझाव है कि नियन्त्रणों को उत्तेजकों अथवा प्रेरणादायकों के दृष्टिकोण से नहीं देखा जाना चाहिए। सरकार तथा व्यावसायिक समुदाय को उन उद्धेश्यों की पूर्ति के लिए मिलजूलकर कार्य करना चाहिए जिनके लिए नियन्त्रण लागू किये गये हैं।

भारत में आर्थिक नियन्त्रणों का इतिहास आर्थिक नियोजन से सम्बद्ध है। भारत में आर्थिक नियन्त्रणों का आरम्भ वर्ष 1951 से हुआ। तब से अब तक प्रत्यक्ष एवं अप्रत्यक्ष रूप से आर्थिक नियन्त्रणों को लागू करके उत्पादन, उपभोग, व्यापार (देशी तथा विदेशी), वितरण तथा राजस्त को नियन्त्रित किया गया है। जीवन बीमा, व्यापारिक बैंकों, लोहा एवं इस्पात संयन्त्रों का राष्ट्रीयकरण, राजकीय व्यापार निगम इत्यादि की स्थापना आर्थिक नियन्त्रण इतिहास के ही अध्याय है। भारत में विभिन्न प्रकार के आर्थिक नियन्त्रणों का विवेचन निम्न प्रकार है:

(1) मूल्य नियन्त्रण - सरकार उपभोग की महत्त्वपूर्ण वस्तुओं का स्वयं मूल्य निर्धारित करती है। इन वस्तुओं में लोहा-इस्पात, चीनी, सीमेंट आदि को सम्मिलित किया जा सकता है। इन वस्तुओं की मूल्य नीति सरकार स्वयं निर्धारित करती है न कि सम्बन्धित उद्योग का प्रशासन। उदाहरण के लिए लोहा तथा इस्पात का उत्पादन सार्वजनिक तथा निजी

दोनों। क्षेत्रों द्वारा किया जाता है लेकिन मूल्य नीति का निर्धारण संयुक्त समिति द्वारा किया जाता है तथा कोई भी उद्योग (सार्वजनिक अथवा निजी) इस समिति द्वारा निर्धारित मूल्य से अधिक मूल्य प्राप्त नहीं कर सकता। इस पर सरकार आवश्यक नियन्त्रण रखती है।

भारत में मूल्य नियन्त्रण के सम्बन्ध में आर्थिक प्रशासन सुधार आयोग के अध्यक्ष श्री एल. के. झा. का सुझाव है कि भारत में नियन्त्रणों की प्रक्रिया का, विशेषत: मूल्य नियन्त्रणों का पुन: मूल्यांकन किया जाना चाहिए जो दीर्घ अवधि में भी अपने आधारभूत उद्धेश्यों की पूर्ति नहीं कर पाये हैं। इसका अर्थ यह कदापि नहीं है कि मूल्य नियन्त्रण अनावश्यक है वरन् इनका नियन्त्रण इस प्रकार किया जाना चाहिए जिससे उपभोक्ताओं को संरक्षण प्राप्त हो। उनका मत है कि उपभोक्ता के लिए उसके द्वारा चुकाये गये मूल्य की अपेक्षा पूर्ति की पर्याप्तता अधिक महत्वपूर्ण है। वास्तव में भारत में मूल्य नियन्त्रण की कार्य प्रणाली में सुधार की आवश्यकता है। प्रबन्ध में अपर्याप्त अधिकारों का प्रत्यायोजन तथा दोषपूर्ण कार्मिक नीतियों तथा निम्न वेतनभोगी अकुशल कर्मचारियों के कारण भारत में मूल्य नियन्त्रण सफल नहीं हो सका है।

(2) पूँजी निर्गमन नियन्त्रण – भारत में पूँजी के निर्गमन पर नियन्त्रण रखने के उद्धेश्य से सन् 1947 में पूँजी निर्गमन अधिनियम बनाया गया। इस अधिनियम के अन्तर्गत निर्धारित सीमा (जो इस समय पच्चीस लाख रूपये है) से अधिक पूँजी निर्गमन करने पर प्रत्येक कम्पनी को इस अधिनियम के अन्तर्गत पूँजी निर्गमन नियन्त्रक से अनुमति प्राप्त करनी होती है। आर्थिक सत्ता के संकेन्द्रण पर यह नियन्त्रण एक अंकुश है।

(3) औद्योगिक (नियमन व विकास) अधिनियम – औद्योगिक इकाइयों की अवांछित स्थापना एवं विकास पर अंकुश लगाने के दृष्टिकोण से सन् 1951 में औद्योगिक (नियमन एवं विकास) अधिनियम बनाया गया। इस अधिनियम के प्रावधानों के अन्तर्गत अनुसूचित उद्योगों में नयी इकाइयों की स्थापना करने अथवा पूर्व में स्थापित उपक्रमों द्वारा महत्वपूर्ण विस्तार के समय लाइसेंस प्राप्त करना अनिवार्य है। इस अधिनियम के प्रावधानों के अन्तर्गत ही उद्योगों द्वारा उत्पादन में निरन्तर कमी अथवा किस्म में गिरावट अथवा मूल्य वृद्धि के समय सरकार जाँच करवा सकती है तथा अकुशल इकाइयों का प्रबन्ध स्वयं सम्भाल सकती है।

(4) विदेशी विनिमय नियमन अधिनियम – विदेशी विनिमय के कोषों में वृद्धि के उद्धेश्य से सन् 1947 में विदेशी विनिमय नियमन अधिनियम लागू किया गया। इस अधिनियम के प्रावधानों के अन्तर्गत विदेशी व्यक्तियों या कम्पनियों पर भारत में उद्योग स्थापित करने अथवा सम्पत्ति का क्रय करने पर रिजर्व बैंक द्वारा प्रतिबन्ध लगाये जाने की व्यवस्था है। इस अधिनियम में इस प्रकार की व्यवस्था है कि बिना रिजर्व बैंक की अनुमति के कोई भी घ्यक्ति अथवा विदेशी कम्पनी भारत में किसी व्यक्ति या कम्पनी के एजेण्ट या तकनीकी सलाहकार के रूप में कार्य नहीं कर सकेंगे।

(5) एकाधिकार व प्रतिबन्धित व्यापार क्रियाओं के अधिनियम – बड़े औद्योगिक घरानों के हाथों में आर्थिक सत्ता के संकेन्द्रण पर नियन्त्रण के उद्धेश्य से यह अधिनियम 1969 में बनया गया। इस अधिनियम के अन्तर्गत निर्बन्धात्मक व्यापारिक व्यवहारों के विषय में एकाधिकार आयोग को निर्णायक अधिकार प्रदान किये गये हैं जबकि

एकाधिकारी व्यवहारों तथा आर्थिक सत्ता के संकेन्द्रण के विषय में आयोग को केवल सलाहकारी अधिकार दिये गये हैं। इस सम्बन्ध में एकाधिकार एवं प्रतिबन्धात्मक व्यापार व्यवहार आयोग के भूतपूर्व अध्यक्ष न्यायाधीश एस. रगराजन का सुझाव है कि "सार्वजनिक क्षेत्र के उपक्रमों को भी अधिनियम के अधिकार क्षेत्र में लाया जाना चाहिए। जहाँ तक निर्बन्धात्मक अथवा एकाधिकार व्यापारिक व्यवहारों का प्रश्न है, इन उपक्रमों के न तो विस्तार के लिए तथा न ही नवीन इकाइयों की स्थापना करने के लिए इस प्रकार के प्रतिबन्ध है।

एकाधिकार एवं प्रतिबन्धात्मक व्यापार व्यवहार आयोग अपने सुपुर्द कार्य में निरन्तर प्रगति कर रहा है। पिछले 4 वर्षों में कम्पनी व्यवहार विभाग द्वारा इस आयोग को निर्दिष्ट किये गये प्रार्थना पत्रों में वृद्धि हुई है। इस प्रकार के विषय जो बड़े आकार की कम्पनियों के विस्तार तथा MRTP अधिनियम के अन्तर्गत आते थे कि संख्या वर्ष 1980 में 6 थी। वर्ष 1979 में सिर्फ 3 मामले ही आयोग को निर्दिष्ट किये गये जबकि वर्ष 1978 में केवल ऐसे दो मामले ही निर्दिष्ट किये गये। इसके अतिरिक्त आयोग द्वारा स्वयं की जानकारी अथवा उपभोक्ता संघों की शिकायतों के आधार पर जाँच किये मामलों में अनिश्चित प्रवृत्ति देखने को मिलती है। वर्ष 1981 में इस प्रकार की 11 जाँचे की गयी जबकि 1980 में केवल 7 वर्ष 1979 में 8 तथा वर्ष 1978 में 30 जाँचे की गयी थी।

(6) लाइसेंस व्यवस्था – औद्योगिक लाइसेंस प्रणाली सरकार द्वारा औद्योगिक अर्थ व्यवस्था को नियन्त्रित करने का यह एक महत्वपूर्ण उपकरण है। इस उपकरण का प्रयोग सरकार उद्योगों के स्थानीयकरण, विस्तार एवं पूँजी के वांछित दिशाओं में विनियोग आर्थिक सत्ता के संकेन्द्रण को रोकने तथा नये उद्यमियों एवं साहसियों को विभिन्न प्रकार के प्रलाभन देने में करती है। वास्तव में भारत में यह उपकरण अधिक कारगर सिद्ध नहीं हो पाया है। इस सम्बन्ध में न्यायाधीश एस. रंगराजन द्वारा कटु आलोचना की गयी है। उनका कहना है कि भारत की वर्तमान लाइसेंसिग व्यवस्था कम से कम कुछ क्षेत्रों में क्षमता के पूर्वक्रम के सम्बन्ध में अगुआ रही है।

(7) राशनिंग व्यवस्था – भारत में महत्वपूर्ण उपभोग की वस्तुओ की राशनिंग व्यवस्था के माध्यम से वितरण व्यवस्था की जा रही है। इसका प्रमुख कारण उत्पादन तथा उपभोग स्तर में अत्यधिक अन्तर का होना है। वर्तमान में सीमेण्ट, चीनी, उर्वरक तथा मिट्टी के तेल आदि का वितरण राशनिंग प्रणाली के द्वारा किया जा रहा है। निःसन्देह भारत में इस व्यवस्था के सहयोग से इन वस्तुओं के मूल्य खुले बाजार में स्थिर रहने में काफी सहायता मिली है लेकिन दूसरी तरफ भ्रष्टाचार तथा कालाबाजारी भी प्रोत्साहित हुई है।

(8) साख नियन्त्रण – इसे साख निर्माण भी कहा जा सकता है। इसका उद्धेश्य साख व्यवस्था को देश की आर्थिक परिस्थितियों के अनुरूप प्रयोग करना होता है। भारतीय मुद्रा बाजार की क्रियाओं को नियन्त्रित करने हेतु रिजर्व बैंक साख का नियन्त्रण करता है। बैंकों के राष्ट्रीयकरण से पहले साख पर अधिक नियन्त्रण रखना सम्भव नहीं था जिससे आर्थिक सत्ता के संकेन्द्रण को अधिक प्रोत्साहन मिला। इसीलिए व्यापारिक बैंकों का राष्ट्रीयकरण किया गया जिससे कि साख पर उचित नियन्त्रण रखा जा सके।

(9) औद्यागिक नीति - अल्पविकसित अर्थव्यवस्था में उपयुक्त हस्तक्षेप सहित औद्योगिक नीति औद्योगिक अर्थव्यवस्था को नियन्त्रित करने हेतु अनिवार्य है। इस नीति के माध्यम से ही सरकार आर्थिक कार्यकलाप के कुछ क्षेत्र स्वयं अपने लिए, कुछ क्षेत्र व्यक्तिगत उद्यमियों तथा कुछ क्षेत्र संयुक्त क्षेत्र के लिए निर्धारित कर सकती है। भारत सरकार द्वारा घोषित 1948, 1956, 1977 तथा 1980 की औद्योगिक नीतियाँ औद्योगिक अर्थव्यवस्था के नियन्त्रण में बहुत हद तक सफल हो पायी हैं ।

(10) सार्वजनिक वितरण प्रणाली - सार्वजनिक वितरण प्रणाली का आशय अत्यधिक उपभोग की वस्तुओं के वितरण की सरकारी स्तर पर व्यवस्था से हैं। इस वितरण प्रणाली में प्रमुख रूप से नहाने तथा कपड़े धोने के साबुन, माचिस, चाय, काफी तथा अभ्यास पुस्तिकाएँ सम्मिलित की जाती हैं । भारत में इस प्रणाली का इतिहास लगभग चार दशक पुराना है जिसमें तीन दशक नियोजित विकास के हैं। भारत में आवश्यक वस्तुओं के वितरण को नियन्त्रित रखने हेतु सार्वजनिक वितरण प्रणाली अधिक कारगर सिद्ध नहीं हो पायी है। एक प्रभावी सार्वजनिक वितरण प्रणाली हेतु उत्पादन, अधिप्राप्ति, परिवहन, भण्डारण तथा कुछ चयनित वस्तुओं के वितरण के सम्बन्ध में सम्पर्क प्रथम आवश्यकता है।

(11) अन्य नियन्त्रण - उपरोक्त वर्णित आर्थिक नियन्त्रणों के अतिरिक्त कुछ अन्य नियन्त्रण भी अर्थव्यवस्था को नियन्त्रित करने हेतु प्रयोग किये जाते हैं। इनमें से आयात के सम्बन्ध में कोटा प्रणाली द्वारा आयातों पर नियन्त्रण, लघु उद्योगों के लिए कुछ मदों का आरक्षण कर प्रोत्साहन तथा बड़े उद्योगों पर नियन्त्रण, अन्तर्राज्यीय प्रतिबन्ध द्वारा खाद्यान्नों के आवागमन पर नियन्त्रण अनिवार्य जमा योजना द्वारा मुद्रा प्रसार पर नियन्त्रण तथा राजकोषीय नीति के माध्यम से उद्योगों के अनावश्यक विस्तार पर नियन्त्रण प्रमुख हैं ।

प्रश्न

1. एक राज्य किस प्रकार से आर्थिक विकास में अनुकूल और क्रियाशील स्थान निभा सकता है। समझाइये।
2. आर्थिक विकास को प्रोत्साहित करने के लिए राज्य को किन-किन विभागों को प्रभावित करना पड़ता है? राज्य इसे कैसे करेगा? सविस्तार समझाइये।
3. आर्थिक विकास में राज्य के सक्रिय भाग लेने के संसाधनों पर एक टिप्पणी लिखिये।
4. आधुनिक राज्य द्वारा आर्थिक विकास की वृद्धि के लिए किये जाने वाले उपायों को समझाकर लिखिये।
5. ''आधुनिक राज्य को देश की आर्थिक क्रियाओं में सक्रिय भाग लेना आवश्यक है।'' विश्लेषण कीजिए।

2

आर्थिक विकास का प्रतिष्ठित सिद्धान्त

(Classical Theory of Economic Growth)

एडम स्मिथ प्रतिष्ठित समुदाय के अग्रणी माने जाते हैं। सम्भवत: ये प्रथम अर्थशास्त्री थे जिन्होंने बिखरे हुये आर्थिक विचारों को एक क्रमबद्ध एवं वैज्ञानिक रूप में प्रस्तुत किया। उन्होंने 1776 में प्रकाशिक अपनी प्रसिद्ध पुस्तक "An Enquiry into the Nature and Causes of Wealth of Nations" में आर्थिक विकास सम्बन्धी विचार प्रस्तुत किये। यद्यपि स्मिथ ने आर्थिक विकास के बारे में व्यवस्थित सिद्धान्त प्रतिपादित नहीं किया परन्तु बाद के अर्थशास्त्रियों ने इस सुव्यिवस्थित सिद्धान्त का रूप दे दिया। लेकाचमान के शब्दों में ऐसा लगता है कि स्मिथ का अधिकांश कार्य आज के अर्द्ध विकसित देशों को ध्यान में रखकर ही लिखा गया हो।

एडम स्मिथ के विकास सिद्धान्त की मुख्य बातें निम्नलिखित हैं—

(1) आर्थिक विकास के निर्धारक तत्त्व (Determinants of Economic Growth)— **एड़म स्मिथ**प्राकृतिक नियमों में विश्वास रखते थे और व्यक्तिगत स्वतन्त्रता के पक्ष पोषक थे। वे आर्थिक क्रियाओं में सरकारी हस्तक्षेप के विरूद्ध थे। उनका विश्वास था कि आर्थिक विकास की क्रिया एक स्वतन्त्र वातावरण में ही पनप सकती है और इन क्रियाओं पर किसी प्रकार क। नियन्त्रण विकास प्रवृत्तियों को सीमित बना देगा। अत: आर्थिक मामलों में प्राकृतिक नियम सर्वश्रेष्ठ होते हैं। प्रत्येक व्यक्ति अपने हित का श्रेष्ठतम निर्णायक होता है, उसे अपने हित की पूर्ति के लिए स्वतन्त्र छोड़ देना चाहिए क्योंकि व्यक्तिगत हित की पूर्ति सामान्य हित स्वयं बढ़ने लगता है। इस प्रकार आर्थिक मामलों में सरकार को अहस्तक्षेप नीति का पालन करते हुये अर्थव्यवस्था को अदृश्य हाथों के द्वारा संचालित होने के लिये छोड़ देना चाहिये। ये अदृश्य हाथ (पूर्ण प्रतियोगी बाजार तन्त्र) राष्ट्रीय धन को अधिकतम बनायेंगे।

(ब) श्रम-विभाजन (Division of Labour)—स्मिथ उत्पत्ति के साधनों में भूमि व पूँजी की अपेक्षा श्रम को अधिक महत्त्वपूर्ण मानते हैं। श्रम विभाजन उनके आर्थिक विकास उत्पादन की मात्रा पर निर्भर करता है और उत्पादन की मात्रा श्रम-विभाजन पर। श्रम विभाजन व विशिष्टीकरण से अर्थव्यवस्था को मुख्यत: अग्र चार लाभ प्राप्त होते हैं—

(1) श्रमिकों की कार्यक्षमता में वृद्धि होती है,

(2) समय व साधनों की बचत होती है,

(3) नये-नये आविष्कारों को प्रोत्साहन मिलता है, तथा

(4) उत्पादकता में वृद्धि होती है।

श्रम-विभाजन स्वयं दो बातों पर निर्भर करता है—

(अ) उत्पादन कार्यों में प्रयुक्त पूँजी की मात्रा (Quantity of Productive Capital)-पूँजी का संचय श्रम-विभाजन की एक पूर्व आवश्यकता है। एक देश में जितनी अधिक मात्रा में पूँजी उपलब्ध होगी, उसी के अनुसार उस देश में उत्पादन हो सकता है। इस प्रकार पूँजी की मात्रा श्रम-विभाजन को सीमित करती है। स्मिथ के अनुसार, "देश की पूँजी की वृद्धि या कमी के अनुपात में ही उत्पादन श्रमिकों, उद्योगों श्रम व भूमि का उत्पादन, वास्तविक धन तथा देशवासियों की आय बढ़ती या घटती है, और जैसे-जैसे स्टाँक का और अधिक संचय होता है, वैसे ही वैसे उसी अनुपात में श्रम का और अधिक उप-विभाजन किया जा सकता है।" उनका कहना था, "पूँजी में मितव्ययिता द्वारा वृद्धि होती है और अपव्यय व दुराचरण से वह कम होती है।"

(ब) बाजार के विस्तार की सीमायें (Extension of the Market)—पूँजी के बाद श्रम विभाजन बाजार के आकार द्वारा सीमित होता है। बाजार जितना अधिक विस्तृत होगा, श्रम-विभाजन की सम्भावना उतनी ही अधिक होगी। इसके विपरीत, बाजार जितना अधिक संकुचित होगा, श्रम विभाजन की सम्भावना उतनी ही कम होगी। स्मिथ के शब्दों में, "श्रम का विभाजन बाजार के विस्तार द्वारा सीमित हो जाता है।" बाजार का विस्तार स्वयं प्रभावूपर्ण माँग पर निर्भर करता है और प्रभावपूर्ण माँग घरेलू माँग और विदेशी माँग से मिलकर बनती है। अत: विकास के लिए विदेशी व्यापार का विस्तार होना चाहिये।

(2) सन्तुलित विकास की नीति (The Policy of Balanced Growth)—एडम स्मिथ सन्तुलित विकास नीति के समर्थक थे। वे अर्थव्यवस्था में कृषि एवं उद्योग दोनों का ही समान रूप से आर्थिक विकास करना चाहते थे। किन्तु उनका कहना था कि विकास की प्रारम्भिक अवस्था में कृषि व कुटीर उद्योगों को प्राथमिकता देनी चाहिये, हाँ बाद में उद्योग एवं व्यापार का विस्तार आवश्यक है। उनका प्राथमिकता क्रम इस प्रकार था कृषि, उद्योग-धन्धे, व्यापार।

(3) बाह्य मितव्ययितायें (External Economies)-**एडम स्मिथ** की मान्यता है कि अर्थव्यवस्था के विभिन्न क्षेत्र एक-दूसरे पर आश्रित होते हैं तथा एक-दूसरे के पूरक होते हैं। ज्यों ही अर्थव्यवस्था के एक भाग का विकास होता है, यह अन्य भागों की न केवल माँग में वृद्धि करके वरन् लागत व्यय को कम करके प्रोत्साहित करता है। इस प्रकार विकास के लिये वे सन्तुलित विकास नीति के साथ-साथ उद्योगों में विविधता के समर्थक थे।

(4) मानवीय साधन (Human Resources)—**एडम स्मिथ** के अनुसार श्रम ही उत्पत्ति का सर्वाधिक महत्त्वपूर्ण एवं सक्रिय साधन है। स्मिथ के ही शब्दों में, "श्रम वह खजाना है जो किसी राष्ट्र को वार्षिक उपभोग के लिये समस्त सुविधायें और आवश्यकतायें उपलब्ध करा सकता है। देश में श्रम पूँजी अनुपात (Labour Capital Ratio) आर्थिक विकास को बचाने वाला होना चाहिये। अत: जहाँ पूंजी कम है, वहाँ निम्न स्तरीय जन-वृद्धि पर नियन्त्रण लगाया जाना चाहिये अन्यथा लोग अन्तिम रूप से देश पर भार बने रहेंगे और आर्थिक विकास की गति धीमी पड़ जायेगी।"

(5) विकास-प्रक्रिया (Growth Process)—**एडम स्मिथ** के अनुसार आर्थिक विकास एक ऐसी निरन्तर एवं नियमित प्रक्रिया है जो धीरे-धीरे घटित होती है और जिसका प्रभाव संचयी होता है। जब अर्थव्यवस्था में कृषि, उद्योग एवं व्यापार का विस्तार होता है, तो पूँजी संचय में वृद्धि होती है, राष्ट्रीय आय में वृद्धि होती है, जनसंख्या में वृद्धि होती है प्रभावी माँग में वृद्धि होती है तथा आय के बढ़ने से बचत बढ़ जाती है। श्रम विभाजन, विशिष्टीकरण तथा बाजार के विस्तार से उत्पादन तकनीक में सुधार होता है और अधिक विशिष्टीकरण होता है, उत्पादकता में वृद्धि होती है और इस प्रकार विकास की प्रक्रिया आरम्भ होकर, एक क्षेत्र से दूसरे क्षेत्र में फैलती हुई, सम्पूर्ण अर्थव्यवस्था में फैल जाती है।

(6) मजदूरी निर्धारण (Wage Determination)—**एडम स्मिथ** के अनुसार मजदूरी की दर श्रमिकों एवं पूँजीपतियों की सौदा करने की शक्ति पर निर्भर करती है। जब पूँजी निर्माण की दर में वृद्धि होने पर श्रमिकों की बढ़ती है, तो मजदूरी की दर भी बढ़ती जाती है। श्रम की माँग में वृद्धि होने पर जनसंख्या की पूर्ति में वृद्धि होती है। अब यदि श्रमिकों की पूर्ति माँग से अधिक हो जाती है तो मजदूरी की दर घट जायेगी। फलस्वरूप जनसंख्या में वृद्धि की दर भी गिर जायेगी। संक्षेप में, मजदूरी की दर माँग और पूर्ति के अनुरूप समायोजित होगी।

(7) लाभ-निर्धारण (Profit Determination)—एडम स्मिथ के अनुसार पूँजी संचय में वृद्धि होने से मजदूरी की दर में तो वृद्धि होती है किन्तु लाभ में कमी होती है। एक बार जब लाभ की दर घटने लगती है तो यह घटती ही चली जाती है जिससे निवेश घट जाता है—पूँजी संचय रूक जाता है जनसंख्या स्थिर हो जाती है—लाभ न्यूनतम होने लगते हैं—मजदूरी निर्वाह-स्तर पर पहुँच जाती है—प्रति व्यक्ति आय स्थिर होती है और अर्थव्यवस्था गतिहीनता की अवस्था (Stationary State) में पहुँच जाती है। इस बिन्दु पर पँजी संचय की प्रक्रिया रूक जाती है और आर्थिक विकास भी रूक जाता है।

(8) ब्याज (Interest)—ब्याज की नीची दर पूँजी संचय को प्रोत्साहित करती है। इससे पूँजी निवेश बढ़ता है और आर्थिक विकास की गति तेज होती है।

संक्षेप में, स्मिथ आर्थिक विकास को एक संचयी प्रक्रिया मानते हैं। जिससे देश की अर्थव्यवस्था विकास की उच्चतम सीमा पर पहुँच जाती है। जब कृषि विनिर्माणी उद्योगों एवं वाणिज्य के कारण समृद्ध होती है तो उसमें पूँजी संचय, तकनीकी उन्नति, जनसंख्या में वृद्धि, बाजार का विस्तार, श्रम-विभाजन, लाभ में वृद्धि यह क्रम चलता रहता है।

आलोचनात्मक मूल्यांकन (Critical Appraisal)—एडम स्मिथ का विकास माँडल कुछ ऐसे तथ्यों पर आधारित है जो आर्थिक विकास के लिये अति आवश्यक है। सन्तुलित विकास नीति, बचत तथा पूँजी सचय में वृद्धि, विस्तृत बाजार एवं प्रबन्ध व्यापार नीति आदि इस सिद्धान्त की कुछ प्रमुख विशेषतायें हैं। फिर भी इस सिद्धान्त के कुछ प्रमुख दोष निम्न प्रकार हैं—

(1) स्मिथ का सम्पूर्ण विकास माँडल पूर्ण प्रतियोगिता की अवास्तविक मान्यता पर आधारित है।

(2) स्मिथ ने विकास प्रक्रिया में उद्यमशीलता जो आर्थिक विकास का एक अत्यन्त महत्त्वपूर्ण घटक हे, की पूर्ण उपेक्षा की है।

(3) स्मिथ का विकास माँडल अहस्तक्षेप नीति पर आधारित है। निजी क्षेत्र के विस्तार में आस्था रखने वाले इस महान अर्थशास्त्री ने आर्थिक विकास में सार्वजनिक क्षेत्र (सरकार) के योगदान को बिल्कुल भुला दिया है।

(4) स्मिथ की स्थिर अर्थव्यवस्था की कल्पना आज के युग में मान्य नहीं है।

(5) स्मिथ ने अर्थव्यवस्था को सदैव साम्य की स्थिति में रखा है। वे असन्तुलनों की समस्या (Problem of Disequilibrium) को नहीं समझ सके।

(6) स्मिथ का यह विचार एकपक्षीय है कि पूँजीपति, भूमिपति एवं साहूकार ही बचत करते हैं।

(7) स्मिथ द्वारा किया गया समाज का विभाजन अत्यधिक कठोर है।

(8) स्मिथ का यह विचार कि पूँजीवादी अर्थव्यवस्था की अन्तिम अवस्था स्थिर अवस्था होती है, अवास्तविक है।

(9) स्मिथ व्यापार चक्रों अथवा आर्थिक उच्चावचनों के सम्बन्ध में पूर्णतः मौन रहे है।

अल्पविकसित देशों में स्मिथ के विकास मॉडल की व्यवहार्यता
(Applicability of Smithonian Growth Model in Under-Developed Countries)

अल्पविकसित देशों में बाजार का आकार छोटा होता है जिसके कारण बचत क्षमता एवं पूँजी विनियोजन की सम्भावना कम होती है। बाजार का छोटा आकार उत्पादकता व निवेश को सीमित रखते हुये आय के स्तर को नीचा बनाये रखता है। दूसरे शब्दों में, अल्पविकसित देशों में वास्तविक आय का स्तर नीचा होता है, उपभोग प्रवृत्ति अधिक होती है और आर्थिक विकास के लिये पूँजी व पूँजी संचय का अभाव बना रहता है। अतः स्मिथ का विकास माँडल, जो पूर्णतः श्रम विभाजन व बाजार के विस्तार पर आधारित है, अल्पविकसित देशों में पूर्णरूप से लागू नहीं हो पाता।

इसके अतिरिक्त स्मिथ का विकास माँडल अनेक ऐसी मान्यताओं पर आधारित है जो अल्पविकसित देशो में सही नही उतरती। उदाहरण के लिये इन देशों में अबन्ध व्यापार नीति के स्थान पर सरकारी हस्तक्षेप पाया जाता है और पूर्ण प्रतियोगिता के स्थान पर

एकाधिकारिक प्रवृत्तियाँ पनपती हैं जिनके कारण ये अर्थव्यवस्थायें निर्धनता के दुष्चक्रों में फँसी रहती है।

फिर भी यह मान्य है कि स्मिथ के विकास माँडल के अनेक घटक जैसे सन्तुलित विकास नीति, विकास संचयी प्रक्रिया, पूँजी संचय इन देशों के आर्थिक विकास से घनिष्ठ रूप से सम्बन्धित हैं। इन देशों में बचत के आधार पर ही विकास सम्भव है। स्मिथ का विकास प्रक्रिया में सुधरी हुई प्रोद्योगिकी, श्रम-विभाजन एवं बाजार के विस्तार पर बल देना ऐसी अर्थव्यवस्थाओं की नीति का एक महत्त्वपूर्ण अंग बन गया है। रोस्टोव का मत है, ''आजकल के दृष्टिकोण से, वेल्थ ऑफ नेशन्स'' एक गत्यात्मक विश्लेषण और एक अल्पविकसित देश के लिये नीति का कार्यक्रम है।

डेविड रिकार्डो के विकास सम्बन्धी विचार हमें उनकी पुस्तक "Principles of Political Economy and Taxation में मिलते हैं। वास्तव में उन्होंने आर्थिक विकास के किसी एक सिद्धान्त का प्रतिपादन नहीं किया, स्मिथ के विकास सिद्धान्त को ही सुव्यवस्थित ढंग से पूर्ण किया है। मायर व वाल्डविन के शब्दों में, ''एक सीमा तक रिकार्डो का विकास सिद्धान्त केवल इस सम्बन्ध में कठोर रूप देने का प्रयास मात्र है जिसको एडम स्मिथ ने बनाया किन्तु समझाने में असफल रहें।''

रिकार्डो के आर्थिक विकास माँडल की प्रमुख विशेषतायें इस प्रकार हैं—

(1) अर्थव्यवस्था का संगठन (Organisation of the Economy) — रिकार्डो के विचार में आर्थिक समाज के केवल तीन महत्त्वपूर्ण पक्ष हैं—(i) पूँजीपति, (ii) श्रमिक, व (3) भू-स्वामी। इनमें पूँजीपति सर्वाधिक महत्त्वपूर्ण है। आर्थिक विकास के एक महत्त्वपूर्ण घटक के रूप में पूँजीपति दो प्रकार के कार्य करता है।

(i) वह अपनी पूँजी के लाभदायक विनियोजन का प्रयास करता है ताकि उपलब्ध साधनों का अधिक आबंटन हो सकें,

(ii) वह अपनी आर्थिक क्रियाओं द्वारा पूँजी संचय में वृद्धि करता है।

पूँजीपति की उपर्युक्त दोनों क्रियायें आर्थिक विकास की प्रक्रिया को सक्रिय करती हैं। इस प्रकार पूँजी संचय, जो कि आर्थिक विकास के लिये अत्यन्त आवश्यक है, का श्रेय केवल पूँजीपति को ही है। रिकार्डो के अनुसार श्रमिक और भू-स्वामी अधिक बचत करने के योग्य नहीं होते। श्रमिक वर्ग तो रोजगार के लिये स्वयं पूँजीपतियों पर निर्भर करता है। पूँजीपति सदैव अपने लाभ को अधिकतम करने का प्रयास करता रहता है। रिकार्डो के लाभ की मात्रा को अधिकतम करने की निम्न तीन शर्तें बताई हैं—(i) न्यूनतम मजदूरी, (ii) करों से मुक्ति, (स) मुक्त व्यापार।

(i) **न्यूनतम मजदूरी** (Minimum Wages)—**प्रो. रिकार्डो**का विश्वास था कि पूँजीपति का लाभ तभी अधिकतम हो सकता है जबकि श्रमिकों को कम से कम मजदूरी दी जाये। उनके अनुसार लाभ और मजदूरी में विपरीत सम्बन्ध पाया जाता है।

मजदूरी दो प्रकार की होती है—वास्तविक मजदूरी और प्राकृतिक मजदूरी। वास्तविक मजदूरी श्रम का वह बाजार मूल्य है जो श्रम की माँग व पूर्ति द्वारा निर्धारित होता

है। प्राकृतिक मजदूरी श्रम का वह मूल्य है जो श्रमिक को ठीक प्रकार से जीवन निर्वाह के लिये क्षमता प्रदान करता है। रिकार्डो का मत था कि वास्तविक मजदूरी जीवन निर्वाह के बराबर होना चाहिये। वास्तविक मजदूरी के प्राकृतिक मजदूरी से अधिक होने पर श्रम की पूर्ति बढ़ेगी और मजदूरी गिरकर जीवन स्तर के बराबर आ जायेगी और विलोमश: भी। हाँ, विकसित समाज में वास्तविक मजदूरी प्राकृतिक मजदूरी से अधिक हो सकती है।

(ii) **करों से मुक्ति**—पूँजीपति अधिक लाभ कमाने के उद्देश्य से ही पूँजी का निर्माण करते हैं। अत: कर पूँजी संचय पर प्रतिकूल प्रभाव डालते हैं। इसीलिये कच्चे माल, आवश्यक उपभोग वस्तुओं और कृषि पर कर लाभ को कम करेंगे और मजदूरी में वृद्धि करेंगे। ये विलासपूर्ण वस्तुओं पर अधिक कर लगाने के समर्थक थे।

(iii) **मुक्ति व्यापार** —रिकार्डो के अनुसार मुक्त व्यापार नीति लाभ को अधिक बनाये रखती है। इसका कारण यह है कि मुक्त व्यापार नीति को अपनाने पर विदेशों से खाद्यान्नों का सस्ते दामों पर आयात सम्भव होगा, प्राकृतिक साधनों का सर्वोत्तम शोषण होगा और बाजार के विस्तार से श्रम-विभाजन व विशिष्टीकरण होगा। फलस्वरूप राष्ट्रीय आय में वृद्धि होगी, पूँजी संचय बढ़ेगा, अधिक विनियोजन होगा और आर्थिक विकास की गति तेज होगी।

(2) स्थिर अवस्था (Stationary State)—रिकार्डो का आर्थिक विकास का मॉडल अग्र दो सिद्धान्तों पर आधारित हैं—

(अ) जनसंख्या वृद्धि का सिद्धान्त (Theory of Population Growth)—जनसंख्या में तीव्र वृद्धि होने से खाद्य पदार्थों की माँग बढ़ जाती है किन्तु खाद्य पदार्थों की पूर्ति उसी अनुपात में नही बढ़ पाती। फलस्वरूप वस्तुओं का मूल्य बढ़ने लगता है। मूल्य वृद्धि से लगान बढ़ता है किन्तु दीर्घकाल में मजदूरी नहीं बढ़ पाती, वह स्थिर रहती है। लगान बढ़ने के कारण लाभ की मात्रा कम होती चली जाती है जिसका पूँजी संचय पर प्रतिकूल प्रभाव पड़ता है और देश का आर्थिक विकास रूक जाता है। इसी प्रकार वास्तविक मजदूरी में वृद्धि न होने पर भी पूँजी संचय हतोत्साहित होता है।

(ब) उत्पत्ति ह्रास नियम (Law of Diminishing Returns)—कृषि पर उत्पत्ति ह्रास नियम शीघ्र लागू हो जाता है। इस नियम के लागू होने पर ऐसी स्थिति आ सकती है कि वास्तविक मजदूरी बढ़ने से रूक जाये, श्रम की पूर्ति जीवन निर्वाह के स्तर पर स्थिर हो जाये, लाभ और ब्याज की दर गिय जाये, बचत और पूँजी संचय हतोत्साहित हो जाये और अन्तत: आर्थिक विकास की प्रक्रिया रुक जाये। इस अवस्था को रिकार्डो ने स्थिर अवस्था (Stationary State) का नाम दिया है।

रिकार्डो के विकास मॉडल को सार रूप में निम्न प्रकार स्पष्ट किया जा सकता है--विकास पूँजी संचय का परिणाम है। संचय लाभ का फलन है। लाभ की मात्रा न्यूनतम मजदूरी, करों से मुक्ति और स्वतन्त्र व्यापार पर निर्भर करती है। मजदूरी खाद्यान्नों की कीमतों पर निर्भर करती है जो अन्तत: भूमि की उपलब्धता, सीमान्त उत्पादकता और खाद्यान्नों के आयतों पर निर्भर करती है। विकास की प्रक्रिया में कृषि का विस्तार करने पर (उत्पत्ति ह्रास नियम लागू होने के कारण) उत्पादन गिरने लगता है, लाभ गिरने लगते हैं, लगान बढ़ने

लगता है और मजदूरी स्थिर बनी रहती है। फलस्वरूप आर्थिक विकास की प्रक्रिया रूक जाती है। यह अवस्था स्थिर अवस्था है।

प्रो. जीड़ एवं रिस्ट ने इस प्रवृत्ति को निम्न चित्र द्वारा समझाया है—

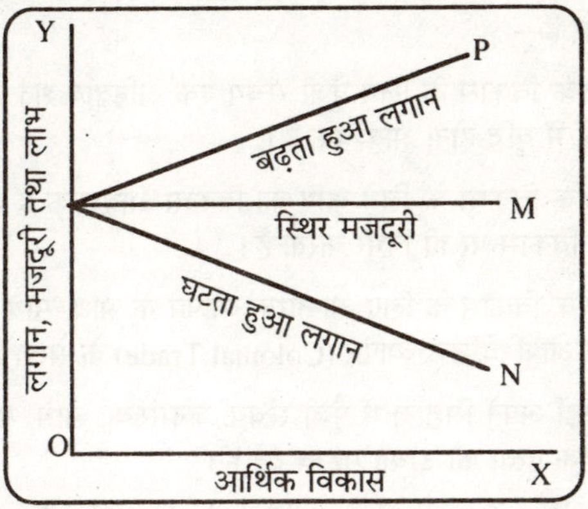

(i) ऊपर उठती हुई लगान रेखा LP बताती है कि खाद्यान्न की माँग बढ़ने के साथ-साथ लगान बढ़ता है।

(ii) आधार के समानान्तर मजदूरी रेखा LM यह बताती है कि श्रमिकों की वास्तविक मजदूरी स्थिर रहती है।

(iii) नीचे की ओर झूकती हुई लगान रेखा LN यह बताती है कि आर्थिक विकास के साथ-साथ लाभ की मात्रा कम होती जाती है।

माडल की मान्यतायें

(Assumption of the Model)

रिकार्डो का मॉडल निम्न मान्यताओं पर आधारित है—

(1) सम्पूर्ण भूमि का उपयोग अनाज के उत्पादन में किया जाता है।

(2) भूमि के उत्पादन में उत्पत्ति ह्रास नियम लागू होता है।

(3) भूमि परिणाम में सीमित है और इसकी पूर्ति में वृद्धि नहीं की जा सकती।

(4) अनाज की माँग पूर्णतः लोचहीन है।

(5) पूँजी व श्रम अपरिवर्तनशील आदायें हैं।

(6) तकनीकी ज्ञान की स्थिति स्थिर है।

(7) श्रम की पूर्ति कीमत स्थिर है।

(8) सभी श्रमिकों को निर्वाह मजदूरी दी जाती है।

(9) श्रम की माँग पूँजी संचय के अनुरूप ही निर्धारित होती है।

(10) पूर्ण प्रतियोगिता की स्थिति विद्यमान है।

(11) पूँजी संचय का आधार लाभ की मात्रा है।

रिकार्डों के विकास सिद्धान्त के गुण (Merits)—रिकार्डों के विकास सिद्धान्त के प्रमुख गुण निम्न प्रकार हैं—

(1) आर्थिक विकास के लिये पूँजी संचय एक अनिवार्य शर्त है। पूँजी संचय के लिये वास्तविक बचतों में वृद्धि होना आवश्यक है।

(2) आर्थिक विकास के लिये कृषि का विकास आवश्यक है क्योंकि औद्योगिक विकास अन्ततः कृषि विकास पर ही निर्भर करता है।

(3) आर्थिक विकास के लिए आन्तरिक व्यापार के साथ-साथ विदेशी व्यापार में वृद्धि होनी चाहिए। वे औपनिवेशिक व्यापार (Colonial Trade) के सख्त विरोधी थे।

(4) रिकार्डों अपने सिद्धान्त में पूँजी संचय, जनसंख्या, लाभ, मजदूरी और लगान जैसे महत्त्वपूर्ण प्रावैगिक तत्वों को उचित महत्त्व देते हैं।

(5) रिकार्डों का विकास माँडल प्रावैगिक है जो आर्थिक विकास की प्रक्रियाओं का सम्पूर्ण एवं प्रावैगिक रूप से अध्ययन करता है।

सिद्धान्त की सीमायें (Limitations)—रिकार्डों आर्थिक विकास की प्रक्रिया की सही ढंग से व्याख्या करने में असफल रहे। किण्डले बर्जर तो उन्हें विकास अर्थशास्त्री ही नहीं मानते। बर्जर के ही शब्दों में, "रिकार्डों मुख्य रूप से आय के वितरण और विदेशी व्यापार के सिद्धान्त में अधिक दिलचस्पी रखते थे। आर्थिक विकास के सिद्धान्त का प्रतिपादन करने में उनका योगदान नहीं रहा। वे सदैव इए बात को ही स्पष्ट करने में लगे रहे कि अगर कृषि के लिये और अधिक भूमि की खोज नहीं की जाती अथवा विदेशों से खाद्यान्न के आयात का प्रबन्ध नहीं होता तो आर्थिक विकास रूक जायेगा।"

रिकार्डों के विकास माँडल की मुख्य सीमायें निम्न प्रकार हैं—

(1) यह माँडल पूर्ण प्रतियोगिता एवं अबन्ध नीति पर आधारित है। ये दोनों ही मान्यतायें अव्यावहारिक हैं।

(2) रिकार्डों ने आर्थिक विकास के निर्धारक के रूप में तकनीकी प्रगति की पूर्ण उपेक्षा की है।

(3) रिकार्डों का यह विचार निराधार है कि अर्थव्यवस्था स्वतः स्थिर अवस्था में पहुँच जाती है।

(4) रिकार्डों की यह धारणा भी भ्रामक है कि जनसंख्या में वृद्धि के कारण मजदूरी की दर में कोई वृद्धि नहीं होती।

(5) रिकार्डों ने आर्थिक विकास के क्षेत्र में राज्य के योगदान की उपेक्षा की है।

(6) उत्पत्ति ह्रास नियम के प्रभाव का विश्लेषण करते समय रिकार्डों ने प्रौद्योकीय प्रगति का मूल्यांकन नहीं किया।

(7) रिकार्डों ने संस्थागत व राजनीतिक तत्त्वों को निश्चित मानकर उनकी **पूर्णत:** उपेक्षा की।

(8) रिकार्डों ने अपने आय वितरण के सिद्धान्त में लगान, मजदूरी तथा लाभ निराधार का अलग-अलग उल्लेख किया है जबकि उत्पत्ति के साधनों के रूप में उनके पारिश्रमिक का निर्धारण अन्तर्सम्बन्धित है।

(9) रिकार्डों की यह मान्यता कि श्रम व पूँजी गुणांक स्थिर होते हैं, अवास्तविक हैं।

(10) अन्तर्राष्ट्रीय व्यापार के क्षेत्र में रिकार्डों द्वारा प्रतिपादित तुलनात्मक लागत का सिद्धान्त अन्त में दोषपूर्ण ही सिद्ध हुआ।

माल्थस के विकास मॉडल की प्रमुख विशेषतायें

(Features of the Malthusian Growth Model)

माल्थस के आर्थिक विकास से सम्बन्धित विचार उनकी पुस्तक "Principles of Political Economy" में मिलते हैं। यद्यपि वे एक निराशावादी अर्थशास्त्री के रूप में जाने जाते हैं तथापि आर्थिक दृष्टि में उनके विचार अत्यधिक प्रेरणाप्रद और आशावादी रहे हैं।

माल्थस के विकास मॉडल की मुख्य विशेषतायें अग्र प्रकार हैं—

(1) पूँजी संचय (Capital Accumulation) —पूँजी आर्थिक विकास का एक अपरिहार्य घटक है। आर्थिक विकास के लिये पूंजी संचय की ऊँची दर आवश्यक होती है। उनका मत था कि "पूँजी में निरन्तर वृद्धि के बिना देश के धन में कभी भी निरन्तर व स्थायी वृद्धि नहीं हो सकती।" चूँकि बचत केवल पूँजीपति करते हैं। अत: आर्थिक विकास का गतिशील होना पूँजीपतियों पर ही निर्भर करता है।

(2) श्रम विभाजन (Division of Labour)—एडम स्मिथ की भाँति माल्थस ने भी उत्पादन के क्षेत्र में श्रम विभाजन को प्राथमिकता दी है। श्रम विभाजन के फलस्वरूप उच्च स्तर विशिष्टीकरण अपनाना सम्भव होगा जिससे बाह्य मितव्ययितायें (External Economics) प्राप्त होंगी। इन्हें प्राप्त करने के लिये सामाजिक-आर्थिक ऊपरिपूँजी (SOC) जैसे परिवहन व संचार, सिंचाई, शिक्षा व स्वास्थ्य आदि पर अधिक विनियोग किया जाना आवश्यक है। उनका विश्वास था कि विकास के लिये इन सुविधाओं का प्राप्त होना अत्यन्त आवश्यक है।

(3) तकनीकी प्रगति (Technological Progress)—माल्थ ने तकनीक को विकास के एक पृथक् घटक के रूप में स्वीकार किया। उनके अनुसार तकनीकी प्रगति आर्थिक विकास की एक महत्त्वपूर्ण शर्त है। तकनीकी ज्ञान के प्रयोग से मशीनों का प्रयोग सम्भव होता है, वस्तुयें सस्ती पैदा होती है, प्रभावी माँग में वृद्धि होती है, बाजार के क्षेत्र का विस्तार होता हैं, लाभ की सम्भावनायें बढ़ती हैं, बड़े पैमाने पप श्रम विभाजन व विशिष्टीकरण होता है तथा रोजगार में वृद्धि होती है।

(4) प्रभावी माँग (Effective Demand)—माल्थस का यह दृढ़ मत था कि बचत स्वयं विनियोजित नहीं होती अपितु बचत का विनियोजन प्रभावशाली माँग का फलन

है। बचत की अधिकता व न्यूनता ही प्रभावशाली माँग को प्रभावित करके अर्थव्यवस्था में आर्थिक उच्चावचनों को जन्म देती है जो आर्थिक विकास के लिये उपयुक्त नहीं है। उनके अनुसार यदि बचतों में वृद्धि उपभोग को कम करके की गयी है तो समाज की प्रभावशाली माँग कम हो जायेगी और देश में असन्तुलन एवं बेरोजगारी की स्थिति उत्पन्न हो जायेगी। अत: समाज में प्रभावी माँग में वृद्धि करना आवश्यक है। इससे स्पष्ट है कि माल्थस एक सीमा के बाद बचतों की वृद्धि स्वीकार करते हैं।

(5) गैर आर्थिक तत्वों का प्रभाव (Effect of Non-economic Factors)—माल्थस का विचार था कि गैर आर्थिक तत्त्व जैसे अच्छा संविधान, अच्छे नियम, अच्छी प्रशासनिक व्यवस्था, निजी सम्पत्ति को बनाने की सुविधा व सुरक्षा, जनता में अधिक काम करने की इच्छा, अच्छी आदत व उच्च चरित्र आदि देश के आर्थिक विकास में सहायक होते हैं। दूसरे शब्दों में, आर्थिक विकास के लिये राजनीतिक, सामाजिक एवं प्रशासनिक सुव्यवस्था अनिवार्य हैं।

(6) जनसंख्या की वृद्धि पर नियन्त्रण (Control on Population Growth)—माल्थस के अनुसार प्रारम्भ में जनसंख्या में वृद्धि आर्थिक विकास में सहायक होती है क्योंकि यह प्रभावी माँग में वृद्धि करती है किन्तु एक सीमा के बाद जनसंख्या में वृद्धि आर्थिक विकास में बाधक है क्योंकि इससे उपभोग और उत्पादन में असन्तुलन पैदा हो जाता है और बचत एवं पूँजी संचय पर प्रतिकूल प्रभाव पड़ता है। अत: विकास को गतिशील बनाने के लिए जनसंख्या वृद्धि पर नियन्त्रण आवश्यक है।

जनसंख्या व विकास के सम्बन्ध को स्पष्ट करते हुए माल्थस ने कहा था, इस प्रकार स्पष्ट है कि आर्थिक विकास के बारे में स्वचालकता जैसा कुछ नहीं है। पूँजी संचय की एक ऊँची दर तथा आर्थिक विकास की एक वांछित दर अन्य बातों के साथ-साथ जनसंख्या को नियन्त्रित करने की क्षमता पर निर्भर करेंगी।

संक्षेप में माल्थस ने अपने विकास मॉडल में आर्थिक विकास के महत्त्वपूर्ण घटकों जैसे—प्रभावपूर्ण माँग, पूँजी संचय, तकनीकी प्रगति आदि का विश्लेषण करके आर्थिक विकास के विश्लेषण में महत्त्वपूर्ण योगदान दिया है।

आर्थिक विकास के सम्बन्ध में अधिकांश प्रतिष्ठिम अर्थशास्त्री के विचारों में एकरूपता पायी जाती है। इन सभी विचारों को संयुक्त रूप देने पर जो मॉडल निर्मित होगा, वह विकास का संस्थापित सिद्धान्त कहलायेगा। विकास के संस्थापित सिद्धान्त की कुछ प्रमुख विशेषतायें निम्नलिखित हैं—

(1) विकास एक संचयी प्रक्रिया है—प्रतिष्ठित अर्थशास्त्रीयों के विचार में विकास एक संचयी प्रक्रिया है। एक बार विकास के आरम्भ होने पर इसका प्रभाव अर्थव्यवस्था पर संचयी रूप से पड़ता है।

(2) स्वतन्त्र व्यापार नीति व राज्य का न्यूनतम हस्तक्षेप—प्रतिष्ठित अर्थशास्त्री स्वतन्त्र व्यापार के पक्ष पोषक थे। उनका विश्वास था कि अदृश्य हाथ राष्ट्रीय आय को अधिकतम बनाता है और इसलिये आर्थिक मामलों में पूर्ण स्वतन्त्रता होनी चाहिये। उनके अनुसार सरकार को निम्न कार्य करने चाहिये—

(i) निजी सम्पत्ति की भावना तथा सुरक्षा की व्यवस्था,

(ii) स्वास्थ्य, शिक्षा एवं सार्वजनिक निर्माण कार्य,

(iii) बाह्य आक्रमणों से सुरक्षा, एवं

(iv) स्वच्छ व कुशल प्रशासन।

(3) पूँजी संचय —आर्थिक विकास के लिये पूँजी संचय एक अपरिहार्य शर्त है। देश में केवल भूमिपति व पूँजीपति ही पूँजी के निर्माण में सहायक हो सकते हैं। इसका कारण यह है कि पूँजी का संचय बचत से सम्भव होता है और केवल ये वर्ग ही बचत करने की क्षमता रखते हैं। यद्यपि विकास के लिये पूँजी संचय अनिवार्य है किन्तु इससे उपभोग सीमित नहीं होना चाहिये अन्यथा प्रभावशाली माँग कम हो जाने पर विकास अवरूद्ध हो जायेगा।

(4) लाभ पूँजी निवेश के प्रेरक— प्रतिष्ठित अर्थशास्त्रियों का विचार था कि पूँजी संचय अन्ततः पूँजीपतियों पर निर्भर करता है और इसलिये इनको मिलने वाले लाभ की मात्रा अधिकतम होनी चाहिये। लाभ की मात्रा जितनी अधिक होगी, उतनी ही अधिक पूँजी विनियोजन के लिये उपलब्ध हो सकेगी।

(5) न्यून मजदूरी स्तर —लाभ को अधिकतम करने के लिये मजदूरी को कम करना आवश्यक है। इनका विचार था कि श्रमिकों को जीवन निर्वाह सिद्धान्त के आधार पर मजदूरी दी जानी चाहिये। इससे अधिक मजदूरी देने से जनसंख्या में वृद्धि होगी, वस्तुओं का मूल्य बढ़ेगा, उपभोग कम होगा, निर्यात कम होगा, उत्पादन कम होगा और बेरोजगारी फैल जायेगी।

(6) लाभ घटने की प्रवृत्ति—जब अधिक पूँजी संचय के लिये पूँजीपतियों में प्रतियोगिता बढ़ती है, तो लाभ घटने लगते हैं। स्मिथ के अनुसार इसका कारण मजदूरी-दर का बढ़ना तथा रिकार्डो के अनुसार इसका कारण मजदूरी और लगान का बढ़ना है।

(7) पूर्ण रोजगार की कल्पना—प्रतिष्ठित अर्थशास्त्रियों का विश्वास था कि अर्थव्यवस्था में विकास की प्रक्रिया निर्बाध रूप से चलती रहती है और धीरे-धीरे वह पूर्ण रोजगार की स्थिति प्राप्त कर लेती है, बशर्तें आर्थिक क्रियाओं में बाह्य हस्तक्षेप न हो। अतः बेरोजगारी एक अल्पकालीन घटना-चक्र है।

(8) स्थिर अवस्था —प्रतिष्ठित अर्थशास्त्रियों का विश्वास था कि पूँजीवादी विकास व्यवस्था अन्ततः स्थिर अवस्था (Stationary State) में पहुँच जाती है। जनसंख्या में वृद्धि होने पर उत्पत्ति ह्रास नियम लागू होता है और मजदूरी, लगान व लागत बढ़ने से लाभ घटने शुरू हो जाते हैं। यह प्रक्रिया तब तक चलती रहती है जब तक कि लाभ शून्य नहीं हो जाते, जनसंख्या की वृद्धि रूक नहीं जाती, पूँजी संचय की प्रक्रिया समाप्त नहीं हो जाती और मजदूरी की दर जीवन निर्वाह स्तर तक पहुँच नहीं जाती। यही अवस्था स्थिर अवस्था होती है।

(9) भौतिक उत्पादन में वृद्धि ही विकास —प्रतिष्ठित अर्थशास्त्रियों के अनुसार भौतिक उत्पादन में वृद्धि विकास की अभिसूचक होती है। उत्पादन वृद्धि से ही राष्ट्रीय आय में वृद्धि होती है।

मॉडल का गणितीय रूप

(Mathematical Form of the Classical Model)

प्रतिष्ठित अर्थशास्त्रियों के विकास मॉंडल को निम्न रेखाचित्र द्वारा भी स्पष्ट किया जा सकता है—

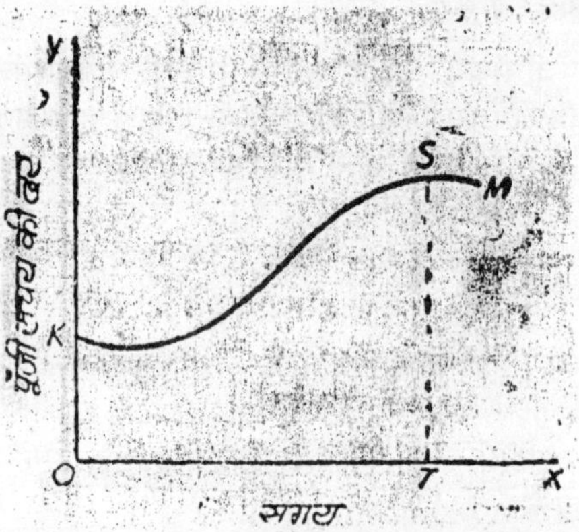

प्रस्तुत चित्र में OX अक्ष पर समय तथा OY अक्ष पर पूँजी संचय की दर (dk/dt) को दर्शाया गया है। अर्थव्यवस्था T समयावधि में K से बढ़ती हुई S तक पहुँचती है किन्तु S बिन्दु से आगे स्थिर अवस्था में आने लगती है।

बैंजामिन हिगिन्स ने प्रतिष्ठित अर्थशास्त्रियों के विकास मॉंडल की विभिन्न कड़ियों को समीकरणों के माध्यम से स्पष्ट करने का प्रयास किया है—

(1) उत्पादन फलन —कुल उत्पादन भूमि, श्रम व पूँजी की उपलब्ध मात्रा और इन साधनों के उपयोग के अनुपात व तकनीक के स्तर पर निर्भर करता है अर्थात्

O = f (L.K.Q.T.) ...(i)

यहाँ O= कुल उत्पादन, f = फलन, L = श्रम शक्ति की मात्रा, K= उपलब्ध भूमि की मात्रा, Q= पूँजी का स्टॉक, T = प्रयुक्त तकनीक का स्तर।

(2) पूँजी संचय से तकनीकी प्रगति को बढ़ावा मिलता है—जैसे जैसे पूँजी का संचय अधिक होता है, देश में तकनीकी प्रगति का स्तर क्रमशः बढ़ने लगता है। यह पूँजी संचय और तकनीकी प्रगति एक दूसरे से सम्बन्धित हैं अर्थात्

T = T (I) ...(ii)

यहाँ T = तकनीकी प्रगति, I = विनियोग

(3) निवेश लाभ की मात्रा पर निर्भर करता है—देश में निवेश की मात्रा पूँजीपति को प्राप्त होने वाले लाभ की मात्रा पर निर्भर करती है। लाभ जितने अधिक होंगे, विनियोग भी उतने ही अधिक होंगे। यहाँ निवेश से अभिप्राय पूँजी में वास्तविक शुद्ध वृद्धि से हैं, अर्थात् I = dQ = (IR) ...(iii)

यहाँ, I = निवेश, R = लाभ, dQ = पूँजी की वास्तविक शुद्ध वृद्धि।

(4) लाभ श्रम की पूर्ति और तकनीकी स्तर पर निर्भर करता है अर्थात्

$$R = R(T, L) \qquad ....(iv)$$

यहाँ, I = लाभ, R = तकनीकी स्तर, dQ = श्रम शक्ति का आकार।

(5) श्रम शक्ति की पूर्ति मजदूरी कोष पर निर्भर करती है अर्थात्

$$L = L(W) \qquad ...(v)$$

यहाँ, L = श्रम शक्ति की मात्रा, W = मजदूरी कोष।

(6) मजदूरी कोष विनियोग की मात्रा पर निर्भर करता है अर्थात्

$$W = W(I) \qquad ...(vi)$$

यहाँ मजदूरी कोष, विनियोग की मात्रा।

(7) कुल उत्पादन लाभ और मजदूरी के योग के बराबर होता है अर्थात्

$$O = R + W \qquad ...(vii)$$

यहाँ, O = कुल उत्पादन, R = कुल लाभ, W = मजदूरी कोष।

प्रतिष्ठित अर्थशास्त्रियों के विकास मॉडल को निम्न प्रकार रखा जा सकता है—

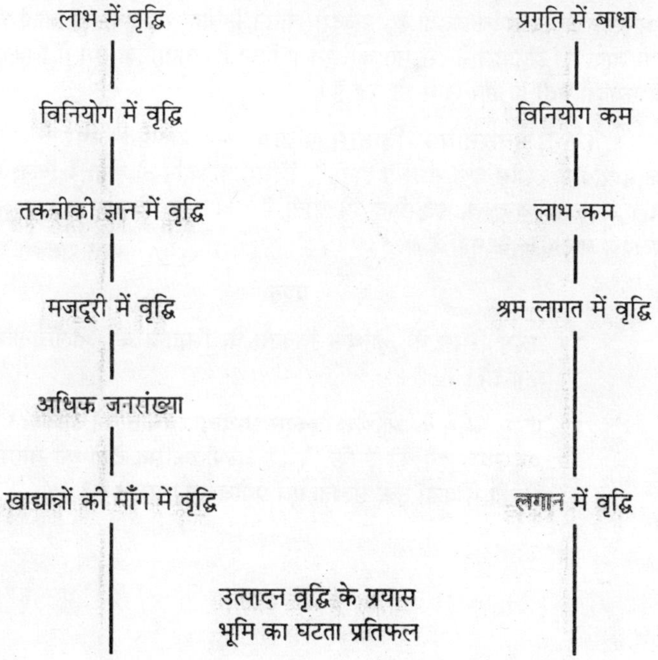

मॉडल की सीमायें अथवा आलोचना

प्रतिष्ठित अर्थशास्त्रियों के विकास मॉडल की कुछ प्रमुख सीमायें निम्नलिखित हैं—

(1) अवास्तविक धारणायें —प्रतिष्ठित अर्थशास्त्रियों की यह मान्यता थी कि, "पूँजीवादी विकास का अन्तिम परिणाम स्थिरता है।" उनकी इस धारणा के दो मुख्य आधार थे— (i)उत्पत्ति ह्रास नियम की क्रियाशीलता, तथा (ii) माल्थस का जनसंख्या का सिद्धान्त। अब ये दोनों ही सिद्धान्त झुठला दिये गये हैं। दूसरे, उनका विकास सिद्धान्त पूर्ण प्रतियोगिता जैसी अवास्तविक मान्यता पर आधारित है।

(2) सरकारी क्षेत्र की उपेक्षा —प्रतिष्ठित अर्थशास्त्री पूर्ण प्रतियोगिता और निजी सम्पत्ति की संस्था को तो आर्थिक विकास की प्रमुख शर्त मानते थे किन्तु पूँजी संचय को गति देने में सार्वजनिक क्षेत्र के महत्त्व को उन्होंने पूर्णतः नकारा।

(3) तकनीकी ज्ञान को कम महत्त्व—प्रतिष्ठित अर्थशास्त्री इस सत्य को नहीं जाने पायें कि आर्थिक विकास अन्ततः उन्नत उत्पादन तकनीक एवं विकसित प्रौद्योगिकी पर निर्भर करता है।

(4) मध्यम वर्ग की उपेक्षा —प्रतिष्ठित अर्थशास्त्रियों ने बचतों का सम्पूर्ण श्रेय भूमिपति व पूँजीपति को ही दिया है जबकि वास्तविक जीवन में वेतनभोगी वर्ग भी बचत करते हैं। उन्होंने इस वर्ग की पूर्ण उपेक्षा की।

(5) मजदूरी, लगान, लाभ की भ्रमात्मक धारणायें — प्रतिष्ठित अर्थशास्त्रियों के अनुसार लगान सदैव बढ़ता है, मजदूरी जीवन निर्वाह पर स्थिर हो जाती है और लाभ गिरता जाता है। इतिहास ने इस मत को झुठला दिया है। आधुनिक युग में विकास के साथ-साथ मजदूरी बढ़ी है और लाभ भी बढ़ हैं।

(6) अवास्तविक विकास प्रक्रिया — प्रतिष्ठित अर्थशास्त्रियों के अनुसार विकास प्रक्रिया रेखीय तथा समरूप होती है, जिसमें परिवर्तन तो होता है किन्तु यह परिवर्तन केवल सन्तुलन बिन्दु के इर्द-गिर्द ही होता है। आर्थिक विकास की प्रक्रिया का यह विश्लेषण सन्तोषजनक नहीं है।

प्रश्न

1. एडम स्मिथ के आर्थिक विकास के सिद्धान्त का आलोचनात्मक परीक्षण कीजिये।
2. एडम स्मिथ के आर्थिक विकास सम्बन्धी विचारों को उल्लिखित कीजिये तथा यह समझाइये की उनके विचार अल्पविकसित देशों की वर्तमान काल की स्थिति में कहाँ तक सत्यता एवं प्रयोजनीयता रखते है?

□□□

3

आर्थिक सहायता
(Economic Assistance)

विदेशी पूँजी की आवश्यकता – एक अर्द्धविकसित तथा अल्पविकसित राष्ट्र को, जहाँ के निवासियों के रहन-सहन का स्तर निम्नतर होता है, जहाँ कृषि अर्थव्यवस्था के साथ-साथ औद्योगीकरण कम होता है, अपनी आर्थिक विकास सम्बन्धी योजनाओं को कार्यान्वित करने एवं विकास की गति को तीव्र करने के लिए अपार पूँजी की आवश्यकता पड़ती है। परन्तु अर्द्धविकसित देशों में आय की वृद्धि के साथ बचत में तदनुरूप वृद्धि नहीं होती, इसलिए विदेशी पूँजी इस कमी की पूर्ति कर सकती है। इस कमी के दो रूप हैं-एक का सम्बन्ध आन्तरिक बचत की कमी से है और दूसरी का सम्बन्ध भुगतान शेष के घाटे से है। प्रथम प्रकार की कमी अर्थव्यवस्था के विकास की आयोजित दर पर निर्भर करती है। यदि आवश्यक आन्तरिक बचत, विनियोग की आयोजित दर के अनुरूप न हो तो उसे पूँजी की कमी कहा जा सकता है। इस कमी को पूरा करने के लिये विदेशों से ऋण व अनुदान लेना आवश्यक हो जाता है। अत: विदेशी पूँजी की सहायता से देश में विनियोग स्तर को बढ़ाया जाता है जो आन्तरिक बचतों से सम्भव नहीं हो पाता। उत्पादन की विकास दर के आधार पर निर्यात और आया में सम्भावित वृद्धि का अनुमान लगाया जाता है जिससे दूसरे प्रकार की कमी अर्थात् भुगतान शेष की कमी उत्पन्न होती है। विकास की प्रारम्भिक अवस्थाओं में अर्द्ध विकसित देश देशीय कच्चा माल तथा आयात की हुई मशीनों एवं विशेषज्ञों का अधिक मात्रा में उपयोग करता है। एक और कच्चे माल का निर्यात घटने तथा दूसरी ओर मशीनों एवं श्रम का आयात बढ़ने के फलस्वरूप भुगतान शेष प्रतिकूल हो जाता है अर्थात् विकास सम्बन्धी खर्चों में विदेशी मुद्रा का अंश बढ़ जाता है। इस भाग का वित्त प्रबन्ध आन्तरिक बचत द्वारा नहीं हो सकता इसकी पूर्ति विदेशी ऋणों और अनुदानों से ही हो सकती है। स्पष्ट है कि आर्थिक विकास के लिये विदेशी पूँजी का आयात अपरिहार्य है। प्रो. वकील के शब्दों में, ''विदेशी सहायता की उपलब्धि से न

केवल उपभोक्ता व पूँजीगत वस्तुओं की आन्तरिक पूर्ति में वृद्धि करने में सहायता मिली है बल्कि विकास के लिये मानवीय साधनों का निर्माण करने में भी सहायता मिली है।''

अत: विदेशी सहायता की आवश्यकता क्यों पड़ती है इसका कारण स्पष्ट है कि अर्द्धविकसित देशों के विकास के कार्यक्रम में काफी विनियोजन की आवश्यकता होती है जिसकी पूर्ति घरेलू बचत से नहीं की जा सकती।

अत: एक निश्चित अवधि में घरेलू विनियोग का घरेलू बचत पर अधिकता अथवा आयात का निर्यात पर अधिकता प्रदर्शित करता है, जो कि इस अन्तर को पूरा करने के एक उपयुक्त विधि है। चूँकि सहायता प्राप्त करने वाले देश के संसाधन एक इच्छित विकास की दर प्राप्त करने के लिये अपर्याप्त रहते हैं, इसलिये उनको विदेशी सहायता की आवश्यकता पड़ती है।

आज के विकसित कहे जाने वाले देशों को किसी न किसी सीमा तक विदेशी सहायता पर निर्भर रहना पड़ा है। 17वीं एवं 18वीं शताब्दी में इंग्लैण्ड ने हालैण्ड से पूँजी आयात की थी। 19वीं शताब्दी में अमेरिका ने यूरोप से पूँजी प्राप्त की थी। अमेरिका ने रूस के आर्थिक विकास में सहायता दी थी। द्वितीय विश्व युद्ध के कारण जापान एवं जर्मनी की अर्थव्यवस्था नष्टप्राय: हो गई थी, जिसका पुनरूत्थान अमेरिका, ब्रिटिश तथा रूसी पूँजी के सहयोग से सबल बनाया गया। इस प्रकार विदेशी पूँजी का अमेरिका, जापान, जर्मनी, आस्ट्रेलिया एवं कनाडा आदि के आर्थिक विकास में महत्त्वपूर्ण कार्यभाग रहा है, यद्यपि आन्तरिक साधनों को गतिमान करने की सीमा, प्राविधिक स्तर व अपनी अपनी सरकारों के रवैये के कारण विदेशी सहायता पर निर्भरता की मात्रा भिन्न भिन्न रही है। इसलिये इसमें आश्चर्य की कोई बात नही कि आज एशिया, अफ्रीका तथा अमेरिका की अर्द्धविकसित अर्थव्यवस्था उन्नत अर्थव्यवस्थाओं से आशा रखती है कि वे उन्हें इस उद्देश्य के लिये पर्याप्त राशियाँ उपलब्ध करें।''

विदेशी पूँजी का आर्थिक विकास पर प्रभाव — विदेशी पूँजी से अर्द्धविकसित तथा अविकसित राष्ट्रों के आर्थिक विकास में किस सीमा तक सहायता मिलती है, या (अ) विदेशी सहायता के विवेकपूर्ण उपयोग, (ब) प्रापक देश के स्वयं के प्रयास, तथा (स) कुल विनियोज्य साधनों पर निर्भर करता है। विदेशी पूँजी बड़े परिणाम में विकास सम्भावनाएँ उत्पन्न करती है। संक्षेप में विदेशी पूँजी से इन देशों को निम्नलिखित लाभ प्राप्त होते हैं:

(1) प्राकृतिक साधनों का विदोहन — अविकसित देशो में अपार प्राकृतिक साधन विद्यमान रहते हैं, परन्तु पूँजी की कमी के कारण इनका विदोहन नहीं हो पाता। विदेशी पूँजी एवं उससे खरीदे गये प्राविधिक ज्ञान तथा मशीन एवं अन्य सामग्री से देश में औद्योगीकरण सम्भव हो जाता है। प्रो. डब्ल्यू. एच. हट के अनुसार, ''अप्रयुक्त साधनों का विकास सबसे लाभदायक विनियोग होता है और उनका द्रुतगति से विकास विदेशी पूँजी से सम्भव हो जाता है।''

(2) प्राविधिक साधनों का विस्तार — विदेशी सहायता के कारण निम्न लिखित तीन उपयों से प्राविधिक साधनों के विस्तार में सहायता मिलती है- (अ) दक्षसेवाओं की व्यवस्था करने में, (ब) अविकसित राष्ट्रों के कर्मचारियों को प्रशिक्षण देने में, (स) देश में

नई शिक्षण, शोध और प्रशिक्षण संस्थाओं की स्थापना करने में। आर्थिक विकास के लिये प्राविधिक ज्ञान का बहुत महत्त्व है। अतः विदशी सहायता से प्राविधिक ज्ञान का विस्तार होता है जिससे आर्थिक विकास में बहुत सहायता मिलती है।

(3) यन्त्रादि की सुलभ प्राप्ति – एक अविकसित देश के आर्थिक विकास के लिये विदेशों से भारी मात्रा में पूँजीगत सामान मंगाना पड़ता है, जिसके लिये बहुत अधिक विदेशी मुद्रा की आवश्यकता पड़ती है जो साधारण उपायों से प्राप्त नहीं हो सकती। अतः विदेशी पूँजी सम्पन्न, मशीनरी, उपस्कर आदि पूँजीगत वस्तुओं के आयात के लिये सुविधायें प्रदान करता है।

(4) पूँजी निर्माण को प्रोत्साहन – विदेशी पूँजी से देश का आर्थिक विकास होता है और पूँजी निर्माण की दर बढ़ जाती है। आन्तरिक पूँजी निर्माण की दर में वृद्धि होने से राष्ट्र के आर्थिक विकास को और भी गति मिलती है।

(5) स्थायी सम्पत्तियों का निर्माण – विदेशी पूँजी के उपयोग से देश में रेल, सिंचाई के साधन, बिजलीघर, बाँध आदि स्थायी सम्पत्तियों से होने वाले लाभ में से विदेशी पूँजी का भुगतान कर दिया जाता है।

(6) प्रारम्भिक जोखिम – आर्थिक विकास के प्रारम्भिक अवस्था में नये उद्योगों के स्थापन में जोखिम बहुत होती है किन्तु विदेशी पूँजी के विनियोग की दशा में व्यापारिक जोखिम प्रायः विदेशियों द्वारा उठाई जाती है और बाद में उद्योगों में देश की पूँजी लगाकर लाभ उठाया जा सकता है।

(7) मुद्रा स्थिति पर नियन्त्रण – विदेशी पूँजी जब मशीनों तथा उपभोक्ता पदार्थों के रूप में प्राप्त होती है तो इसका प्रभाव मुद्रा स्फीति निरोधक के रूप में होता।

(8) रोजगार की मात्रा एवं जीवन स्तर में वृद्धि – विदेशी पूँजी का उपयोग देश में उत्पन्न बढ़ाने में होता है, जिससे अधिक से अधिक लोगों को रोजगार मिलता है एवं उनके जीवन स्तर में भी वृद्धि होती है।

(९) पूँजी प्रदान करने वाले देशों को लाभ – विदेशी पूँजी के निर्यातकों को भी इससे लाभ होता है – (अ) उन्हें अपनी पूँजी अधिक लाभदायक उद्योगों में लगाने का अवसर मिल जाता है, क्योंकि अविकसित देशों में पूँजी लगाने के अवसर अधिक होते हैं और उन पर अधिक लाभ भी कमाया जा सकता है। (ब) इन देशों में प्रायः कच्चे माल की कमी रहती है जो अर्द्धविकसित देशों में अधिकता से पाये जाते हैं। अतः पूँजी के बदले में कच्चे माल आयात करके विकसित राष्ट्र अपने उद्योगो को सुदृढ़ बना सकते हैं।

विदेशी पूँजी की आवश्यकता के अनुमान

अविकसित तथा अर्द्धविकसित देशों के आर्थिक विकास के लिए कितनी विदेशी पूँजी आवश्यक होती है, इस सम्बन्ध में विभिन्न विशेषज्ञों ने अलग अलग अनुमान लगाये हैं, जिनका संक्षिप्त विवरण नीचे की तालिका में प्रस्तुत किया गया है:

उपर्युक्त तालिका के अंकों के अध्ययन से विदित होता है कि विभिन्न विशेषज्ञों द्वारा दिये गये अनुमानों में भारी अन्तर है। उदाहरणा के लिये टिनबर्जन के अनुसार प्रति व्यक्ति

आय 2 प्रतिशत वृद्धि के लिये 7.5 अरब डालर विदेशी पूँजी की आवश्यकता होती है, जबकि संयुक्त राष्ट्र संघ के विशेषज्ञों का मत है कि इसके लिये 13.9 अरब डालर विदेशीपूँजी की आवश्यकता पड़ेगी। इस प्रकार के अन्तर के दो कारण हैं – प्रथम विभिन्न विशेषज्ञों द्वारा आन्तरिक बचत स्वीकार की गई मात्रा असमान है तथा द्वितीय, पूँजी उत्पाद अनुपात और जनसंख्या में वृद्धि की दर का कोई प्रभावित आधार नहीं है। फिर भी निष्कर्ष के रूप में हम डॉ. राव के इस मत का समर्थन करते हैं कि अर्द्धविकसित अर्थव्यवस्थाओं की राष्ट्रीय आय में मध्यम वृद्धि फलित करने के लिये 5 से 6 अरब डालर वार्षिक विदेशी सहायता आवश्यक है।

विदेशी पूँजी के स्त्रोत

व्यापक दृष्टि से विदेशी पूँजी के चार प्रमुख स्त्रोत हैं:

(1) निजी विदेशी विनियोग,

(2) सार्वजनिक विदेशी विनियोग,

(3) अन्तर्राष्ट्रीय संस्थाओं से ऋण,

(4) अर्द्धविकसित अर्थव्यवस्थाओं के पक्ष में व्यापार शर्तों में सुधार।

(1) निजी विदेशी विनियोग – निजी विदेशी विनियोग 'प्रत्यक्ष विनियोग' अथवा 'पोर्ट फोलियो विनियोग' के रूप में हो सकते हैं। प्रत्यक्ष विनियोग का अभिप्राय यह है कि "इसमें विदेशी स्वामित्व के साथ साथ विदेशी नियन्त्रण भी होता है।" अर्द्धविकसित देश में व्यापार तथा उद्योग चलाने के लिये पूँजी निर्यात करने वाले देश में विशेष रूप से कम्पनियाँ या निगमों की स्थापना की जाती है। भारत में ईस्ट इन्डिया ने इसी प्रकार कार्य किया। भारत में रेलों का निर्माण भी इसी प्रकार हुआ। पोर्ट फोलियों विनियोग का अभिप्राय उस विनियोग से हैं जो प्रभुत्व अथवा नियन्त्रण दूसरे देश अर्थात् पूँजी आयात करने वाले देश के हाथों में छोड़ देता है। पोर्ट फोलियों विनियोग में केवल ब्याज देना पड़ता है अथवा एक निश्चित लाभांश की गारन्टी होती है। अत: इस प्रकार के विनियोग में विनियोगकर्त्ता को किस प्रकार का जोखिम नहीं सहना पड़ता और उनका व्यापार अथवा उद्योग के प्रबन्ध आदि पर नियन्त्रण नहीं होता है।

अमेरिका संघ के अर्द्धविकसित अर्थव्यवस्थाओं को सहायता देने के चतुर्थ सूत्र कार्यक्रम में, आरम्भ में निजी प्रत्यक्ष विनियोग पर अधिक जोर दिया गया। यह कार्यक्रम इस पर पूर्णतया आधारित था।

निजी विदेशी विनियोग के लाभ – इस प्रकार के विनियोग को कई तरह से गुणपूर्ण माना गया है। कुछ प्रमुख लाभ इस प्रकार है:

(1) निजी विनियोग में विनियोगकर्त्ता लाभ के प्रयोजन से प्ररित होता है, इसलिय साधनों को सबसे अधिक लाभदायक रूप में प्रयुक्त किये जाने की सम्भावना रहती है। पूँजी इस प्रकार विनियुक्त की जाती है कि उनकी उत्पादन क्षमता और फलस्वरूप उनकी राष्ट्रीय आय में अधिकतम वृद्धि हो।

(2) इस प्रकार के विनियोग करदाता के लिये भारस्वरूप नहीं होते, क्योंकि इसमें विदेशी ऋणों की भाँति ब्याज के भुगतान तथा मूलधन लौटने का प्रबन्ध नहीं करना पड़ता है। विदेशी विनियोगकर्त्ता की पूर्ति अर्जित लाभ द्वारा हो जाता है।

(3) जब निजी विनियोग प्रत्यक्ष व्यापारिक विनियोग का रूप ले लेता है तो, निजी विदेशी विनियोग अपने साथ उत्पादन की नई नई विधियाँ, आधुनिक निपुणताओं, नवीन प्रक्रियाओं तथा नवीन विचारों को भी लाते हैं। मेयर एवं बाल्डविन के शब्दों में, ''प्रत्यक्ष निजी विनियोग में वे लक्षण विद्यमान हैं जिन्हें हम 'चतुर्थ सूत्री कार्यक्रम' कह सकते हैं। यह आधुनिक तरीकों व निपुणताओं को पिछड़े हुए देशों में स्थानान्तरित करने का प्रभावपूर्ण साधन बन जाता है।

(4) निजी विदेशी विनियोग के लाभ के कुछ अंश का उपयोग या तो आधुनिकीकरण के लिये किया जाता है या वर्तमान उद्योगों के विस्तार के लिये अथवा लाभ का उपयोग उस उद्योग से सम्बन्धित सहायक या पूरक संस्थाओं की स्थापना के लिये किया जाता है। इस प्रकार अर्द्धविकसित देशों को निरन्तर रूप से लाभ पहुँचता रहा है।

(5) प्राय: निजी विनियोग को अपने उपक्रमों की सफलता के लिये 'लोक कर्मान्त निर्मित करने पड़ते हैं जो समस्त अर्थव्यवस्था के लिये लाभपूर्ण सिद्ध होता है। उदाहरण के लिये खदानों से कारखानों तक यदि रेलें बनाई जाती हैं तो वे सब के लिये सहायक सिद्ध होती है।

(6) प्रत्यक्ष विनियोगों का उपयोग अधिकतर निर्यात उद्योगों के लिये किये जाने की सम्भावना रहती है, जिससे निर्यात को प्रोत्साहन मिलता है और भुगतान सन्तुलन में सुधार होता है।

(7) कई बार प्रत्यक्ष निजी विनियोग किसी स्थानीय सहायक उद्योग में या विदेशी पूँजी के साथ साझेदारी में घरेलू विनियोग को प्रेरणा प्रदान करता है। स्वदेशी पूँजी अपनी संकुचाहट को त्याग कर विदेशी पूँजी द्वारा प्रशस्त किये गये क्षेत्रों में प्रविष्ट होने लगती है।

(8) विदेशी निजी विनियोग उत्पादन कार्यों में लगता है इसलिये पूँजी आयात करने वाले देश की राष्ट्रीय उत्पादन में वृद्धि होती है।

(1) निजी विदेशी विनियोग के दोष

(1) निजी विदेशी विनियोग का विरोध इस दृष्टिकोण से किया जाता है कि यह ''वित्तीय साम्राज्यवाद'' की स्थापना करने का प्रयत्न करता है। परन्तु इस विरोध की सार्थकता वास्तव में राजनीतिक व्यवस्था पर निर्भर करती है। किसी स्वतन्त्र देश को इस प्रकार का भय करने की आवश्यकता नहीं है।

(2) निजी विदेशी विनियोग का विरोध इस बात के आधार पर भी किया जाता है कि इसने उन 'निस्सारक उद्योगों' को अधिमान दिया है जो मुख्यत: विकसित देशों को निर्यात के लिये उत्पादन करते हैं। उदाहरण के लिये, ग्रे-रिपोर्ट से पता चलता है कि 1947-48 में अर्द्धविकसित देशों में अमेरिका संघ के निजी विनियोग का 90 प्रतिशत पैट्रोलियम के उत्पादन में लगा था। इसी प्रकार डेनबर्ग ने अनुमान लगाया कि सन् 1948 के अन्त में

अमेरिका का बकाया निजी विनियोग का 59 प्रतिशत निस्सारक उद्योगों में तथा 16 प्रतिशत सार्वजनिक उपयोगिताओं में तथा केवल 22 प्रतिशत वस्तुओं के निर्माण तथा वितरण में लगा था।

निजी विदेशी विनियोग को प्रोत्साहन देने के उपाय अथवा निजी विदेशी विनियोग की अड़चनों को दूर करने के उपाय - अब निजी विदेशी विनियोग पीछे हटता जा रहा है। वर्तमान समय में "विनियोग के मार्ग में राजर्नतिक तथा सामाजिक अस्थिरता, न्यायालयों के क्षेत्राधिकार की अनिश्चितता, विनिमय नियन्त्रण, पूँजी प्रेषणों पर नियन्त्रण तथा राष्ट्रीयकरण के भय के कारण गतिरोध पैदा हो गई है। अत: निजी विदेशी विनियोग को प्रोत्साहित करने के हेतु जोखिमों का अल्पीकरण करने तथा उसकी अड़चनों को दूर करने के लिये विभिन्न प्रकार के उपायों, जैसे विनिमय संधिया, सरकारी गारन्टियाँ, कर प्रोत्साहन, संयुक्त उद्यम, ऋणी देश में प्रतिबन्धों को ढील तथा रियायतें आदि का निर्माण किया जा सकता है। इन उपायों के सम्बन्ध में अब हम अध्ययन करेंगे:

(1) विनिमय संधियाँ - द्विपक्षीय संधि की व्यवस्थाओं को एक देश को दूसरे देश के विनियोग को प्रोत्साहन देने के लिये उपयोग में लाया जा सकता है। इसी प्रकार के द्विपक्षीय समझौते भारत ने कई देशें से किये हैं।

(2) सरकारी गारन्टियाँ - सरकार द्वारा विदेशी विनियोग की सुरक्षा के लिये दिये गये आश्वासन और गारन्टियाँ भी विदेशी विनियोग की जोखिमों का अल्पीकरण तथा भ्य को कम करने में सहायक होती है।

(3) कर प्रोत्साहन - निजी विदेशी पूँजी को आकर्षित करने में 'कर प्रेरणा' अत्यन्त प्रभावशाली सिद्ध होती है। पूँजी आयात करने वाले और निर्यात करने वाले, दोनों ही देश करों में कुछ छूटें व रियायतें दे सकते हैं।

(4) संयुक्त उद्यम - सम्पत्ति हरण के जोखिम को दूर करने के लिये संयुक्त उद्यम की स्थापना की जानी चाहिये, जिनके अन्तर्गत विदेशी विनियोगकर्त्ता, स्थानीय विनियोगकर्त्ता और पूँजी आयात करने वाले देशों की सरकारें भाग ले सकें। इस प्रकार के संयुक्त उद्यम भारत, लेटिन अमेरिका और सुदूर पूर्व के देशों में बहुत लोकप्रिय हो रहे हैं।

(5) विनियोग नियन्त्रण में सामान्य छुट - उपरोक्त उपायों के बावजूद भी बहुत से अर्द्धविकसित अर्थव्यवस्थाओं में विनियोग का वातावरण उस समय तक आकर्षक नहीं होगा जबतक कि विदेशी विनियोग से अन्य प्रकार के प्रतिबन्धों को भी हटा न दिया जाये। इस सम्बन्ध में विनिमय नियन्त्रण में सामान्य छूटों व रियायतों के द्वारा बहुत कुछ किया जा सकता है।

संक्षेप में, निजी विदेशी विनियोग को आकर्षित करने के लिये देश में विनियोग के लिये वातावरण अनुकूल बनाया जाना चाहिये। संयुक्त राष्ट्र संघ के एशिया तथा सूदूर पूर्व के लिये आर्थिक विकास कमीशन इस वातावरण को उत्पन्न करने के लिए निम्नलिखित बातों का होना आवश्यक बतलाया है-

(1) राजनीतिक स्थिरता व बाह्य आक्रमण से सुरक्षा।

(2) जीवन तथा सम्पत्ति को सुरक्षा।

(3) लाभ कमाने के लिये अवसरों की उपलब्धि।

(4) लाभ, लाभांशों व ब्याज आदि को भेजने की सुविधा।

(5) लाभ, लाभांशें व ब्याज आदि को भेजने की सुविधा।

(6) प्राविधिक तथा प्रशासनिक विदेशी कर्मचारियों की आवास तथा नियुक्ति की सुविधा।

(7) ऐसी करारोपण प्रणाली जिससे निजी उद्यम पर भार न पड़े।

(8) दोहरे कर से छूट।

(9) कर सम्बन्धी नियन्त्रणों का अभाव।

(10) नियन्त्रण सम्बन्धी प्रशासन में विदेशियों के साथ उचित व्यवहार।

(11) ऐसे उद्यमों की, जिन पर राज्य का स्वामित्व हो, निजी पूँजी के साथ प्रतिस्पर्द्धा का अभाव।

(12) विदेशी विनियोक्ताओं के लिये भाई चारे की सामान्य प्रवृत्ति।

निजी विदेशी विनियोग का भविष्य - ऐसा प्रतीत होता है कि निजी विदेशी विनियोग का भविष्य उज्जवल है, क्योंकि उन्नत अर्थव्यवस्थाओं की सरकारें निर्धन अर्थव्यवस्थाओं में निजी विनियोग को प्रोत्साहित करने का भरसक प्रयत्न कर रही हैं और गरीब अर्थव्यवस्थाओं की सरकारें भी भरसक प्रयत्न कर रही हैं कि उनका आर्थिक वातावरण विदेशी उद्यमों के लिये आकर्षक सिद्ध हो।

(2) सार्वजनिक विदेशी विनियोग - सार्वजनिक विदेशी विनियोग में विदेशी सरकारों अथवा अन्तर्राष्ट्रीय संस्थाओं द्वारा दिये जाने वाले ऋण और अनुदान सम्मिलित रहते हैं। यद्यपि अर्द्धविकसित देशों के लिये निजी विदेशी विनियोग अनेक दृष्टियों से लाभदायक है, पर निजी विदेशी विनियोग को आकृष्ट करने के लिये इन देशों द्वारा भरसक प्रयत्न करने पर भी आवश्यक मात्रा में विदेशी पूँजी उपलब्ध नहीं हो सकती। इसलिए इन्हें सार्वजनिक विदेशी पूँजी पर बहुत अधिक निर्भर रहना पड़ता है।

19वी सदी में तथा 20 वीं सदी के आरम्भ में निजी विनियोग यद्यपि बड़ी मात्रा में पश्चिमी गोलार्द्ध से अर्द्धविकसित अर्थव्यवस्थाओं में आया, परन्तु उल्लेखनीय बात यह है कि इस युग में ही उन्नत देशों से सरकारी अनुदानों के रूप में बड़ी बड़ी राशियाँ अर्द्धविकसित देशों में स्थानान्तरित हुई। उदाहरण के लिये, सन् 1914 में फ्रास व जर्मनी का अदत्त विदेशी विनियोग का आधे से अधिक भाग सरकारी ऋण के रूप में था।

गुण - सार्वजनिक विदेशी विनियोग, अनेक दृष्टियों से निजी विदेशी विनियोग की अपेक्षा श्रेष्ठ है-

(1) निजी विदेशी विनियोग में, विनियोग के क्षेत्र का चयन विदेशी निश्चित करता है, जबकि सार्वजनिक विदेशी विनियोग में ऋण लेने वाली सरकार विनियोग के क्षेत्र का

निर्धारण करती है। विदेशी विनियोक्ता का एकमात्र पथ प्रदर्शक निजी लाभ होता है। वह अपने लाभ की ओर ध्यान देता है, न कि अर्द्धविकसित अर्थव्यवसथा के हित की ओर। इसलिये निजी विदेशी विनियोग ऋण प्रदान करने वाले देश के लिये अपेक्षाकृत अधिक हितकारी सिद्ध होता है। इसके विपरीत, देशीय सरकार का पथ प्रदर्शक सामान्यतया आर्थिक विकास होता है, इसलिये वह विदेशी पूँजी को ऐसे कार्यक्रमों में लगायेगा जो समस्त अर्थव्यवस्था के लिय अधिकतम हितकारी होगा। इसलिये सार्वजनिक विनियोग, निजी विदेशी विनियोग की अपेक्षा अधिक अच्छा है।

(2) निजी विदेशी विनियोग, ऋण लेने वाले देश में निहित स्वार्थों को उत्पनन करता है जिसका उस देश के आर्थिक तथा राजनीतिक जीवन पर अत्यन्त अवांछनीय असर पड़ता है। सार्वजनिक विदेशी विनियोग में आलोचना तथा सन्देह के लिये अपेक्षाकृत कम सम्भावना रहती है।

(3) आर्थिक विकास की प्रारम्भिक अवस्था में 'आर्थिक अधस्संरचना' पर अर्थात् सिंचाई योजनाओं, विद्युत शक्ति प्रायोजनाओं, सड़कों, रेलों आदि के निर्माण पर भारी व्यय की आवश्यकता होती है, परन्तु इस कार्य के लिये निजी विनियोग अग्रसर नहीं होते। कारण यह है कि इस प्रकार के विनियोग आर्थिक दृष्टि से लाभदायक नहीं होते और न ही निजी विनियोक्ता इतनी विशाल मात्रा में पूँजी उपलब्ध करा सकते हैं। सार्वजनिक विदेशी ऋणों से यह कार्य अच्छी तरह सम्पन्न हो सकता है।

उपर्युक्त तथा कुछ अन्य कारणों के फलस्वरूप सार्वजनिक विदेशी विनियोग का महत्त्व बढ़ता जा रहा है। कुछ अर्थव्यवस्था विदेशी ऋणों की सहायता से आर्थिक विकास की गहरी नींव डालने में सफल रही है। 1895–1914 की अवधि में जापानी सरकार ने आन्तरिक बचत को बढ़ाने के लिए कुछ उपाय किये और राष्ट्रीय आय कम होते हुये भी वह बचत को इसके 12 से 17 प्रतिशत तक ले जाने में सफल रही। जापानी सरकार ने इस बचत की अनुपूर्ति वाह्य ऋणों से की। सन् 1920 तक जापान में वाह्य पूँजी मुख्यत: सरकारी ऋण के रूप में ही प्रवेश करती रही। उसके बाद सरकार ने विदेशों से ऋण लेना लगभग समाप्त ही कर दिया। इसी प्रकार आस्ट्रेलिया में सरकार ने प्राथमिक उद्योगों के विकास, रेलों के निर्माण व सिंचाई की सुविधाएँ उपलब्ध करने के लिए सार्वजनिक विदेशों ऋणों का सहारा लिया।

कुछ ऐसी विशिष्ट संस्थाओं की स्थापना की गई है जिनके माध्यम से इन ऋणों का विनियोग प्रस्तुत किया जाता है। सन् 1929 इंग्लैण्ड में 'उपनिवेशिक विकास तथा कल्याण एक्ट' पारित किया गया, जिसके अन्तर्गत उपनिवेशों की सरकारों को ऋण तथा अनुदान प्रदान किया गया। उपनिवेशों को 'उपनिवेशिक विकास निगम' द्वारा, जिसकी स्थापना सन् 1958 में हुई, ब्रिटिश ऋण प्रदान किये गये। ब्रिटेन, कनाड़ा, एवं आस्ट्रेलिया इत्यादि देशों ने 'कोलम्बों योजना' के अन्तर्गत विभिन्न देशों को प्रत्यक्षरूप से आर्थिक सहायता दी है। सोवियत ब्लाक भी अर्द्धविकसित देशों के आर्थिक विकास में आर्थिक सहायता प्रदान करता है।

कठिनाइयाँ – विदेशी ऋण तथा अनुदान का आर्थिक विकास के लिये प्रयोग करने में निम्न कठिनाइयाँ आती हैं जिसके समाधान के लिये सचेतन मस्तिष्क तथा जाग्रत नेत्र आवश्यक है–

(1) सीमित अवशोषक क्षमता - अर्द्ध विकसित देशों में विदेशी सहायता को खपाने की क्षमता सीमित होती है। उदाहरण के लिये भारतवर्ष को मार्च 1961 तक 3000 करोड़ रुपये की कुल विदेशी सहायता अधिकृत हुई परन्तु हम इसमें से केवल 1700 करोड़ रुपये ही प्रयुक्त कर सके।

सीमित अवशोषक क्षमता का कारण स्वयं अल्पविकास है। प्रत्येक पूँजीगत योजना की सफलता कुछ सुविधाओं की उपलब्धि पर निर्भर करती है, जैसे देश में आर्थिक इन्फा स्ट्रकचर अर्थात् सड़के सिंचाई एवं रेले आदि की उपलब्धि। परन्तु अर्द्धविकसित देशों में इन सुविधाओं का अभाव रहता है और चूँकि इनके निर्माण में काफी समय लगता है, इसलिये मित्र देशों से प्राप्त विदेशी पूँजी का समुचित उपयोग भी नहीं हो पाता।

(2) घरेलू बचत का कम होना - बहुत बार देखा जाता है कि विदेशी ऋण को घरेलू बचतों का विकल्प बना लिया जाता है। यदि विदेशी ऋण प्राप्त होने पर देशीय बचत घट जाये तो एक ओर का लाभ दूसरी ओर हानि से कट जायेगी। अगर पूँजी के आयात से घरेलू बचत के प्रयासों में ढील आ जाती है तो पूँजी निर्माण की दर में सुधार नहीं होगा और विदेशी ऋणों का प्रभाव लुप्त हो जायेगा।

देशीय बचत का सबसे बड़ा घातक 'प्रदर्शन प्रभाव' है। अन्तर्राष्ट्रीय सम्बन्धों के कारण अर्द्धविकसित देशों के निवासी विकसित देशों के लोगों के रहन-सहन के तरीकों से परिचित हो जाते हैं। उन्नत देशों के उच्च उपभोग स्तर के अनुसरण के कारण निर्धन देशों में बचत कठिन हो जाती है। उपभोग वस्तुओं की अतिरिक्त मात्रा का आयात किया जाता है, जिससे भुगतान शेष की समस्यायें उत्पन्न हो जाती है।

(3) स्वदेशी प्रयास में ढीलापन - यही भी सम्भव है कि विदेशी सहायता व ऋण मिलने पर अर्द्धविकसित अर्थव्यवस्था की सरकार तथा लोग अपने प्रयत्न ढीले कर दें, परन्तु विदेशी ऋणों और अनुदानों का उत्तम उपयोग तभी हो सकता है जबकि साथ ही स्थानीय प्रयास भी किये जायें।

(3) अन्तर्राष्ट्रीय संस्थाओं से ऋण - अविकसित व अर्द्धविकसित राष्ट्रों को आर्थिक तथा प्राविधिक सहायता प्रदान करने के उद्देश्य से द्वितीय महायुद्ध के बाद कुछ इस प्रकार की विशिष्ट संस्थाओं की स्थापना की गई है जो इन देशों को पर्याप्त मात्रा में ऋण तथा सहायता प्रदान कर रही है। द्वितीय महायुद्ध के पश्चात् जिन प्रसिद्ध अन्तर्राष्ट्रीय संस्थाओं का जन्म इस उद्देश्य के लिये हुआ है, वे इस प्रकार हैं-

(अ) अन्तर्राष्ट्रीय पुनर्निमाण और विकास बैंक- इसको सामान्यत: विश्व बैंक कहा जाता है।

(ब) अन्तर्राष्ट्रीय वित्त नियम,

(स) अन्तर्राष्ट्रीय विकास संघ,

(द) आर्थिक विकास के लिये संयुक्त राष्ट्रसंघीय विशिष्ट निधि।

इन संस्थाओं का प्रमुख उद्देश्य आर्थिक दृष्टि से पिछड़े देशों को आर्थिक विकास के लिये ऋण देना है। इन संस्थाओं ने विश्व के अनेक देशों की सिंचाई, रेल, विद्युत विकास, बाढ़ नियन्त्रण इत्यादि अनेक योजनाओं के लिये ऋण प्राविधिक सहायता प्रदान किया है।

(4) व्यापार शर्त से प्राप्त विदेशी राशियाँ – जिस दर पर निर्यात आयातों के बदले में दिये जाते हैं उसे व्यापार की शर्तें कहते हैं। व्यापार शर्त में अनुकूल परिवर्तन से प्राप्त लाभ आर्थिक विकास के कार्यक्रमों के लिये प्रयुक्त किया जा सकता है। इस तथ्य को उदाहरण द्वारा स्पष्ट किया जा सकता है। मान लीजिए एक ऐसी अर्द्धविकसित अर्थव्यवस्था है जो इतने कच्चे माल का निर्यात कर रही है जिनसे निर्मित वस्तुओं के आयात का ठीक भुगतान हो जाता है। अब मान लीजिए कच्चे माल का मूल्य अन्तर्राष्ट्रीय बाजार में बढ़ जाता है, परन्तु निर्मित वस्तुओं का मूल्य यथास्थिर रहता है, या कम बढ़ता है, तो ऐसी स्थिति में व्यापार शर्त अर्द्धविकसित अर्थव्यवस्था के पक्ष में बदल जायेगा। कच्चे माल की उतनी ही मात्रा से वह देश अब पहले से अधिक विदेशी मुद्रा प्राप्त कर सकेगा। चूँकि निर्मित वस्तुओं का मूल्य यथास्थिर रहता है, इसलिए इन वस्तुओं को पहली जितनी मात्रा खरीदने के बाद भी अर्द्धविकसित देश के पास कुछ विदेशी मुद्रा बची रहेगीं। इस अतिरिक्त विदेशी मुद्रा को पूँजीगत वस्तुओं, खाद्यान्न व अन्य उपभोग वस्तुओं के आयात के लिए प्रयुक्त किया जा सकता है। व्यापार शर्त में अनुकूल परिवर्तन से कितनी अतिरिक्त विदेशी मुद्रा प्राप्त होगी, यह इस परिवर्तन की मात्रा व विस्तार पर निर्भर करता है। कभी कभी यह परिवर्तन इतना अधिक होता हैकि पर्याप्त मात्रा में विदेशी मुद्रा प्राप्त हो जाती है।

व्यापार शर्त का अर्द्धविकसित अर्थव्यवस्थाओं के पक्ष में परिवर्तन से उपलब्ध विदेशी राशियाँ अनुदान के समान है, क्योंकि विदेशी ऋण के सदृश्य इन राशियों पर मूलधन व ब्याज का शोधन नहीं करना पड़ता। एक दृष्टिकोण से यह तरीका अनुदान से भी अच्छा है। अन्तर्राष्ट्रीय अनुदान व ऋण से प्राय: प्रापक अर्थव्यवस्थाओं के बीच और अनुदान देने वाली अर्थव्यवथाओं के बीच भी विरोध उत्पन्न हुये हैं, परन्तु व्यापार शर्त में परिवर्तन से फलित राशियों के स्थानान्तरण से इस प्रकार के विरोध उत्पन्न नहीं होते।

विदेशी पूँजी के खतरे – विदेशी पूँजी के उपयोग के विषय में विवेचन करते हुये यह हम देख चुके हैं कि विदेशी पूँजी अर्द्धविकसित देशों को बहुत आवश्यक सहायता प्रदान करती है और आर्थिक विकास की गति प्रदान करने के लिये अपरिहार्य है। परन्तु पूँजी आयात करने वाले देश के दृष्टिकोण से विदेशी पूँजी के अनेक खतरे हैं, जिनका उल्लेख नीचे किया जा रहा है:

(1) राजनैतिक प्रभुत्व – विदेशी पूँजी राजनीतिक पराधीनता को जन्म देती है। सामान्यत: यह कहा जाता है कि "व्यापार के पीछे पीछे ध्वजा चलती है।" किन्तु यह कहना अधिक उपयुक्त होगा कि "पूँजी के पीछे पीछे ध्वजा चलती है।" उदाहरण के लिए मिश्र, मलाया, ईरान, और इन्डोचाइना का इतिहास यह बतलाता है कि विदेशी पूँजी के आयात से देश आर्थिक तथा राजनैतिक क्षेत्र में पराधीन हो जाता है। अमेरिका तथा इंग्लैण्ड विशुद्ध प्रेम के वशीभूत होकर, अर्द्धविकसित देशों को सहायता प्रदान नहीं कर रहे हैं। वरन् उनका राजनीतिक प्रयोजन है। उनका उद्देश्य अपने प्रभाव के क्षेत्र का विस्तार करना है। यह बात किसी से छिपी नहीं है कि अमेरिका राजनीतिक गुटबन्दी को ध्यान में रखकर ही पाकिस्तान को आर्थिक एवं सैनिक सहायता देता है। इसी प्रकार अरब देशों में विदेशी पूँजी अरबों खरबों की राशि में तेल के उद्योग में लगी हुई है। इसकी रक्षा के लिये विदेशी देश इन देशों की आन्तरिक राजनीति में दखल देते रहते हैं और कभी कभी तो प्रत्यक्ष युद्ध की स्थिति भी आ जाती है जैसे कि कुछ वर्ष पूर्व स्वेज नहर के सम्बन्ध में हुआ था।

(2) राष्ट्रीय पूँजी से प्रतिस्पर्द्धा - विदेशी पूँजी उन्ही देशों से प्राप्त होती है जिनका प्राविधिक एवं व्यावसायिक स्तर अपेक्षाकृत अधिक ऊँचा होता है। फलत: देशी पूँजी एवं साहस उससे प्रतिस्पर्द्धा में टिक नहीं सकता।

(3) पूँजी निर्माण की गति का मन्द होना - विदेशी पूँजी के आयात से देश का बहुत सा धन ब्याज एवं लाभ के रूप में विदेशों को चला जाता है, जिससे देश में पूँजी निर्माण की दर कम हो जाती है।

(4) देश की सुरक्षा का भय - विदेशी पूँजी एक स्वार्थी मित्र के समान है जिस पर भरोसा करना व्यर्थ है। संकटकालीन परिस्थितियों में जब देश को पूँजी की आवश्यकता होती है तब विदेशी पूँजीपति अपनी पूँजी की रक्षा करने के लिये इसे वापस ले जाने लगते हैं। इससे स्थिति और भी अधिक गम्भीर हो जाती है।

देश के सुरक्षा सम्बन्धी एवं आधारभूत उद्योगों में विदेशी पूँजी लग जाने से देश की सुरक्षा खतरे में पड़ जाती है। अत: विदेशी पूँजी पर अत्यधिक निर्भरता बुद्धिमानी नहीं है।

(5) असन्तुलित विकास - विदेशी पूँजी से हम देश के सन्तुलित विकास की आशा नहीं कर सकते क्योंकि विदेशी पूँजी का उपयोग उन्हीं उद्योगों में किया जाता है जिनमें अधिक लाभ मिलता है, जैसे खनिज तेल शोधन उपभोक्ता पदार्थों के उद्योग आदि। देश में आधारभूत उद्योगों की स्थापना की उपेक्षा की जाती है फलत: देश में असन्तुलित औद्योगिक विकास होता है।

(6) अधिक मूल्य - अर्द्धविकसित देशों को अपने विकास कार्यक्रमों को पूरा करने के विदेशी पूँजी पर निर्भर रहना पड़ता है, जिसका विकसित देश अनुचित लाभ उठाते हैं, जैसे प्राविधिक व प्रशासकीय सेवाओं को अधिक मूल्य लेकर प्रदान करना, पुरानी व अप्रचलित मशीनों को अधिक मूल्य पर बेचना आदि।

(7) आर्थिक शक्ति का केन्द्रीयकरण - विदेशी पूँजी के कारण ही आर्थिक सत्ता का केन्द्रीयकरण कुछ मुट्ठी भर विदेशियों के हाथ में पहुँच जाता है। भारतवर्ष में प्रबन्ध अभिकर्त्ता प्रणाली का उद्‌गम विदेशी विनियोजन का ही परिणाम है।

(8) भेदभावपूर्ण नीति व पक्षपातपूर्ण व्यवहार - विदेशी पूँजी की सहयोग से स्थापित औद्योगिक उपक्रमों में विदेशी लोग ऊँचे ऊँचे पदों पर अपने देश वासियों को ही नियुक्त करते हैं, फलत: देश के कर्मचारी उत्तरदायित्वपूर्ण कार्यों के अनुभव व प्रशिक्षण से वंचित रहते हैं।

निष्कर्ष - विश्व के आर्थिक विकास में पूँजी के अन्तर्राष्ट्रीय प्रवाह का महत्त्वपूर्ण योगदान रहा है। विदेशी पूँजी के दोषों से बचने के लिये प्रत्येक देश में नियन्त्रण के समुचित उपाय को अपनाने चाहिये क्योंकि हमारी सम्मति में अधिकांश दोष विदेशी पूँजी के प्रयोग के न होकर इसके दूषित नियन्त्रण के हैं। जर्मन अर्थशास्त्री जी.से.के. हेल्मेट ने अपनी पुस्तक में उल्लेख किया है कि विदेशी पूँजी के दोषों से बचने के लिये विदेशी पूँजी सम्बन्धी नीति का आधार निम्नलिखित सिद्धान्तों पर होना चाहिये:

(1) विदेशी पूँजी देश के आर्थिक विकास में सहायक हो।

(2) यह राष्ट्रीय बचतों में योग दें।

(3) यदि कोई देश पूँजी की सहायता देना चाहता है तो उसका उपयोग उचित प्रकार से किया जाय।

(4) विदेशी पूँजी पूर्णत: देश के विधानों के अन्तर्गत कार्य में लायी जाय।

संक्षेप में, विदेशी पूंजी का उपयोग करते समय निम्न सावधानी की आवश्यकता है:

(1) विदेशी पूँजी का उपयोग इस रूप में किया जाना चाहिये जिससे देश को तत्काल आर्थिक लाभ हो।

(2) ऋणों की अदायगी के लिये शुरू से ही जागरूक व सतर्क रहना चाहिये।

(3) जहाँ तक सम्भव हो सहायता प्राविधिक सहयोग व उपभोक्ता सामग्री के रूप में ही ली जाये।

(4) जिन देशों से ऋण प्राप्त किया जाय उन्हें अधिक से अधिक निर्यात करने का प्रयास किया जाना चाहिये।

अन्त में यह ध्यान रहे कि विदेशी सहायता अर्थव्यवस्था में केवल अल्पकालीन अवलम्ब हो सकती है और दीर्घकालीन विनियोग के लिये एक स्थाई आधार नहीं है। विदेशी सहायता अपनी सहायता आप का प्रतिनिधि नहीं है।

भारत में विदेशी पूँजी

विदेशी पूँजी सम्बन्धी सरकारी नीति – स्वतन्त्रता के पश्चात् राष्ट्रीय सरकार ने जब सन् 1948 में अपनी प्रथम औद्योगिक नीति घोषित की तो उसमें विदेशी पूँजी की उपयोगिता को स्वीकार किया गया, किन्तु यह बात स्पष्ट कर दी गई कि भारत सरकार की अनुमति और जाँच पड़ताल के बिना विदेशी पूँजी देश में नहीं आ सकती तथा जहाँ तक सम्भव हो सकेगा स्वामित्व में प्रमुख हित और प्रभावशाली नियन्त्रण सदा भारतीयों के हाथ में रहेगा। 6 अप्रैल 1949 को तत्कालीन प्रधान मन्त्री ने विदेशी पूँजी के सम्बन्ध में सरकारी नीति का स्पष्टीकरण करते हुये विदेशी पूँजीपतियों को तीन आश्वासन दिये–

(1) सामान्यत: देशी तथा विदेशी पूँजी में किसी प्रकार का भेदभाव नहीं किया जायेगा।

(2) विदेशी विनियोक्ताओं को अपने लाभ व पूँजी को अपने देश में वापस ले जाने की सुविधा दी जायेगी, बशर्ते देश में विदेशी विनिमय सम्बन्धी स्थिति अनुकूल रहे।

(3) यदि किसी ऐसे उद्योग का राष्ट्रीयकरण किया जायेगा जिसमें विदेशी पूँजी लगी हैतो उसके लिये उचित हर्जाना दिया जायेगा।

2 जून 1950 को भारत सरकार ने फिर घोषणा की कि 1 जनवरी सन. 1950 के बाद जितनी भी विदेशी पूँजी का विनियोग हुआ है, उसे विदेशी अपने देश में ले जा सकेगा। भारत सरकार की आज्ञा से कम्पनियों के लाभ का जितना हिस्सा उद्योगों में पुन: विनियोग किया जाता है, उसे भी वापस ले जाने की सुविधा दी जावेगी। विदेशी पूँजी के विनियोग सम्बन्धी आवेदन पत्रों पर निम्नलिखित आधारों पर विचार किया जायेगा–

(1) विदेशी पूँजी निर्माण के कार्य में विनियोजित की जाये।

(2) विदेशी पूँजी का विनियोजन ऐसे उद्योगों में किया जाय जिसके लिये भारतीयों के पास पूँजी व प्राविधिक ज्ञान का अभाव है।

(3) विदेशी पूँजी के विनियोजन से विदेशी मुद्रा की बचत होती हो।

(4) विदेशी पूँजी के विनियोजन से उद्योग की उत्पादकता में वृद्धि होती हो।

विदेशी पूँजी के विनियोजन के सम्बन्ध में भारत सरकार द्वारा जिन सामान्य सिद्धान्तों को ध्यान में रखा जाता है वे इस प्रकार है:

(1) विदेशी पूँजी का विनियोजन ऐसे उद्योगों में होना चाहिय जो देश के आर्थिक कल्याण के लिये आवश्यक है, अथवा जिनके लिये बहुत बड़ी मात्रा में पूँजी की आवश्यकता पड़ती है, अथवा जिनमें प्राविधिक ज्ञान की विशेष आवश्यकता होती है।

(2) विदेशी पूँजी के विनियोग से निर्यात में वृद्धि तथा आयात में कमी हो जाने की सम्भावना होनी चाहिये।

(3) विदेशी पूँजी का विनियोजन व्यापारिक, बगानों, बैंकिंग तथा वित्तीय प्रकृति के उपक्रमों में नहीं हो सकता।

(4) जिस उद्योगों में विदेशी पूँजी लगाई जाय उसकी उत्पादकता में वृद्धि होनी चाहिये।

(5) सैनिक महत्त्व के उद्योगों एवं आधारभूत उद्योगों में विदेशी पूँजी का प्रत्यक्ष विनियोग नहीं होना चाहिये।

(6) उपक्र में स्वामित्व एवं नियन्त्रण का बहुमत भारतीयों के हाथ में ही हो।

(7) भारतीय एवं विदेशी उद्योगपतियों द्वारा किये गये संयुक्त समझौते के आधार पर विदेशी पूँजी के विनियोग को प्रोत्साहन दिया जाना चाहिये।

स्पष्ट है कि राष्ट्रीय सरकार ने विदेशी पूँजी के प्रति बहूत ही उचित दृष्टिकोण अपनाया है। भारत विदेशी पूँजी के विनियोजन के लिये पर्याप्त आकर्षण प्रदान करता है।

भारत में विदेशी पूँजी का विनियोजन निजी क्षेत्र में – भारतवर्ष में निजी क्षेत्र में पूँजी का विनियोजन इस प्रकार रहा है–

भारत के निजी क्षेत्र में विदेशी विनियोग शेष –

प्रस्तुत **तालिका से स्पष्ट है** कि गत सत्रह वर्षों में निजी क्षेत्र में विदेशी पूँजी की मात्रा में कुल 671.2 **करोड़ रुपये** की वृद्धि हुई। योजनानुसार वृद्धि की मात्रा इस प्रकार है–

प्रथम योजना	177.8 करोड रुपये
द्वितीय योजना	192.3 करोड़ रुपये
तृतीय योजना	301.1 करोड़ रुपये

सीमाएँ - स्वतन्त्रता पश्चात् मात्रा की दृष्टि से निजी विदेशी पूँजी महत्त्वपूर्ण नहीं रही है और जो कुछ प्राप्त हुई है उसमें भी अनेक कमियाँ रही हैं, जैसे -

(1) विदेशी विनियोग के मूल्य को बढ़ाकर दिखाया जाता है, विदेशों से आने वाली वस्तुओं, माल या सेवाओं की कीमतों को बढ़ाकर दिखाया जाता है।

(2) कई बार विदेशों से प्राप्त होने वाली मशीनें पुराने ढंग की, महँगी तथा अनुपयुक्त होती हैं, जैसा कि श्री एम. किडरन ने बताया "अनेक मामलों में उदाहरण के लिये कागज उद्योग में, आयात की गई पाश्चात्य उत्पादन विधियों का अकुशल प्रयोग किया गया है, कई बार, जैसे मोटर गाड़ियों के उद्योग में, फैशन पर आधारित महँगी तकनीक का प्रयोग किया गया है जो भारत की परिस्थितियों के अनुकूल नहीं है।"

(3) विदेशों से प्राप्त कौशल का देश की अर्थव्यवस्था में प्रचार नहीं हो पाया है।

(4) विदेशी निजी विनियोग अधिक खर्चीला सिद्ध हुआ है क्योंकि इस पर दिया जाने वाला 10 प्रतिशत का लाभ अधिक है।

संक्षेप में, विदेशी निजी विनियोग एक अमिश्रित वरदान नहीं रहा है। श्री किडरन का मत है, "आयात की बचत तथा निर्यात की वृद्धि की दृष्टि से विदेशी विनियोग का प्रत्यक्ष और परोक्ष योगदान, गत वर्षों में भारत के लिय हानिकारक सिद्ध हुआ है।" हमें सावधान रहना चाहिये और उसके हानिकारक प्रभावों को सीमित करना चाहिये।

विदेशी सहायता - नीचे तालिका में भारतवर्ष को विभिन्न देशों से प्राप्त विदेशी सहायता के अनुसार आँकड़े प्रस्तुत किये गये हैं। आँकड़ो के अध्ययन से स्पष्ट होता है कि भारतवर्ष में प्राप्त विदेशी सहायता को तीन शीर्षकों में विभाजित किया गया है - (1) ऋण, (2) अनुदान, और (3) अमेरीकी सार्वजनिक अधिनियम सहायता।

देशानुसार विश्लेषण से स्पष्ट है कि अमेरिका का अंशदान विदेशी सहायता में सबसे अधिक है। अप्रैल 1951 से सितम्बर 1968 तक भारत को मिली कुल विदेशी सहायता में अमेरिका का भाग लगभग 57 प्रतिशत था।

विदेशी सहायता प्रदान करने वालों के क्रम में दूसरा स्थान विश्व बैंक और अन्तर्राष्ट्रीय विकास संघ जैसे अन्तर्राष्ट्रीय संस्थाओं का है। इन संस्थाओं ने लगभग 13 प्रतिशत विदेशी सहायता प्रदान की है। इसके उपरान्त पश्चिमी जर्मनी, इंग्लैण्ड और रूस का स्थान है जिनका अंशदान क्रमश लगभग 7.6 प्रतिशत, 6.3 प्रतिशत है। कोलम्बों योजना के देशों अर्थात् कनाड़ा, आस्ट्रेलिया, न्यूजीलैण्ड और इंग्लैण्ड ने लगभग 3.3 प्रतिशत तथा जापान ने 2.4 प्रतिशत के लगभग विदेशी सहायता प्रदान की है।

विदेशी सहायता का अधिकरण और उपयोग - विभिन्न पंचवर्षीय योजनाओं की अवधि में कुल विदेशी सहायता के अधिकरण और उपयोग का ब्यौरा नीचे तालिका में दिया गया है।

स्पष्ट है कि प्रथम योजना में 360 करोड़ रुपए की सहायता का अधिकरण प्राप्त हुआ था किन्तु इसमें से कवेल 202 करोड़ रुपये अर्थात् 53 प्रतिशत का ही उपयोग किया गया। इसी प्रकार से द्वितीय योजना में अधिकृत विदेश सहायता का केवल 56 प्रतिशत ही

उपयोग किया गया। परन्तु तीसरी पंचवर्षीय योजना में विदेशी सहायता के उपयोग में वृद्धि हुई है, क्योंकि 2641.86 करोड़ रुपये की कुल अधिकृत विदेशी सहायता में से ∠519.49 करोड़ रुपये अर्थात् 92 प्रतिशत का उपयोग किया गया।

राव समिति की सिफारिशें – विदेशी सहायता का उपयोग में विलम्ब एक गम्भीर समस्या है। इससे देश वाह्य सहायता से पूर्णरूपेण लाभान्वित नहीं हो सकता। अतः भारत सरकार ने जून 1963 में विदेशी सहायता का उपयोग के सम्बन्ध में अध्ययन करने के लिए डा. वी.के.आर.वी. राव की अध्यक्षता में एक समिति बैठाई। 1964 में इस समिति ने अपनी रिपोर्ट प्रस्तुत की तथा उपयोग में विलम्ब के अनेक कारणों पर प्रकाश डालते हुए विदेशी सहायता के उपयोग में सुधार सम्बन्धी निम्न सुझाव दिये:

(क) देश के खनिज, जल, वन इत्यादि साधनों का समुचित अध्ययन किया जाना चाहिये।

(ख) किसी भी प्रायोजना की स्वीकृति तब तक नहीं दी जानी चाहिये जबतक उसकी पूरी रूपरेखा तैयार न हो जाये।

(ग) प्रायोजना सम्बन्धी विस्तृत रूपरेखा तैयार करने में किसी प्रकार का विलम्ब नहीं करना चाहिये।

(घ) प्रायोजना की अन्तिम रूपरेखा तैयार हो जाने पर उसमें किसी प्रकार के परिवर्तन यथासम्भव स्वीकार नहीं करना चाहिए।

(ङ) स्वीकृति और वापसी की प्रणालियाँ सरल होनी चाहिये।

(च) प्रायोजनाओं की विदेशी सहायता के अन्तर्गत आयात सम्बन्धी सारी औरचारिकताएँ तथा अन्य कार्य विधियाँ यथासम्भव सरल तथा एक ही नियन्त्रण में होनी चाहिये।

(छ) सहायता प्रदान करने वाले देश भी गैर प्रायोजना सहायता प्रदान करके कार्यविधियों को अधिक सरल बनाकर उपयोग में गति प्रदान कर सकते हैं।

उपरोक्त सुझावों के कार्यान्वयन के परिणामस्वरूप 1963-64 से विदेशी सहायता के उपयोग में कुछ सुधार हो रहा है।

भविष्य के लिये सुझाव एवं उपसंहार – निस्सन्देह विदेशी सहायता से हमें आर्थिक विकास में बहुत अधिक सहायता मिली है। ऐसा अनुमान है आगामी दस वर्षों में विदेशी पूँजी पर भारत की निर्भरता और अधिक रहेगी। इस सम्बन्ध में कुछ सुझाव इस प्रकार दिये जा सकते हैं:

(1) यदि इसका अनुमान यह है कि भविष्य में मित्र देश कितनी सहायता हमें प्रदान कर सकते हैं, हमें प्राप्त हो जाय तो स्थिति अधिक सुविधाजनक होगी।

(2) विदेशी सहायता प्रायोजनाओं की अपेक्षा प्रोगामों के आधार पर दी जानी चाहिये, जिससे सहायता का एक बार कार्यक्रम निर्धारित हो जाने के बाद पृथक् पृथक प्रायोजेनाओं की व्याख्या और इसके लिये अलग अलग समझौते की आवश्यकता न हो।

(3) उन्मुक्त सहायता की मात्रा बढ़नी चाहिये, क्योंकि आगामी वर्षों में भारत को ऋणों की वापसी के लिये बड़ी धनराशि की आवश्यकता होगी।

(4) ऋण प्राप्ति के प्रारम्भिक वर्षों में उनके भुगतान का आग्रह नहीं किया जाना चाहिये तथा ब्याज की दर कम से कम होनी चाहिये।

(5) सहायता दीर्घकालिक होनी चाहिये।

(6) सहायता देने वाले देशों द्वारा वस्तुओं आदि के क्रय सम्बन्धी लगाये प्रतिबन्ध कम से कम होने चाहिये।

(7) प्राविधिक सहायता का उपयोग जहाँ तक हो सके देश में प्राविधिक प्रशिक्षण संस्थाओं की स्थापना तथा विकास के लिये ही किया जाना चाहिये।

प्रश्न

1. एक विकासोन्मुख देश में विदेशी पूँजी की आवश्यकता और महत्त्व पर प्रकाश डालिये और इसके द्वारा खतरों का उल्लेख कीजिये।
2. निजी विदेशी विनियोग के क्या लाभ है? निजी विदेशी विनियोग की अड़चनों को दूर करने के लिये किन उपायों का निर्माण किया जा सकता है?
3. भारतीय उद्योगों में विदेशी पूँजी के प्रयोग के सम्बन्ध में सरकारी नीति की प्रमुख विशेषताओं का उल्लेख कीजिये।
4. भारत में पंचवर्षीय योजना में विदेशी सहायता के योगदान पर एक निबन्ध लिखिये।

4

कार्ल मार्क्स का विकास मॉडल
(Growth Model of Karl Marx)

समाजवादी विचारों कार्ल मार्क्स 19वीं शताब्दी के सर्वाधिक प्रभावशाली समाजवादी विचारक माने जाते हैं। वे एक विशुद्ध अर्थशास्त्री न थे। उनका आर्थिक विकास सम्बन्धी विश्लेषण राजनीतिशास्त्र, दर्शनशास्त्र, अर्थशास्त्र एवं इतिहास का सम्मिश्रण है। उनके ये विचार संयुक्त रूप से उनकी पुस्तक Das Capital' में मिलते हैं।

कार्ल मार्क्स के आर्थिक विकास मॉडल का अध्ययन निम्न शीर्षकों के अन्तर्गत किया जा सकता है—

(1) इतिहास की भौतिकवादी व्याख्या (Materialistic Interpretation of History)— कार्ल मार्क्स ने इतिहास की व्याख्या भौतिकवादी दृष्टिकोण से करने का प्रयास किया है। उनके अनुसार वस्तुतः मानव समाज का इतिहास भौतिकवादी अथवा आर्थिक परिवर्तनों का इतिहास है। अन्य शब्दों में, सम्पूर्ण इतिहास के विकास की आधारशिला आर्थिक कारणों से उत्पन्न क्रिया और प्रतिक्रिया का ही परिणाम है। मानवीय इतिहास को परिवर्तित करने वाली आर्थिक परिस्थितियाँ उत्पादन के प्रारूप पर आधारित होती है और उत्पादन के प्रारूप परिवर्तित होते रहते हैं। मार्क्स के ही शब्दों में, ''भौतिक जीवन में उत्पादन की प्रणाली ही जीवन के सामाजिक, राजनीतिक तथा धार्मिक कृत्यों को निर्धारित करती है'' और ''जब उत्पादन प्रणाली बदलती है, बाह्य ढाँचा, संस्थायें एवं सम्बन्ध स्वतः बदलने लगते हैं।'' वर्तमान पूँजीवादी व्यवस्था इन्हीं परिवर्तनों का परिणाम है। इस व्यवस्था में अब केवल दो वर्ग रह गये हैं— (अ) चन्द पूँजीपतियों का वग (Bourgeosie), तथा (ब) विशाल श्रमिक वर्ग (Proletariat)। इनमें निरन्तर संघर्ष चलता रहता है। मार्क्स के अनुसार यह संघर्ष ही पूँजीवाद के विनाश और नये समाज के जन्म का कारण बनेगा। मार्क्स के ही शब्दों में, ''मानव जाति का इतिहास एक निरन्तर संघर्ष का इतिहास रहा है। स्वतन्त्र व्यक्ति और गुलाम, सामन्त और कृषक, गिल्ड मास्टर और जींमैन अर्थात् शोषित व शोषण

करने वाले वर्ग हमेशा एक-दूसरे के विरोध में रहे हैं और इन दो वर्गों में यह संघर्ष कभी खुले रूप में, कभी छुपे रूप में हमेशा बिना रूके चलता है जिसका अनिवार्य परिणाम या तो समस्त समाज में क्रान्तिकारी परिवर्तन लाने या संघर्ष करने वाले वर्गों को समाप्त करने का रहा है।"

मार्क्स का विश्वास था कि इस पूँजीवादी व्यवस्था का अन्त अवश्य होगा क्योंकि इसके पतन के कारण इस व्यवस्था के अन्तःकरण में ही छिपे हुये हैं।

(2) अतिरेक मूल्य का सिद्धान्त (Theory of Surplus Value)— मार्क्स का अतिरेक मूल्य का सिद्धान्त उसकी आर्थिक विकास की प्रक्रिया की आधारशिला है। मार्क्स के अनुसार, वस्तु की भाँति श्रम के भी दो मूल्य होते हैं— I.श्रम का प्रयोग मूल्य, II. श्रम विनिमय मूल्य। पूँजीपति श्रमिक से उनके श्रम के विनिमय के बदले दिन भर के श्रम का प्रयोग मूल्य खरीदता है। यह प्रयोग मूल्य उसके विनिमय मूल्य की अपेक्षा अधिक होता है। इन दोनों का यह अन्तर ही 'अतिरेक मूल्य' है।

पूँजीवादी प्रणाली में सभी कार्य मजदूरी श्रम (Wage Labour) प्रथा के आधार पर किया जाता है। श्रमिक को मजदूरी देकर पूँजीपति उस अधिकार को प्राप्त कर लेता है जिसके द्वारा वह जिस प्रकार भी चाहे श्रम द्वारा उत्पन्न वस्तु को बेच सकता है। श्रमिक का व्यावसायिक मूल्य वह मजदूरी नहीं होती जो उसे दी जाती है बल्कि वह उस राशि से कहीं अधिक होती है। श्रमिक को तो केवल उतनी ही मजदूरी दी जाती है जो उसकी जीविका के लिए आवश्यक होती है। श्रमिक द्वारा उत्पादित मूल्य और पूजीपति द्वारा मूल्य में जो अन्तर होता है, वह पूँजीपति स्वयं अपने पास रख लेता है और इस प्रकार श्रमिकों का शोषण करने में सफल हो जाता है। मार्क्स स्पष्ट शब्दों में कहता हैं, "पूँजीपति उस पिशाच के समान है जो दूसरो के रक्त को पीकर जीवित रहता है और उसको जितना अधिक रक्त मिलता है, उतना ही अधिक वह पुष्ट होता है।"

पूँजीपति का उद्देश्य इस अतिरेक मूल्य को अधिकतम करना होता है। इस उद्देश्य की पूर्ति के लिये वह निम्नलिखित उपाय अपनाता है—

(i) पूँजीपति श्रमिकों के कार्य के घण्टों में वृद्धि कर देता है।

(ii) वह श्रमिक को इस योग्य बनाने का प्रयास करता है कि वह कम समय में ही अनिवार्य आवश्यकताओं को पूरा कर ले। इस उद्देश्य की पूर्ति के लिये वह निम्न तरीकों को अपनाता है—

(i) स्त्री व बाल श्रमिकों को काम देकर,

(ii) नवीनतम उत्पादन तकनीक अपनाकर।

पूँजी की प्रकृति (Nature of Capital)—मार्क्स के अनुसार, "श्रम ही समस्त मूल्य का स्रोत हैं तथा पूँजी अनुत्पादक है। पूँजी का जन्म तो वस्त वनिमय प्रथा के बाद मुद्रा विनिमय प्रथा के दौरान हुआ। वस्तुओं के साधारण प्रचलन में पहले वस्तूओं का विनिमय मुद्रा से होता है और फिर मुद्रा का विनिमय वस्तुओं से होता है अर्थात्

$$C + M + C$$

यहाँ, C= वस्तुयें, M=मुद्रा

इसके विपरीत, पूँजीवादी प्रणाली में वस्तुओं को मुद्रा द्वारा इसलिये खरीदा जाता है ताकि उसको अधिक मूल्य पर फिर से बेचा जा सके अर्थात्

M—C—M

यह स्थिति ही श्रमिकों के शोषण के लिए उत्तरदायी बनी।

ऐतिहासिक सम्बन्ध के आधार पर मार्क्स ने पूँजी को अग्र दो भागें में विभाजित किया हैं—

(i) निश्चित अथवा अचल पूँजी, जो किसी वस्तु के निर्माण या उत्पादन में सहायक होती है। इस पूँजी द्वारा पूँजीपति को कोई बचत प्राप्त नहीं होती।

(ii) परिवर्तित अथवा चल पूँजी, जो कार्यकाल में श्रमिक के जीवनयापन के लिये प्रयोग की जाती है। पूँजीपति को इसमें बचत प्राप्त होती है।

अतिरेक मूल्य का निश्चित, अचल तथा अपरिवर्तनीय पूँजी से जो अनुपात होता है, उसे अतिरेक मूल्य की दर कहते हैं। यदि,

$K = C + V$ हे तो,

कुल मूल्य $= C + V + S$

यहाँ, M= पूँजी, C = स्थिर पूँजी, V = परिवर्तनशील पूँजी, S = अतिरेक मूल्य और, अतिरेक मूलय की दर S/V होगी।

अतिरेक मूल्य की दर जितनी अधिक होगी, श्रम का उतना ही अधिक शोषण होगा।

अधिकाधिक लाभ प्राप्त करने के उद्देश्य से पूँजीपति आपस में प्रतियोगिता करते हैं। यह प्रतियोगिता दो प्रकार की होती है—प्रथम, उत्पादन के एक विशेष विभाग में तथा द्वितीय, उत्पादन के सभी क्षेत्रों में। प्रथम प्रकार की प्रतियोगिता में बाजार मूल्य की प्रवृत्ति उत्पादन लागत के बराबर होने की होती है जबकि दूसरे प्रकार की प्रतियोगिता में लाभ की दर का औसत निकालकर उत्पादन लागत मालूम की जाती है। लाभ की दर अतिरेक मूलय तथा कुल पुँजी के अनुपात के बराबर होती है अर्थात्

$$P = \frac{S}{C + V}$$ (यहाँ = लाभ की दर)

पूँजीपति अपनी लाभ की दर को बढ़ाने के लिये एक ओर तकनीकी सुधार करता है और दूसरी ओर श्रम का अधिक शोषण करता है अतः

$$P = \frac{S/V}{1 + (C+V])}$$

= \f(S,V) \g\f(V,C+V)

\f(S,V) \f[1-\f(C,C+V)]

कार्ल मार्क्स का पूँजीवादी सिद्धान्त

(Capitalistic theory of Karl-Marx)

कार्ल मार्क्स का यह मत था कि वस्तुत: समाज का इतिहास 'वर्ग-संघर्ष का इतिहास' है। इसी संघर्ष के परिणामस्वरूप समाज में परिवर्तन होते हैं और समाज विकसित होता है। 15 और 16 वीं शताबब्दी तक पूँजीवाद वर्तमान अर्थ में प्रचलित नहीं था, अर्थात् पूँजी उत्पादन का साधन थी परन्तु शोषण का साधन नहीं था।

इसके पश्चात् समाज में परिवर्तन हुए, यातायात के साधन तथा समुद्री व्यापार का प्रारम्भ हुआ, नवीन राज्य बने तथा बैंक इत्यादि शुरू हुए। इनके परिणामस्वरूप पूँजी थोड़े से हाथों में केन्द्रित हो गई। वस्तुत: यह पूँजी के नवीन रूप का प्रारम्भ था। परन्तु इस युग में मजदूरी वर्ग या तो किसा था और अपनी जमीन पर खेती करता था अथवा स्वयं अपना धन्धा करता था। मजदूरी प्रथा अभी प्रारम्भ नहीं हुई थी। पूँजी का संचय होने के लिए आवश्यक था कि अतिरिक्त मूल्य अर्जित किया जाय, अर्थात् श्रमिकों का शोष हो। श्रमिकों का शोषण तभी हो सकता है जब श्रमिक का सम्पत्तिसे पूर्ण विच्छेद कर दिया जाय, अर्थात् उसे सर्वहारा वर्ग की संज्ञा प्रदान कि जाय।

औद्योगिक क्रान्ति ने इसी विचारधारा को जन्म दिया। इसके साथ ही एक ऐसा समाज विकसित हुआ जिसमें कारखानों पर थोड़े से व्यक्तियों का अधिकार था और बाकी लोगों को काम करके अपनी जीविका चलानी होती थी। इस समाज में दो वर्ग बने एक पूँजीपतियों का और दूसरा गरीब मजदूरों का, जो अपने श्रम को ही बेच कर जीवित रह सकते थे। सामन्तवाद के पश्चात् यही अर्थव्यवस्था अस्तीत्व में आयी थी और इसमें अपने समय में बड़े लाभ थे। इसमें उत्पादन बढ़ा और नवीन विधियों को प्रयुक्त किया जाना प्रारम्भ हुआ। परन्तु इस व्यवस्था में अन्तर्विरोध मौजूद होने के कारण इसका विनाश निश्चित था और वही हुआ।

पूँजीवादी व्यवस्था के परिणाम

इस व्यवस्था के अग्रलिखित परिणाम स्पष्ट रूप से दृष्टिगत थे:

(1) आर्थिक संसाधन कतिपय व्यक्तियों के हाथों में केन्द्रित हो गये जिसके परिणामस्वरूप उद्योगों में एकाधिकार के बड़े-बड़े पूँजीवादी संगठन बन गये। इसी का एक अन्य परिणाम यह हुआ कि गरीब और गारीब होने लगे तथा धनी और धनी होने लगे।

(2) ग्रामीण क्षेत्रों से जनसंख्या का आगमन शहरों की तरफ होने लगा। इससे सर्वहारा वर्ग के धन्धे चौपट हो गये, खेती समाप्त हो गयी और वे गाँव से जीविका की तलाश में औद्योगिक नगरों में आने लगे जहाँ पर वे कारखानों में काम करने को बाध्य हुए।

(3) जनसंख्या के नगरों में केन्द्रित होने के कारण बेरोजगारी का विस्तार हुआ। निर्धनता, शोषण इत्यादि के कारण सर्वहारा वर्ग में असन्तोष पनपना प्रारम्भ हुआ और वह मजदूर आन्दोलन के रूप में प्रगट हुआ। सर्वहारा वर्ग ही वास्तविक रूप में क्रान्तिकारी वर्ग है, क्योंकि उसके पास अपनी जंजीरों को खोने से सिवा कुछ भी नहीं है। मध्यमवर्ग समाप्त होने लगता है और अन्ततोगत्वा दो ही वर्ग अन्तिम संघर्ष के लिए बचते हैं।

(4) उद्योगपतियों में स्वयं भी संघर्ष व्याप्त होता है। बड़े उद्योगपति छोटों को समाप्त करने की मंशा रखते हैं। इस प्रकार पूँजी का और अधिक केन्द्रीयकरण होता है तथा एकाधिकारों का विकास होता है। उपर्युक्त वर्णित सभी कारणों से मजदुरों की कठिनाइयाँ और अधिक बढ़ जाती है।

(5) आर्थिक मन्दी भी पूँजीवादी व्यवस्था का एक आवश्यक लक्षण है। इसके विश्लेषण में मार्क्स ने माल्थस द्वारा प्रतिपादित सिद्धान्तों की सहायता ली है। मार्क्स के अनुसार पूँजीवादी अर्थव्यवस्था में अति उत्पादन स्वाभाविक है। इसका प्रमुख उत्तरदायी कारण यह हे कि एक तरफ तो उद्योगपति लाभ बढ़ाने के उत्साह में अधिक उत्पादन करते हैं, दूसरी तरफ मजदूरों के शोषण के कारण उनकी क्रय क्षमता कम हो जाती है। इसके परिणामस्वरूप उपभोग कम होता है। इसी कारण बाजार में माल बिक नहीं पाता और मन्दी आती है जिससे बेकारी फैलती है। लेनिन ने इस सम्बन्ध में विचार व्यक्त किया है कि, ''पूँजीवाद का मूल अन्तर्विरोध इस बात में हैं कि एक तरफ तो असीम उत्पादन का प्रयत्न होता है जो पूँजीवाद का विशेष लक्षण है और दूसरी तरफ जनता का उपभोग घट जाता है।''

(6) पूँजीवाद उद्योगों की एक विशेषता मार्क्स ने यह बताया कि लाभ की दर घटती जाती है। इसका कारण यह है कि मजदूरों की संख्या बढ़ने पर ही बचत या लाभ बढ़ता है, परन्तु यन्त्रों के अधिकतम प्रयोग के कारण बचत कम होती है।

मार्क्स के पूँजीवादी सिद्धान्त की प्रमुख विशषतायें निम्नलिखित हैं—

(अ) उत्पादन के घटक (Factors of Production)— मार्क्स के अनुसार, उत्पादन के साधनों में श्रम का महत्त्व सर्वोपरि है। यह सम्पूर्ण आर्थिक उत्पादन का आधार है। श्रम के अभाव में भूमि बेकार है और पूँजी तो श्रम का ही संचित रूप है। मार्क्स के अनुसार पूँजी और साहस भी उत्पादन के महत्त्वपूर्ण घटक हैं क्योंकि इनकी सहायता से ही तकनीकी प्रगतत सम्भव होती है जिसे मार्क्स ने आर्थिक विकास का इंजन कहा है। साहसी लाभ की भावना से प्रेरित होकर ही उन्नत तकनीक अपनाता है और उत्पादन संचालन की उचित व्यवस्था करता है।

(ब) विनियोजन (Investment)- पूँजीवादी व्यवस्था में उत्पादन का उद्देश्य अधिकतम लाभ प्राप्त करना होता है। अत: विनियोग की मात्रा लाभ की मात्रा पर निर्भर करती है और लाभ की मात्रा अतिरेक मूल्य पर। विनियोग में वृद्धि से पूँजीपति दो प्रकार से लाभान्वित होता है—प्रथम, विनियोग में वृद्धि से लाभ की मात्रा में वृद्धि होती है और द्वितीय, अतिरेक मूल्य बढ़ने लगता है।

(स) विकास और पतन (Growth and Decay)—पूँजीपति अपने लाभ को अधिकतम करने के लिए प्रयत्नशील रहता है। इस उद्देश्य की पूर्ति के लिये वह श्रमिकों से अधिक घण्टों तक काम लेता है, उन्हें कम मजदूरी देता है तथा श्रम बचत कारी उपायों (Labour saving Devices) को अपनाता है। फलस्वरूप एक तरफ पूँजीपति के लाभ में वृद्धि होती है और दूसरी तरफ श्रमिकों का शोषण बढ़ता जाता है। इसीलिये मार्क्स ने कहा है—, ''पूँजीपति एक बड़ी चमगादड़ है जो दूसरों के खून पर जिन्दा रहता है और जितना अधिक खून चूसता हैं, उतना ही अधिक खून चूसने के लिये उतावला हो जाता है।''

इसके अतिरिक्त अपने लाभ में वृद्धि करने के उद्देश्य से पूँजीपति गला-काट प्रतियोगिता आरम्भ कर देते हैं जिसके फलस्वरूप एकाधिकारात्मक पूँजीवाद की स्थापना हो जाती है। इस प्रकार श्रम बाजार पर पूँजीपतियों का अधिकार हो जाता है। उत्पत्ति के साधनों पर थोड़े से पूँजीपतियों का स्वामित्व होने लगता है और छोटे पूँजीपति श्रमिक वर्ग में सम्मिलित होने लगते हैं। इस प्रकार शोषण के साथ-साथ श्रमिकों की संख्या बढ़ती जाती है, पूँजीपतियों की संख्या कम हो जाती है और उत्पादन के सम्बन्धों और उत्पादन शक्तियों के मध्य असंगति उत्पन्न हो जाती है। यदि स्थिति पूँजीवादी पतन का कारण बनती है। श्रमिकों की बड़ी सेना (Proletariats) थोड़े से पूँजीपति शासकों (Bourgeosie) का तख्ता पलट देती है।

चक्रीय उच्चावचन (Cyclical Functions)—यद्यपि कार्ल मार्क्स ने व्यापारिक मन्दी का कोई अलग से सिद्धान्त नहीं बताया परन्तु उनके अनुसार पूँजीवादी समाज में व्यापारिक मन्दी का होना अनिवार्य है। इसका कारण उन्होंने पूँजीवाद में अपने विनाश के तत्त्व होना बताया है। पूँजीवादी व्यवस्था अपने आप ही नष्ट होने वाली है और इसी क्रम में व्यापारिक मन्दी भी होती है।

इस सम्बन्ध में यह तथ्य महत्त्वपूर्ण है कि मार्क्स की आर्थिक विकास की कल्पना एडम, माल्थस और रिकार्डों पर आधारित है। स्मिथ और रिकार्डों ने कल्पना की थी कि आर्थिक प्रगति के साथ अधिक श्रम की आवश्यकता होगी और इस कारण मजदूरी बढ़ेगी। परिणामस्वरूप लाभ घटेगा और पूँजी का निर्माण रूक जायेगा। वस्तुत: स्मिथ तथा रिकार्डों ने इस व्यापारिक मन्दी का ही वर्णन किया है भले ही उसके नाम कुछ भी हों। स्मिथ आशावादी थे और उन्होंने कहा कि मजदूरी बढ़ने से श्रम की मात्रा बढेगी और फिर से मजदूरी घट जायेगी और लाभ फिर से उत्पन्न हो जायेगा। रिकार्डों इतने आशावादी नहीं थे। उन्होंनें 'स्थिर अवस्था' का भयानक चित्र प्रस्तुत किया जिसमें पूँजी उत्पादन और जनसंख्या की वृद्धि रूक जायेगी।

कार्ल मार्क्स भी इसी परम्परा के अर्थशास्त्री थे। उन्होंने भी लाभ और मजदूरी में संघर्ष बताया है परन्तु मार्क्स के अनुसार मजदूरी की वृद्धि मशीनों के प्रयोग को प्रोत्साहित करेगी और परिणामस्वरूप मजदूरों में बेकारी फैलेगी और मजदूरी फिर से घट जायेगी।

परन्तु मार्क्स यह भी विचार व्यक्त करते हैं कि पूँजीवादियों की समस्या इससे हल नहीं हो सकती क्योंकि मशीनों से लाभ का आधार ही समाप्त हो जाता है क्योंकि लाभ मशीनों के अनुपात से विपरीत दिशा में चलता है। उद्योगपति अधिक से अधिक मशीनों का प्रयोग करते जाते हैं और इससे उनका लाभ भी घटता जाता है और समाज में बेकारी फैलने से उपभोग घट जाता है। एक तरफ तो उत्पादन की मात्रा बढ़ती है दूसरी तरफ उपभोग घटता है। लेनिन के अनुसार पूँजीवाद का यही प्रधान अन्तर्विरोध है और मन्दी का मूल कारण हैं।

परन्तु मार्क्स ने आगे चलकर यह लिखा कि यह मन्दी फिर दूर हो जाती है क्योंकि बेकारी के कारण मजदूर और भी कम मजदूरी पर काम करने को तैयार हो जाते हैं और मशीनें भी सस्ते मूल्य पर मिल जाती है और फिर से उद्योग चल निकलते हैं परन्तु फिर से मन्दी आना अनिवार्य है। प्रत्येक मन्दी पिछली मन्दी से भयावह होती है और इस क्रम में बड़े उद्योगपति छोटों को नष्ट कर देते हैं।

इसी प्रकार 'फिर से स्पर्द्धा शुरू होती है और मजदूरों की मांग बढ़ती है, मजदूरी बढ़ती है, श्रम बचाने वाली मशीने काम में लाई जाती है, अतिरिक्त मूल्य का आधार घटता है और अधिक स्पर्द्धा होती है और अर्थव्यवस्था धराशायी हो जाती है।' और एक दिन पूरा पूँजीवाद ही समाप्त हो जाता है।

सिद्धान्त में सबसे प्रधान त्रुटि यह है कि यदि मशीनों को रखने से लाभ की सम्भावना घटती है तो उद्योगपति मशीनों को रखते ही क्यों हैं? वे मजदूरों की ही संख्या क्यों नहीं बढ़ाते? फिर मजदूरी घटाने से मन्दी दूर नहीं हो सकती क्योंकि समाज की समर्थ माँग इससे कम होगी अत: उत्पादन बढ़ नहीं सकता है। फिर मार्क्स का यह कथन कि लाभ निरन्तर कम होते जायेंगे, भी सत्य सिद्ध नहीं हुआ।

मार्क्स के अनुसार पूँजीवादी व्यवस्था में चक्रीय उच्चावचन विकास के अभिन्न अंग हैं। ये चक्रीय उच्चावचन प्राय: तीन कारणों से उत्पन्न होते हैं—

(i) **लाभ की गिरती हुई दर** (Declining Rate of Profit)—पूँजीवादी व्यवस्था में पूँजीपति का उद्देश्य अपने लाभ को अधिकतम करना होता है। इस उद्देश्य की पूर्ति के लिये वह श्रम बचतकारी उपायों को अपनाता है। नवीन तकनीकी (पूँजी प्रधान तकनीक) अधिकाधिक प्रयोग करने के कारण उत्पत्ति के साधनों के संयोग में पूँजी का अंश बढ़ता जाता है जिससे पूँजी की लागत बढ़ जाने के कारण एक ओर तो लाभ की दर गिरने लगती है और दूसरी ओर उत्पादन में वृद्धि हो जाने के कारण प्रचलित कीमतों पर बाजार में वस्तुओं की माँग उत्पादन की अपेक्षा कम रहती है। पूँजीपति श्रम को पूँजी से प्रतिस्थापित करते हैं, बेरोजगारी बढ़ती है, व्यापार संकट और अधिक तीव्र होता है लाभ की गिरती दर पूँजी संचय मे बाधक बनती है और अति उत्पादन की स्थिति उत्पन्न हो जाती है।

(ii) **अति उत्पादन** (Over-production)—पूँजीवादी अर्थव्यवस्था में आर्थिक संकट का दूसरा प्रमुख कारण 'अति-उत्पादन' का होना है। बाजार दशाओं से अनभिज्ञ होने तथा मूल्य यन्त्र के अभाव के कारण अर्थव्यवस्था के कुछ क्षेत्रों में अति उत्पादन हो जाता है और कुछ क्षेत्रों में न्यून उत्पादन। वे जै.बी.से. के 'बाजार नियम' को अस्वीकार करते हैं और अति उत्पादन को आर्थिक संकट का प्रमुख कारण मानते हैं।

(iii) **न्यून उपभोग** (Under consumption—मार्क्स के अनुसार पूँजीवादी व्यवस्था में उपभोक्ताओं के दो वर्गहोते हैं—पूँजीपति उपभोक्ता व श्रमिक उपभोक्ता। श्रमिक उपभोक्ता तो मजदूरी कम होने के कारण और पूँजीपति उपभोक्ता पूँजी-संचय की ओर अधिक ध्यान देने के कारण कम उपभोग कर पाते हैं। इसका परिणाम होता है—उत्पादन में वृद्धि के साथ-साथ उसी अनुपात में वृद्धि न होना। फलस्वरूप समाज में अति-उत्पादन की स्थिति उत्पन्न हो जाती है जो आर्थिक उच्चावचनों का कारण बनती है।

आर्थिक विकास की अवस्थायें (Stages of Economic Groewth)—मार्क्स ने विकास की सात महत्त्वपूर्ण अवस्थाओं का जिक्र किया है जो स्वयं में पूर्ण रूप से संघर्षपूर्ण होती हैं। ये अवस्थायें निम्नलिखित हैं—

(i) **प्राथमिक साम्यवाद** (Primitive Socialism)—यह विकास की प्रथम अवस्था है। मनुष्य असभ्य व जंगली होते थे। प्रकृति द्वारा जो कुछ उत्पन्न किया जाता था,

वही उनका भोजन होता था। धीरे-धीरे कृषि का ज्ञान हुआ किन्तु कृषि पुराने तरीकों से ही की गयी। उत्पादन व वितरण के साधनों प सामुहिक अधिकार था।

(ii) **दास समाज** (Slave Society)—इस अवस्था में समाज के कुछ चालाक व्यक्तियों ने भूमि पर अधिकार कर लिया और अन्य लोगों को दास बनाकर उनसे खेती कराने लगे । इस प्रकार उन व्यक्तियों ने न केवल अपना श्रम बेचा अपितु स्वये को भी बेच दिया।

(iii) **सामन्तवादी समाज** (Feudal Society()—इस अवस्था में श्रमिक ने मात्र अपने श्रम को बेचा, स्वयं को नहीं। भूमि पर जमींदारों का ही अधिकार रहा, कुटीर उद्योगों का विकास हुआ और सामाजिक व आर्थिक व्यवव्था उन्नत हुई।

(iv) **पूँजीवाद** (Capitalism)—यह विकास की श्रृंखला की एक महत्त्वपूर्ण कड़ी है किन्तु मार्क्स ने इस अवस्था की वर्ग-संघर्ष , श्रमिकों का शोषण, अत्यधिक लाभ की भावना तथा अधिक उत्पादन की समस्या आदि के कारण कटु आलोचना की।

(v) **साम्राज्यवाद** (Imperialism)— नष्ट होने से पूर्व पूँजीवाद एकाधिकारी पूँजीवाद एकाधिकारी पूँजीवाद, अन्तर्राष्ट्रीय पूँजीवाद या साम्राज्यवाद का रूप धारण करता है। गारीब देशों का शोषण इनका प्रमुख उद्देश्य होता है। फलतः वे स्वतन्त्रता की माँग करते हैं और साम्राज्यवाद की समाप्ति के साथ-साथ पूँजीवाद भी नष्ट हो जाता है।

(vi) **समाजवाद** (Socialism)—इसमें उत्पादन व वितरण के साधनों पर समाज का अधिकार होता है जिनका प्रयाग जनकल्याण में किया जाता है। इसमें वर्ग संघर्ष व शोषण का अन्त हो जाता है।

(vii) **साम्यवाद** (Socialism)—यह विकास की अन्तिम अवस्था है। इसमें प्रत्येक व्यक्ति को अपनी आवश्यकतानुसार वेतन मिलता है।

कार्ल मार्क्स के विकास मौडल का समीकरण रूप—

मार्क्स मॉडल की विभिन्न प्रस्तावनायें निम्न प्रकार हैं—

(i) कुल उत्पादन भूमि, श्रम, पूँजी व तकनीक के स्तर का परिणाम हैं अर्थात्

$$O = f(L.K.O.T.) \quad \text{.... (i)}$$

(2) तकनीकी प्रगति विनियोगों पर निर्भर करता है, अर्थात्

$$T = T(I) \quad \text{...(ii)}$$

(3) विनियोग लाभ की दर पर निर्भर करती हैं अर्थात्

$$I = I(R) \quad \text{...(iii)}$$

यहाँ, I = विनियोग, 'R' =पूँजी पर प्रतिफल की दर।

(4) लाभ की दर लाभ, पूँजी व पूँजी लागत का अनुपात है अर्थात्

$$R' = \frac{O-W}{W+Q} = \frac{R}{W+Q} \quad \text{...(iv)}$$

यहाँ, O = उत्पादन की मात्रा, Q' = पूँजीगत वस्तुयें तथा माल तालिकायें।

(5) मजदूरी विनियोग के स्तर पर निर्भर करती है अर्थात्

$$W = W(I) \quad ...(v)$$

(6) रोजगार का स्तर विनियोग की मात्रा पर निर्भर करता है अर्थात्

$$L = L(I/Q) \quad ...(vi)$$

(7) उपभोग मजदूरी कोष पर निर्भर करता है अर्थात्

$$C = C(W) \quad ...(vii)$$

(8) लाभ तकनीक के स्वरूप और व्यय के स्तर पर निर्भर करता है अर्थात्

$$R = R(T,C) \quad ..(viii)$$

(9) उत्पादन की मात्रा लाभ और मजदूरी के बराबर होती है अर्थात्

$$O = R + W \quad ...(ix)$$

(10) कुल उत्पादन उपभोग और विनिमय के बराबर होता है अर्थात्

$$O = C + I \quad ...(x)$$

(11) यदि 'u' का मूल्य दिया हुअ हो तो,

$$Q' = uQ \quad ..(xi)$$

सम्पूर्ण विकास माँडल को एक साथ रखने पर,

$$O = f(L,K,Q,T)$$

$$T = T(I), I = I(R')$$

$$R' = \frac{R}{W+Q'} = \frac{O-W}{W+Q}$$

$$W = W(I) \qquad L = (I/Q)$$

$$C = C(W) \qquad R = R(T,C)$$

और तीन मान्यतायें—

$$O = R + W, Q = C + I, Q' = u.Q$$

सिद्धान्त के गुण (Merits of the Model)—इस सिद्धान्त के प्रमुख गण निम्नांकित हैं—

(1) इसका अध्ययन किसी देश के आर्थिक विकास की प्रक्रिया को समझने में सहायक है।

(2) इस माँडल में बेरोजगारी की समस्या को सर्वप्रथम स्थान दिया गया है।

(3) इस मॉडल में देश में स्थायी विकास लाने के उद्देश्य से बचत एवं विनियोजन में सन्तुलन स्थापित करने पर बल दिया गया है।

आलोचना (Criticism)— विभिन्न आलोचकों द्वारा इस सिद्धान्त की कटु आलोचना की गई है। प्रमुख आलोचनायें निम्नलिखित हैं—

(1) मार्क्स एक झूठे भविष्यवक्ता सिद्ध हुए हैं, क्योंकि—

(i) उनकी यह भविष्यवाणी कि पूँजीवाद का शीघ्र पतन हो जायेगा, गलत सिद्ध हो चुकी है।

(ii) समाजवाद का श्रमिक विकास मार्क्स के बताये गये ढंग के अनुसार नहीं हुआ है।

(iii) साम्यवाद का अनुसरण केवल निर्धन देशों द्वारा किया गया है।

(iv) पूँजीवादी देशों में मजदूरी गिरने के बजाय बढ़ी है।

(2) मार्क्स के अतिरेक मूल्य के विचार की कटु आलोचनायें की गयी हैं, यथा—

(i) मार्क्स ने अपने इस विचार में समय तत्व को शामिल नही किया है।

(ii) मार्क्स की यह धारणा गलत है कि अतिरेक मूल्य की दर सदैव लाभ की दर के बराबर होती है।

(iii) मार्क्स का यह विचार की लाभ, बचत और मूल्य आंशिक रूप से पूँजी पर आधारित हैं, तार्किक दृष्टि से खरा नहीं है।

(iv) मार्क्स ने निरपेक्ष अवास्तविक मूल्यों पर अधिक जोर दिया है।

(3) तकनीकी प्रगति और मशीनों के अधिक प्रयोग ने बेरोजगारी पर इतना घातक प्रभाव नहीं डाला है जितना कि मार्क्स ने कल्पना की थी। मायर व बाल्डविन के अनुसार, "चूँकि विनियोजन को तकनीकी प्रगति के साथ जोडने से कुल माँग तथा आय में वृद्धि होती है। इसलिये तकनीकी प्रगति का विशुद्ध प्रभाव श्रम की माँग में कमी की अपेक्षा माँग में वृद्धि का रहा है।"

(4) मार्क्स की 'लाभों के घटने' की व्याख्या दोषपूर्ण हैं। मार्क्स के अनुसार, आर्थिक विकास के साथ-साथ पूँजी की प्रांगरिक (Organic) संरचना में भी वृद्धि होती है जो लाभ की दर को घटा देती है। किन्तु तकनीकी नवप्रवर्तन पूँजी बचतकारी भी हो सकते हैं जिससे पूँजी उत्पाद अनुपात कम होगा, उत्पादकता में वृद्धि होगी और मजदूरी के साथ-साथ लाभ भी बढ़ेंगे। श्रीमती जॉन रोबिन्सन के अनुसार, "मार्क्स का लाभ के गिरने का विश्लेषण कुछ भी स्पष्ट नहीं करता है।" (His explanation of the falling of tendency of profits explains nothing at all).

(5) मार्क्स का यह विचार भी सत्य सिद्ध नहीं हुआ है कि समाजवाद पूँजीवाद के बाद की अवस्था है। श्रीमती जॉन रोबिन्सन के शब्दों में, "तात्कालिक अनुभव यह बताता है कि समाजवाद पूँजीवाद के बाद की एक अवस्था नहीं है बल्कि इसका विकल्प है .... यह तथ्य मार्क्स की केन्द्रीय परिकल्पना पर कठोर पुनर्विचार को अति आवश्यक बना देता है।"

(6) मार्क्स द्वारा प्रतिपादित ''पूँजी का संकेन्द्रण सिद्धान्त'' और ''पूँजीवाद के पतन'' के सिद्धान्त की भी कटु आलोचनायें की गयी हैं–

(i) मार्क्स का यह विचार कि बड़े पैमाने के उद्योगों का विकास लघु एवं कुटीर उद्योंगों का विनाश कर देगा, सही नहीं हैं।

(ii) श्रमिकों के बढ़ते हुये कष्ट के सिद्धान्त को ऐतिहासिक घटनाओं के आधार पर सिद्ध नहीं किया जा सका है।

(iii) विकसित पूँजीवादी देशो में श्रमिकों द्वारा क्रान्ति नही लायी जा सकी हैं।

(iv) उसकी यह धारणा कि पूँजीवादी व्यवस्था स्वयं समाप्त हो जायेगी,

(v) मार्क्स पूँजीवादी व्यवस्था की प्रावैगिक प्रकृति को समझने में असमर्थ रहा है।

(7) मार्क्स की चक्रीय उच्चावचन की व्याख्या अपूर्ण है। उसकी यह धारणा भी दोषपूर्ण है कि पूँजी-संचय से उपभोक्ता वस्तुओं की माँग और लाभ दोनों में कमी आती जबकि वास्तविकता यह है कि आर्थिक विकास की गति तेज होने पर कुल आय में मजदूरी का हिस्सा और उसके फलस्वरूप उपभोक्ता वस्तुओं की माँग बढ़ने लगती है। इसके अतिरिक्त मार्क्स का यह कहना भी सही नहीं है कि किसी एक क्षेत्र में हुआ न्यून उत्पादन या अति उत्पादन सर्वव्यापी संकट का कारण बन सकता है।

(8) मार्क्स ने आर्थिक क्षेत्र में राज्य के योगदान की उपेक्षा की है जबकि आर्थिक समस्याओं के समाधान में राज्य अधिक महत्त्वपूर्ण भूमिका निभा सकता है।

मार्क्स के विकास माँडल की अल्पविकसित देशों में व्यावहारिकता

(Applicabilitty of Marxian Model to Under-developed Economics))

कुछ विकास अर्थशास्त्रियों के अनुसार मार्क्स का विकास माँडल अल्पविकसित देशो में लागू ही नहीं होता है। इसके उन्होंने दो कारण बताये हैं प्रथम, मार्क्स ने अल्पविकसित देशों में परिवर्तन की समस्याओं पर कोई विशेष ध्यान नहीं दिया है तथा द्वितीय, मार्क्स ने जनसंख्या के दबावों की उपेक्षा की हैं।

इसके बावजूद मार्क्स के विश्लेषण में कुछ ऐसे तत्त्व मौजूद हैं जो अल्पविकसित अर्थव्यवस्थाओं में भी विद्यमान हैं, जैसे–औपनिवेशिक शासन व्यवस्था में श्रमिकों का शोषण, पूँजी का संकेन्द्रण, मजदूरी का जीवन निर्वाह स्तर के निकट होना, निर्धनता, आय व धन के वितरण में विषमतायें , स्थायी बेरोजगारी की रक्षित सेवा का पाया जाना, न्यून उपभोग एवं वर्ग-संघर्ष आदि।

मार्क्सवादी कार्यक्रम

मार्क्स ने एक विचार को ही नहीं एक आन्दोलन को भी जन्म दिया। उनका कार्यक्रम 'साम्यवाद के घोषणा पत्र' में दूसरे भाग में स्पष्ट परन्तु संक्षेप में दिया हुआ है। यह एक छोटी-सी पुस्तिका है, परन्तु साम्यवादी साहित्य की यह सबसे अधिक प्रभावशाली कृति प्रमाणित हुई है। इस पुस्तिका में पूँजीवाद के उदय, पतन, वर्ग संघर्ष आदि का संक्षेप में वर्णन है। साथ ही मजदूरों का आह्वान है कि वे संगठित होकर अपने अधिकारों के लिए संघर्ष करें।

सम्पूर्ण घोषणा पत्र का स्वर अत्यन्त उग्र है। यह पुस्तक लन्दन में सन् 1847 में जर्मन भाषा में प्रकाशित हुई थी, तत्पश्चात् सारे संसार की भाषाओं में इसका अनुवाद हुआ।

साम्यवादी घोषणा पत्र में मुख्य विचार एवं कार्यक्रम इस प्रकार हैं: (1) संसार के मजदूरों को एक हो जाना चाहिए। (2) संसार का इतिहास वर्ग-संघर्ष का इतिहास है। सर्वहारा वर्ग को क्रान्ति के लिए तैयार रहना चाहिए। (2) क्रान्ति का पहला कदम सत्ता प्राप्त करना है। मजदूर सत्ता प्राप्त करके ही समाजवाद स्थापित कर सकते हैं। भूमि का व्यक्तिगत स्वामित्व समाप्त कर देना चाहिए। (6) करारोपण द्वारा भी विषमता कम की जा सकती है। (7) बैंकों का राष्ट्रीयकरण होना चाहिए। (8) यातायात एवं संचार का राष्ट्रीयकरण आवश्यक है। (9) उत्पत्ति के साधनों पर राज्य का अधिकार होना चाहिए। (10) सब व्यक्तियों को कार्य करना एवं मिलना चाहिए। (11) शहर और गाँव का अन्तर समाप्त होना चाहिए, एवं (12) सबको मुफ्त शिक्षा मिलने की व्यवस्था होनी चाहिए।

मार्क्सवाद एवं प्रतिष्ठित सिद्धान्त का सम्बन्ध

स्वयं साम्यवादी मानते हैं कि मार्क्सवाद प्रतिष्ठित सिद्धान्त का विकसित रूप है। ऐसा लेनिन ने भी कहा है। जीड़ तथा रिस्ट का कथन है, "मार्क्सवाद प्रतिष्ठित सिद्धान्त के तने पर लगी हुई एक कलम है।" हम लिख चुके हैं कि कुछ इतिहासकार इनको प्रतिष्ठित सिद्धान्तवादी मूलत: मुक्त अर्थव्यवस्था के समर्थक थे। मार्क्स समाजवादी परम्परा में ही आने चाहिए। लैब्रियोला ने लिखा है, "पूँजी नामक ग्रन्थ समाजवादी अर्थशास्त्र की भूमिका न होकर पूँजीवादी अर्थशास्त्र का केवल उपसंहार है।" शुम्पीटर का कथन है कि रिकार्डो को मार्क्स का गुरु समझना चाहिए न केवल सिद्धान्त को मानने वाले रिकार्डो की पद्धति भी अपनाने के लिए।

कार्ल मार्क्स ने प्रतिष्ठित अर्थशास्त्र को ही स्वीकारा नहीं किया, उन्होंने पूँजीवाद की भी बहुत तारीफ की है। किसी समय पूँजीवादी व्यवस्था अत्यन्त क्रान्तिकारी थी और समाज में उत्पादन बढ़ाने एवं नये आविष्कारों के लिए इसकी बहुत उपयोगिता थी, ऐसा उन्होंने विस्तार से लिखा है।

मार्क्सवाद और प्रतिष्ठित विचारधारा में समानता

मार्क्स ने निम्नलिखित प्रतिष्ठित सिद्धान्तों को नाममात्र के संशोधन के पश्चात् स्वीकार किया है:

(1) मूल्य का श्रम सिद्धान्त - यह एडम स्मिथ और रिकार्डो की देन है। मार्क्स ने केवल 'सामाजिक रूप से आवश्यक श्रम ही मूल्य का आधार है।' यह वाक्य जोड़कर कुछ भिन्नता पैदा की है। दो वस्तुओं में विनिमय की दर श्रम पर ही आधारित होती है, ऐसा मार्क्स ने माना। यह बात रिकार्डो ने बताई थी।

(2) मजदूरी का सिद्धान्त - रिकार्डो के जीवन निर्वाह के सिद्धान्त को मार्क्स ने ज्यों का त्यों मान लिया है। मार्क्स के अनुसार मजदूरी मजदूर के भोजनादि के व्यय के बराबर होती है, ऐसा मार्क्स ने भी कहा है और इसी पर अतिरिक्त मूल्य का सिद्धान्त भी आधारित है।

(3) व्यापारिक मन्दी के सिद्धान्त के विषय में उन्होंने जे.बी. से को त्याग कर माल्थस की बात मानी है। माल्थस के अनुसार मार्क्स भी मानते हैं कि मजदूर कम होने से समाज की क्रयशक्ति कम हो जाती है और इस कारण अति उत्पादन होता है। यद्यपि मजदूरी कम होने के दोनों के कारणों में अन्तर है।

(4) मार्क्स के लगान और लाभ सम्बन्धी विचार भी रिकार्डों के विचारों से मिलते जुलते हैं।

मार्क्सवाद और प्रतिष्ठित विचारधारा में भेद

यद्यपि इसका अर्थ यह कदापि नहीं कि मार्क्स और प्रतिष्ठित विचारधाराओं में कोई अन्तर नहीं है। यथार्थ में मार्क्स कई आधारभूत विषयों में प्रतिष्ठित विचारकों से भिन्न हैं। उदाहरण के लिए:

(1) सबसे महत्त्वपूर्ण बात यह है कि प्रतिष्ठित अर्थशास्त्रियों ने समाज की आर्थिक तथा सामाजिक रचना को लगभग स्थायी मान लिया था, परन्तु मार्क्स ने इतिहास को निरन्तर परिवर्तनशील एवं विकासशील समझा। रिकार्डों एवं माल्थस के अनुसार गरीबी और व्यक्तिगत सम्पत्ति समाज के स्थायी लक्षण हैं, किन्तु मार्क्स ऐसा कुछ नहीं मानते।

प्रतिष्ठित अर्थशास्त्री अर्थशास्त्र के नियमों को भी लगभग शाश्वत समझते थे। मार्क्स के अनुसार आर्थिक नियम शाश्वत नहीं होते। प्रत्येक अर्थव्यवस्था के, चाहे पूँजीवाद हो या समाजवाद, अपने नियम होते हैं। इस बात की ओर प्रसिद्ध मार्क्सवादी विचारक एवं लेनिन के सहयोगी लियो ट्राटस्की ने अपने ग्रन्थ 'लिविंग थॉट ऑफ कार्ल मार्क्स' में ध्यान दिया है। उन्होनें लिखा है कि "मार्क्स का उद्देश्य अर्थशास्त्र के शाश्वत् नियमों को खोजना नहीं था। वे इस प्रकार के नियमों का अस्तित्व नहीं मानते थे। मानव समाज के विकास का इतिहास अनेक आर्थिक व्यवस्थाओं का क्रम है और प्रत्येक, व्यवस्था अपने स्वयं के नियमों से संचालित होती है।"

(2) प्रतिष्ठित विचारकों की इस मान्यता ने उनमें से अधिकांश को निराशावादी बना दिया है। खासतौर से माल्थस एवं स्मिथ को भविष्य के विषय में निराश कर दिया है। इसके विपरीत, कार्ल मार्क्स के पूरे साहित्य में आशा का संन्देश है। समाजवाद वह उज्जवल भविष्य है, जिसे मजदूरों को प्राप्त करना चाहिए, ऐसा आह्वान है।

(3) कार्ल मार्क्स ने कई प्रतिष्ठित सिद्धान्तों को अस्वीकार भी किया है। उदाहरण के लिए, मार्क्स को माल्थस का जनसंख्या का सिद्धान्त अमान्य है। निर्धनता और भुखमरी को वे जनसंख्या की वृद्धि के कारण नहीं वरन् पूँजीवादी शोषण के परिणामस्वरूप मानते हैं। पूँजीवादी की समाप्ति के बाद ही जनसंख्या की वृद्धि से उत्पन्न खतरा समाप्त हो जायेगा। (उल्लेखनीय है कि साम्यवादी चीन का अनुभव माल्थस के सिद्धान्त की सचाई को प्रकट करता है।)

इस प्रकार मार्क्स ने जे. बी. से के बाजार के नियम को भी अस्वीकार कर दिया है। वह यह नहीं मानते कि पूर्ति स्वयं अपनी माँग पैदा करती है। उनके अनुसार मन्दी पूँजीवादी व्यवस्था का अनिवार्य लक्षण है।

क्या मार्क्स मौलिक विचारक हैं?

मार्क्स से सम्बन्धित यह प्रश्न काफी विवादग्रस्त है। इस पर विचार करने से पूर्व हमें यह देखना होगा कि मौलिकता का क्या अर्थ है।

'मौलिकता' बहुधा नवीनता के अर्थ में समझी जाती है। यदि कोई विचारक बिल्कुल नवीन सिद्धान्त का प्रतिपादन करता है तब उसे सामान्य अर्थ में मौलिक कहा जाता है। इस अर्थ में मार्क्स को बहुत अधिक मौलिक नहीं जा सकता। न केवल मार्क्स बल्कि अधिकांश विचारकों को भी अधिक मौलिक नहीं माना जा सकता। कारण यह है कि सिद्धान्त के विकास का एक क्रम होता है तथा उसका एक इतिहास और एक परम्परा होती है, जिसे विभिन्न विद्वान क्रमशः विकसित करते रहते हैं। कोई भी सिद्धान्त सहसा उत्पन्न नहीं हो जाता।

कार्ल मार्क्स के आर्थिक चिन्तन का भी इसी प्रकार से इतिहास है। हीगेल, फेयरबैक, एडम स्मिथ, रिकार्डो, माल्थस, सन्त साइमन, सिसमांदी प्रूधों, रोडबार्टस, स्टीन आदि विद्वानें ने अलग-अलग मार्क्स की बताये हुई अधिकांश बाते पहले ही बता दी थी। उनका 'द्वन्द्वात्मक क्रिया का सिद्धान्त' हीगेल की देन है। 'मूल्य का सिद्धान्त' रिकार्डो का आया। 'वर्ग संघर्ष का सिद्धान्त' ने अपने ग्रन्थ 'सोशियलिज्म और कम्यूनिजम इन कौनटेम्प्ररोरी फ्राँस' में बताया है।

(1) परन्तु कार्ल मार्क्स की मौलिकता इस बात में है कि उन्होंने इन सिद्धान्तों में संशोधन किया और केवल उन्हीं सिद्धान्तों का चयन किया जिसको उन्होंने सही समझा। हीगेल की व्याख्या का उपयोग उन्होंने भौतिकवादी विकास क्रम में किया है। यही बात उनके अन्य सिद्धान्तों के विषय में हैं।

(2) मार्क्स किसी भी विशेष विचारक के अनुयायी नहीं कहे जा सकते। प्रशंसक तो कहे ही नहीं जा सकते। ऊपर बताये गये सभी विद्वानों की उन्होंने टीका की है। इन लेखकों के निष्कर्ष भी मार्क्स के निष्कर्षों से भिन्न है। स्टोन ने वर्ग संघर्ष का वर्णन किया है, परन्तु वे नहीं मानते हैं कि संसार में इसके परिणामस्वरूप समाजवाद स्थापित होगा। मार्क्स ने वर्ग संघर्ष को स्वीकारा करके उसे समाजवाद की स्थापना का साधन बताया है। इन सभी सिद्धान्तों के विषय में कार्ल मार्क्स का दृष्टिकोण सर्वथा स्वतन्त्र रहा है।

(3) परन्तु नवीनता के अर्थ में भी मार्क्स ने कई नवीन बातें कही है। समाजवाद को उन्होंने भावुकता एवं आदर्शवादिता से सर्वथा मुक्त किया है और इस अर्थ में उसे एक वैज्ञानिक आधार दिया है। यह उनमें और उनके पूर्व के समाजवादियों में प्रधान अन्तर है। यद्यपि बहुत से आलोचक यह मानते हैं कि मार्क्स की वैज्ञानिकता भी अन्ततोगत्वा एक नैतिक आदर्श पूर्ति का ही साधन है। सिद्धान्त चाहे जहाँ से लिये हों, मार्क्स की व्याख्या, सर्वथा मौलिक है और इन सिद्धान्तों के आधार पर जो विचारधारा उन्होंने निर्मित की है वह अन्य विचारधाराओं से सर्वथा भिन्न है।

(4) मौलिकता का एक अन्य अर्थ भी होता है। सत्य बनाया नहीं जाता, देखा या खोजा जाता है। यदि कोई विचारक स्वयं अपने अनुभव के आधारन पर कोई बात कहता है, तो बात नवीन होने पर भी मौलिक कही जानी चाहिए। इस अर्थ में मार्क्स सर्वथा मौलिक कहे जा सकते हैं, क्योंकि उन्होंने किसी ऐसी बात को नहीं माना जो उनके तर्क या बुद्धि के विपरीत हो अथवा उनके अनुभव से मेल नही खाती हो।

कार्ल मार्क्स का प्रभाव

मार्क्स के जीवनकाल में उनके अधिक प्रशंसक एवं अनुयायी नहीं थे। उनकी शवयात्रा में केवल आठ व्यक्ति ही थे। परन्तु क्रमश: उनके विचार सारे संसार में फैल गये और हम कह सकते हैं कि आधुनिक युग में उनके समान कोई दूसरा प्रभावशाली विचारक नहीं हुआ।

(1) साम्यवादी देश तो मार्क्स को अपना मसीहा मानते ही हैं, अन्य कई लोकतान्त्रिक देशों में भी उनके आर्थिक कार्यक्रम को सिद्धान्तत: माना है। भारत तथा बर्मा इसी श्रेणी के देश हैं। साथ ही पूँजीवादी देशों में भी मार्क्स के सिद्धान्तों के प्रभाव से पूँजीवाद की कट्टरता बहुत कुछ कम हुई है। वहाँ के मजदूर आन्दोलन पर मार्क्स का प्रभाव है।

(2) मार्क्स ने आर्थिक तथा राजनीतिक रूप से ही नहीं, साहित्य एवं कला पर भी अपना प्रभाव डाला है। प्रगतिशील साहित्य एवं कला पर उनकी छाप है और इस प्रकार की कृतियाँ प्रत्येक देश में हैं।

परन्तु जैसा कि स्वाभाविक है, कोई भी विचारक सदा प्रेरणा नहीं दे सकता। मार्क्स का चिन्तर 19वीं शताब्दी का था और तब से एक नवीन वैज्ञानिक युग का आविर्भाव हुआ है। अणुशक्ति, अन्तरिक्ष यात्रा अन्तर्राष्ट्रीय सहयोग इत्यादि ने मनुष्य को नवीन परिस्थितियों में फिर से सोचने पर बाध्य किया है। मार्क्स की घृणा, वर्ग संघर्ष आदि का अन्तिम परिणाम विश्व का विनाश है। अत: मार्क्स के प्रभाव में वह तीव्रता नहीं रही, जो इस शताब्दी के आरम्भ में थी। स्वयं रूस में इस दिशा में पुनर्विचार हुआ और संशोधनवादियों ने मार्क्स के कई सिद्धान्तों का परित्याग कर दिया है। सहअस्तित्व, विचार की सहिष्णुता, मानवीय मूल्यों का आदर, लोकतन्त्र पर फिर से आस्था आदि ऐसी बातें हैं जो रूस में एक नवीन परिवर्तन की सूचना देती है। निश्चय ही स्टालिन के बाद रूस का एक नया ही देश है। चैकोस्लोवाकिया, रूमानिया, हंगरी, यूगोस्लाविया आदि साम्यवादी देशों के दृष्टिकोण में भी बहुत अन्तर है, जो मार्क्स के घटते हुए प्रभाव का संकेत देता है। ऐसा प्रतीत होता है कि आधुनिक समाज भौतिकवाद, दुराग्रह, असिहिष्णुता अधिनायकवाद, हिंसा, घुणा आदि को स्वीकार नहीं कर रहा है, जबकि मार्क्स में इनके बिना कार्य चल ही नहीं सकता।

उपसंहार

कार्ल मार्क्स के सिद्धान्तों तथा आलोचना हम यथास्थान कर चुके हैं, अत: उसकी पुनरावृत्ति अनावश्यक हैं। यहाँ हम संक्षेप में कार्ल मार्क्स के विचारों का सिंहावलोकन मात्र करेंगे।

इसमें कोई सन्देह नहीं कि मार्ल मार्क्स के समान गरीब लोगों के पक्ष का प्रतिपादन संसार के इतिहास में किसी ने नहीं किया और संसार के मजदूरों के मसीहा के रूप में उनको सदैव याद रखा जायगा। यह भी सत्य है कि मार्क्स जैसा प्रभाव समाज, साहित्य एवं संस्कृति पर किसी भी व्यक्ति का कम से कम आधुनिक काल में तो नहीं हुआ। परन्तु साथ ही इस बात से इन्कार नहीं किया जा सकता कि मार्क्सवाद में धर्म की आस्था एवं कट्टरता अधिक है, दर्शन एवं विज्ञान की सत्यवादिता कम। मार्क्सवाद में धर्म के सभी लक्षण हैं। मार्क्स तो मसीहा थे ही – 'कैपिटल' उनका धर्म ग्रन्थ हैं, साम्यवादी आन्दोलन उनका धार्मिक कार्यक्रम है। अन्य धर्मों में साम्यवाद की अपेक्षा अधिक सहिष्णुता है।

जहाँ तक सिद्धान्तों का प्रश्न है अधिकांश सिद्धान्त तक की कसौटी पर खरे नहीं उतरते। बीसवीं शताब्दी का चिन्तन मार्क्स से आगे बढ़ गया है। उनकी कई महत्त्वपूर्ण भविष्यवाणियाँ असत्य प्रमाणित हुई है। निश्चय ही समाजवाद का प्रचार अधिक है, परन्तु समाजवाद तो एक विशाल वृक्ष है-मार्क्सवाद उसकी एक शाखा मात्र है। आधुनिक समाजवाद मार्क्स के अनेक पूर्वाग्रहों तथा दुराग्रहों से मुक्त है। यदि वर्ग संघर्ष का सिद्धान्त वैज्ञानिक और प्राकृतिक है तो साम्यवाद में यह क्यों लागू नहीं होगा? यदि वर्ग संघर्ष से ही समाज की प्रगति होती है तो साम्यवाद में प्रगति किस प्रकार होगी? निश्चय ही साम्यवाद विकास की अन्तिम स्थिति नहीं है। असल में मनुष्य का विकास पूर्णता की दिशा में रहा है और रहेगा। इसका अर्थ है मानव जाति अधिक बुद्धिमान, अधिक नैतिक और अधिक मानवतावादी होने जा रही है जबकि पशु जगत के नियम इसमें बाधा डालते हैं। यह विकास और प्रतिक्रिया का संघर्ष है जिसे अच्छाई और बुराई का संघर्ष कहा जा सकता है। समाजवाद इसलिए आ रहा है कि यह अधिक मानवतापूर्ण उदार व्यवस्था है। यह संघर्ष साम्यवादी देशों में भी समाप्त नहीं हो सकता।

मार्क्स ने भी एक आदर्श समाज की कल्पना की थी और इस अर्थ में वे काल्पनिक समाजवादियों से भिन्न नहीं थे परन्तु इस कल्पना को साकार रूप देने की उनकी पद्धति सदैव नवीन थी। उन्होंने आदर्श को त्यागकर विज्ञान का आश्रय ग्रहण किया। वे पहले समाजवादी हो गये फिर उन्होंने इसका वैज्ञानिक आधार ढूँढ़ने का प्रयास किया। वे तर्क के आधार पर नहीं भावना के आधार पर ही साम्यवादी बने। वस्तुतः अधिकांश साम्यवादी सिद्धान्त बिना जाने ही क्रोध, दया आदि भावनाओं के वशीभूत होकर ही साम्यवादी होते हैं। सिद्धान्त तो बहुत बाद में थोड़ा-बहुत पढ़ा जाता है। तात्पर्य यह है कि मार्क्सवाद में धर्म की आस्था एवं आग्रह ही अधिक है, विचार एवं सत्य कम।

मार्क्सवाद की सफलता का कारण उसके सिद्धान्तों की सच्चाई नहीं है, बल्कि उसके द्वारा दिया गया आशा का संदेश ही अधिक है। शोषण, बेकारी, गरीबी, दासता इत्यादि से मुक्ति की आशा ही मार्क्सवाद के प्रति लोगों को आकृष्ट करती है। परन्तु दुर्भाग्य से जहाँ आर्थिक उत्पीड़न से मुक्ति का आश्वासन मिलता है वहाँ मानव द्वारा संचित कई अच्छाइयाँ भी समाप्त हो जाती है। धर्म या आध्यामिकता, व्यक्तिगत स्वतन्त्रता तथा राष्ट्रीय स्वाधीनता यह सब नष्ट हो जाते हैं। संसार में मार्क्सवाद के प्रयोग बहुत आशाजनक नहीं हुए है। मार्क्स एवं लेनिन की यह कल्पना कि साम्यवाद के साथ ही साम्राज्यवाद समाप्त हो जायेगा सर्वथा मिथ्या प्रमाणित हुई है। तिब्बत, हंगरी चैकोस्लोवाकिया आदि साम्यवादी देशों को चीन और रूस के शिकंजे में देखकर इस कथन का खोखलापन प्रमाणित हो जाता है। दीर्घकाल तक यह देश अपने बारे में निर्णय कर लेने में असमर्थ रहेंगे, ऐसा दिखायी देता है। रूस और चीन की सत्ता संघर्ष तथा विस्तारवादी नीति से भी इस बात की पुष्टि होती है कि साम्यवाद होने मात्र से समाज और व्यक्ति अपनी बर्बर प्रवृत्तियों से मुक्ति नहीं पा सकते।

परन्तु सिद्धान्त के क्षेत्र में मार्क्स का स्थान कोई नहीं पा सकता। समाजवादी विचार को उन्होंने जो स्थायित्व एवं वैज्ञानिक मोड़ दिया है वह अविस्मरणीय है। हम बिना किसी सन्देह के कह सकते हैं कि यदि रोडबर्टस को समाजवाद का रिकार्डो कहा जाता है तो कार्ल मार्क्स को 'समाजवाद का एडम स्मिथ' मानना चाहिए।

क्या मार्क्सवाद वास्तव में वैज्ञानिक है?

मार्क्सवादी समाजवाद को इसलिए वैज्ञानिक कहा जाता है कि उनका समाजवाद प्रकृति के और इतिहास के प्राकृतिक या वैज्ञानिक नियमों पर आधारित कहा जाता है। इतिहास की प्रगति भी कुछ नियमों पर आधारित है। वर्ग संघर्ष इसका प्राकृतिक नियम है इसी के प्रभाव से प्रारम्भिक साम्यवाद से पूँजीवादी व्यवस्था का विकास हुआ और इसी के प्रभाव से समाजवाद भी विकसित हो रहा है। अर्थात् समाजवाद कोई कल्पना की वस्तु नहीं है बल्कि इतिहास की एक अनिवार्य घटना है। इतिहास सहज रूप में इसी की तरफ बढ़ता है।

परन्तु साम्यवाद का जो चित्र मार्क्स ने खींचा है वह प्लेटों, रोबर्ट ओवेन, सन्त साइमन, फूरिये, महात्मा गाँधी आदि के सपनों के समान ही एक आदर्श समाज की कल्पना ही है। इस आदर्श के लिए एक शक्तिशाली शासन की आवश्यकता होती है। साम्यवाद इस शासन के बिना रूस और चीन में भी रहेगा नहीं। स्वाभाविक बात आम्महित है, व्यक्तिगत स्वतन्त्रता है। मुक्त अर्थव्यवस्था पूँजीवाद के अधिक व्यापक और अधिक पुरानी चीज है। सामन्तवाद भी मुक्त अर्थव्यवस्था का एक चरण था। समाजवाद या साम्यवाद को हम स्वाभाविक तभी कह सकते हैं जब वह कठोर शासन के बिना चल सके। परन्तु ऐसा सम्भव नहीं दिखायी देता।

मार्क्सवाद के आय विचारक

मार्क्स के पश्चात् इस परम्परा में कई अन्य विचारक हुए हैं। उनमें से कई ने मार्क्स के सिद्धान्तों को संशोधित भी किया। इनके अनुयायियों में प्रधान कॉटसी, लेनिन, टॉटस्की, बर्नस्टीन, बॉडिन, रौजा लग्मजेवर्ग, ग्रौसमैन, रूडोल्फ, हिल्फरडिंग इत्यादि है। इनमें लेनिन ही एकमात्र प्रामाणिक मार्क्सवादी माने जाते हैं, बल्कि मार्क्सवाद का नवीन नाम ही मार्क्सवाद लेनिनवाद हो गया है। अन्य लेखकों ने मार्क्स के सिद्धान्त के मनमाने भाष्य किये और इससे मार्क्सवाद को समझने में कठिनाई ही बढ़ी। साम्यवादी आन्दोलन में इनमें से अधिकांश को तिरस्कृत कर दिया गया। यहाँ तक कि आधुनिक युग में स्टालिन तथा माओं आदि को भी साम्यवादी सूची से काट दिया गया है।

लेनिन

लेनिन प्रखर चिन्तक एवं कर्मठ क्रान्तिकारी थे। रूस में मार्क्सवादी समाज की रचना का श्रेय उन्हीं को है, अतः मार्क्सवाद के प्रयोगात्मक अनुंभव के विषय में उनका ज्ञान सर्वाधिक था। लेनिन ने बहुत कुछ लिखा है, जिसमें मार्क्स के दर्शन, आर्थिक सिद्धान्त तथा व्यावहारिक कार्यक्रम का विषद् वर्णन हैं। पूँजी ग्रन्थ के पश्चात् लेनिन के ग्रन्थों का ही आद किया जाता है।

लेनिन का जन्म सन् 1870 में हुआ था। इनका नाम पूरा ब्लाडीमोर उल्यानोब इलियच लेनिन था। इन्होंने रूस के साम्यवादी आन्दोलन का नेतृत्व किया था और सन् 1917 में साम्यवादी रूस के प्रथम प्रधानमन्त्री बने थे। 21 जनवरी, 1924 को इसका देहान्त हो गया।

लेनिन ने साम्यवादी अर्थशास्त्र को कोई विशेष मौलिक विचार नहीं दिया, परन्तु उन्होंने मार्क्स के सिद्धान्तों की स्पष्ट व्याख्या की है। वे वस्तुतः व्यावहारिक समाजवादी थे और उनके चिन्तर का विषय भी अधिकतर व्यावहारिक समस्याएँ ही थी। परन्तु 'एम्पीरियो क्रीटिसिज्म' में उनकी दार्शनिक प्रतिभा का दर्शन मिलता है जोकि सन् 1908 में लिखी गयी थी। उनका प्रधान विचार यह था कि साम्राज्यवाद पूँजीवाद का अन्तिम रूप है। यह शीर्षक की पुस्तक भी उन्होंने प्रथम महायुद्ध काल में लिखी थी।

प्रश्न

1. कार्ल मार्क्स के विकास मॉडल का अलोचनात्मक परीक्षण कीजिये।

   Examine critically the growth model of Karl Marx.

2. कार्ल मार्क्स के आर्थिक विकास के सिद्धान्त की व्याख्या कीजिये और अल्पविकसित देशो में इसकी व्यवहार्यता की विवेचना कीजिये।

   Explain the theory of economic development of Karl Marx and discuss its applicability to under-developed countries.

3. "बावजूद सब दोषों के विकास का मार्क्सवादी सिद्धान्त विकास की प्रक्रिया व स्वभाव को समझने मेंबहुत योगदान देता है।" (हिगिन्स) व्याख्या कीजिये।

   "In spite of all its drawbacks, the Marxian's growth theory helps much in understanding the process and nature of groweth" (Higgins) Discuss.

☐☐☐

5

हैरोड एवं डोमर का विकास मॉडल
(Harrod and Domar's Growth Model)

हैरोड-डोमर ने अपने विकास मॉडल में एक विकसित पूँजीवादी अर्थव्यवस्था के लिए सतत एकरूप वृद्धि की आवश्यक दशाओं का विश्लेषण किया है। यह मॉडल कीन्सवादी मॉडल का प्रावैगिक विस्तार है। और अर्थव्यवस्था की दीर्घकालीन समस्याओं पर अधिक ध्यान केन्द्रित करता है। उनका प्रमुख उद्देश्य उन दशाओं का पता लगाना रहा है जो मन्दी तथा स्फीति के बिना पूर्ण रोजगार की सतत वृद्धि के लिए आवश्यक हैं। दूसरे शब्दों में, उनका उद्देश्य एक अर्थव्यवस्था के निर्विघ्न कार्यकरण के लिए आवश्यक वृद्धि दर का पता लगाना है।

हैरोड तथा डोमर ने आर्थिक वृद्धि की प्रक्रिया में निवेश (Investment) को प्रमुख स्थान दिया है। किसी भी अर्थव्यवस्था में निवेश द्वि-दिशायी कार्य करता है। प्रथम, वह आय में वृद्धि करता है तथा द्वितीय वह अर्थव्यवस्था के पूँजीगत स्टॉक को बढ़ाकर उसकी उत्पादन क्षमता में वृद्धि करता है। प्रथम निवेश का माँग प्रभाव (Demand Effect) तथा द्वितीय निवेश का पूर्ति प्रभाव (Supply Effect) कहलाता है। अत: एक अर्थव्यवस्था में जब तक निवेश बढ़ता रहेगा, वास्तविक आय और उत्पादन का विस्तार होता रहेगा। हाँ, यदि आय को पूर्ण रोजगार के सन्तुलन स्तर पर बनाये रखना है तो आवश्यक है कि वास्तविक आय तथा उत्पादन का विस्तार उसी दर से हो जिस दर से पूँजीगत स्टॉक की उत्पादन क्षमता का विस्तार हो रहा है। हैरोड डोमर ने आय वृद्धि की इस आवश्यक दर को पूर्ण क्षमता वृद्धि दर (Full Capacity Growth Rate) अथवा वांछित वृद्धि अथवा आवश्यक वृद्धि दर (Waranted Rate of Growth) का नाम दिया है।

हैरोड का विकास मॉडल
(Harrod;s Growth Model)

हैरोड के शब्दों में, उनका सिद्धान्त गुणक एवं त्वरक सिद्धान्तों के मध्य वैवाहिक सम्बन्ध है।'' उनका उद्देश्य सतत वृद्धि की दशाओं का पता लगाना है और विकास के उन सम्भावित मार्गों की जानकरी करना है जिन पर अर्थव्यवस्था निर्बाध रूप से आगे बढ़ सके।

मॉडल की मान्यतायें
(Assumptions)

हैरोड का विकास मॉडल निम्न मान्यताओं पर आधारित है--

(1) समाज में अपेक्षित बचतें तथा वास्तविक बचतें बराबर है। दूसरे शब्दों में APS = MPS, तथा APS स्थिर है।

(2) अर्थव्यवस्था में अपेक्षित निवेश तथा वास्तविक निवेश बराबर है। अर्थात् S=I

(3) उत्पादन का उद्देश्य साम्य की स्थिति को प्राप्त करना है।

(4) निवेश की दर उत्पादन व आय-वृद्धि की दर पर निर्भर करती है।

(5) अर्थव्यवस्था में पूर्ण रोजगार की स्थिति है।

(6) मूल्य स्तर तथा ब्याज की दर में कोई परिवर्तन नहीं होता है।

(7) पूँजी श्रम अनुपात तथा पूँजी उत्पाद अनुपात यथा स्थिर है।

(8) राज्य हस्तक्षेप नहीं है।

(9) पूँजी गुणांक का आय से अनुपात स्थिर है।

(10) पूँजीगत वस्तुओं का मूल्य ह्रास नहीं होता।

हैरोड द्वारा प्रयुक्त विकास-दरें तथा समीकरण
(Growth Rates and Equations)

हैरोड का विश्लेषण दो आधारभूत मान्यताओं पर आधारित है--

(i) एक निश्चित समयावधि में समाज की शुद्ध बचतें उसी समयावधि की आय का एक निश्चित अनुपात होती है।

(ii) निवेश की दर आय वृद्धि की दर का फलन होती है।

आय वृद्धि की वह दर जो उद्यमियों को उनके वास्तविक निवेश के सम्बन्ध में सन्तुष्ट करने के लिये पर्याप्त हो, वही विकास की आवश्यक दर (Warranted Rate of Growth) कहलाती है।

हैरोड का विकास तीन प्रकार की वृद्धि दरों पर आधारित है--

(1) वास्तविक वृद्धि दर (Actual Growth Rate—G)—यह वह दर है **जिस पर** देश वास्तव में विकास हो रहा है। यह दर बचत अनुपात तथा पूँजी उत्पाद अनुपात द्वारा निर्धारित होती है। यह दर अल्पविकसित चक्रीय परिवर्तनों को प्रकट करती है। समीकरण रूप में,

$$GC=S \qquad ...(1)$$

यहाँ $G =$ आय में वृद्धि दर अर्थात् अर्थात् $\frac{Y}{Y}\left(\frac{\text{आय में वृद्धि}}{\text{कुल आय}}\right)$

पूँजी में किया गया शुद्ध विनियोग अर्थात् $\frac{I}{Y}$

अर्थात् $\left(\frac{\text{विनियोग}}{\text{आय में वृद्धि}}\right)$

औसत बचत प्रवृत्ति अर्थात् (अर्थात्ज़(बचत, आय))

उपर्युक्त समीकरण में इन अनुपातों को आदिष्ट करने पर,

$$\frac{Y}{Y} \times \frac{I}{Y} = \frac{S}{Y} \text{ or } \frac{I}{Y} = \frac{S}{Y} \text{ or } I=S$$

उदाहरण—यदि किसी समय आय 4,000 करोड़ रूपये है, बचतें 320 **करोड़** रूपये हैं और पूँजी उत्पाद अनुपात 4 : 1 है तो वास्तविक वृद्धि दर—

$$G = \frac{S}{Y} = \frac{320}{4000} \times \frac{1}{4} = \frac{1}{50} = 2\% \text{ होगी।}$$

(2) आवश्यक वृद्धि दर (Waranted Growth Rate —GW)—**यह विकास** की वह दर है जिसे प्राप्त कर लेने पर उद्यमी इसी प्रकार से विकास करते रहने के लिए प्रेरित होते है। यह दर किसी अर्थव्यवस्था की आय की पूर्ण क्षमता वृद्धि दर होती है किन्तु इस दर पर समाज में थोड़ी अनैच्छिक बेरोजगारी (Involuntary Unemployment) बनी रह सकती है। समीकरण रूप में,

$$Gw, Cr = S \text{ या } GW = \frac{S}{Cr}$$

यहाँ $GW =$ आवश्यक वृद्धि-दर, $S =$ सीमान्त बचत प्रवृत्ति (MPS)

$Cr =$ पूँजीगत आवश्यकतायें। यह $\frac{I}{Y}$ का मूल्य है।

हैरोड के अनुसार, यदि अर्थव्यवस्था Gw की सतत दर पर प्रगति करना चाहती है ताकि उसकी पूर्ण क्षमता का उपयोग हो सके तो आय को $\frac{S}{Cr}$ वार्षिक दर से बढ़ना चाहिए अर्थात्

$$Gw = \frac{Y}{Y} = \frac{S}{Cr}$$

$$Gw = \frac{S}{Cr}$$

पूर्ण रोजगार प्राप्त करने के लिये—

$G = Gw$ और $C = Cr$

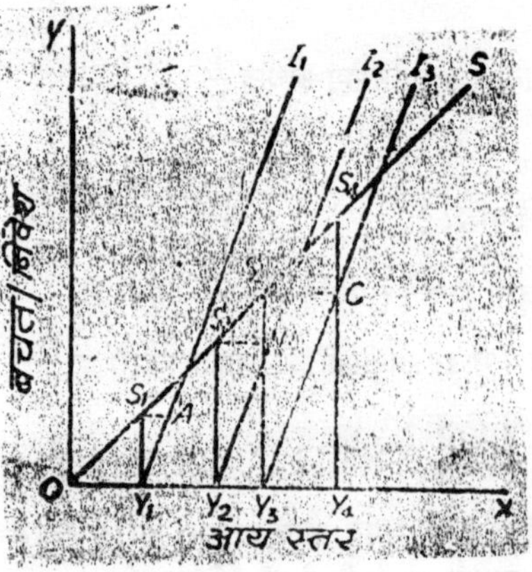

चित्र

प्रस्तुत चित्र में OS बचत फलन है। आय में Y_1 से Y_2 परिवर्तन A (Y_2 आय स्तर) पर S_1 बचत के बराबर होने के लिये I_1 निवेश को प्रोत्साहित करता है जो निवेश आय को 1/2 स्तर तक बढ़ा देता है। फलत: निवेश फलन Y_2I हो जाता है। अब नया बचत निवेश सन्तुलन S_3 पर होगा। इसी प्रकार Y_3 आयु निवेश I_2 और Y_4 आय निवेश I_3 को प्रात्साहित करती है।

संक्षेप में, निवेश गुणक में कोई परिवर्तन न होने पर बचतों का अनुपात जितना अधिक होगा, पर्याप्त निवेश को प्रेरित करने के लिये उत्पादन में वृद्धि की दर भी उतनी ही अधिक होगी।

अत: सतत विकास के लिए $G = Gw$ और $C = Cr$ की दशायें परी होनी चाहिये। तभी प्रावैगिक साम्य की स्थिति उत्पन्न होगी अर्थात् सतत् विकास सम्भव हो सकेगा।

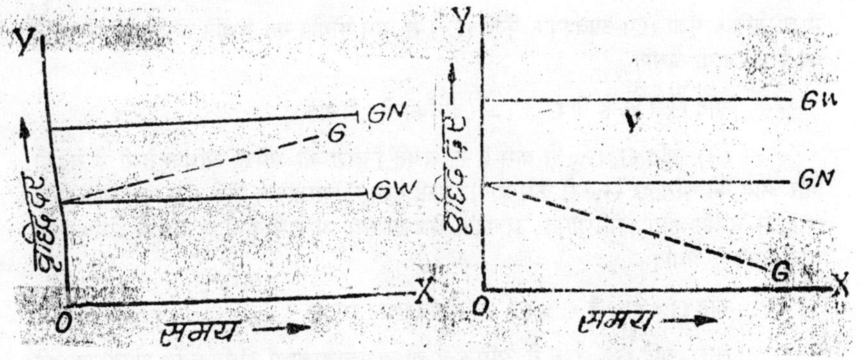

चित्र

हैरोड का कथन है कि जब Gw से G पृथक् हो जाता है तो वह सन्तुलन से दूर होता जाता है। G एवं Gw में सन्तुलन छुरी धार सन्तुलन (Knife edge equilibrium) है। सार्वजनिक नीति का यह एक बड़ा काम है कि दीर्घकालीन स्थिरता बनाये रखने हेतु G एवं Gw को इकट्ठा रखा जाये।

यदि Gw, < Gnतो G से Gw नीचे होगा।

ऐसी स्थिति में अर्थव्यवस्था में दीर्घकालीन स्फीति की प्रवृत्ति पाई जाती है। अतः बचत को प्रोत्साहित किया जाना चाहिये।

(3) प्राकृतिक वृद्धि दर (Natural Growth Rate—Gn)—यह दर उत्पादन की उस प्रवृत्ति की द्योतक है जिसमें पूर्ण रोजगार बना रहता है। यह दर देश के प्राकृतिक साधनों, श्रम की उपलब्ध मात्रा तथा तकनीकी प्रगति आदि प्रावैगिक घटकों पर निर्भर करती है। इन घटकों के परिवर्तनशील होने के कारण Gn.S से बराबर हो सकती है, अधिक हो सकती है और कम भी हो सकती है अर्थात्

GnCr—S या GoCr—S‡ ..(2)

G, Gw **और** Gn **के बीच भिन्नता** (Divergence among G, Gw, and Gn)

पूर्ण रोजगार सन्तुलन प्राप्त करने के लिए यह आवश्यक है कि वास्तविक विकास विकास दर (G) विकास की आवश्यक दर (Gw) और प्राकृतिक विकास दर (Gn) एक दूसरे के बराबर हों अर्थात्

G = Gw= Gn

किन्तु यह सन्तुलन क्षुरधार सन्तुलन (Knife edge Balance) है जिसे सरलता से स्थापित नहीं किया जा सकता है। इनके मध्य असमानता का होना सम्भव है और इस प्रकार की समानता अर्थव्यवस्था को दीर्घकालीन अवरोध तथा स्फीति की दशा में ढकेल सकती है।

(i) यदि G, Gw से अधिक है तो इसका अर्थ है कि अर्थव्यवस्था में निवेश बचत की अपेक्षा अधिक तेजी से बढ़ रहा है और आय की वृद्धि दर Gw से अधिक है। ऐसी दशा

में वास्तविक पूँजी (C) आवश्यक पूँजी (Cr) से कम होगी। यह स्थिति दीर्घकालीन स्फीति की स्थति होगी अर्थात्

यदि G>Gw है तो C<Cr = (दीर्घकालीन स्थिति)

(ii) यदि G, Gw से कम है तो बचतें निवेश की अपेक्षा अधिक तेजी से बढ़ेंगी और आय की वृद्धि दर Gw से कम होगी। ऐसी दशा में वास्तविक पूँजी (C) आवश्यक पूँजी (Cr) से अधिक होगी। परिणामत: उत्पादन, रोजगार तथा आय में कमी के रूप में दीर्घकालीन मन्दी आयेगी अर्थात्

यदि G < Gw है C > Cr = (दीर्घकालीन मन्दी)

(iii) यदि Gw, Gn से अधिक है तो अर्थव्यवस्था में दीर्घकालीन गतिहीनता की स्थिति उत्पन्न हो जायेगी। ऐसी दशा में Gw, G से भी अधिक होगी क्योंकि G की अपनी सीमा Gn द्वारा निर्धारित होती है।

(द)· यदि Gw, Gn से कम है तो C < Cr तथा Gw < G होगा। फलस्वरूप अर्थव्यवस्था मे दीर्घकालीन स्फीति की दशायें उत्पन्न हो जायेगी।

अन्तर्राष्ट्रीय व्यापार की दशा में, हैरोड ने निम्नलिखित सारणी का प्रयोग किया है—

(i) GC = S — b

(ii) GwCr = S —b

(iii) GnCr = S—b

यहाँ b का अर्थ भुगतान सन्तुलन से है। हैरोड के अनुसार, b का मान धनात्मक होने पर मन्दी दूर होती है जबकि ऋणात्मक b मुद्रा स्फीति को नियन्त्रित करने में सहायक है।

डोमर का विकास मॉडल

(Domar's Growth Model)

डोमर अपने विकास मॉडल का निर्माण निम्न प्रश्न को लेकर करते हैं—"विनियोग की वृद्धि उत्पादन क्षमता को बढ़ाती है तथा आय भी उत्पन्न करती है, विनियोग वृद्धि की दर क्या होनी चाहिये जिससे कि आय वृद्धि की दर को उत्पादन क्षमता वृद्धि की दर के बराबर किया जा सके ताकि पूर्ण रोजगार को बनाये रखा जा सके।"

मान्यतायें

(Assunptions)

डोमर का विकास मॉडल निम्न मान्यताओं पर आधारित है—

(1) अर्थव्यवस्था का आय-स्तर प्रारम्भिक पूर्ण रोजगार की अवस्था को प्राप्त कर चुका है।

(2) समायोजन में किसी प्रकार का अन्तराल नहीं पाया जाता।

(3) सरकारी हस्तक्षेप तथा विदेशी सहायता का अभाव है।

(4) मौद्रिक आय और वास्तविक आय समान है।

(5) सीमित बचत प्रवृत्ति (MPS) तथा औसत बचत प्रवृत्ति (APS) समान हैं।

(6) बचत प्रवृत्ति और पूँजी गुणाँक निश्चित हैं।

डोमर के मौडल की मुख्य विशेषतायें

(Main Features)

(1) निवेश का आर्थिक विकास में महत्त्वपूर्ण स्थान है। इससे एक ओर आय में वृद्धि होती है और दूसरी ओर उत्पादन क्षमता में वृद्धि होती है।

(2) उत्पादन क्षमता में वृद्धि अर्थव्यवस्था को दो रूपों में प्रभावित कर सकती है—

(i) प्रभावपूर्ण माँग में वृद्धि होकर उत्पादन में वृद्धि हो।

(ii) प्रभावपूर्ण माँग कम होने पर बेरोजगारी में वृद्धि हो।

(3) उपर्युक्त दोनों प्रभावों में प्रथम प्रभाव अधिक उचित है। पूर्ण रोजगार के स्तर को बनाये रखने के लिए आय में वृद्धि निम्न दर से होनी चाहिये। डोमर के अनुसार,

$$\text{आय में वृद्धि} = \frac{\text{बचत प्रवृति}}{\text{पूँजी उत्पाद अनुपात}}$$

(4) यदि निवेश वृद्धि से उत्पन्न होने वाली आय इतनी अधिक है कि उसके द्वारा सम्पूर्ण अतिरिक्त उत्पादन का उपभोग कर लिया जाता है तो प्रभावपूर्ण माँग कम नही होगी, बशर्ते कि मौद्रिक तथा वास्तविक आय समान रहे।

(5) विकसित देशों में आय वृद्धि न तो इतनी अधिक होनी चाहिये कि अर्थव्यवस्था में स्फीतिक दशायें उत्पन्न होने लगे और न ही इतनी कम होनी चाहिये कि अवस्फीतिक शक्तियाँ उत्पन्न हो जायें।

(6) अर्थव्यवस्था का मुख्य उद्देश्य पूर्ण रोजगार की स्थिति बनाये रखने के लिये उत्पादन की माँग व पूर्ति में सन्तुलन बनाये रखना है।

डोमर के विकास मॉडल का समीकरण रूप

डोमर एक ऐसा समीकरण स्थापित करने का प्रयास करते हैं जिसका एक पक्ष उत्पादन क्षमता की वृद्धि तथा दूसरा आय की वृद्धि को दर्शाता है। इस समीकरण को हल करने पर आय वृद्धि की दर का पता लगाया जा सकता है।

माना, अर्थव्यवस्था में विनियोग की वार्षिक वृद्धि दर I है और नई पूँजी की उत्पादन क्षमता S के बराबर है। अत: निवेश की उत्पादन क्षमता I.S डालर वार्षिक होगी। यह भी सम्भव है कि नई पूँजी की कुछ मात्रा का प्रयोग पुरानी पूँजी के स्थान पर किया जाये। ऐसी अवस्था में उत्पादन क्षमता I.S डालर प्रति वर्ष न बढ़कर उससे कुछ कम I_σ के बराबर बढ़ेगी। यहाँ α निवेश की औसत उत्पादकता ($= \Delta Y/I$) को प्रकट करता है। ऐसी स्थिति में I_σ सदैव (IS) से कम बना रहेगा।

माँग पक्ष की व्याख्या डोमर ने कीन्स के गुणक सिद्धान्त के आधार पर की है। इस दृष्टि से आय में वृद्धि (ΔY), निवेश वृद्धि (ΔI) और गुणक (I/α)के आकार पर निर्भर होती है। दूसरे शब्दों में, निवेश वृद्धि की दर को गुणक से गुणा करके आय वृद्धि की दर का पता लगाया जा सकता है। सूत्र रूप में,

$$\Delta Y = \Delta I\frac{I}{\pi} \qquad ..(i)$$

यहाँ, ΔY = आय में कुल वार्षिक वृद्धि, ΔI = निवेश में कुल वार्षिक वृद्धि, α = बचत प्रवृत्ति अथवा = $\Delta S/\Delta X$.।

पूर्ण रोजगार की दृष्टि से उत्पादन की माँग और पूर्ति में साम्य बनाये रखने के लिये आवश्यक है कि

$$\Delta I\frac{I}{\alpha} - IO \text{ या } \qquad \Delta I\frac{I}{} = I\sigma \qquad ..(ii($$

IO या I.σ उत्पादन क्षमता में वृद्धि; $I\frac{I}{\alpha}$ आय में वृद्धि

उपर्युक्त समीकरण के दोनों पक्षों को α से गुणा करने पर और I द्वारा भाग देने पर समीकरण का प्रारूप निम्न प्रकार होगा—

$$\frac{\Delta I}{I} = \alpha$$

समीकरण से स्पष्ट है कि पूर्ण रोजगार की स्थिति बनाये रखने के लिये निवेश और वास्तविक आय एक निश्चित वार्षिक आनपातिक दर से बढ़ने चाहिये, जो सीमान्त बचत प्रवृत्ति (α) और निवेश की औसत उत्पादकता (σ) का गूणनफल होती है।

समीकरण के दोनो पक्षों को $I\alpha$. द्वारा गुणा करने पर

$$\frac{\Delta I}{\alpha} = I\,\sigma = \Delta Y$$

उदाहरण —σ = 25% माना वार्षिक; α = 12%' Y = 150 मिलियन डालर वार्षिक है तो पूर्ण रोजगार बनाये रखने के लिये,

$$\frac{\Delta Y \times \alpha}{100} = \frac{150 \times 12}{100} = 18$$

मिलियन डालर का निवेश करना होगा। निवेश की यह मात्रा उत्पादन क्षमता में गुणा वृद्धि करेगी।

$$\frac{\Delta Y \times \alpha}{100 \times 100} x\ \sigma = \frac{150 \times 12}{100 \times 100} x\ 25 = 4.5$$

$$\frac{I \times \alpha}{100} = \frac{18 \times 25}{100} = 4.5 \text{ मिलियन}$$

किन्तु शर्त यह है कि राष्ट्रीय आय में वृद्धि भी उसी अनुपात में होनी चाहिये—

ΔY x \f(α, 100 × \f(σ,100), \f(,ΔY) = σα

150 = × \f(12,100 × 25, 100), 150) =σα=3%

अत: स्पष्ट है कि पूर्ण रोजगार के स्तर को प्राप्त करने के लिये आवश्यक है कि 18 मिलियन डालर प्रतिवर्ष विनियोग किया जाये तथा आय में 3 प्रतिशत वार्षिक दर से वृद्धि हो। अन्यथा,

(अ) यदि $\Delta I/I > \alpha\sigma$ तो अर्थव्यवस्था में तेजी आयेगी।

(ब) यदि $\Delta I/I < \alpha\sigma$ तो अर्थव्यवस्था में मन्दी आयेगी।

हैरोड एवं डोमर के मॉडल में समानतायें (Similarities)

(1) दोनो की अधिकांश मान्यतायें एक समान है।

(2) दोनों ही अर्थशास्त्रियों के अनुसार पूर्ण रोजगार को बनाये रखने के लिये आय वृद्धि इतनी अवश्य होनी चाहिय कि उत्पादन की अतिरिक्त मात्रा को खपाया जा सके।

(3) दोनों के अनुसार निवेश वृद्धि से उत्पादन क्षमता बढ़ती है और यह आय के कार्यकरण पर निर्भर करती है।

(4) दोनों ने आय में वृद्धि को Y = S/Cr माना है।

(5) दोनों के विकास मॉडल का प्रारम्भिक बिन्दु निवेश वृद्धि है और अन्तिम बिन्दु पूर्ण रोजगार की प्राप्ति है।

हैरोड एवं डोमर मॉडल में असमान्तायें
(Dissimilarities)

(1) अपने विकास मॉडल के माध्यम से डोमर ने यह पता लगाने का प्रयास किया है कि निवेश की कौन सी ऐसी दर होगी जो पूर्ण रोजगार की स्थिति को बनाये रख सके। इसके विपरीत, हैरोड ने साहसी को प्रोत्साहित करने के लिये ऐसी विकास दर की चर्चा की है जो आय बचत अनुपात और पूँजी उत्पाद अनुपात पर निर्भर करती है।

(2) पूर्ण रोजगार की स्थिति को प्राप्त करने के लिये विकास दर को जानने हेतु हैरोड ने विकास की तीन दरों का प्रयोग किया है—वास्तविक दर, आवश्यक दर तथा प्राकृतिक दर। इसके विपरीत, डोमर ने सामान्य विकास दर का आश्रय लिया है।

(3) डोमर ने पूँजी संचय और उत्पादन क्षमता के बीच तकनीकी सम्बन्ध स्थापित किया है जबकि हैरोड़ ने, इसके अतिरिक्त माँग में वृद्धि और पूँजी संचय के बीच व्यवहार सम्बन्ध की स्थापना करने का प्रयास किया है।

(4) डोमर का विकास मॉडल सन्तुलित विकास पद्धति पर आधारित है जबकि हैरोड का विकास मॉडल असन्तलित तकनीक से सन्तुलित तकनीक की ओर अग्रसर होता है।

(5) हैरोड ने अपने विकास मॉडल में सीमान्त पूँजी उत्पाद अनुपात तथा त्वरक का प्रयोग किया है जबकि डोमर ने सीमान्त पूँजी अनुपात तथा गुणक के व्युत्क्रम का प्रयोग किया है।

(6) हैरोड के अनुसार व्यापार चक्र आर्थिक विकास के मार्ग का एक अभिन्न अंग है जबकि डोमर इसके पक्ष में नहीं है।

हैरोड डोमर की सीमायें
(Limitations)

(1) हैरोड तथा डोमर दोनों ने बचत प्रवृत्ति (S या D) तथा पूँजी उत्पाद अनुपात को स्थिर माना है जबकि दीर्घकाल में इन दोनों चरों में परिवर्तन होता रहता है।

(2) दोनों ही अर्थशास्त्रियों की यह मान्यता दोषपूर्ण है कि श्रम तथा पूँजी का एक निश्चित अनुपात में प्रयोग किया जाता है। व्यवहार में उत्पत्ति के साधनों में एक निश्चित प्रतिस्थापन अनुपात बनाये रखना बहुत कठिन है।

(3) दोनों ही विकास मॉडल सामान्य मूल्य स्तर की स्थिरता की मान्यता पर आधारित हैं जबकि व्यवहार में कीमतें बदलती रहती हैं।

(4) ये मौडल अत्यधिक स्पष्टिकरण हैं।

(5) दोनों ही अर्थशास्त्रियों ने अर्थव्यवस्था की संरचनात्मक विशेषताओं पर कोई ध्यान नहीं दिया।

(6) उनकी यह मान्यता भी अवास्तविक है कि ब्याज दरें स्थिर रहती है। व्यवहार में व्याज दरें बदलती रहती है।

(7) दोनों ही अर्थशास्त्रियों ने अपने अपने विकास मॉडल में सरकारी कार्यक्रमों की उपेक्षा की है।

कुरिहारा के शब्दों में, ''निःसन्देह इन मॉडलों की अपनी कुछ सीमायें है लेकिन इसके बावजूद ये मौडल राजकोषीय तटस्थता को स्वीकार करते हुये एक विकसित अर्थव्यवस्था के लिये आरोही सन्तुलन की स्थितियों को दर्शाते हैं। इनका महत्त्व इस बात में निहित है कि ये कीन्स के स्थैतिक अल्पकालीन बचत निवेश सिद्धान्त को गत्यात्मक और दीर्घकालीन बनाने का प्रयास करते हैं।

अल्पविकसित देशो में हैराड़ डोमर के विकास मॉडल की व्यवहार्यता (Applicability of Harrod Domar Growth Models to Under developed Countries)

हैरोड डोमर के विकास मॉडल अल्पविकसित देशों के लिये व्यवहार्य नही हैं। इसके प्रमुख कारण निम्नलिखित हैं—

(1) ये ंविकास मौडल विकसित औद्योगिक देशों के अनुभव के आधार पर बनाये गये है। इनका मूल्य उद्देश्य विकसित अर्थव्यवस्था को दीर्घकालीन गतिहीनता से सुरक्षित

करना है जबकि अल्पविकसित देशों की प्रमुख समस्या आर्थिक विकास की गति को तीव्र करना है। ये मॉडल इस सम्बन्ध में कोई उपाय नहीं बताते।

(2) ये मौडल इस मान्यता पर आधारित हैं । कि बचत आय अनुपात और पूँजी उत्पाद अनुपात ऊँचे और स्थिर होते हैं। इसके विपरीत, अल्पविकसित देशों में ये अनुपात नीचे और परिवर्तनीय होते है।

(3) ये मौडल चक्रीय बेरोजगारी का समाधान प्रस्तुत करते हैं जबकि अल्पविकसित देशों में संरचनात्मक तथा प्रच्छन्न बेरोजगारी पाई जाती है। प्रो. कुरिहारा के अनुसार, ''अल्पविकसित देशों की संरचनात्मक बेरोजगारी को दूर करने के लिये ये मौडल उपयुक्त नहीं हैं।''

(4) ये मॉडल आर्थिक मामलों में सरकार की अहस्तक्षेप नीति की मान्यता पर आधारित हैं जबकि अल्पविकसित देशो में सरकारी हस्तक्षेप के बिना आर्थिक विकास करना सम्भव नहीं है।

(5) ये मॉंडल बन्द अर्थव्यवस्था (Closed Economy) की मान्यता पर आधारित है जबकि अल्पविकसित अर्थव्यवस्थायें खुली अर्थव्यवस्थायें (Open Economies) होती है।

(6) ये मौडल स्थिर मूल्यों की मान्यता पर आधारित है जबकि अल्पविकसित देशों में विकास के साथ-साथ मूल्य स्तर में भी परिवर्तन होता रहता है।

(7) इन मौडलों के अनुसार तकनीकी प्रगति निवेश के अवसरों को उत्प्रेरित करती है जबकि अल्पविकसित देशों में तकनीकी प्रगति की आवश्यकता उसके उत्पादकता प्रभाव के कारण होती है।

(8) इन मॉडलों में संस्थागत घटकों को स्थिर मान लिया गया है जबकि अल्पविकसित देशों में आर्थिक विकास के लिय संस्थागत परिवर्तन अनिवार्य है।

यद्यपि उपर्युक्त सभी मॉडल विकसित देशों के लिए पूर्णतः उपयोगी हैं तथा अल्पविकसित देशों के लिये भी ये पूर्णतः बेकार नहीं हैं। अल्पविकसित देशों में इनका उपयोग निम्न उद्देश्यों की पूर्ति हेतु किया जा सकता है—(i) पूँजी की आवश्यकता का अनुमान लगाने के लिये, (ii) बचत-आय अनुपात का निर्धारण करने के लिए तथा (iii) वित्त प्रबन्धन हेतु सुझाव देने के लिए।

प्रश्न

1. हैरोड एवं डोमर के विकास मॉडल की आलोचनात्मक व्याख्या कीजिये। भारत जैसे अल्पविकसित देशों में उन्हें कहाँ तक लागू किया जा सकता है?

   Discuss critically, Harrod and Domar models of economic growth. How far can they be applied to an under-developed country like India?

2. आर्थिक वृद्धि के हैरोड या डोमर मॉडल को समझाइये।

   Examine Harrod or Domar model of economic growth.

3. हैरोड-डोमर के सतत विकास के विश्लेषण के मुख्य अंश स्पष्ट कीजिये। भारतीय सन्दर्भ में इन मौडलों की उपयोगिता बताइये।

   Explain the main points of steady growth of Harrod Domar's analysis. How for are they useful in the context of Indian planning.

□□□

6

जॉन रॉबिन्सन का आर्थिक विकास मॉडल
(Joan Robinson's Model of Economic Growth)

श्रीमती जॉन रॉबिन्सन ने अपना विकास मॉडल 1956 में प्रकाशित अपनी पुस्तक 'Accumulation of Capital' में प्रतिपादित किया था। यह मॉडल एक विकासशील अर्थव्यवस्था में जनसंख्या वृद्धि की समस्या को शामिल करता है और पूँजी संचय की दर तथा उत्पादन वृद्धि की जनसंख्या के प्रभावों का विश्लेषण करता है। उनका मॉडल दो आधारभूत तथ्यों पर आधारित है–(i) पूँजी निर्माण की दर आय के वितरण पर निर्भर होती हैं, तथा (ii) श्रम उपयोग की दर पूँजी की पूर्ति तथा श्रम की पूर्ति पर निर्भर करती है।

सिद्धान्त की मान्यतायें
(Assumptions)

यह मॉडल निम्न मान्यताओं पर आधारित है—

(1) निर्बाधावादी बन्द अर्थव्यवस्था है।

(2) केवल श्रम और पूँजी दो ही उत्पत्ति के साधन है।

(3) पूँजी तथा श्रम एक स्थिर अनुपात में प्रयुक्त किये जाते हैं और कोई तकनीकी प्रगति नहीं होती।

(4) आय का वितरण केवल श्रमिकों और साहसियों के मध्य होता है। श्रमिक अपनी आय को उपभोग पर व्यय कर देते हैं और कुछ भी नहीं बचाते। इसके विपरीत, साहसी अपनी समस्त आय (लाभ) को पूँजी निर्माण के लिये विनियोजित कर देते हैं तथा कुछ भी उपभोग पर व्यय नहीं करते। श्रीमती रॉबिन्सन के ही शब्दों में, ''यदि उद्यमियों को लाभ प्राप्त नहीं होता है तो वे बचा नही सकते और यदि वे बचाते नहीं है तो उन्हें लाभ प्राप्त नहीं होता।''

(5) श्रम की पूर्ति माँग से अधिक है।

(6) कीमत स्तर में कोई परिवर्तन नहीं होता है।

श्रीमती जॉन रॉबिन्सन के अनुसार, राष्ट्रीय आय कुल मजदूरी बिल (Total Wage Bill) तथा कुल लाभ का योग होती है। कुल मजदूरी बिल वास्तविक मजदूरी दर और श्रमिकों की संख्या के गुणनफल के बराबर होता है। लाभ की दर को पूँजी की मात्रा से गुणा करके लाभ को ज्ञात किया जा सकता है—

समीकरण रूप में

$$Yw = N + pk$$

यहाँ Y = राष्ट्रीय आय, w = वास्तविक मजदूरी दर,
N = श्रमिकों की संख्या, p = लाभ की दर
k = पूँजी की मात्रा।

उपर्युक्त समीकरण के आधार पर हम (लाभ की दर) तथा (वास्तविक मजदूरी की दर) का पता लगा सकते हैं, यथा,

(i) $$p = \frac{Y—wN}{K}$$

$$\text{लाभ की दर} = \frac{\text{राष्ट्रीय आय —कुलमजदूरी बिल}}{\text{पूँजी की मात्रा}}$$

(ii) $$w = \frac{Y—pK}{N}$$

$$\text{मजदूरी की दर} = \frac{\text{राष्ट्रीय आय —पूँजी का हिस्सा}}{\text{श्रमिकों की संख्या}}$$

इस प्रकार लाभ की दर (p), कुल आय (y) में से कुल मजदूरी बिल (wN) निकालने के बाद बचने वाली संख्या और पूँजी की मात्रा (K) के मध्य अनुपात है। जैसा कि हम जानते हैं, प्रति श्रमिक लाभ प्रति श्रमिक उत्पादन और वास्तविक मजदूरी दर का अन्तर होता है। अतः लाभ श्रम की उत्पादकता, वास्तविक मजदूरी दर और पूँजी श्रम अनुपात पर निर्भर होता है। लाभ की दर में परिवर्तन तभी हो सकता है जब मजदूरी दर निश्चित हो और आय में वृद्धि हो जाये अथवा आय निश्चित हो और मजदूरी दर गिर जाये या पूँजी का श्रम के साथ अनुपात गिर जाये। उपर्युक्त दशाओं में ही साहसी के लाभ अधिकतम हो सकते हैं।

व्यय की दृष्टि से शुद्ध वास्तविक राष्ट्रीय आय (y) वास्तविक उपभोग व्यय (C) और शुद्ध वास्तविक विनियोग (I) के योग के बराबर होती है।

समीकरण के रूप में,

$$Y = C + I$$

साम्य की दशा में बचत और निवेश बराबर होने चाहिये—

$$S = I$$

इस बचत निवेश सम्बन्ध को निम्न समीकरण द्वारा व्यक्त किया जा सकता है—

$$S = pK \text{ तथा } I = \Delta K$$

यहाँ Δk = वास्तविक पूँजी की वृद्धि

$\therefore \quad S = I$

$\therefore \quad pK = \Delta K$

अर्थात् $p = \frac{\Delta K}{K}$

यह इस बात का सूचक है कि पूँजी संचय की दर ($\Delta K/K$) आर्थिक विकास का एक निर्णायक घटक है। चूँकि पूँजी वृद्धि की दर ($\Delta K/K$) लाभ की दर (p) के बराबर होती है, अत: यह उन्हीं तत्त्वों से निर्धारित होती है जो लाभ की दर को निर्धारित करते हैं।

स्वर्ण युग का विचार
(The Concept of Golden Age)

जॉन रॉबिन्सन के अनुसार, पूँजी संचय की दर ($\Delta K/K$) के अलावा आर्थिक विकास को प्रभावित करने वाला दूसरा महत्त्वपूर्ण घटक जनसंख्या की वृद्धि दर है। अर्थव्यवस्था उस बिन्दु पर पूर्ण रोजगार सन्तुलन में होती हे जब जनसंख्या की वृद्धि दर ($\Delta N/N$) पूँजी की वृद्धि दर के बराबर होती है। जॉन रौबिन्सन ने इसी अवस्था को स्वर्ण युग कहा है। उनके अपने ही शब्दों में, "जब तकनीकी प्रगति तटस्थ हो और उत्पादन के काल ढाँचे में परिवर्तन किये बिना धीरे-धीरे बढ़ रही हो, प्रतियोगितात्मक मूल्य यन्त्र स्वतन्त्र रूप से कार्यशील हो, जनसंख्या स्थिर अनुपात में बढ़ रही हो, समस्त उपलब्ध श्रम शक्ति को खपाने के लिये पूँजी संचय पर्याप्त मात्रा में हो रहा हो—तब ऐसी स्थिति में लाभों की दर स्थिर होती है, प्रति व्यक्ति उत्पादन के साथ साथ वास्तविक मजदूरी का सतर बढ़ता है, तब अर्थव्यवस्था में आन्तरिक अन्तर्विरोध समाप्त हो जाते हैं, कुल वार्षिक उत्पादन तथा पूँजी का स्टॉक, श्रम शक्ति की वृद्धि दर और प्रति व्यक्ति उत्पादन की दर के एक स्थिर यौगिक अनुपात में बढ़ता है। इन दशाओं में निर्मित काल को ही हम स्वर्ण युग कह सकते हैं।

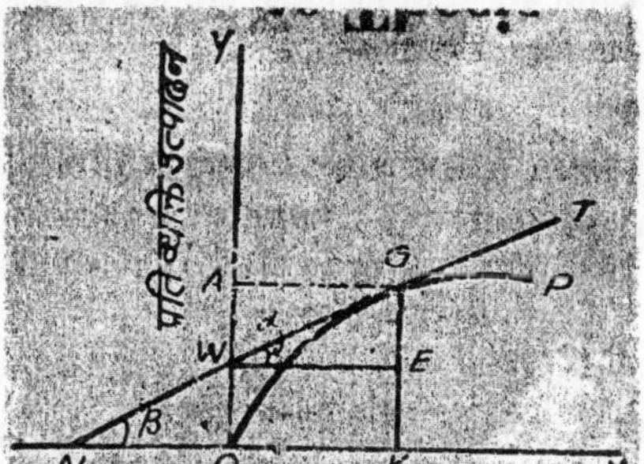

चित्र

समीकरण के रूप में

$$\frac{\Delta N}{N} = \frac{\Delta K}{K}$$

N = जनसंख्या वृद्धि दर

K = पूँजी की वृद्धि दर,

ΔN = जनसंख्या (श्रम शक्ति) में वृद्धि

ΔK = पूँजी की मात्रा में वृद्धि।

रॉबिन्सन के मौडल को पार्श्व चित्र द्वारा भी स्पष्ट किया जा सकता हैं। चित्र में OP उत्पादन फलन वक्र है इस वक्र पर स्थित प्रत्येक बिन्दु श्रम पूँजी अनुपात को दर्शाता है। पूँजी श्रम अनुपात को ज्ञात करने के लिये बिन्दु N से एक स्पर्श रेखा NT खींची गयी है जो OP को G बिन्दु पर स्पर्श करती है और अनुलम्ब अक्ष को W बिन्दु पर काटती हे। G बिन्दु स्पर्श युग का पूँजी श्रम अनुपात है जो OK के बराबर है। प्रति व्यक्ति उत्पादन OA है जिसमें से OW मजदूरी दर के रूप में भुगतान कर देने के बाद WA (या EG) अतिरेक है जो पूँजी पर लाभ की दर बताता है। इससे यह सिद्ध हो जाता है, कि पूँजी की वृद्धि दर (ΔK/K) = श्रम की वृद्धि दर (N/N) के बराबर है अर्थात्

$$\frac{EG}{EW} = \frac{OW}{ON}$$

यदि अर्थ व्यवस्था इस साम्य से विचलित होती है तो कुछ आर्थिक शक्तियाँ इसे पुनः साम्य की स्थिति में लाने के लिये प्रयत्शील हो जाती हें। इस विचलन की निम्नलिखित दो स्थितियाँ हो सकती है—

(i) यदि जनसंख्या की वृद्धि दर पूँजी की वृद्धि दर से अधिक है। सूत्र रूप मे:

$$\frac{\Delta N}{N} > \frac{\Delta K}{K}$$ (इस दशा में बेरोजगारी बढ़ेगी)

अल्पविकसित देशों में विचलन प्राय: इसी रूप में होता है। असाम्य की इस स्थिति के उत्पन्न होने पर मौद्रिक मजदूरी की दर घटेगी, कीमत सतर में अपरिवर्तित रहने पर वास्तविक मजदूरी की दर घटेगी, लाभ की दर बढ़ेगी, पूँजी की वृद्धि दर बढ़ेगी और अर्थव्यवस्था पुनः साम्य की अवस्था में आ जायेगी।

(ii) यदि पूँजी वृद्धि की दर जनसंख्या की दर से अधिक है। सूत्र रूप में:

$$\frac{\Delta K}{K} > \frac{\Delta N}{N}$$

ऐसी दशा में तकनीकी परिवर्तनों (जैसे पूँजी श्रम अनुपात या उत्पादकता में वृद्धि, उत्पादन फलन में परिवर्तन आदि) द्वारा अर्थव्यवस्था को पुनः साम्य में लाया जा सकता है।

श्रीमती जॉन रॉबिन्सन के अनुसार, "अर्थव्यवस्था उस समय स्वर्ण युग में होती है जब सम्भाव्य वृद्धि अनुपात (Potential Growth Rate) प्राप्त हो रहा है। यह अनुपात पूँजी

संचय की वह उच्चतम सीमा है जो लाभ की स्थिर दर पर लगातार कायम रखी जा सकती है।'' सूत्र में में:

सम्भाव्य वृद्धि दर = श्रम शक्ति की आनुपातिक दर + प्रति व्यक्ति उत्पादन, वृद्धि की आनुपातिक दर।

स्वर्ण युग के लिये वृद्धि अनुपात का स्थिर होना आवश्यक है। दूसरे शब्दों में स्थैतिक स्थिति स्वर्ण युग की अपनी विशिष्ट अवस्था है जिसमें (i) वृद्धि अनुपात शुन्य होता है, (ii) लाभ की दर शून्य होती है और उद्योग की सम्पूर्ण शुद्ध प्रदा का मजदूरों द्वारा उपभोग कर लिया जाता है अर्थात् उपभोग अपने उचचतम स्तर पर होता है।

आलोचनात्मक मूल्यांकन
(Critical Evaluation)

जॉन रॉबिन्सन का आर्थिक विकास मॉडल हैरोड मॉडल का ही एक विस्तृत स्वरूप हे। रॉबिन्सन का सम्भाव्य वृद्धि अनुपात (Potential growth rate) हेरोड के द्वारा प्रतिपादित प्राकृतिक वृद्धि दर Natural growth rate के समान ही है। अन्तर केवल इतना है कि श्रमती जॉन रॉबिन्सन ने अपना सिद्धान्त लाभ-मजदूरी सम्बन्ध और श्रम उत्पादकता पर आधारित किया है जबकि हैरोड का मॉडल बचत-आय अनुपात पूँजी उत्पादकता पर आधारित है। प्रो. कुरिहारा के शब्दों में, ''कीन्सोत्तर विकास अर्थशास्त्र में श्रीमती जॉन रॉबिन्सन का प्रमुख योगदान यह है कि उन्होंनें संस्थापित मूलय और कीन्य के आधुनिक बचत और विनियोग सिद्धान्त को मिलाकर एकीकृत व्यवस्था स्थापित की है।''

सिद्धानत की सीमायें
(Limitations of the Model)

जॉन रॉबिन्सन द्वारा प्रतिपादित आर्थिक सिद्धान्त की प्रमुख सीमायें निम्नलिखित हैं—

(1) यह मॉडल बन्द अर्थव्यवस्था की अवास्तविक मान्यता पर आधारित है।

(2) स्वर्ण का विचार एक काल्पनिक धारणा है। इस सम्बन्ध में प्रो. ग्राह्म का कहना है—''यह हास्यास्प्रद होगा कि पूर्ण रोजगार में लगे निर्धन लोगों की निर्धन अर्थव्यवस्था भी स्वर्ण युग कहलायें।''

(3) इस मॉडल में संस्थागत तत्वों को अपरिवर्तनशील माल लिया गया है जबकि किसी भी देश का आर्थिक विकास काफी हद तक सामाजिक, सांस्कृतिक तथा संस्थागत परिवर्तनों पर निर्भर करता है। अत: आर्थिक विकास के एक निर्धारक के रूप में इन तत्वों की उपेक्षा नहीं की जा सकती।

(4) यह मॉडल स्थिर कीमत स्तर की मान्यता पर आधारित है जो अवास्तविक है। विकास के साथ मूल्यों में वृद्धि होना अनिवार्य है।

(5) श्रीमती रॉबिन्सन का यह विचार न्यायसंगत नहीं है कि पूँजी संचय की दर में वृद्धि का उत्तरदायित्व निजी व्यक्तियों पर छोड़ देना चाहिये।

(6) श्रीमती रॉबिन्सन ने पूँजी संचय को लाभ वृद्धि का फलन तो माना है लेकिन इसे श्रम उत्पादकता का फलन नही माना जो कि इसका वास्तविक घटक है।

(7) यह मॉडल अल्पविकसित देशों के लिए अनुपयुक्त है।

अल्पविकसित देशों के मॉडल की व्यवहार्यता

(Applicability of the Model to Under-developed Countries)

श्रीमती जॉन रोबिन्सन का विकास मॉडल अल्पविकसित देशों के लिए उपयुक्त है क्योंकि—

(1) यह मॉडल, अल्पविकसित, देशों के आर्थिक विकास की समस्या का अधिक वास्तविक विश्लेषण करता है।

(2) यह मॉडल त पूँजी संचय की दर तथा अर्थव्यवस्था पर जनसंख्या वृद्धि के प्रभाव का विश्लेषण करता है जो इन देशों के लिए अधिक उपयोगी है।

(3) इस मॉडल में उस असन्तुलन की स्थिति का अध्ययन किया गया है जब जनसख्या की वृद्धि दर पूँजी की वृद्धि दर से अधिक होती है अर्थात्

$\left(\frac{\Delta N}{N} > \frac{\Delta K}{N}\right)$ और अधिकांश अल्पविकसित देशों में यही दशा पाई जाती है।

(4) श्रीमती रॉबिन्सन का स्वर्ण युग, को प्राप्त करने की सम्भावना का विश्लेषण अल्पविकसित देशों की बेरोजगारी की समस्या को सुलझाने तथा पूर्ण रोज़गार स्थापित करने में विशेष रूप से लाभप्रद है।

फिर भी अल्पविकसित देशो के लिए इस मॉडल की कुछ सीमायें हैं, यथा —

(1) यह मॉडल बन्द अर्थव्यवस्था की मान्यता को स्वीकार करता है जबकि अल्पविकसित अर्थव्यवस्थायें बन्द न होकर खुली होती है और विदेशी पूंजी का उनके आर्थिक विकास मे महत्त्वपर्ण योगदान होता है।

(2) अल्पविकसित देशो के आर्थिक विकास पर संस्थागत तत्वों का गहरा प्रभाव पड़ता है जबकि श्रीमती रॉबिन्सन ने अपने मॉडल में इन तत्त्वों की उपेक्षा की है।

(3) यह मॉडल स्थिर कीमत स्तर की मान्यता पर आधारित है जबकि प्रारम्भिक अवस्था में विकास के साथ कीमत स्तर भी बढ़ता जाता है।

(4) अल्पविकसित देशों में पूँजी संचय की दर सम्भाव्य वृद्धि अनुपात से सदैव कम होती है। मॉडल में इसे बढ़ाने का उत्तरदायित्व निजी उद्यमियों पर छोड़ दिया गया है जो सम्भव नहीं है।

प्रश्न

1. श्रीमती जॉन रॉबिन्सन के आर्थिक विकास की आलोंचनात्मक व्याख्या कीजिये। यह कहाँ तक अल्पविकसित देशों पर लागू होता है?

   Examine critically the growth model of Mrs. Joan Robinson. How far it applies to the under-developed countries?

2. रॉबिन्सन मॉडल में वर्णित स्वर्ण युग वृद्धि पक्ष की शर्तों की व्याख्या कीजिये और इसकी विभिन्न अवस्थाओं का विश्लेषण कीजिये। इसकी प्राप्ति के मार्ग में क्या कठिनाई हैं?

   Discuss the conditions of goldden age growth path of Mrs. Robinson's model and analyse its various stages. What are the difficulties to achieve it?

3. श्रीमती जॉन रॉबिन्सन द्वारा प्रतिपादित आर्थिक विकास मॉडल की विस्तृत व्याख्या कीजिये और विकासशील देशों की स्थितियों के सन्दर्भ में इसकी व्यावहारिक उपादेयता मूल्यांकित कीजिये।

   Discuss at length the growth model as propounded by Mrs. Joan Robinson and asses its practical validity in the context of 'developing economies'.

4. संक्षिप्त टिप्पणी लिखिये— पूँजी संचय का सिद्धान्त

   Write a short note on —Theory of Capital Accumulation.

□□□

7

कीन्स का आर्थिक विकास का सिद्धान्त
(Keynesian Theory of Economic Growth)

कीन्स एक विकास अर्थशास्त्री नहीं थे। अत: उनका आर्थिक विकास का मॉडल अल्पविकसित देशों की विकास समस्याओं को सुलझाने के लिये प्रत्यख रूप से काम में नहीं लाया जा सकता। वह तो मुख्य रूप से विकसित अर्थव्यवस्थाओं की स्थिरता के साथ प्रगति करने की समस्याओं का विश्लेषण करता है। इसके अतिरिक्त उनका यह विश्लेषण अल्पकालीन है।

1930 में प्रकाशित अपनी पुस्तक "Economic Possibilities for Our Grand Children" में कीन्स ने स्पष्ट किया है कि भविष्य में आर्थिक प्रगति की दर निम्न बातों पर निर्भर रहेगी—

(i) जनसंख्या को नियन्त्रित करने की हमारी शक्ति।

(ii) युद्ध तथा नागरिक मतभेदों को समाप्त करने का हमारा दृढ़ संकल्प

(iii) विज्ञान को उन मामलों का निर्देशन करने के काम को सौंपने की हमारी इच्छा को उचित रूप से विज्ञान के क्षेत्र में आते हैं।

(iv) पूँजी संचय की दर।

सामान्य सिद्धान्त
(The General Theory)

कीन्स के सिद्धान्त की मुख्य कड़ियाँ निम्न प्रकार हैं—

प्रभावपूर्ण माँग (Effective Demand)—प्रभावपूर्ण माँग से अभिप्राय वस्तुओं को क्रय करने की शक्ति से है। प्रभावपूर्ण माँग अपने आपको आय के व्यय करने के रूप में

प्रदर्शित करती है। यदि किसी समाज में अधिक आय का व्यय किया जाता है तो प्रभावपूर्ण माँग अधिक रहती है और रोजगार का स्तर भी ऊँचा रहता है। इसके विपरीत, यदि राष्ट्रीय आय कम होती है तो प्रभावपूर्ण माँग भी कम हो जाती है। माँग कम होने से समाज में बेरोजगारी फैल जाती है। अत: पूर्णरोजगार की दशा बनाये रखने के लिये प्रभावपूर्ण माँग को ऊँचे स्तर पर बनाये रखना आवश्यक है। प्रभावपूर्ण माँग दो तत्त्वों पर निर्भर करती है— (1) समग्र माँग फलन (Aggregate Demand Function), तथा (2) समग्र पूर्ति फलन (Aggregate Supply Function)।

समर्ग माँग फलन का अर्थ (Meaning of ADF)—कीन्स के समग्र माँग तालिका को समग्र माँग फलन कहा है। कीन्स के अनुसार, ''समग्र माँग फलन रोजगार की विभिन्न मात्राओं से उत्पन्न होने वाली उपज को बेचने से प्राप्त होने वाली सम्भावित आय की तालिका है।'' यह समग्र माँग और रोजगार के स्तर के बीच के सम्बन्ध को बताती है। रोजगार की किसी दी हुई मात्रा से प्राप्त होने वाली आय को उस रोजगार के उत्पादन की समग्र माँग कीमत कहते है। अन्य शब्दों में रोजगार के किसी भी स्तर पर समग्र माँग कीमत द्रव्य की वह मात्रा होती है जिसे अर्थव्यवस्था में सभी उद्यमी मिलकर इस स्तर पर व्यय में लगे हुए श्रमिकों के द्वारा उत्पन्न माल को बेचकर वास्तव में प्राप्त करने की आशा करते हैं। रोजगार की मात्रा बढ़ने के साथ-साथ कीमत भी बढ़ती जाती है।

(2) समग्र पूर्ति फलन का अर्थ (Meaning of ASF)—विभिन्न मात्राओं में रोजगार देने के लिए व्यवसायियों की न्यूनतम प्रत्याशित आय की तालिका को समग्र पूर्ति फलन कहा जाता है। समग्र पूर्ति फलन न्यूनतम प्रत्याशित आय और रोजगार की मात्रा के बीच सम्बन्ध को बताता है। व्यवसायियों की एक न्यूनतम लागत होती है जिसमें सामान्य लाभ सम्मिलित रहता है। इस लागत को वे अवश्य प्राप्त करना चाहते है। रोजगार की दी हुई मात्रा से होने वाली उपज से प्राप्त होने वाली न्यूनतम प्रत्याशित आय को उस उत्पादन की समग्र पूर्ति कीमत कहते हैं। रोजगार बढ़ने के साथ-साथ समग्र पूर्ति कीमत बढ़ती जाती है।

प्रभावपूर्ण माँग के निर्धारक तत्त्व (Factors Determing Effective Demand)—यदि हम समग्र माँग फलन तथा समग्र पूर्ति फलन को रेखाचित्र द्वारा प्रदर्शित करें तो जिस बिन्दु पर ये दोनों वक्र एक-दूसरे को काटते हैं, वही प्रभावपूर्ण माँग बिन्दु होता है। इस बिन्दु पर ही अधिकतम रोजगार की दशा होती है।

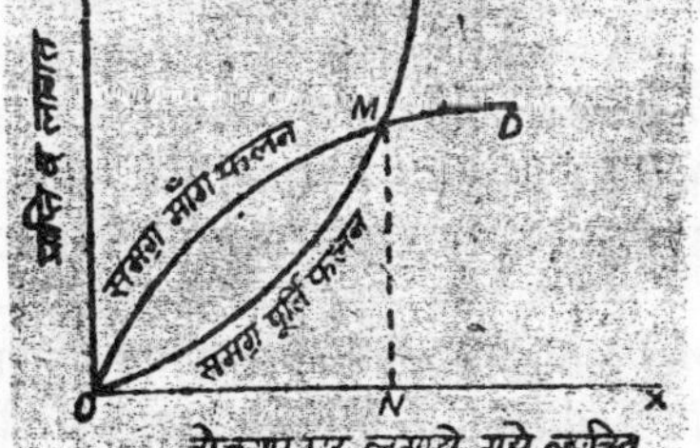

चित्र ।

प्रस्तुत चित्र में S वर्क समग्र पूर्ति फलन को दर्शाता है D तथा वक्र समग्र माँग फलन को प्रदर्शित करता है। यह दोनों वक्र एक-दूसरे को बिन्दु पर काटते है। अतः ON रोजगार की मात्रा है और M बिन्दु साम्य बिन्दु है। इस बिन्दु पर साहसियों को अधिकतम लाभ प्राप्त होने की आशा है। इस बिन्दु पर विक्रय से प्राप्त राशि तथा पूर्ति मूल्य दोनों बराबर है।

समग्र पूर्ति फलन की अपेक्षा समग्र माँग फलन अधिक महत्त्वपूर्ण है—यद्यपि रोजगार का साम्य स्तर कुल माँग वृत्ति व कुल पुर्ति वृत्ति के समान होने से निर्धारित होता है तथापि इन दोनों में कुल माँग वृत्ति अधिक महत्त्वपूर्ण है। इसका कारण यह है कि कीन्स अल्पकाल में कुल पूर्ति वृत्ति को स्थिर मानते हैं। दूसर शब्दों में कुल माँग वृत्ति ही रोजगार का स्तर निर्धारित करने में महत्त्वपूर्ण भूमिका अदा करती है। अतः यदि रोजगार के स्तर में वृद्धि करनी है तो कुल माँग स्तर को ऊँचा उठाना आवश्यक है। इसे चित्र द्वारा स्पष्ट किया जा सकता है

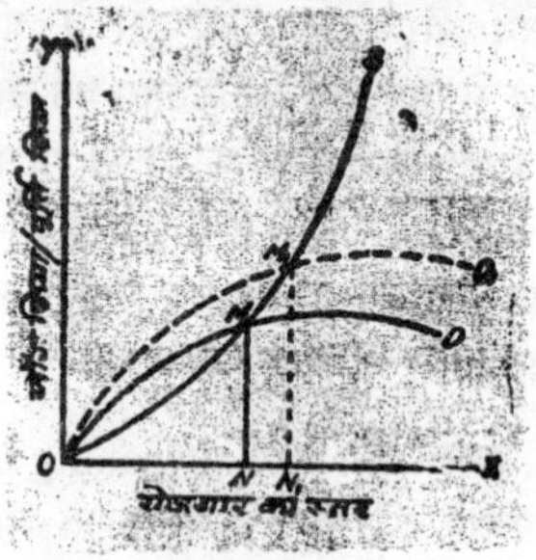

चित्र

चित्र में OS कुल पूर्ति वक्र को OD कुल माँग वक्र M बिन्दु पर काटता है। ON रोजगार का सन्तुलन बिन्दु है। कुल पूर्ति वृत्ति के स्थिर रहने पर यदि कुल माँग वृत्ति बढ़ने पर OD_1 हो जाती है तो सन्तुलन बिन्दु बढ़कर M_1 हो जायेगा और रोजगार बढ़कर ON_1 क्रमशः। अतः यदि रोजगार के स्तर को बढ़ाना है तो कुल माँग वृत्ति में वृद्धि करनी होगी।

प्रभावपूर्ण माँग का बिन्दु—समग्र माँग दो बातों पर निर्भर करती है—(1) उपभोग व्यय तथा (2) निवेश व्यय। अर्थात समग्र माँग उपभोग व्यय तथा विनियोग व्यय के बराबर होती है। कुल राष्ट्रीय व्यय में वह राशि भी शामिल होती है जो सरकार द्वारा व्यय की जाती है। अतः कीन्स के अनुयायी सरकारी व्यय को भी समग्र माँग का एक प्रमुख अंग मानते हैं। इस प्रकार,

समग्र माँग = उपभोग + विनियोग + सरकारी व्यय (E.D.= C + I + G)

उपभोग फलन (Consumption Functions)—किसी अर्थव्यवस्था में प्रभावपूर्ण माँग को निर्धारित करने वाले तत्त्वों में उपभोग फलन समग्र माँग का एक प्रमुख अंग है। उपभोग फलन समग्र माँग का एक प्रमुख अंग है। उपभोग फलन आय एवं उपभोग के बीच फलनात्मक सम्बन्ध बताता है। उपभोग प्रवृत्ति वह सूची अथवा तालिका है जो आय के विभिन्न स्तरों पर उपभोग वस्तुओं की कुल माँग अथवा उपभोग पर होने वाले कुल व्यय को प्रदर्शित करती है। आय में वृद्धि के साथ उपभोग में किस प्रकार परिवर्तन होते हैं, कीन्स ने इस आधार पर उपभोग का आधारभूत मनोवैज्ञानिक नियम प्रतिपादित किया है। कीन्स के अनुसार, "जैसे-जैसे आय में वृद्धि होती है वैसे-वैसे उपभोग में भी वृद्धि होती है। किन्तु यह आनुपातिक न होकर अनुपात से कम होती है। दूसरे, अल्पकाल में उपभोग प्रवृत्ति स्थिर रहती

है। जब उपभोग में वृद्धि आय में वृद्धि से पिछड़ जाती है तो आय एव रोजगार के स्तर को बनाये रखने के लिए विनियोग व्यय में वृद्धि करनी पड़ेगी।''

विनियोग फलन (Investment Functions)—विनियोग फलन तथा विनियोग की प्रेरणा समग्र माँग का दूसरा प्रभावपूर्ण अंग है। कीन्स के अनुसार विनियोग से तात्पर्य वास्तविक पूँजीगत परिसम्पत्तियों तथा समाज के संचित धन की मात्रा में शुद्ध वृद्धि से है। विनियोग निवेश भी दो बातों पर निर्भर करता है—(1) पूँजी की सीमान्त क्षमता, (2) ब्याज की दर अर्थात् विनियोग की मात्रा। विनियोग की मात्रा पूँजी की सीमान्त क्षमता (सम्भावित लाभ की आशा) तथा मुद्रा पर ब्याज की दर के सापेक्षिक सम्बन्ध पर निर्भर होती है। यदि पूँजी की सीमान्त क्षमता ब्याज की दर से अधिक है तो विनियोग की प्रेरणा बढ़ेगी। यदि ब्याज की दर की अपेक्षा पूँजी की सीमान्त क्षमता कम है तो विनियोग की मात्रा घट जायेगी।

पूँजी की सीमान्त क्षमता (Marginal Efficiency of Capital)—किसी सम्पत्ति से कुल प्राप्त आय को सम्पत्ति के कुल प्रतिस्थापन मूल्य के स्तर तक लाने के लिये जिस प्रतिशत दर से कटौती होगी वहाँ पूँजी की सीमान्त क्षमता है। पूँजी की सीमान्त क्षमता दो बातों पर निर्भर करती है—(i) पूँजीगत परिसम्पत्ति से सम्भावित प्राप्त लाभ तथा (ii) पूँजीगत परिसम्पत्ति की पुनर्स्थापित लागत। पँजीगत परिसम्पत्ति से प्राप्त सम्भावित आय उसकी प्रतिस्थापन लागत से जितनी अधिक होगी, पूँजी की सीमान्त क्षमता उतनी ही अधिक होगी।

ब्याज की दर (Rate of Interest)—ब्याज की दर भी दो तत्त्वों पर निर्भर होती है—(1) तरलता वरीयता, (2) मुद्रा की मात्रा। तरलता वरीयता मुद्रा के माँग पक्ष तथा मुद्रा की मात्रा उसके पूर्ति पक्ष को प्रस्तुत करती है। तरलता वरीयता से तात्पर्य व्यक्ति, व्यापारी तथा राज्य द्वारा नकदी के रूप में साधनों को रखने से है। साधनों को तरल रूप में रखने के तीन उद्देश्य हैं—(i) दैनिक कार्य सम्पादन उद्देश्य,(ii) सावधानी उद्देश्य, (iii) सट्टा उद्देश्य। इस प्रकार मुद्रा को माँग का अर्थ इन उद्देश्यों के लिए नकदी की कुल माँगसे होती है। तरलता वरीयता जितनी अधिक होगी ब्याज की दर स्थिर रहती है। अत: पूँजी की सीमान्त क्षमता ही विनियोग फलन को प्रमुख रूप से प्रभावित करती है।

कीन्स के रोजगार सिद्धान्त का संक्षिप्त रूप — कीन्स के रोजगार सिद्धान्त का सारांश निम्नलिखित है—

1. कुल उत्पादन, कुल आय तथा रोजगार तीनों बराबर होते हैं।

2. किसी देश में रोजगार की मात्रा प्रभावपूर्ण माँग पर निर्भर करती है।

3. प्रभावपूर्ण माँग दो बातों से प्रभावित होती है—(i) समग्र माँग फलन, (ii) समग्र पूर्ति फलन।

4. समग्र माँग फलन स्वयं आय पर निर्भर होता है जिसका प्रयोग उपभोग और निवेश में किया जाता है।

5. उपभोग आय के आकार और उपभोग की प्रवृत्ति से प्रभावित होता है। कीन्स ने उपभोग प्रवृत्ति को अल्पकाल में स्थिर माना है।

6. विनियोग पूँजी की सीमान्त क्षमता और ब्याज की दर पर निर्भर करता है।

7. पूँजी की सीमान्त क्षमता पूँजी परिसम्पत्ति की सम्भावित आय तथा परिसम्पत्ति के प्रतिस्थापन व्यय पर निर्भर करती है।

8. ब्याज की दर तरलता पसन्दगी और मुद्रा की पूर्ति पर निर्भर होती है।

9. तरलता पसन्दगी का निर्धारण नकद रखने के विभिन्न उद्देश्यों—विनिमय उद्देश्य, सावधानी उद्देश्य तथा सट्टा उद्देश्य से होता है।

संक्षेप में, रोजगार प्रभावपूर्ण माँग पर निर्भर करता है। प्रभावपूर्ण माँग वह बिन्दु है जहाँ पर कुल माँग-मूल्य कुल पूर्ति मूल्य के बराबर होता है। कुल माँग-मूल्य को $D = f(N)$ और कुल पूर्ति मूल्य को $Z = Q(N)$ समीकरणों द्वारा व्यक्त किया जाता है। कुल माँग मूल्य (D) के एक ओर तो उपभोग वस्तुओं की प्रत्याशित बिक्री आय (D_1) सम्मिलित होती है और दूसरी पूँजीगत वस्तुओं (D2) की प्रत्याशित बिक्री से प्राप्त आय सम्मिलित रहती है (अर्थात् ($D = D_1 + D_2$)। यह D_1 आय के स्तर तथा उसके अंश पर निर्भर करता है जिसके उपभोग करने की समाज की प्रवृत्ति होती है। इसे सामान्यतः उपभोग प्रवृत्ति कहते हैं क्योंकि उपभोग आय के स्तर (Y) पर तथा आय रोजगार के आकार (N) पर निर्भर करती है। इसलिए यह माना जा सकता है कि D_1 भी पर निर्भर है अर्थात् $D_1 = C(N)$

अतः $D_1 = D_2 = D$

$D = f(N)$

$Z = Q(N)$

चूंकि सन्तुलन की स्थिति $D = Z$; अतः

$D = Q(N)$

$D_1 = C(N)$ इसलिये ऊपर के समीकरणों के आधार पर

$D_2 = Q(N) —(C(N)$

इस प्रकार साम्य की स्थिति में रोजगार का विस्तार (i) कुल पूर्ति क्रिया (Q), (ii) उपभोग-प्रवृत्ति (C), तथा (iii) विनियोग की मात्रा (D_2) पर निर्भर करता है।

सिद्धान्त की आलोचना

(Assumption)

1. रोजगार का केन्सियन विश्लेषण एक अल्पकालीन विश्लेषण है। अल्पकालीन विश्लेषण के रूप में उनकी यह मान्यता थी कि सभी आर्थिक घटक या चल स्थिर रहते है, जिनके फलस्वरूप अर्थव्यवस्था में रोजगार की मात्रा और राष्ट्रीय आय में एक प्रत्यक्ष व आनुपातिक सम्बन्ध स्थापित हो जाता है।

2. समाज पूर्णतः विकसित है तथा आर्थिक प्रणाली पूँजीवादी प्रकृति की है।

3. अर्थव्यवस्था में उत्पत्ति के साधनों की पूर्ति बेलोच है।

4. उत्पादन तकनीक स्थिर रहती है।

5. अल्पकाल में उपभोग-प्रवृत्ति स्थिर है और इसलिये विनियोग को बढ़ाकर रोजगार बढ़ाया जा सकता है।

6. पूर्ण रोजगार को प्राप्त करने तथा आर्थिक घटकों में सन्तुलन बनाये रखने के लिए सरकारी हस्तक्षेप अनिवार्य है।

सिद्धान्त की आलोचनायें (Criticism)

1. मन्दी का अर्थशास्त्र —शुम्पीटर के मतानुसार, कीन्स का अर्थशास्त्र मन्दी का अर्थशास्त्र है और यह स्फीति कारक अर्थव्यवस्था में लागू नहीं होता।

2. अर्द्धविकसित अर्थव्यवस्था पर लागू न होना—कीन्सका रोजगार सिद्धान्त विकसित देशों में ही लागू होता है। अर्द्ध विकसित अर्थव्यवस्था पर यह सिद्धान्त लागू नहीं होता।

3. केवल पूँजीवादी अर्थव्यवस्था में लागू होना—हैरिसके अनुसार कीन्स का सिद्धान्त केवल पूँजीवादी अर्थव्यवस्था में हल लागू होता है। यह समाजवादी तथा साम्यवादी अर्थव्यवस्था में लागू नहीं होता क्योंकि इसमें समस्त व्यापार कार्य सरकार के ही हाथ में होता है।

4. पूर्ण प्रतियोगिता की मान्यता त्रुटिपूर्ण है—कीन्स ने अपने सिद्धान्त में यह माना है कि बाजार में पूर्ण प्रतियोगिता होती है। यह त्रुटिपूर्ण है क्योंकि पूँजीवादी देशों में अपूर्ण प्रतियोगिता होती है और एकाधिकार की दशा विद्यमान होती है।

5. स्थिर अर्थव्यवस्था में लागू होना—कीन्स का सिद्धान्त स्थिर अर्थव्यवस्था में ही लागू होता है जबकि समाज परिवर्तनशील है।

6. समय विलम्ब की अवहेलना —कीन्स ने अपने विश्लेषण में समय विलम्बना की अवहेलना की है। उसने यह मान लिया कि आय में वृद्धि होने पर तत्काल ही उपभोग बढ़ जायेगा, परन्तु आय में वृद्धि का उपभोग पर प्रभाव पड़ने में कुछ समय लगता है।

7. अल्पकालीन सिद्धान्त—कीन्स का सिद्धान्त अल्पकालीन सिद्धान्त है क्योंकि यह दीर्घकालीन घटनाओं और परिवर्तनों पर विचार नहीं करता। उत्पादन की तकनीक, उत्पत्ति का स्तर, उत्पादन का संगठन, श्रम की मात्रा तथा निपुणता आदि तत्त्वों को स्थिर मानकर कीन्स ने अपना विश्लेषण अल्पकाल तक ही सीमित रखा है।

8. व्यष्टि भावात्मक दृष्टिकोण की उपेक्षा —कीन्स ने अपने विश्लेषण में समष्टि भावात्मक दृष्टिकोण अपनाया है; जैसे कुल आय, कुल माँग, कुल रोजगार, कुल बचत आदि। इसने व्यष्टि भावात्मक दृष्टिकोण की घोर उपेक्षा की है, जबकि आय तथा रोजगार के स्तर के निर्धारण में अनेक व्यष्टि भावात्मक तत्त्वों का समावेश आवश्यक है।

9. मुद्रा की अत्यधिक महत्त्व देना —कीन्स ने अपने सिद्धान्त में मुद्रा को अत्यधिक महत्त्व की अपेक्षा देश के भौतिक साधन, उत्पादन की तकनीक, श्रम की कार्यक्षमता आदि तत्त्वों का अधिक प्रभाव पड़ता है।

10. त्वरक की अवहेलना —व्यापार चक्र सम्बन्धी उतार चढ़ाव का स्पष्टीकरण गुणक तथा त्वरक दोनों के सहयोग से करना आवश्यक है, परन्तु कीन्स ने त्वरक की ओर कोई ध्यान नहीं दिया।

गुणक
(Multiplier)

रोजगार के सामान्य सिद्धान्त के अनुसार रोजगार प्रभावपूर्ण माँग पर निर्भर करता है तथा प्रभावपूर्ण माँग दो तत्वों पर निर्भर करती है—उपभोग व्यय और निवेश व्यय। उपभोग व्यय उपभोक्ता की आय और उपभोग की प्रवृत्ति पर निर्भर करता है; जबकि निवेश पूँजी की सीमान्त उत्पादकता और बाजार व्यय की दर पर निर्भर करता है। निवेश बढ़ने पर आय में वृद्धि स्वाभाविक है तथा इसके फलस्वरूप उपभोग व्यय भी बढ़ जाता है, यद्यपि आय में हुई वृद्धि की तुलना में यह वृद्धि कम होती है। यह उल्लेखनीय है कि निवेश में वृद्धि के फलस्वरूप राष्ट्रीय आय में निवेश की अपेक्षा कई गुनी वृद्धि हो जाती है। यह गुणक की धारणा से ज्ञात होता है जो कि उपभोग प्रवृत्ति पर निर्भर करता है। दूसरे शब्दों में, किसी देश में निवेश के फलस्वरूप राष्ट्रीय आय में कितने गुनी वृद्धि होगी, यह उस देश की उपभोग-प्रवृत्ति पर ही निर्भर करता है। अर्थव्यवस्था में निवेश बढ़ाने पर आय में कुछ परिवर्तन होता है, उसका निवेश में हुए परिवर्तन के साथ अनुपात गुणक कहलाता है।

इस प्रकार गुणक का अर्थ है कि निवेश में वृद्धि करने के परिणामस्वरूप आय में कुल वृद्धि निवेश में हुई वृद्धि की अपेक्षा कितनी गुनी अधिक होती है। कीन्स का आय गुणक यह बताता है कि यदि पूँजी की नई राशि का विनियोग किया जाये तो जनसाधारण की आय में वृद्धि होगी तथा जनता अपना उपभोग व्यय बढ़ा देगी जिससे जनता की आय और भी अधिक बढ़ेगी। इस तरह गुणक के द्वारा प्रारम्भिक निवेश की तुलना में कुल आय कई गुना बढ़ जाती है। यदि आय को Y, निवेश को I तथा गुणक K को द्वारा व्यक्त किया जाये तो,

$$K = \frac{\Delta Y}{\Delta I}$$

अथवा $\Delta Y = K \Delta I$

गुणक की क्रिया —संक्षेप में गुणक काMPS व्युत्क्रम होता है। गुणक की प्रक्रिया को अग्रांकित उदाहरण द्वारा समझाया जा सकता है—

मान लीजिये, अर्थव्यवस्था में 100 करोड़ रु. का प्रारम्भिक विनियोग किया गया है और सीमान्त उपभोग प्रवृत्ति (MPC) 1/2 है। ऐसी दशा में कुल आय में निम्न प्रकार वृद्धि होगी—

तालिका

आय प्रजनन क्रिया

चक्र	प्रारम्भिक विनियोग	आय वृद्धि	उपभोग व्यय
1	100 Crore Rs,	100	50
2		50	25
3		25	12.5
4		12.5	6.25
5		6.25	3.12
....		3.12	1.56
		.....	......
∞		0.00	0.00
	100	200	100.00

स्पष्टीकरण —उपर्युक्त तालिका के अनुसार — गुणक या

$$K = \frac{1}{1—MPC} = \frac{1}{0.5} = 2 \text{ है।}$$

तो $\Delta Y = 2 \times 100 = 200$ करोड़ होगी।

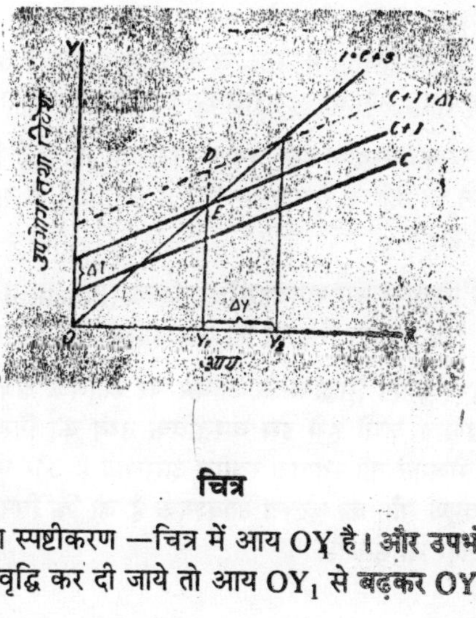

चित्र

रेखाचित्र द्वारा स्पष्टीकरण —चित्र में आय OY है। और उपभोग तथा निवेश Y_1E है। यदि निवेश में ED वृद्धि कर दी जाये तो आय OY_1 से बढ़कर OY_2 होती है। यह वृद्धि गुणक प्रभाव है।

कीन्स के सिद्धान्त का सैद्धान्तिक महत्त्व (Theoretical Importances)—कीन्स द्वारा प्रतिपादित आय और रोजगार सिद्धान्त का सैद्धान्तिक महत्त्व निम्नलिखित कारणों से है—

(i) अपने सिद्धान्त के प्रतिपादन में समष्ठि भावात्मक दृष्टिकोण को अपनाकर कीन्स ने अर्थशास्त्र को एक नया मोड़ प्रदान किया है। दूसरे शब्दों में, इस सिद्धान्त के अन्तर्गत कीन्स ने अर्थव्यवस्था का समूचे रूप में विश्लेषण किया है और यह बताया है कि अर्थव्यवस्था में समग माँग, समग्र आय, समग्र उत्पत्ति, समग्र उपभोग, समग्र निवेश, समग्र रोजगार तथा सामान्य मूल्य स्तर का निर्धारण कैसे होता है।

(ii) कीन्स के अनुसार सामान्य तौर पर अर्थव्यवस्था में आय और रोजगार का सन्तुलन अपूर्ण रोजगार के स्तर पर होता है। पूर्ण रोजगार के स्तर पर नही तथा निवेश की मात्रा बढ़ाकर रोजगार की मात्रा बढ़ाई जा सकती है।

(iii) उपभोग प्रवृत्ति गुणक, निवेश फलन, नकदी अधिमान आदि में हुई सैद्धान्तिक धारणाओं का आविष्कार करते हुये कीन्स ने इन्हें सर्वांगीण सिद्धान्त पद्धति (Comprehensive Theoretical System) में संजोकर एक नये सन्तोषजनक सिद्धान्त (आय और रोजगार के सिद्धान्त) का प्रतिपादन किया।

(iv) कीन्स ने मुद्रा सिद्धान्त की कीमत तथा उत्पादन सिद्धान्त के साथ जोड़कर अर्थशास्त्र को एक पूर्ण सिद्धान्त के रूप में प्रस्तुत किया।

(v) निवेश के विश्लेषण में भावी सम्भावनाओं की धारणा का समावेश करके कीन्स ने आर्थिक सिद्धान्त को गत्यात्मक (Dynamic) बना दिया।

(vi) कीन्स ने स्फीति अन्तर (Inflationary Gap) तथा अवस्फीति अन्तराल (Deflationary Gap) की धारणाओं को प्रस्तुत करके अर्थव्यवस्था के कार्यकरण की अधिक सन्तोषप्रद व्याख्या की। कीन्स के मतानुसार स्फीति अन्तर की दशा में वास्तविक समग्र माँग को घटाकर पूर्ण रोजगार के स्तर पर लाना आवश्यक है तथा अवस्फीति अन्तराल की दशा में वास्तविक समग्र माँग को पूर्ण रोजगार के स्तर तक बढ़ाना आवश्यक है।

(vii) कीन्स का सिद्धान्त इस तथ्य का निरूपण करता है कि निवेश पूर्ण रोजगार, अपूर्ण रोजगार, पूर्ण से भी अधिक रोजगार आदि) में लागू होने के नाते एक सामान्य सिद्धान्त (General Theory) है।

कीन्स के सिद्धान्त का व्यावहारिक महत्त्व (Practical Importance)—कीन्स द्वारा प्रतिपादित आय और रोजगार सिद्धान्त का व्यावहारिक महत्त्व निम्न प्रकार है—

(i) कीन्स ने अपने सिद्धान्त के आधार पर आर्थिक क्षेत्र में सरकार की अबन्ध व्यापार नीति का खण्डन करते हुये इस वास्तविक तथ्य का निरूपण किया कि स्वतन्त्र अर्थव्यवस्था में पूर्ण रोजगार की स्थापना स्वमेव असम्भव है और पूर्ण रोजगार की दशा को प्राप्त करने हेतु प्रभावपूर्ण माँग को बढ़ाना आवश्यक है जो कि बिना सरकारी सहायता (या हस्तक्षेप) के बढ़ाई नहीं जा सकती।

(ii) सरकारी बजट को सदैव सन्तुलित रखने की परम्परावादी विचारधारा का खण्डन करते हुये कीन्स ने इस बात का प्रतिपादन किया कि सरकार की बजट सम्बन्धी नीति अर्थव्यवस्था की दशा के अनुरूप होनी चाहिए। उसने रोजगार और उत्पादन की मात्रा बढ़ाने हेतु (मन्दीकाल में) घाटे के बजट बनाने का सुझाव दिया।

(iii) कीन्स ने राष्ट्रीय आय और रोजगार की मात्रा बढ़ाने तथा मुद्रा स्फीति को हटाने की दिशा में सरकार की राजकोषीय नीति को महत्त्वपूर्ण स्थान प्रदान किया तथा मन्दीकाल के निवारणार्थ सार्वजनिक निर्माण कार्यों की नीति पर बड़ा बल दिया।

(iv) कीन्स ने सरकार की मौद्रिक नीति पर तथा इसकी सीमाओं पर भी पर्याप्त प्रकाश डाला और बताया कि विभिन्न परिस्थितियों में कौन-सी मौद्रिक नीति उचित होगी।

(v) कीन्स ने बेकारी की दशा को दूर करने तथा आर्थिक विकास की गति को तीव्र करने के लिये हीनार्थ प्रबन्धन (Deficit Financing) की नीति प्रस्तुत करके सरकार की आर्थिक नीति को एक नया मोड़ प्रदान किया।

(vi) कीन्स ने पूर्ण रोजगार को प्रेरित करने के साधन के रूप में मजदूरी की कटौती करने वालीनीति की सैद्धान्तिक और व्यावहारिक उपादेयता को ठुकराया तथा इस प्रकार ऐसी नीति के भयंकर परिणामों से सरकार को सचेत कर दिया।

अल्पविकसित देशों में व्यवहार्यता
(Applicability to Under Developed Countries)

कीन्स द्वारा प्रतिपादित आय और रोजगार का सिद्धान्त अर्द्ध विकसित अर्थव्यवस्थाओं पर लागू नहीं होता। इसका कारण यह है कि अर्द्ध विकसित देशों में बेरोजगारी का स्वरूप संरचनात्मक बेरोजगारी (Structural Unemployment) और विकसित देशों में बेरोजगारी का स्वरूप चक्रीय बेरोजगारी (Cyclical Unemployment) होता है। कीन्स ने अपने सिद्धान्त का प्रतिपादन सामयिक बेरोजगारी को ही ध्यान में रखते हुये किया है। इसके अतिरिक्त विकसित देशों की प्रमुख समस्या आर्थिक अस्थिरता (Economic Instability) की होती है तथा कीन्स ने अपने सिद्धान्त में इसी तथ्य का विश्लेषण किया है कि अर्थव्यवस्था में सामयिक उच्चावचनों (व्यापार चक्रों) को हटाकर किस प्रकार स्थिरता लाई जाये; परन्तु अर्द्ध विकसित देशों की प्रमुख समस्या आर्थिक विकास (Economic Growth) करने की होती है। विकसित देशों में सामयिक बेरोजगारी प्रभावपूर्ण माँग की कमी के कारण होती है जबकि अर्द्ध विकसित देशों में बेरोजगारी का कारण श्रमिकों की ऊँची और बढ़ती हुई संख्या की तुलना में पूँजी की अपर्याप्तता होती है। यही कारण है कि ऐसे देशों में बेरोजगारी हर समय विद्यमान रहती है।

अर्द्ध विकसित देशों में बेरोजगारी की समस्या के निवारण की दशा में क्लासिकल विचारकों ने बचत करने और पूँजी का निर्माण करने पर अधिक बल दिया। बेरोजगारी को दूर करने के सम्बन्ध में उनका सुझाव यह था कि चालू आय के प्रवाह में से बचत अधिक करके उससे पूँजीगत पदार्थों में वृद्धि की जाये ताकि उनकी सहायता से नये उद्योग धन्धे चलाये जा सकें तथा इस तरह बढ़ती हुई श्रम शक्ति को रोजगार के अवसर प्रदान किये जा सकें। इस प्रकार अर्द्ध विकति देशों में बेरोजगारी की समस्या का निवारण पूँजी निर्माण और आर्थिक

विकास द्वारा ही सम्भव है। पूँजी संचय हेतु सरकार द्वारा उचित करारोपण, व्यय ऋण तथा मौद्रिक नीतियाँ अपनानी आवश्यक होती है तथा एक अवधि के लिए जनसंख्या की वृद्धि को स्थिर करना वांछनीय होता है।

कीन्स द्वारा प्रतिपादित आय और रोजगार का सिद्धान्त निम्नलिखित पूर्व कल्पनाओं (Assumptions) पर आधारित है—

(1) इसमें पूँजीगत संयन्त्र, उत्पादन विधि, उत्पादन संगठन, श्रम की मात्रा और निपुणता आदि सभी महत्त्वपूर्ण तत्त्वों को स्थिर (Constant) मान लिया गया है। और इस आधार पर यह निष्कर्ष निकाला गया है कि बेरोजगारी इन तत्त्वों में परिवर्तन के कारण नहीं अपितु केवल प्रभावपूर्ण माँग में कमी के कारण ही उत्पन्न होती है। कीन्स के सिद्धान्त की यह पूर्व धारणा केवल विकसित देशों के सम्बन्ध में ही लागू होती है क्योंकि ऐसे देशों में सामयिक उच्चावचनों को रोकने से सम्बन्धित मुख्य समस्या अल्पकालीन होती है। दूसरी ओर, अर्द्ध विकसित देशों की प्रमुख समस्या पूँजीगत संयन्त्र की मात्रा बढ़ाने, उत्पादन विधि को उन्नत करने तथा श्रम की निपुणता को बढ़ाने से सम्बन्धित होती है। अतएव अर्द्ध विकसित देशों के सम्बन्ध में कीन्स की उक्त पूर्वकल्पना सार्थक नहीं होती।

(2) औद्योगिक देशों में उत्पादन का पूर्ति चक्र लोचदार होता है अर्थात् किसी वस्तु या सेवा की माँग बढ़ाने पर उसकी पूर्ति बिना विशेष कठिनाई के बढ़ाई जा सकती है। इसी पूर्वकल्पना से सम्बद्ध एक पूर्वकल्पना यह है कि उपभोग पदार्थों के उद्योगों में अतिरिक्त उत्पादन क्षमता विद्यमान होती है जिसके फलस्वरूप इन पदार्थों की माँग बढ़ने पर पूर्ति को सरलतापूर्वक बढ़ाना सम्भव होता है तथा यदि किसी कारणवश माँग कम हो जाती है तो यह उत्पादन क्षमता बेकार पड़ जाती है अर्थात् बेरोजगारी उत्पन्न हो जाती है।

(3) कच्चा माल आदि कार्यशील पूँजी की पूर्ति भी लोचदार होती है।

(4) बेरोजगारी अनैच्छिक होती है।

परन्तु कीन्स के सिद्धान्त की उक्त सभी पूर्वकल्पनाओं अर्द्ध विकसित या अविकसित देशों पर लागू नहीं होती। ऐसे देश प्रायः कृषि प्रधान होते हैं जिससे इनमें वस्तुओं की पूर्ति लोचदार नहीं होती। फिर इन देशों के उद्योगों में अतिरिक्त उत्पादन क्षमता भी विद्यमान नहीं होती क्योंकि इन देशों में मशीनरी, संयन्त्र आदि पूँजीगत पदार्थों का सर्वथा अभाव सा होता है। पूँजी के अभाव के कारण ऐसे देशों में आवश्यकतानुसार कच्चा माल आदि कार्यशील पूँजी की पूर्ति भी लोचदार नहीं होती। अर्द्ध विकसित और विकसित देशों में अधिकांश व्यक्ति अपने काम पर संलग्न (Self-Employed) होते हैं तथा अधिकांश उत्पादन घरेलू उपभोग के लिये होता है। ऐसे देशों में बेरोजगारी का स्वरूप अदृश्य बेरोजगारी (Disguised Unemployment) होता है।

कीन्स के सिद्धान्त की उक्त पूर्वकल्पनाओं का सम्बन्ध इस बात से है कि अर्थव्यवस्था में गुणांक कैसे कार्य करता है। परन्तु दो दशायें अर्द्ध विकसित देशों में पाई जाती है, उनमें गुणांक (Multiplier) काम नहीं कर सकता। अर्द्ध विकसित देशों में उपभोग पदार्थों की पूर्ति लोचहीन होने के कारण नये निवेश के फलस्वरूप होन वाली आय की वृद्धि केवल कीमतों की वृद्धि का रूप धारण कर लेती है तथा आय व रोजगार में कोई वास्तविक वृद्धि

नहीं हो पाती। दूसरे शब्दों में, अर्द्ध विकसित देशों में जनता का मुख्य व्यवसाय खेती बाड़ी होता है तथा कृषि पदार्थों की पूर्ति सामान्यत: बेलोचदार होती है। अत: ऐसे देशों में नये निवेशों के फलस्वरूप आय में होने वाली वृद्धि केवल खाद्य पदार्थों पर व्यय की जाती है जिससे इनकी माँग में वृद्धि होता है, आय व रोजगार में वृद्धि नहीं, जैसा कि गुणांक के नियम के अनुसार होना चाहिये था।

अर्द्ध विकसित अर्थव्यवस्थाओं का एक सामान्य लक्षण यह होता है कि ऐसी अर्थव्यवस्था में जब आय बढ़ती है तो आय में होने वाली सम्पूर्ण वृद्धि उपभोग पर ही व्यय कर दी जाती है क्योंकि ऐसे देशों में जनता की उपभोग प्रवृत्ति बहुत अधिक होती है। चूँकि ऐसे देशों में वस्तुओं (कृषिगत और औद्योगिक उत्पादन) की पूर्ति बेलोचदार होती है, इसलिये आय में वृद्धि का अन्तिम परिणाम कीमतों में वृद्धि (मुद्रा स्फीति) होता है। अतएव यदि अर्द्ध विकसित अर्थ व्यवस्थाओं में बेरोजगारी और अर्द्ध बेरोजगारी की समस्या के निवारण हेतु कीन्स द्वारा प्रस्तुत सुझावों को अमल में लाया जाये तो इसका परिणाम अर्थव्यवस्था को मुद्रा स्फीति (Inflation) के कुचक्र में फँसाना होगा। फिर अर्द्ध विकसित देशों में विकसित बेरोजगारी का स्वरूप अनैच्छिक बेरोजगारी न होकर अदृश्य बेरोजगारी होता है जिसके कारण ऐसा प्रतीत होता है कि इन देशों की अर्थव्यवस्था एक तरह से कीन्स द्वारा बताये गये अर्थ में पूर्ण रोजगार वाली अर्थव्यवस्था है। कीन्स के अनुसार यदि किसी देश की समग्र माँग को बढ़ाने के बावजूद भी उत्पादन और रोजगार में कोई वास्तविक वृद्धि न हो तो यह पूर्ण रोजगार की दशा कहलायेगी क्योंकि इस दशा में उत्पत्ति के सभी साधन पहले से ही काम में जुटे होते हैं अर्थात् उत्पत्ति का कोई भी साधन ऐसा नहीं होता जो माँग में वृद्धि के कारण काम पर जुटने के लिए उपलब्ध हो। अत: ऐसी दशा में माँग में अतिरिक्त वृद्धि का एकमात्र परिणाम कीमतों में वृद्धि होना होता है, आय और रोजगार के स्तर में वृद्धि होना नहीं। कीमतें बढ़ जाने पर मुद्रा में व्यक्त होने वाली आय तो अवश्य बढ़ जायेगी लेकिन इसे वास्तविक आय में वृद्धि नहीं कहा जा सकता। ये ही सब बातें अर्द्ध विकसित देशों में दिखाई पड़ती है। इन देशों में माँग बढ़ने पर वस्तुओं की पूर्ति बेलोचदार होने के कारण उत्पादन या रोजगार की मात्रा में कोई वृद्धि न होकर केवल मात्र कीमतों ही वृद्धि होती है। इस प्रकार जनता की मौद्रिक आय तो बढ़ जाती है लेकिन उसकी वास्तविक आय में कोई वृद्धि नहीं हो पाती। कहने का अभिप्राय यह है कि अर्द्ध विकसित अर्थव्यवस्था की अपनी विलक्षण परिस्थितियों के कारण ऐसा प्रतीत होता है कि इनमें कीन्स द्वारा प्रस्तुत व्याख्या के अनुसार पूर्ण रोजगार की दशा विद्यमान है। परन्तु यह बात यथार्थता से कोसों दूर होती है। भारतीय विचारक प्रो. राव (V.K.R.V.Rao) के शब्दों में, ''जिस विशेषता के कारण अर्द्ध विकसित देशों में बेरोजगारी अर्थात् अदृश्य बेरोजगारी विद्यमान होती है, वह विशेषता अर्थव्यवस्था को कीन्सवादी दृष्टिकोण में पूर्ण रोजगार की दशा के अनुरूप बना देती है तथा उस सीमा तक उत्पादन या बेरोजगारी में वृद्धि की दशा में गुणांक को कार्य करने से रोक देती है।'' Δ

प्रो. दास गुप्ता का मत है कि, ''सामान्य सिद्धान्त कुछ भी हो पर जिस रूप में कीन्स ने सामान्य शब्द का प्रयोग किया है, अर्द्ध विकसित देशों में कीन्स की सार्वजनिक विनियोग नीति का सर्दव समर्थन किया जायेगा। इस सामान्य सिद्धान्त की परिकल्पना इन देशों के लिए सीमित ही क्यों न हो, पर ऐसी अर्थव्यवस्था की समस्याओं को समझने के लिए सामान्य सिद्धान्त का विश्लेषण अत्यन्त ही महत्त्वपूर्ण है।

प्रश्न

1. कीन्स के आर्थिक विकास के सिद्धान्त का आलोचनात्मक परीक्षण कीजिये। अल्पविकसित अर्थव्यवस्था में कीन्स के आर्थिक विचार कहाँ तक लागू होते हैं?

   Examine critically Keynesian theory of economic growth. To what extent Keyne's ideas are applicable in under-developed economies?

2. कीन्स के विकास मॉडल की रूपरेखा प्रस्तुत कीजिये तथा उन सीमाओं का उल्लेख कीजिये जो कीन्स के मॉडल के अल्पविकसित देशों पर लागू होने में बाधक होती हैं।

   Give an out-line of the growth model of keynes and mention the limitations that hinder its application to under-developed economies.

□□□

8

आर्थिक विकास का नव-प्रतिष्ठित सिद्धान्त
(New Classical Model of Economic Growth)

1870 के बाद प्रतिष्ठित अर्थशास्त्रियों की धारणायें झुठलायी जा चुकी थी। उनकी स्थिर अर्थव्यवथा की कल्पना प्रावैगिक समाज के लिए गलत सिद्ध हो चुकी थी। इसका मुख्य कारण था आर्थिक क्षेत्र में महत्त्वपूर्ण विकास परिवर्तनों का होना। नये-नये आविष्कार व तकनीकी प्रगति के कारण स्थायी एवं तीव्र विकास की सम्भावनायें दृष्टिगोचर होने लगी थीं, वास्तविक मजदूरी की दरें जीवन-निर्वाह स्तर से ऊपर उठने लगी थीं, लाभ की दर में वृद्धि हो रही थी और लगान राष्ट्रीय आय का एक छोटा भाग रह गया था। इन दशाओं में प्रतिष्ठित अर्थशास्त्रियों द्वारा प्रतिपादित सिद्धान्त संदिग्ध दृष्टि से देखे जाने लगे थे और यह आवश्यकता अनुभव की जान लगी थी कि प्रतिष्ठित विचारों की पुनर्व्यंजना होनी चाहिये।

ऐसे समय में नव-प्रतिष्ठित अर्थशास्त्रियों—प्रो. मार्शल, पीगू, जे.बी.से, वलरस, मेंजर तथा एजवर्थ आदि ने प्रतिष्ठित विचारों को एक नये रूप में समाज के सम्मुख रखा।

विकास मॉडल की मान्यतायें (Assumptions)- नव-प्रतिष्ठित अर्थशास्त्रियों का विकास मॉडल निम्न मान्यताओं पर आधारित हैं—

(1) अर्थव्यवस्था में स्वतन्त्र प्रतियोगिता है। दूसरे शब्दों में, अर्थव्यवस्था राज्य हस्तक्षेप से मुक्त हैं।

(2) उत्पत्ति वृद्धि नियम कार्यशील नहीं है।

(3) देश में पूर्ण रोजगार की स्थिति विद्यमान है।

(4) आन्तरिक मूल्यों में स्थिरता है।

(5) उत्पत्ति के साधनों में पूर्ण प्रतियोगिता पायी जाती है।

(6) उत्पत्ति के साधन पूर्ण स्थानापन्न हैं।

(7) साधनों की विभिन्न इकाइयों की उत्पादन क्षमता एक समान है।

(8) देश में सन्तुलित विकास की नीति अपनायी गयी है।

(9) देश में उचित सामाजिक व राजनीतिक वातावरण मौजूद है।

(10) रुचि, फैशन व राजकीय नीतियाँ स्थिर है।

विकास मॉडल का सामान्य रूप (Normal-classical Growth Theory)—नव-प्रतिष्ठित अर्थशास्त्रियों के विकास के सम्बन्ध में प्रमुख विचार निम्नलिखित हैं—

(1) पूँजी संचय का सिद्धान्त (Theory of Capital Accumulation)—नव प्रतिष्ठित अर्थशास्त्रियों ने प्रतिष्ठित अर्थशास्त्रियों की इस मान्यता को अस्वीकार कर दिया कि एक दिये हुए तकनीकी स्तर पर उत्पादन के लि श्रम और पूँजी क लिये एक स्थिर अनुपात की आवश्यकता होती है और बताया कि श्रम को पूँजी के द्वारा प्रतिस्थापित किया जा सकता है अर्थात् श्रम शक्ति में वृद्धि किये बिना भी पूँजी संचय सम्भव हैं। उनके अनुसार,

(i) पूँजी संचय में वृद्धि होने पर (चाहे जनसंख्या कोई परिवर्तन न हो), राष्ट्रीय आय व प्रति व्यक्ति आय में वृद्धि हो जाती है।

(ii) एक दिये हुए तकनीकी स्वर पर पूँजी संचय की प्रत्येक वृद्धि पुँजी की सीमान्त उत्पादकता को घटाती है।

नव प्रतिष्ठित अर्थशास्त्रियों के अनुसार पूँजी संचय के लिये बचतों का होना अनिवार्य है और बचत की दर दो बातों पर निर्भर करती है—(अ) ब्याज की दर, तथा (ब) आय का स्तर। इन दोनों में ब्याज की दर अधिक महत्त्वपूर्ण है। ब्याज की दर ऊँची होने पर बचत की दर अधिक हो जाती है और ब्याज की दर नीचीं होने पर बचत की दर भी कम हो जाती है। अत: आय के एक दिये हुए स्तर पर बचत की दर को ऊँचा बनाये रखने के लिये ब्याज की ऊँची दर आवश्यक है। इसी प्रकार व्यक्ति का आय स्तर जितना ऊँचा होगा, बचत की मात्रा भी उतनी ही अधिक होगी। नव प्रतिष्ठित अर्थशास्त्रियों के अनुसार ब्याज की दर और बचत की दर में कार्यात्मक सम्बन्ध पाया जाता है। इन लोगों का यह भी विश्वास था कि विनियोगों में वृद्धि करने के लिये ब्याज की दर का नीचा होना भी आवश्यक है।

नव प्रतिष्ठित अर्थशास्त्रियों ने पूँजी निर्माण प्रक्रिया का भी विश्लेष्रण किया है। उनके अनुसार जब तकनीकी प्रगति होती है तो विनियोगा के अवसरों में भी वृद्धि होती है जिसके फलस्वरूप पूँजीगत वस्तुओं की माँग बढ़ जाती है, ब्याज की दर अधिक होने लगती है जो पूँजी निर्माण की प्रक्रिया को और अधिक प्रोत्साहित करती है। किन्तु जैसे-जैसे विनियोग में वृद्धि होती है, पूँजीगत वस्तुओं की सापेक्षिक कीमतों में भी वृद्धि होने लगती है क्योंकि इन वस्तुओ के उत्पादक साधनों की पूर्ति स्थिर बनी रहती है। अत: विनियोग केवल अधिक आय देने वाली परियोजनाओं तक ही सीमित रह जाते हैं। इन परियोजनाओं के पूरा होने पर पूँजीगत वस्तुअें की कीमतें और ब्याज की दरें गिरने लगती हैं, समाज में बचत करने की इच्छा कम होने लगती हैं, पूँजी संचय का क्रम रूक जाता है और फलस्वरूप अर्थव्यवस्था 'स्थिर अवस्था' में पहुँच जाती है।

(2) जनसंख्या वृद्धि के प्रभाव (Effects of Population Growth)—नव प्रतिष्ठित अर्थशास्त्रियों के अनुसार जनसंख्या के बढ़ने पर श्रम शक्ति की पूर्ति में भी वृद्धि हो जायेगी जिसके फलस्वरूप मौद्रिक मजदूरी की दर गिर जायेगी और रोजगार बढ़ जायेगा। फलस्वरूप पूँजीगत उपकरणों का अधिक प्रयोग होगा, पूँजी की सीमान्त दक्षिता बढ़ेगी, पूँजीगत वस्तुओं की माँग बढ़ेगी, ब्याज की दर बढ़ेगी, बचत एवं विनियोग बढ़ेगा और अर्थव्यवस्था फिर से प्रगति के पथ पर आ जायेगी।

(3) विकास की प्रक्रिया (Process of Growth)—

(i) **विकास एक क्रमिक तथा निरन्तर प्रक्रिया है** (Development is a Gradual and Continuous Process)—प्रतिष्ठित अर्थशास्त्रियों की यह मान्यता थी कि विकास धीरे धीरे किन्तु निरन्तर रूप में होता है। अत: यह एक क्रमिक तथा निरन्तर प्रक्रिया है। प्रो. मार्शल के अनुसार, जिस प्रकार वन का धीरे-धीरे विस्तार व विकास होता रहता है, ठीक उसी प्रकार आर्थिक विकास की प्रक्रिया भी धीरे धीरे किन्तु निरन्तर रूप से विकास की ओर अग्रसर होती रहती है। मार्शल के अनुसार, ''प्रकृति की आकस्मिक छलांग न लगाने की प्रवृत्ति आर्थिक मामलों (विकास की प्रक्रिया) पर भी पूरी तरह लागू होती है।''

(ii) **विकास एक समन्वित एवं संचयी प्रक्रिया है** (Development is a Harmonious and Cumulative Process)—**नव** प्रतिष्ठित अर्थशास्त्रियों के अनुसार विकास की प्रक्रिया समन्वित एवं संचयी होती है। यह प्रक्रिया समन्वित इस दृष्टि से है कि इसका लाभ समाज के सभी वर्गों-श्रमिक, भूमिपति व पूँजीपति को मिलता है। अर्थव्यवस्था में सदैव पूर्ण रोजगार की प्रवृत्ति पायी जाती है, हाँ, कुछ मौद्रिक कारणों, युद्ध एवं नव-प्रवर्तनों के फलस्वरूप बेरोजगारी की समस्या उत्पन्न हो जाती है, किन्तु यह अल्पकालीन होती है। इसके अतिरिक्त तकनीकी प्रगति से कीमतें घटती हैं जिससे वास्तविक मजदूरी का स्तर ऊँचा उठ जाता है।

आर्थिक विकास एक संचयी प्रक्रिया भी है क्योंकि अर्थव्यवस्था के एक क्षेत्र में किया गया विकास दूसरे क्षेत्रों में भी विकास को गति प्रदान करता है और इस प्रकार सम्पूर्ण अर्थव्यवस्था में आर्थिक क्रियायें गतिशील हो उठती हैं। दूसरे शब्दों में, किसी स्थान विशेष एवं विस्तार की दशाओं को ही उत्पन्न नहीं करता बल्कि उसका अन्य उद्योगों पर भी विस्तारात्मक प्रभाव पड़ता है। वास्तव में दीर्घकाल में उत्पत्ति के साधन एक दूसरे के पूरक होते हैं और राष्ट्रीय आय इन सब साधनों के सहयोगपूर्ण क्रियान्वयन के परिणामस्वरूप प्राप्त होती है। एलिन यंग के शब्दों में, ''विकास श्रम विभाजन पर निर्भर करता है, श्रम विभाजन बाजार के विस्तार पर निर्भर होता है, बाजार का विस्तार स्वयं श्रम विभाजन पर निर्भर होता है। श्रम विभाजन से विशिष्टीकरण उत्पन्न होता है और लागत कम होती है। इससे साधनों का भौगोलिक व व्यावसायिक आंबटन होता है और मँग में वृद्धि होती है। इस प्रकार से एक क्षेत्र व उद्योग का विकास एक-दूसरे के विकास का कारण व परिणाम हो जाते हैं।

(4) बाह्य मितव्ययितायें (External Economics)—मार्शल ने बाह्य मितव्ययिताओं को आर्थिक विकास का मूल स्रोत माना था। उनके अनुसार किसी भी क्षेत्र में एक उद्योग के विस्तार का प्रभाव अर्थव्यवस्था के अन्य क्षेत्रों पर भी निश्चित रूप से पड़ता है। इसका कारण यह है कि अर्थव्यवस्था के विभिन्न क्षेत्र एक-दूसरे पर आश्रित और एक-

दूसरे के पूरक होते हैं। एक उद्योग का विस्तार अन्य उद्योगों को दो प्रकार से लाभान्वित करता है—प्रथम, उनका लागत व्यय कम हो जाता है। द्वितीय, अतिरिक्त आय का सृजन होता है जिससे उनकी वस्तु का बाजार विस्तृत होता है। एलिन यंग के शब्दों में, 'बाह्य मितव्ययितायें परिमाणात्मक परिवर्तनों का उद्योग में नवीन उत्पादों के प्रादुर्भाव का निर्देश करती हैं। वे बाजार के क्षेत्र का विस्तार करती है, वर्तमान साधनों की क्षमता में वृद्धि करती हैं और बेकार साधनों के अधिक कुशल एवं पूर्णतर उपयोग के लिये प्रेरणा प्रदान करती हैं और इस प्रकार आर्थिक विकास को प्रोत्साहन देती हैं।''

(5) आशावादी दृष्टिकोण (Optimistic Out-look)—नव-प्रतिष्ठित अर्थशास्त्री विकास के प्रति पूर्णत: आशावादी रहे हैं। उनका विश्वास था कि मानवीय क्षमताओं और तकनीकी प्रगति के अन्तर्गत विकास को अनिश्चित सीमा तक बढ़ाया जा सकता है और विकास के मार्ग में आने वाले वाले सभी अवरोधों को दूर किया जा सकता है। उनका यह आशावादी दृष्टिकोण निम्न धारणाओं द्वारा भी परिलक्षित होता है—

(i) यह आवश्यक नहीं है कि जनसंख्या में वृद्धि माल्थस द्वारा बताये गये आधार पर ही हो।

(ii) तकनीकी प्रगति द्वारा उत्पत्ति ह्रास नियम की क्रियाशीलता को रोका जा सकता है।

(iii) यह आवश्यक नहीं है कि मजदूरी की दरों में वृद्धि करने पर लाभ की मात्रा कम हो जायेगी।

(iv) शिक्षा के प्रसार द्वारा जनसंख्या की वृद्धि को नियन्त्रित किया जा सकता है और पूँजी संचय के द्वारा मजदूरी की दर को बढ़ाया जा सकता है।

(v) वर्ग-संघर्ष कोई अनिवार्य शर्त नहीं हैं।

एलिन यंग के शब्दो में, ''जैसे-जैसे आर्थिक व्यवस्था वाली स्थायी निर्माण सुविधाओं में वृद्धि होती जाती है, वैसे-वैसे कुछ उद्योगों की उत्पादन लागत घटती जाती है और चूँकि सभी उद्योग परस्पर सम्बद्ध होते हैं। अत: पहले उद्योग की लागत में होने वाली गिरावट अन्य उद्योगों तक भी सम्प्रेषित हो जाती है।''

उपर्युक्त आशावादउ के बावजूद नव प्रतिष्ठित अर्थशास्त्रियों के मन के एक कोने में माल्थस का भय भी मौजूद था। प्रो. विकसैल के अनुसार, ''वर्तमान समय में यूरोप के देशों में तथा इससे भी अधिक यूरोप के बाहर के देशों में तेजी के साथ होने वाली जनसंख्या वृद्धि जल्दी या देर में, निश्चित रूप से, शायद वर्तमान शताब्दी में ही काफी धीमी प्रगति के लिये, और शायद पूर्णतया स्थिर दशाओं के लिये मार्ग तैयार कर देगी।''

(6) अन्तर्राष्ट्रीय व्यापार (International Trade)—नव प्रतिष्ठित अर्थशास्त्री आर्थिक विकास के लिए अन्तर्राष्ट्रीय व्यापार को आवश्यक मानते थे। उनके अनुसार अन्तर्राष्ट्रीय व्यापार से श्रम विभाजन तथा विशिष्टीकरण को प्रोत्साहन मिलता है, बाजार का विस्तार होता है, उत्पादन के साधनों को उत्तम बँटवारा होता है, राष्ट्रीय आय बढ़ती है और अर्थव्यवस्था विकास के उच्च स्तर पर पहुँच जाती है।

प्रतिष्ठित अर्थशास्त्रियों की भाँति नव-प्रतिष्ठित अर्थशास्त्री भी मूल रूप से स्वतन्त्र व्यापार के ही समर्थक रहे हैं किन्तु घरेलू उद्योगों के विकास एवं विस्तार के लिये उन्होंने संरक्षण नीति के महत्त्व को स्वीकार किया है। मार्शल ने यह स्वीकार किया है—''बड़े व्यवसायों को सबसे आधुनिक प्रकार का पूर्ण मानवीयकरण करने में सहायता देने के लिये संरक्षाणार्थ सीमा शुल्क की आवश्यकता पड़ती है।'' एजवर्थ के अनुसार, ''संरक्षण नीति से आर्थिक विकास व लाभ बढ़ सकता है, यदि राज्य इतना विवेकी हो कि वह उन उद्योगों का सही चयन कर सके जिनको संरक्षण देना चाहिये तथा फिर वह अपने इस चयन पर कायम रहे।''

(7) विदेशी पूँजी (Foreign Capital)—नव-प्रतिष्ठित अर्थशास्त्रियों ने आर्थिक विकास के लिये विदेशी पूँजी के औचित्य को स्वीकार किया है। यद्यपि विकास की प्रारम्भिक अवस्थाओं में देश पर विदेशी पूँजी का स्तर बना रहता है, बाद में धीरे धीरे वह देश ऋण लेने के बजाय ऋण देने में समर्थ हो जाता है।

आलोचनात्मक मूल्यांकन
(Critical Evaluation)

यद्यपि नव प्रतिष्ठित अर्थशास्त्रियों के आर्थिक विचारों ने प्रतिष्ठित अर्थशास्त्रियों की अनेक निर्मूल धारणाओं को समाप्त कर दिया और आर्थिक विकास की संकल्पना को एक नई दिशा दी, तथापि इस मॉडल की निम्न आलोचनायें की गयी—

(1) यह विकास मॉडल पूर्ण प्रतियोगिता की अवास्तविक मान्यता पर आधारित है।

(2) यह मॉडल अर्थव्यवस्था में पूर्ण रोजगार की मान्यता पर निर्मित किया गया है। कीन्स के अनुसार अर्थव्यवस्था में पूर्ण रोजगार सन्तुलन नहीं अपितु अपूर्ण रोजगार सन्तुलन की स्थिति विद्यमान रहती है।

(3) नव प्रतिष्ठित अर्थशास्त्रियों के अनुसार निरन्तर बचत वृद्धि सम्भव है तथा बचत और विकास में धनात्मक सह सम्बन्ध पाया जाता है। इसकी आलोचना करते हुये कीन्स ने यह स्पष्ट करने का प्रयास किया है कि बचत और विकास में एक विशेष स्तर पर विरोधाभास पाया जाता है क्योंकि अधिक बचत करने से उपभोग कम होता है जिससे रोजगार के अवसरों में कमी हो जाती है। इस प्रकार बचतों में निरन्तर वृद्धि करने पर अन्य लोगों की आय कम हो सकती है। दूसरे शब्दो में, विनियोग में वृद्धि किये बिना बचतों में होने वाली प्रत्येक वृद्धि विकास को हतोत्साहित करती है।

(4) नव प्रतिष्ठित अर्थशास्त्रियों ने बचत के निर्धारक तत्व के रूप में ब्याज की दर को आवश्यकता से अधिक महत्त्व दिया है जबकि आलोचकों के अनुसार बचत ब्याज की दर पर निर्भर न करके आय के स्तर पर निर्भर करती है।

(5) नव-प्रतिष्ठित अर्थशास्त्रियों की यह मान्यता की विनियोग की मात्रा ब्याज की दर द्वारा निर्धारित होती है, गलत है। कीन्स के अनुसार, ''विनियोग ब्याज की दर पर निर्भर न करके भावी आकांक्षाओं एव पूँजी की सीमान्त दक्षिता पर निर्भर करता है। पूँजी की सीमान्त दक्षिता के कम होने पर ब्याज की नीची दर पर भी विनियोग को प्रौत्साहन नहीं मिलेगा।

(6) नव प्रतिष्ठित अर्थशास्त्रियों की यह धारणा गलत है कि मजदूरी में कटौती करके रोजगार में वृद्धि की जा सकती है।

(7) नव प्रतिष्ठित अर्थशास्त्रियों के अनुसार आर्थिक विकास की प्रक्रिया धीमी, सतत, संचयी एवं समन्वित होती है। आलोचकों के अनुसार यह प्रक्रिया धीमी सतत और संचयी तो हो सकती है किन्तु इसका समन्वित होना सन्देहास्पद है।

प्रो. शुम्पीटर के शब्दों में, ''आर्थिक विकास का पथ समतल नहीं बल्कि चक्रीय उच्चावचनों से अवरूद्ध है और न जाने अर्थव्यवस्था में ऐसे कितने अवरोधक तत्व मौजूद होते हें जो विकासात्मक प्रवृत्तियों को आगे न खिसकने देने के लिये कटिबद्ध बने रहते हैं।''

प्रश्न

1. आर्थिक वृद्धि के सम्बन्ध में नव प्रतिष्ठित अर्थशास्त्रियों के विचार बताइये।

   State the views of new-classical economists regarding economic growth.

2. नव प्रतिष्ठित विकास मॉडल पर संक्षिप्त लेख लिखिये।

   Write a short note on new-classical growth model.

□□□

9

शुम्पीटर का आर्थिक विकास का सिद्धान्त
(Schumpeterian Theory of Economic Growth)

प्रो. जे.ए. शुम्पीटर ने अपना आर्थिक विकास का सिद्धान्त सर्वप्रथम जर्मन भाषा में प्रकाशित अपनी पुस्तक The theory of Economic Development, (1911) में प्रस्तुत किया जिसका 1934 में अंग्रेजी संस्करण प्रकाशित किया गया। इसके पश्चात शुम्पीटर ने 'Business Cycles' (1939) तथा "Capitalism, Socialism and Democray' (1942) नामक पुस्तकों में अपने सिद्धान्त को संशोधित एवं परिष्कृत करके इसकी पुनर्व्यस्था की।

शुम्पीटर द्वारा प्रतिपादित आर्थिक विकास के सिद्धान्त की मुख्य विशेषतायें अग्रलिखित हैं—

(1) आर्थिक विकास का अर्थ (Meaning of Economic Development) —शुम्पीटर के अनुसार, आर्थिक विकास से आशय आर्थिक जीवन में घटित होने वाले केवल उन परिवर्तनों से है जो ऊपर से थोपे नहीं जाते बल्कि आन्तरिक रूप से स्वत: ही विकसित होते रहते हैं। उनकी ही शब्दों में, ''हमारे अर्थ में विकास एक विशेष धारणा है जो चक्रीय क्रम में समझे जाने वाले या साम्यावस्था की दिशा में बिल्कुल अपरिचित है। यह प्रवाह क्रम में विशेष और असतत परिवर्तन व साम्यावस्था कर लेता है। हमारा विकास का सिद्धान्त और कुछ नहीं बल्कि उस धारणा का उपचार और उस दिशा में पेरित प्रक्रिया है।''

शुम्पीटर आर्थिक विकास और आर्थिक वृद्धि में भी अन्तर करते हैं। उनके अनुसार, विकास एक स्थिर व्यवस्था में एक अवर्चिच्छिन्न एवं स्वत: परिवर्तन है जो पहले स्थापित साम्य की अवस्था को सदैव के लिये पूरी तरह से बदल देता है जबकि वृद्धि दीर्घकाल में होने वाला एक क्रमिक तथा स्थिर गति वाला परिवर्तन है जो बचत और जनसंख्या की दर में होने वाली सामान्य वृद्धि का परिणाम होता है।

शुम्पीटर के अनुसार आर्थिक विकास चक्रीय प्रवाह का अतत् विचलन है जो पूर्व स्थापित साम्य की स्थिति को सदैव के लिये बदल देता है। ये विचलन अथवा बाधायें नव-प्रवर्तनों के रूप में आती है। इस प्रकार चक्रीय प्रवाह में असतत् परिवर्तन होना और उसक फलस्वरूप वर्तमान सन्तुलन का विचलित होकर एक नये सन्तुलन का स्थापित होना आर्थिक प्रक्रिया का सार है—

शुम्पीटर के अनुसार, आर्थिक विकास की प्रमुख विशेषतायें निम्नांकित हैं—

(i) आर्थिक विकास का प्रारम्भ नव प्रवर्त्तकों के विनियोग होता है।

(ii) आर्थिक विकास अनियमित ढंग से होता है।

(iii) साम्य से ही समृद्धि का प्रारम्भ होता है।

(iv) आर्थिक विकास चक्रीय प्रक्रिया द्वारा व्यक्त किया जाता है।

(v) आर्थिक विकास से कम आय वाले व्यक्ति अधिक लाभान्वित होते हैं।

(vi नव प्रवर्तन आर्थिक विकास का प्रमुख कारण है।

(vii) नव प्रवर्तन का वित्त प्रबन्ध बैंक से ऋण लेकर किया जाता है।

(2) नव प्रवर्तनों की भूमिका (Role of Innovations)—शुम्पीटर के अनुसार, आर्थिक विकास मूल रूप में नव प्रवर्तकों का परिणाम है। नव प्रवर्तन समाज में स्थैतिक सन्तुलनों को भंग कर देते हैं और नये साम्यों को जन्म देकर विकास को गति प्रदान करते हैं। शुम्पीटर ने नव प्रवर्तनों को निम्न शब्दों में परिभाषित किया है—नव प्रवर्तनों से मेरा अभिप्राय उत्पत्ति के साधनों के अनुपातों में होने वाले परिवर्तनों से है जो धीरे धीरे न होकर तीव्र गति से घटित होते हैं।''

नव प्रवर्तन के अन्तर्गत शुम्पीटर ने निम्न पाँच बातों का उल्लेख किया है—

(i) किसी नवीन वस्तु का उत्पादन,

(ii) उत्पादन की किसी नई तकनीक का प्रचलन,

(iii) नये बाजारों की खोज,

(iv) कच्चे माल के नई पूर्ति स्रोतों का पता लगाना,

(v) उद्योग के संगठन का पुनर्गठन करना।

साहसी का कार्य (Role of Entrepreneur) — शुम्पीटर के लिये आर्थिक विकास की प्रक्रिया में साहसी वर्ग केन्द्र बिन्दु (Pivot) है। साहसी ही समाज में विकास को आरम्भ करता है, जोखिम उठाता है, और विकास को आगे बढ़ाता है। वह ही नव निर्माण, नव कार्यविधि, नव वस्तुयें तथा सेवायें व नये बाजार का सूत्रपात करता है। शुम्पीटर के शब्दों में, ''साहसी विकास का मुख्य प्रेरक स्रोत है। वह नवीनताओं का सृजनकर्त्ता है, उत्पादन की तकनीक में क्रान्ति का अधिष्ठाता है और बाजारों के विस्तार का श्रेय भी उसे ही दिया जाता है स्थिर अर्थव्यवस्था में साहसी बहाव के साथ तैरता है, और गतिशील व्यवस्था में उसे बहाव

के विपरीत तैरना होता है। साहसी विकास मंच का नेता है, अन्य विछलगू होते हैं। वह अत्यधिक स्वाभिमानी तथा विवेकी होता है। उसमें जूझने की प्रवृत्ति होती है, वह जीतने का संकल्प रखता है और उसमें अपने आपको दूसरे से श्रेष्ठ सिद्ध करने की प्रबल इच्छा होती है। वह केवल लाभ के लिये ही जोखिम नहीं उठाता बल्कि सफलता प्राप्त करना भी उसका एक लक्ष्य होता है।''

साहसी को अपना कार्य करने के लिये दो बातों की आवश्यकता होती है। प्रथम् नई वस्तओं का उत्पादन करने के लिये आवश्यक तकनीकी ज्ञान की उपलब्धि द्वितीय बैंक साख की सुविधा।

साख का महत्त्व (Importance of Credit)— शुम्पीटर अपने आखरी मॉडल में साख, पूँजी तथा बचतों को भी अत्यधिक महत्त्व प्रदान करते हैं। उनकी यह मान्यता थी कि ''पूँजी के बिना विकास नहीं होता और विकास के बिना पूँजी निर्माण नहीं होता। वे अपने विकास मॉडल में वृत्तीय प्रवाह को तोड़ने के लिये बैंक साख पर अधिक बल देते हैं। उनके अनुसार साहसी अपनी परियोजनाओं के लिये साधनों का प्रबन्ध साख निर्माण करने वाली बैंकिग व्यवस्था से करता है। बैंकों से प्राप्त साख निर्माण करने वाली बैंकिंग व्यवसा से करता है। बैंक से प्राप्त साख द्वारा साहसी नव प्रवर्तन की योजनाओं को क्रियान्वित करते हैं। इससे पूँजी संचय में वृद्धि होती है जो प्रारम्भ में स्फीतिकारी होती है किन्तं नवप्रवर्तन की सफलता के बाद जब नई मौद्रिक आय उत्पन्न होती है। और साहसी ऋणों की वापसी करने लगते हैं तो यह स्फीतिक प्रभाव भी कम होने लगता है। प्रो. शुम्पीटर ने अनिवार्य बचतों को भी पूँजी संचय का एक महत्त्वपूर्ण स्रोत माना है।

पूँजीवाद विकास की प्रक्रिया
(Process of Capitalistic Development)

प्रो. शुम्पीटर पूँजीवादी विकास की प्रक्रिया को इस प्रकार समझाते हैं--

पूर्ण प्रतिस्पर्धात्मक स्थिर अर्थव्यवस्था है। इसमें विनियोग एवं जनसंख्या वृद्धि की दर स्थिर है तथा पूर्ण रोजगार की स्थिति पाई जाती है। आर्थिक तन्त्र में एक चक्रीय प्रवाह पाया जाता है जो नियमित रूप से अपने को दोहराता रहता है। और अर्थव्यवस्था एक सामान्य सन्तुलन की अवस्था में रहती है। आर्थिक विकास की प्रक्रिया के दौरान इस चक्रीय प्रवाह में एक स्वत: और असतत् परिवर्तन होता है जो एक नये सन्तुलन की अवस्था को जन्म देता है। यह परिवर्तन नव प्रवर्तनों के कारण होते हैं। इन नव प्रवर्तनों के लिए साहसी बैंको से ऋण लेते हैं। नव-प्रवर्तनों को एक बार लागू कर देने पर अन्य साहसी बड़ी संख्या में उनका अनुसरण करते है। फलस्वरूप कीमतें और मौद्रिक आय बढ़नी आरम्भ हो जाती है। स्फीति की गति तीव्र होती है, समाज में अनिवार्य बचतें होने लगती है। सट्टा क्रियाओं को बल मिलता है और बैंक नव प्रवर्तनों एवं सटोरियों दोनों को ही साख प्रदान करते रहते हैं।

विकास की यह प्रक्रिया कुछ समय तक चलती रहती हे और फिर अर्थव्यवस्था अचानक नीचे गिरने लगती है। बाजार में नई-नई फर्मों का प्रवेश होता है, नई नई वस्तुओं का अधिक मात्रा में उत्पादन होने लगता है, मूल्य स्तर गिरने लगता है और सीमान्त फर्में हानि के ारण बाजार से बाहर जाने लगती है। दूसरी ओर, अधिक आय प्राप्त होने के कारण साहसी

बैंक ऋणों का भुगतान करने लगते हैं। अर्थव्यवस्था में अनिश्चितता की स्थिति उत्पनन हो जाती है जिससे जोखिम बढ़ने लगती है। फलत: साहसियों की क्रियायें हतोत्साहित होती है। मूल्य स्तर गिरने के कारण आय कम हो जाती है। इस प्रकार अर्थव्यवस्था मन्दी की अवस्था में प्रवेश कर जाती है।

इस अवस्था में पहुँचने पर पुन: नव प्रवर्तन किये जाते हैं और विकास की यह प्रक्रिया अपने को पूर्व की भाँति दोहराती है।

विकास प्रक्रिया की चक्रीय प्रकृति
(Cyclical Nature of the Growth Process)

प्रो. शुम्पीटर के अनुसार, समाज व्यापार चक्रों द्वारा प्रगति करता है। साहसी नये साहसियों को पैदा करते हैं और एक साथ अर्थव्यवस्था में बहुत बड़ी मात्रा में साहसियों का प्रवेश आर्थिक विकास की प्रकृति को चक्रीय बनाता है। अधिक नव प्रवर्तन अर्थव्यवस्था को समृद्धि की ओर ले जाते हैं। इस काल में साख विस्तार होता है, उत्पत्ति के साधनों की कीमत बढ़ती है और बाजार में नई-नई फर्मे तथा बड़ी मात्रा में नई-नई वस्तुयें प्रवेश करती हैं। इसके अतिरिक्त आय में वृद्धि हो जाने के कारण साहसी अपने ऋणों का भुगतान करने लगते हैं। वस्तुओं की अधिक पूर्ति एवं ऋणों के भुगतान से अवस्फीति की स्थिति उत्पन्न हो जाती है।

यद्यपि पूँजीवादी अर्थव्यवस्था में विकास की प्रकृति चक्रीय होती है, तथापि इसकी दीर्घकालीन प्रवृत्ति प्रति व्यक्ति आय और उत्पादन के स्तर में निरन्तर वृद्धि करने की है। शुम्पीटर के ही शब्दों में, ''पूँजीवादी प्रक्रिया किसी आकस्मिक घटना के कारण नहीं बल्कि अपनी संरचना की श्रेष्ठता के कारण जनता के जीवन-स्तर में बढ़ती हुई दर से वृद्धि करती है।''

पूँजीवाद का पतन
(Decay of Capitalism)

कार्ल मार्क्स की भाँति शुम्पीटर का भी यही विश्वास था कि पूँजीवाद का अन्त सुनिश्चित है और पूँजीवादी व्यवस्था अपने विनाश की दशायें स्वयं पैदा करती है। उन्हीं के शब्दों में, ''पूँजीवादी व्यवस्था में स्वयं विनाश की प्रवृत्ति निहित होती है जो न केवल पूँजीवाद का अन्त करती है बल्कि समाजवादी सभ्यता के अभ्युदय की दशायें भी उत्पन्न करती है।''

शुम्पीटर के अनुसार पूँजीवाद की सफलता ही उसके पतन के लिये उत्तरायी होगी। यह आर्थिक असफलताओं के कारण नहीं, अपितु संस्थानिक ढाँचे के विघटन के कारण सम्भव होगा। वास्तव में पूँजीवाद की सफलता ही उसको सुदृढ़ करने वाली सामाजिक संस्थाओं को कमजोर करेगी और यही तथ्य पूँजीवाद के पतन और समाजवाद की स्थापना के लिये उत्तरदायी होगा।

प्रो. शुम्पीटर के अनुसार पूँजीवाद के पतन के तीन प्रमुख कारण हैं—

(1) साहसी के कार्य का महत्त्व समाप्त होना —विकास के प्रारम्भिक चरण में साहसियों की सफलता नव प्रवर्तन को एक सामान्य क्रिया बना देती है। तनकीकी प्रगति प्रशिक्षित विशेषज्ञों के व्यापार का रूप ले लेती है। फलतः साहसी तथा बुजुर्आ वर्ग, जो साहसिक कार्यों पर निर्भर रहता है, अपना सामाजिक महत्त्व खो देता है। शुम्पीटर के ही शब्दों में, ''साहसियों को कुछ भी करने को नहीं रह जायेगा लाभ और उसके साथ ब्याज शन्य हो जायेगा उद्योग और व्यापार का प्रबन्ध एक सामान्य दैनिक प्रशासन हो जायेगा और प्रबन्धक आवश्यक रूप से से नौकरशाही का रूप धारण कर लेंगे। बहुत ही अच्छी प्रकार का समाजवाद लगभग अपने आप ही स्थापित हो जायेगा।''

(2) पूँजीवादी समाज के संस्थानिक ढाँचे का विघटन —पूँजीवादी व्यवस्था का पतन उसके संस्थानिक ढाँचे के विघटन के कारण भी होत है। व्यावसायिक जगत में संकेन्द्रण की प्रवृत्ति और विशाल उत्पादन इकाइयों की स्थापना की लालसा पूँजीवाद की दो प्रमुख संस्थाओं—निजी सम्पत्ति और प्रसंविदा की स्वतन्त्रता को नष्ट कर देती है। बडे व्यवसायों में मालिक का काम वेतनभोगी प्रबन्धकों द्वारा किया जाने लगता है। अभौतिक, निष्क्रिय और अनुपस्थिति स्वामित्व न तो लोगों को प्रभावित ही करता है और न ही नैतिक निष्ठा पैदा कर पाता है, जैसा कि सम्पत्ति के ठोस व प्रत्यक्ष स्वामित्व द्वारा किया जाता है।

(3) बुजुर्आ वर्ग (पूँजीवादी के रक्षक) का विनाश —धीरे-धीरे पूँजीवाद की रक्षा करने वाले बुजुर्आ वर्ग का भी बिखराब होने लगता है। यह वर्ग बढ़ते हुए पूँजीवाद का राजनीतिक समर्थन करता था किन्तु पूँजीवाद के विकास के साथ-साथ व्यापारी एवं उद्योगपतियों का भी राजनीतिक क्षेत्र में प्रभाव बढ़ता जाता है। शक्तिशाली होने के साथ-साथ वे व्यवस्था को अधिक विवेकयुक्त बनाने का प्रयास करते है और इस प्रकार पूँजीवाद विनाश की ओर अग्रसर होने लगता है।

उपर्युक्त कारण केवल पूँजीवाद के आर्थिक और सामाजिक आधार को कमजोर करते हैं, वे इस व्यवस्था को नष्ट करने के लिये पर्याप्त नही हैं। इसके लिये इस व्यवस्था के विरूद्ध सक्रिय शत्रुता का होना आवश्यक है जो बुद्धिजीवी वर्ग द्वारा प्रदान की जाती है। यह वर्ग ही पूँजीवाद विरोधी हितों का नेतृत्व करता है। यह वर्ग शिक्षित और अर्थ सम्पन्न होता है। विकास के साथ-साथ इस वर्ग का तेजी से विस्तार होने लगता है और रोजगार के अवसर सीमित होने के कारण बेरोजगारी बढ़ जाती है। इसके अतिरिक्त पूँजीवाद श्रम आन्दोलन को जन्म देता है, बुजुर्आ परिवार के विघटनप की प्रवृत्ति को पैदा करता है, पारिवारिक जीवन को अधिक विवेकसम्पन्न बनाता है और माता-पिता अधिक आराम एवं स्वतन्त्रता पसन्द करले लगते हैं धीरे धीरे पूँजीवादी सभ्यता का विनाश और नई सामाजिक सभ्यता का अभ्युदय होने लगता है।

शुम्पीटर का विकास मॉडल गणितीय रूप में—

(i) **शुम्पीटर निम्न उत्पादन फलन से अपना विश्लेषण आरम्भ करते है**

$$O = f(L,K,Q,T) \quad ...(1)$$

O = उत्पादन स्तर

Q = पँजी की मात्रा

L = श्रम शक्ति का का आकार

T = तकनीकी स्तर

K = ज्ञात साधनों की पूर्ति

(ii) **बचतें मजदूरी, लाभ और ब्याज की दर पर निर्भर होती है—**

$$S = s(w,R,r) \quad ...(2)$$

S = बचत R = लाभ का स्तर

w = मजदूरी की दर r = ब्याज की दर

(iii) **कुल विनियोग को प्रेरित विनियोग** (Induced Investment) **तथा स्वतः विनियोग** (Autonomous Investment) **में बाँटा जा सकता है—**

$$I = I_1 + I_A \quad ...(3)$$

I = कुल विनियोग I_A = प्रेरित विनियोग

l_1 = स्वतः विनियोग

(iv) **प्रेरित विनियोग लाभ के स्तर तथा ब्याज की दर पर निर्भर होता है—**

$$I_1 = (R, r, Q) \quad ...(4)$$

R = लाभ का स्तर r = ब्याज की दर

Q = पूँजी का स्टॉक

(v) **स्वतः विनियोग साधनों की खोज तथा तकनीकी प्रगति पर निर्भर रहता है—**

$$IA = IA\ (K,T) \quad ..(5)$$

K = साधनों के खोज की दर,

T = तकनीकी प्रगति की दर।

(vi & vii) **तकनीकी प्रगति एवं साधनों की खोज की दर साहसियों की पूर्ति पर निर्भर होती है।**

$$T = T\ (E) \quad ..(6)$$

$$K = K\ (E) \quad ..(7)$$

E = साहसियों की पूर्ति।

(viii) **साहसियों की पूर्ति लाभ की दर और सामाजिक वातावरण पर निर्भर होती है—**

$$E = E\ (R,X) \quad ..(8)$$

R = लाभ की दर

X = सामाजिक वातावरण।

(ix) **कुल राष्ट्रीय उपज, बचत और विनियोग के सम्बन्ध तथा अति गुणक (Super-Multiplier) पर निर्भर होती है—**

$$O = k(I—S) \quad ..(9)$$

I = विनियोग S = बचत

K = अति गुणांक

(x) **मजदूरी बल विनियोग के स्तर पर निर्भर होती है—**

$$W = W(I) \quad ..(10)$$

(xi) **सामाजिक वातावरण आय के वितरण से निर्धारित होता है—**

$$X = X\frac{R}{W} \quad ..(11)$$

X = सामाजिक वातावरण R = लाभ

W = मजदूरी

(xii) **कुल राष्ट्रीय उपज लाभ तथा मजदूरी के बराबर होती है—**

$$O = R + W$$

आलोचनात्मक मूल्यांकन
(Critical Evaluation)

शुम्पीटर के आर्थिक विकास सम्बन्धी विचार अपने में मौलिकता एवं नवीनता लिये हुए हैं। पूँजीवाद समाज की विकास की प्रक्रिया में साहसी की भूमिका का विश्लेषण अधिक श्रेष्ठ, वास्तविक एवं उपयोगी है। मायर व बाल्डविन के अनुसार, ''शुम्पीटर के सिद्धान्त को एक ऐसा प्रमुख कार्य कहना होगा जिसे स्मिथ, रिकार्डो, मिल, मार्क्स, मार्शल तथा कीन्स जैसे अर्थशास्त्रियों के योग्य तथा समकक्ष माना जा सकता है।'' इसके बावजूद उनके सिद्धान्त की निम्नलिखित आधारों पर आलोचना की जाती है—

(1) नव प्रवर्तनों के महत्त्व पर आवश्यकता से अधिक बल —विकास की चक्रीय प्रक्रिया में शुम्पीटर ने नव प्रवर्तनों पर आवश्यकता से अधिक बल दिया है जबकि नव प्रवर्तन पूँजीवादी समाज में व्यापार चक्र पैदा करने वाले अनेक कारणों में से केवल एक कारण है। इसके अतिरिक्त आर्थिक विकास अनेक घटकों का फलन है।

(2) नव-प्रवर्तन मात्र उद्यमी का कार्य नहीं—शुम्पीटर के अनुसार नव प्रवर्तन केवल उद्यमी/साहसी का कार्य नहीं है जबकि आधुनिक समाज में आविष्कार और नव प्रवर्तन बड़ी बड़ी कार्पोरेशन द्वारा सामान्य रूप से किये जाते है, अब नव प्रंवर्तन उसकी सामान्य व्यावसायिक क्रिया का एक भाग बन चुका है, इसके लिये अलग से नव प्रवर्तक की आवश्यकता नहीं है।

(3) बैंक साख पर आवश्यकता से अधिक बल—शुम्पीटर अपने विकास सिद्धान्त में यह मान लेते हैं कि नव प्रवर्तन के लिये वित्त व्यवस्था बैंकों द्वारा की जाती है।

यह गलत है क्योंकि बैंक केवल अल्पकालीन साख की पूर्ति करते हैं जबकि नव प्रवर्तन के लिये दीर्घकालीन साख की आवश्यकता होती है।

(4) आर्थिक विकास के लिये चक्रीय प्रक्रिया आवश्यक नही—शुम्पीटर के अनुसार आर्थिक विकास की प्रकृति चक्रीय है। इसके विपरीत, नर्क्से का मत है कि आर्थिक विकास का सम्बन्ध सतत् प्रयत्नों से है। इसके लिये तेजी और मन्दी का चक्र आवश्यक नहीं है।

(5) शून्य लाभ की धारणा दोषपूर्ण — शुम्पीटर की मान्यता है कि पूँजीवादी व्यवस्था के विकास के साथ-साथ साहसी का महत्त्व कम होने लगता है और लाभ गिरकर शुन्य तक पहुँच जाते हैं। उनके इस विचार में दो मुख्य दोष है--प्रथम, लाभ कभी शून्य नहीं होता तथा द्वितीय, साहसी का विघटन पूँजीवाद के पतन का प्रतीक नहीं माना जा सकता।

(6) पूँजीवाद से समाजवाद की प्रक्रिया तर्कहीन—शुम्पीटर के अनुसार, पूँजीवाद का पतन होने पर एक नयी समाजवादी व्यवस्था का अभ्युदय होगा। उन्होंने यह नहीं बतायाा कि यह अभ्युदय किस प्रकार होगा।

मायर एवं बाल्डविन के शब्दों में, ''शुम्पीटर ने आर्थिक विकास का जो वृहत् आर्थिक, सामाजिक विश्लेषण किया है, नि:सन्देह यह अपने में मौलिकता लिये हुये है और उसकी सर्वत्र प्रशंसा की जाती है। परन्तु विडम्बना तो यह है कि बहुत कम लोग उसके निष्कर्षों को स्वीकार करने के लिए तैयार है। उसका विश्लेषण उद्दीपक है, उसका तर्क उत्तेजक है और वह पूरी तरह विश्वसनीय नहीं है। उसका विश्लेषण एकतरफा है और उसने अनेक बातों पर आवश्यकता से अधिक बल दिया है।''

अल्पविकसित देशों में शुम्पीटर के सिद्धान्त की व्यवहार्यता

(Applicability of Schumpeter's Theory in Under-developed Countries)

शुम्पीटर का सिद्धान्त अल्पविकसित देशों में सीमित रूप से ही लागू होता है। इसके प्रमुख कारण निम्नलिखित हैं—

(1) शुम्पीटर का मॉडल उद्यमियों की उपलब्धता पर निर्भर करता है जबकि अल्पविकसित देशों में इनका अभाव पाया जाता है।

(2) अल्पविकसित देशों में सामाजिक दशायें उनसे सर्वथा भिन्न हैं जिन पर शुम्पीटर का विकास सिद्धान्त आधारित है।

(3) शुम्पीटर का विश्लेषण विकासोन्मुखी समाजवादी अर्थव्यवस्था पर लागू नहीं होता।

(4) शुम्पीटर का नव प्रवर्तन न निजी उद्यमी है जो केवल लाभ से प्रेरित होता है। आजकल अधिकांश उद्यमीय कार्य सरकार द्वारा किया जाता है। प्रो. कुरिहारा के शब्दों में, ''आज की मिश्रित अर्थव्यवस्था के युग में शुम्पीटर के मॉडल का कोई स्थान नहीं है।''

(5) शुम्पीटर के सिद्धान्त की विकास प्रक्रिया उत्पादन प्रधान है जबकि अल्पविकसित देशों की विकास प्रक्रिया उपभोग प्रधान।

(6) शुम्पीटर के अनुसार आर्थिक विकास अर्थव्यवस्था के अपने प्रयासों का परिणाम है जबकिं अल्पविकसित देशों में विदेशी सहायता आवश्यक होती है।

(7) अल्पविकसित देश नव प्रवर्तन करने की स्थिति में नहीं होते, वे तो उन्नत देशों की तकनीक को अपने अनुकूल ढालकर अपनाते हैं।

(8) यह सिद्धान्त श्रम शक्ति एवं प्राकृतिक साधनों के अधिक अच्छे उपयोग, जिनकी अल्पविकसित देशों में बहुलता पाई जाती है, की उपेक्षा करता है।

इसके बावजूद शुम्पीटर का सिद्धान्त आर्थिक विकास के मुख्य साधन के रूप में स्फीतिकारी वित्त तथा नव-प्रवर्तनों के महत्त्व को रेखाकित करता है। नव प्रवर्तनों से एक ओर उत्पादकता व दूसरी ओर रोजगार में वृद्धि होती है। शुम्पीटर का माँडल अल्पविकसित देशों को अतिरिक्त कठिनाइयों से बचाता है तथा योजनाबद्ध एवं समन्वित विकास में सहायक सिद्ध होता है।

प्रश्न

1. शुम्पीटर के विकास मॉडल की आलोचनात्मक समीक्षा कीजिये।

   Examine critically the growth model of Schumpeter.

2. "पूँजीवाद के अन्तर्गत आर्थिक विकास में उद्यमी के मुख्य योगदान पर बल शुम्पीटर प्रणाली की मुख्य विशेषता है।" टिप्पणी लिखिये।

   "The stress on the leading role of the entrepreneur in economic development under capitalism is the main feature of Schumpeter's system". Comment.

10

मानवीय संसाधन (जनसंख्या) और आर्थिक विकास

(Human Resources (Population) and Economic Growth)

आर्थिक विकास के संदर्भ में मानीवय संसाधनों का महत्त्व

किसी भी देश के लिये उसकी जनासंख्या उसके आर्थिक विकास का साधन तथा साध्य दोनों होती है। समस्त उत्पादन का मूल 'साधन' मनुष्य ही है। वही शारीरिक और बौद्धिक शक्ति तथा भौतिक साधनों का प्रयोग करके, नयी रीतियों और प्रक्रियाओं की खोज करके उत्पादन की प्रक्रिया का जन्म देता है और आर्थिक विकास के लिये मार्ग प्रशस्त करता है। सभी साधनों को जुटाकर मानवीय साधन ही उन्हें समन्वित करता है और उन्हें सेवा तथा माल में परिवर्तित करके उन्हें राष्ट्रीय धन के अधिकाधिक उत्पादन में सहायक बनाता है। यदि देश के प्राकृतिक साधन अत्यन्त ही पर्याप्त हो तो भी वह देश गरीब ही रह सकता है यदि उसके जनसमूह पर्याप्त एवं कार्यकुशल न हों। अत: जनसंख्या आर्थिक विकास के लिये आवश्यक श्रम की पूर्ति करता है। स्पष्ट है कि उत्पादन के एक साधन के रूप में 'मानव' का महत्त्व सर्वोपरि है।

लेकिन मानव उत्पादन का साधन ही नहीं वरन् साध्य भी है। मनुष्य जो उत्पादन करत है उसका उपभोग भी वही करता है। समस्त उत्पादन का एकमात्र उद्देश्य यही होता है कि मनुष्य की आवश्यकताओं की पूर्ति की जाय। राष्ट्र आर्थिक विकास के लिये जो प्रयास करते हैं उनका उद्देश्य देश के लोगों के जीवन स्तर को ऊँचा उठाना होता है। हर देश आज कल्याणकारी राज्य के सिद्धान्तों के आधार पर अपनी जनता को अधिक से अधिक सुख सुविधायें प्रदान करने का प्रयास करता है। वास्तव में आर्थिक विकास का कोई महत्त्व नहीं है

यदि उसका उद्देश्य मनुष्य जीवन के स्तर में वृद्धि करना न हो। इस प्रकार आर्थिक विकास की प्रक्रिया में मानव की भूमिका साधन और साध्य दोनों ही रूपामें में महत्त्वपूर्ण है। यही कारण है कि आज के युग में आर्थिक विकास के संदर्भ में सम्बन्धित देश में, संस्थाओं, अधिनियमों, रीति रिवाजों, शिक्षा प्रणालियों, संगठनों, अभिप्रेरणाओं तथा यातायात आदि सभी संसाधनों का अध्ययन किया जाता है। यह इसलिये किया जाता है कि इन सभी बातों का प्रभाव इस देश के उन मनुष्यों की स्थितियों पर पड़ता है जिन्हें विकास के विभिन्न कार्यक्रमों को कार्यान्वित करना है और जिनके लिये ही उन कार्यक्रमों को कार्यान्वित किया जाता है। अतः यदि उपरोक्त परिस्थितियाँ अनुकूल नही रही तो मानवीय साधन उपयुक्त ढंग से काम नहीं कर सकेगा और विकास में बाधा होगी। जैसा की प्रो. कार्वर ने लिखा है — ''धनी वातावरण के बीच भी समुदाय और राष्ट्रीय गरीब रहे हैं अथवा अपनी मिट्टी की उर्वरता अथवा प्रचुर प्राकृतिक साधनों के होते हुये भ पतन की ओर अथवा गरीबी की ओर चले गये हैं केवल इसलिये कि वहाँ मानवीय तत्त्व निम्न कोटि का रहा है अथवा उसको बिगड़ जाने अथवा नष्ट हो जाने के लिये छोड़ दिया गया है।''

जनसंख्या एवं आर्थिक विकास

जनसंख्या और आर्थिक विकास में घनिष्ठ अन्तर्सम्बन्ध है। इनके अर्न्तसम्बन्धी को हम निम्न दो शीर्षकों के अन्तर्गत अध्ययन कर सकते हैं—

(1) जनसंख्या का आर्थिक विकास पर प्रभाव,

(2) आर्थिक विकास का जनसंख्या पर प्रभाव।

(1) जनसंख्या का आर्थिक विकास पर प्रभाव — साधारणतया आर्थिक विकास की माप राष्ट्रीय आय के सन्दर्भ में की जाती है। परन्तु राष्ट्रीय आय आर्थिक विकास के स्तर का उचित संकेतक नहीं है क्योंकि इसमें जनसंख्या सम्बन्धी पहलू पर कोई ध्यान नहीं दिया जाता। राष्ट्रीय आय में वृद्धि होने से यह सम्भव है कि जनसमूह की निर्धनता बढ़ जाय। ऐसा उस समय होता है जब जनसंख्या में वृद्धि की गति राष्ट्रीय आय में वृद्धि की गति से अधिक तेजी से होती है। अतः आर्थिक विकास की माप का अधिक अच्छा निर्देशांक प्रति व्यक्ति आय है जो कि कुल राष्ट्रीय आय को जनसंख्या से भाग देने से प्राप्त होती है। (अर्थात् प्रति व्यक्ति आय $= \frac{\text{राष्ट्रीय आय}}{\text{जनसंख्या}}$। यदि प्रति व्यक्ति आय में वृद्धि होती जा रही है तो इसका अभिप्राय यह है कि देश का आर्थिक विकास होता जा रहा है। अतः जनसंख्या का प्रति व्यक्ति आय पर पड़ने वाले प्रभाव के अध्ययन के द्वारा हम यह जान सकते हैं कि जनसंख्या आर्थिक विकास को किस प्रकार प्रभावित कर रहा है। जनसंख्या का प्रति व्यक्ति आय पर पड़ने वाले प्रभाव को निम्न तीन दृष्टिकोणों से विश्लेषण कर सकते है—

(अ) जनसंख्या आकार का प्रति व्यक्ति आय पर प्रभाव —कुल जनसंख्या का प्रति व्यक्ति आय पर प्रत्यक्ष प्रभाव पड़ता है। यदि देश विशेष की जनसंख्या यथास्थिर रहती है तो राष्ट्रीय आय में वृद्धि के साथ-साथ प्रति व्यक्ति आय भी बढ़ती जायेगी। यदि जनसंख्या के आकार में भी वृद्धि होती है तो हो सकता है कुल राष्ट्रीय आय बढ़ने पर प्रति व्यक्ति आय समान रहे या कम हो जाये।

इस सन्दर्भ में सर्वोत्तम जनसंख्या के सिद्धान्त की चर्चा उपयुक्त होगी। सर्वोत्तम जनसंख्या की धारणा जनसंख्या के उस आकार (मात्रा) की बताती है जिससे किसी देश का एक समय विशेष पर प्राकृतिक साधनों का समुचित शोषण हो सके ताकि प्रति व्यक्ति आय अधिकतम हो सकें। अतः सर्वोत्तम जनसंख्या वह जनसंख्या है जो प्रति व्यक्ति अधिकतम आय देती है। चित्र में जनसंख्या वक्र पर पी बिन्दु पर सर्वोत्तम जनसंख्या का सूचक है क्योंकि इस बिन्दु पर प्रति व्यक्ति आय अधिकतम है।

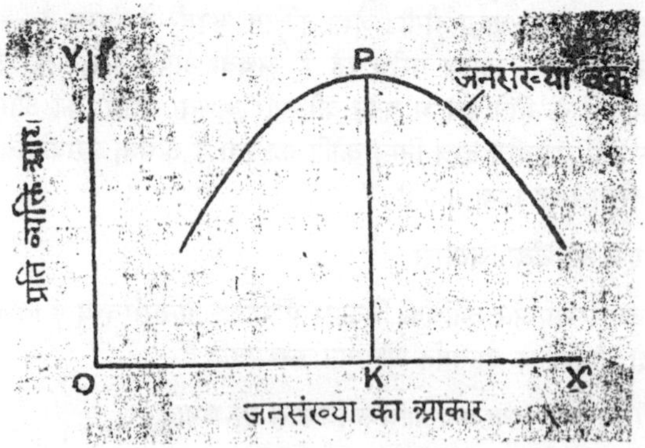

रेखाचित्र

आदर्श जनसंख्या के बिन्दु से कोई भी विचार जनाभाव या जनाधिक्य को बताता है। (अ) यदि देश की जनसंख्या आदर्श (सर्वोत्तम) जनसंख्या से कम है तो यह जनाभाव कहलाता है और इस जनाभाव को दूर करने के लिये जनसंख्या में वृद्धि वांछनीय होती है और (ब) जब वास्तविक जनसंख्या आदर्श जनसंख्या से अधिक हो जाती है तब दोनों का अन्तर जनाधिक्य कहलाता है और इस जनाधिक्य को दूर करने के लिये जनसंख्या में कमी वांछनीय होती है।

सर्वोत्तम जनसंख्या से वास्तविक जनसंख्या की कमी या अधिकता को कुसमंजन कहते हैं। जो निम्न सूत्र के द्वारा जाना जाता है—

$$\text{कुसमंजन} = \frac{\text{वास्तविक जनसुख्या} - \text{आदर्श जनसंख्या}}{\text{आदर्श जनसंख्या}}$$

परन्तु यह सिद्धान्त व्यावारिक नहीं है क्योंकि यह इस धारणा पर आधारित है कि सर्वोत्तम जनसंख्या पहले से ही ज्ञात रहती है, जो कि वास्तव में मालूम नहीं रहती। इस आकस्मिक और प्रतिक्षण परिवर्तनीय संसार में, वस्तुतः अनूकूलतम जनसंख्या की खोज मृगतृष्णा की भाँति है जो कि हमेशा हमारी समझ छल करके निकल जाता है, व्यर्थ प्रयत्न रहेगा। पुनः ऐसा प्रतीत होता है कि यह सिद्धान्त इस मान्यता पर आधारित है कि प्रति व्यक्ति आय या उत्पादन जनसंख्या के आकार पर निर्भर रहती जनसंख्या के प्रकार पर नहीं, जो कि उचित नहीं है, क्योंकि यदि देश की जनसंख्या में अपेक्षित गुणों का अभाव होगा तो भी उस

देश की प्रति व्यक्ति आय अधिकतम नहीं हो सकती। किसी देश के विकास के लिये स्वस्थ्य शिक्षित बुद्धिमान तथा उच्च नेथ्तक स्तर की जनसंख्या का होना भी अति आवश्यक है।

(ब) जनसंख्या के विकास की दर का प्रति व्यक्ति आय पर प्रभाव —भारत जैसे विकासशील देश में उत्पादन के दुर्लभ साधन पूँजी अथवा विनियोग है न कि श्रम। अतः यदि जनसंख्या के विकास की दर अधिक है तो प्रतिव्यक्ति आय के विद्यमान स्तर को बनाये रखने के लिए अधिक पूँजी अथवा विनियोग की आवश्यकता पड़ेगी। जैसे उदाहरण के लिए भारत में जनसंख्या बढ़ने की वर्तमान दर तो 2.5 प्रतिशत वार्षिक है, प्रतिव्यक्ति वास्तविक आय के वर्तमान स्तर को बनाये रखने के लिए यह आवश्यक है कि राष्ट्रीय आय में भी 2.5 प्रतिशत वार्षिक दर के वृद्धि हो। इस लक्ष्य की सिद्धि के लिए पूँजी विनियोग आवश्यक है। द्वितीय योजना की अवधि के लिए पूँजी-उत्पादन अनुपात 3.1 अनुमानित किया गया था जिसका अर्थ यह है कि उत्पादन की एक इकाई वृद्धि के लिए 3 इकाई पूँजी आवश्यक है। इस प्रकार राष्ट्रीय आय में 2.5 प्रतिशत दर की वृद्धि के लिए 7.50 प्रतिशत अर्थात् (2.5 × 3.0) पूँजी संचय आवश्यक है। इससे स्पष्ट रूप में यह निष्कर्ष निकलता है कि जनसंख्या में 2.5 प्रतिशत वार्षिक वृद्धि के सन्दर्भ में 7.50 प्रतिशत की दर से विनियोग अपेक्षित है। इसका अर्थ यह हुआ कि जनता का जीवन स्तर उन्नति करने के लिए बहुत कम पूँजी बचती है।

क्रीन्सीयन अर्थशास्त्रीयों का विश्वाश है कि दीर्घकालीन गतिरोध से बचने के लिये जनसंख्या का तीव्र विकास दर लाभकारी है क्योंकि बढ़ती हुई जनसंख्या वस्तुओं और सेवाओं के प्रभावूपर्ण माँग में वृद्धि करेगी और उसके द्वारा पूँजी की सीमान्त उत्पादकता में वृद्धि होगी। पूँजी की सीमान्त उत्पादकता (अर्थात भावी आय) में वृद्धि के कारण अधिक से अधिक पूँजी निर्माण एवं पूँजी विनियोजन के लिये प्रोत्साहन प्राप्त होगा। फलतः रोजगार उत्पादन व आय में वृद्धि होगी। इसके अतिरिक्त बढ़ती हुई जनसंख्या उद्योग के वर्तमान क्षमता के शोषण में भी सहायक होती है। परन्तु ये तर्क विकसित देशों के सन्दर्भ में ही ठीक है। परन्तु जहाँ भारत जैसे अर्द्धविकसित देशों का प्रश्न है, बढ़ती हुई जनसंख्या पूँजी निर्माण के लिये हानिकारी सिद्ध होगी क्योंकि वहाँ माँग की समस्या नहीं है, बल्कि उत्पादन के साधनों के अभाव की समस्या है और इसलिये उनमें वृद्धि करने की समस्या है। अतः अर्द्धविकसित देशों में अधिक उपभोग नहीं वरन् अधिक बचत को प्रोत्साहन देने की आवश्यकता है। अधिक बचत के लिये अधिक आय, कम व्यय और कम जनसंख्या आवश्यक है।

अतः जो बात विकसित देशों पर लाग होती है वह अर्द्धविकसित देशों पर लागू नहीं होती है। अर्द्धविकसित देशों में बढ़ती हुई जनसंख्या एक अभिशाप होती है और विकास की क्रिया को मन्द कर देती है। बढ़ती हुई जनसंख्या अनेक रूपों में आर्थिक विकास में बाधक सिद्ध होती है।

(क) अर्द्धविकसित देशों में पहले से ही जनसंख्या अधिक रहती है, इसलिए बढ़ती हुई जनसंख्या के साथ-साथ समाज के श्रम शक्ति में भी वृद्धि होती है। परिणामस्वरूप बेरोजगारी समस्या और अधिक जटिल हो जाती है।

(ख) जनसंख्या में वृद्धि होने से वस्तुओं की माँग बढ़ती है किन्तु पूर्ति उसी अनुपात में नहीं बढ़ती। फलतः वस्तुओं के मूल्य बढ़ जाते हैं।

(ग) बढ़ती हुई जनसंख्या के कारण जीवन स्तर भी कम रहता है, परिणामस्वरूप लोगों की कुशलता और आय कम होती है।

(घ) समाज के प्रत्येक नये सदस्य के साथ शिक्षा, स्वास्थ्य तथा अन्य जनोपयोगी सेवाओं पर किये जाने वाले व्यय में वृद्धि हो जाती है। कोल और हूबर के शब्दों में — ''1956 से 1986 तक की तीस वर्षों की अवधि में आवास और अनिवार्य शिक्षा पर परिव्यय में कुल अन्तर 60 से 65 अबुर्द रु. तक होगा।''

(ङ) जनसंख्या के अत्यधिक भार के कारण उत्पादन वृद्धि का अधिकांश भाग उपभोग में ही चला जाता है तथा आगे विनियोग के लिए कम बचता हैं।

इस प्रकार हम निष्कर्ष के रूप में कह सकते हैं कि जनसंख्या की वृद्धि ने विकसित देशों के विकास में सहायक का काम किया है किन्तु अर्द्धविकसित देशों में यह बाधा के रूप में सामने आ रही है। परन्तु इस सम्बन्ध में प्रो. ए.बी.माउण्टजॉय के विचार महत्वपूर्ण हैं। उनके शब्दों में — ''कुछ दशाओं में अनेक अर्द्धविकसित देशों में पायी जाने वाली अपार श्रम शक्ति एक महान् आर्थिक सम्पत्ति है जिसका पूरा-पूरा उपयोग किया जाना चाहिये। मानव शक्ति पूँजी का उपयोग करने के साथ साथ पूँजी का निर्माण (कार्य द्वारा) करती है।'' इस प्रकार अर्द्धविकसित देशों में जहाँ अत्यधिक जनसंख्या विकास में बाधक होती है वहाँ वह आर्थिक विकास में सहायक भी हो सकती है। परन्तु यह उसी स्थिति में होगा जबकि उचित मानव शक्ति नियोजक किया जाय।

(स) जनसंख्या के आयु वितरण का प्रति व्यक्ति आय पर प्रभाव — एक देश की सम्पूर्ण जनसंख्या को मानव शक्ति नहीं माना जाता वरन् जनसंख्या का केवल वही भाग मानव शक्ति में सम्मिलित किया जाता है जो उत्पादन के लिये सक्रिय होता है। इसे कार्यशील जनसंख्या कहा जाता है। सामान्यतया 15 वर्ष से 64 वर्ष तक की आयु वाले लोगों को कार्यशील जनसंख्या के भाग माने जाते हैं। देश की कार्यशील जनसंख्या पर ही देश का आर्थिक विकास या प्रति व्यक्ति आय आश्रित होती है। कार्यशील जनसंख्या का आकार देश के मृत्युदर और जन्म दर पर निर्भर करती है:

(द) मृत्यु दर का प्रभाव — मृत्यु दर में कमी के सामाजिक व आर्थिक दोनों ही प्रभाव होते हैं। सामाजिक दृष्टि से यह मृत्यु से उत्पन्न होने वाली यातनाओं व दुखों को कम करता है। आर्थिक दृष्टि से सार्वजनिक स्वास्थ्य सुधार के उपाय जो मृत्यु दर में कमी लाने के लिये किये जाते हैं वे कार्यशील जनसंख्या के स्वास्थ्य में भी सुधार करते हैं जिससे उनकी अनुपस्थिति, कमजोरी, थकावट, आदि में भी कमी आती है और प्रति व्यक्ति उत्पादन व आय में वृद्धि होती है।

कुछ व्यक्तियों का विचार है कि मृत्यु दर में कमी से कार्यशील जनसंख्या के अनुपात में वृद्धि होगी और बच्चो की संख्या घटेगी। परन्तु यह भ्रामक है, क्योंकि यदि जन्म दर पूर्ववत् ही रहती है तो कार्यशील जनसंख्या पर कोई वांछनीय प्रभाव नहीं पड़ेगा। यही नहीं, यदि कार्यशील जनसंख्या अधिक है तो कार्यशील जनसंख्या में अधिक विवाह सम्पन्न होने के कारण बच्चों की संख्या अधिक होने की सम्भावना रहेगी। अतः हो सकता है कि मृत्यु दर में कमी के कारण कार्यशील जनसंख्या अधिक हो, परन्तु बच्चों की संख्या उससे भी

अधिक होगी। इस प्रकार मृत्यु दर में कमी जिनती समस्या हम करती है उससे अधिक समस्यायें पैदा कर देती हैं, जैसा कि स्थिति भारतवर्ष में है।

(य) जन्म दर का प्रभाव —जिस देश में जन्म दर अधिक होगी उस देश में जनसंख्या का आकार तो बड़ा होगा किन्तु वहाँ कार्यशील जनसंख्या उसी अनुपात में नही बढ़ेगी जिस अनुपात में जनसंख्या बढ़ी है। ऐसे देश में बच्चों की संख्या के अनुपात में अधिक होगी जो तुरन्त ही श्रमिक कोष में नहीं आते और अनुत्पादक होते हैं। अत: जिस देश में जनसंख्या वृद्धि की दर अधिक होगी वहाँ अनुत्पादक व्यक्तियों की संख्या अधिक बढ़ेगी और प्रति व्यक्ति उत्पादन या आय कम होगी उस देश की तुलना में जहाँ जनसंख्या में वृद्धि कम गति से हो रही होगी। यही कारण है कि अर्द्धविकसित देशों में, जहाँ जनसंख्या तेजी से बढ़ती है वहाँ काम न करने वाले आश्रितों की संख्या विकसित देशों की अपेक्षा अधिक रहती है,

निम्न जन्म दर के वांछनीय प्रभाव स्पष्ट हो जायेंगे यदि हम दो ऐसे देशों का उदाहरण ले ले जिनकी जनसंख्या तो अभी समान है, परन्तु जन्म दर में अन्तर है, तो 20 वर्ष के बाद देश जैसे भारत जहाँ जन्म दर अधिक है, में केवल 15 वर्ष से 64 वर्ष की आयु में केवल 60 प्रतिशत ही जनसंख्या हो परन्तु दूसरे देश (जैसे अमेरिका) में जहाँ जन्म दर कम है इसी आयु वर्ग में 80 प्रतिशत जनसंख्या हो। ऐसी स्थिति में देश की तुलना में देश में अधिक प्रति व्यक्ति आय होने की सम्भावना होगी क्योंकि (क) बालकों की अधिकता के कारण उनके पालन पोषण के भार में वृद्धि हो जाती है, (ख) अकार्यशील जनसंख्या का राष्ट्रीय उत्पादन में कोई अंशदान नहीं होता, तथा (ग) ऊँची जन्म दर के कारण देश की स्त्रियाँ भी देश के उत्पादन कार्य में योगदान नहीं कर पाती जिससे देश की श्रम शक्ति और भी सीमित हो जाती है।

निष्कर्ष — ऊपर हमने जनसंख्या के आकार, उसकी वृद्धि दर तथा आयु संरचना का प्रति व्यक्ति आय (आर्थिक विकास) पर पड़ने वाले प्रभावों को पृथक् पृथक् विश्लेषण किया परन्तु व्यवहार में ये तीनों घटक स्वंतंत्र नहीं बल्कि अन्तनिर्भर हैं। सम्भवत: इसमें से सबसे महत्त्वपूर्ण जनसंख्या की विकास दर है जो आर्थिक विकास को प्रभावित करती है।

(2) आर्थिक विकास पर जनसंख्या का प्रभाव —आर्थिक विकास के जनसंख्या पर पड़ने वाले प्रभावों की व्याख्या जनांकिकी परिवर्तन सिद्धान्त की सहायता से अछी तरह की जा सकती है।

जनांकिकी परिवर्तन सिद्धान्त —इस सिद्धान्त के अनुसार प्रत्येक अर्थव्यवस्था को जनसंख्या वृद्धि के तीन अवस्थाओं से गुजरना पड़ता है।

प्रथम अवस्था —यह स्थिरता की अवस्था है जिसमे जन्म एवं मृत्यु दोनों की दरें अधिक होती है। कृषि प्रधान अविकसित देश में जन्म और मृत्यु दोनों ही दरें अधिक होती है। ऐसी अर्थव्यवस्था में अविकसित सफाई व्यवस्था, घटिया भोजन और प्रभावशाली डाक्टरी सहायता के अभाव के कारण मृत्यु दर ऊँची होती है। इस अवस्था में व्यापक निरक्षरता, छोटी आयु में विवाह, परिवार नियोजन के तरीकों के विषय में ज्ञान के अभाव इत्यादि के कारण जन्मदर भी ऊँची होती है। अत: ऐसे समाज में जनसंख्या वृद्धि की दर वास्तव में ऊँची नहीं होती है, क्योंकि उच्च जन्म दर को उच्च मृत्यु दर सन्तुलित कर देती है।

द्वितीय अवस्था —यह तीव्र वृद्धि की अवस्था है जिसमें मृत्यु दर तो तेजी से घटती है पर जन्मदर बहुत कम घटती है या बिल्कुल नहीं घटती। जैसे ही अर्द्धविकसित अर्थव्यवस्था विकास की अग्रसर होती है जनसंख्या वृद्धि का द्वितीय चरण आरम्भ हो जाता है। आर्थिक विकास के साथ खाद्य सामग्री नियमित रूप से प्राप्त होने लगती है, तथा निरोधक एवं आरोग्यवर्धक चिकित्सा सुविधाएँ भी अधिक उपलब्ध होने लगती है। इन सब कारणों से मृत्यु दर कम हो जाती है। परन्तु दूसरी ओर जन्मदर में बिलकुल भी कमी नहीं होती है या फिर बहुत थोड़ी कमी होती है। कारण यह है कि जन्म दर कम करने वाली शक्तियों, जैसे धार्मिक एवं सामाजिक रीति रिवाजों में, शीघ्र ही कोई विशेष परिवर्तन नही होता। इस प्रकार द्वितीय अवस्था में जन्म दर ऊँची रहती है किन्तु मृत्यु दर में तीव्र गिरावट आने लगती है। परिणामतः जनसंख्या वृद्धि की गति बढ़ जाती है, इसलिये इसे जनसंख्या विस्फोट का काल भी कहा जाता है।

तृतीय अवस्था — यह एक ऐसी अवस्था है जिसमें जन्म एवं मृत्यु दोनों की दरें निम्न स्तर पर स्थित हो जाती है। आर्थिक विकास के साथ साथ अर्थव्यवस्था का स्वरूप कृषिक से परिवर्तित होकर औद्योगिक हो जाता है, तथा जनसंख्या ग्रामीण क्षेत्रों से औद्योगिक और वाणिज्यिक केन्द्रों की ओर स्थानान्तरित होने लगती है। रोजगार पाने के लिये अब पारिवारिक सम्बन्ध कम महत्त्वपूर्ण हो जाते हैं तथा स्त्रियाँ घर से बाहर निकल कर आर्थिक कार्यों में हाथ बँटाने लगती है। बड़े बड़े परिवारों की आर्थिक उपयोगिता समाप्त हो जाती है और उनके स्थान पर छोटे परिवार अधिक सुविधाजनक प्रतीत होने लगते हैं। आर्थिक प्रगति का कम परम्परागत विश्वासों और रीति रिवाजों को कमजोर कर देता है। उचित जीवन स्तर बनाए रखने की चेतना व्यक्तियों को परिवार छोटा करने की प्रेरणा देती है, और वे परिवार नियोजन तथा गर्भ निरोधक के साधनों में विश्वास करने लगते हैं, तथा उनके औचित्य को स्वीकार कर लेते हैं। अतः परिपक्व विचारधाराओं तथा स्वेच्छिक एवं कृत्रिम उपयों द्वारा इस काल में जन्म दर को नीचे लाना सम्भव हो जाता है। इस प्रकार तृतीय अवस्था की विशेषताएँ इस प्रकार है – निम्न जन्म दर, निम्न मृत्यु दर, छोटा परिवार और जनसंख्या वृद्धि की निम्न दर। यह जनसंख्या की मी की आरम्भिक अवस्था है।

जनसंख्या अवस्था के परिवर्तन में कितना समय लगता है, यह सही सही कहना कठिन है, क्योंकि यह प्रारम्भिक मृत्यु और जन्म के स्तर परिवर्तनों के स्वरूप और गति जनता और सरकार के दृष्टिकोण इत्यादि बातों पर निर्भर करेगा। उन पश्चिमी देशों में जहाँ आर्थिक विकास का क्रम धीमा रहा, यह समय 25 से 30 वर्ष तक पाया गया, जबकि जापान ने नए अनुभव के अनुसार 10 वर्ष में ही अपनी जनसंख्या वृद्धि की दर को घटा कर आधी कर डाली।

संक्षेप में जनसंख्या के विकास की तीन अवस्थायें हैं— प्रथम, ऊँची जन्म दर तथा ऊँची मृत्यु दर, द्वितीय, ऊँची जन्मदर तथा कम मृत्यु दर, तृतीय कम जन्म दर तथा कम मृत्यु दर। इंगलैण्ड, जापान, अमेरिका, इटली, जर्मनी, फ्रान्स आदि विकसित देशों में जनसंख्या के विकास की तीसरी अवस्था में है तथा एशिया, अफ्रीका व लेटिन अमेरीका के अधिकांश देश द्वितीय अवस्था में है। निम्न सारणी से इस सम्बन्ध में उचित जानकारी प्राप्त की जा सकती है।

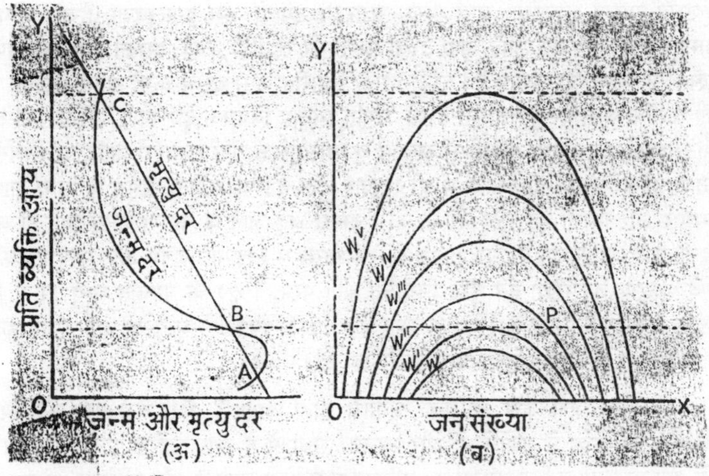

चित्र 2

अर्थिक विकास का जनसंख्या पर पढ़ने वाले प्रभावों का निम्न रेखाचित्र के द्वारा भी स्पष्ट किया जा सकता है—

चित्र 2 में आदि प्रति व्यक्ति आय प्रदर्शित करते हैं, जो संसाधनों के विभिन्न स्तरों पर प्राप्त किये जा सकते हैं। जैसे जैसे देश का आर्थिक विकास होता जाता है, ऊपर की ओर खिसकते जाते हैं जो अधिक प्रति व्यक्ति आय के सूचक है। प्रति व्यक्ति आय के विभिन्न स्तरों पर जन्म व मृत्यु दरों को चित्र 1 में प्रदर्शित किया गया है। निम्न प्रति व्यक्ति आय व ऊँची जन्म व मृत्यु दर से स्थिति पर मृत्यु दर में कमी आने व प्रति व्यक्ति आय में वृद्धि के कारण जनसंख्या बढ़ी है। मृत्यु दर में कमी आने व प्रति व्यक्ति आय में वृद्धि के कारण जनसंख्या बढ़ी है। मृत्यु दर में कमी आने के कारण सार्वजनकि स्वास्थ्य में सुधार व आय में वृद्धि है। जनसंख्या में वृद्धि होती जाती है और बिन्दु आ जाता है। यह बिन्दु महत्त्वपूर्ण है क्योंकि यहाँ जीवन स्तर का प्रभाव जन्म दर पर पड़ने लगता है। संयुक्त परिवार का ह्रास, व्यक्तिवाद की भावना, सामाजिक रूढ़ियों एवं परम्पराओं के महत्त्व में ह्रास आदि के कारण लघु परिवार सुविधाजनक ज्ञात होने लगते हैं, बच्चे दायित्व के रूप में देखे जाने लगते हैं। अन्ततः अवस्था आ जाती है जहाँ मृत्यु दर एवं जन्म दर दोनों ही कम रहती है और प्रति व्यक्ति आय अधिकतम रहती है। अधिकांश विकसित देश इसी अवस्था में है।

विकासशील देश जैसे भारत द्वारा दिखाई गई स्थिति में हैं जो अधिक जनसंख्या व कम प्रति व्यक्ति आय का संकेतक है। जन्म दर भी अधिक है परन्तु मृत्यु दर में कमी आ गई है।

संक्षेप में आर्थिक विकास का जनसंख्या पर निम्न प्रकार से प्रभाव पड़ता है—

(अ) आर्थिक विकास के साथ स्वास्थ्य सुविधाओं का विकास होने के कारण मृत्यु दर कम हो जाती है, परन्तु जन्म दर में उसी अनुपात में कमी नहीं हो पाती। चूँकि मृत्यु दर उन्नत सफाई व्यवस्था, सार्वजनिक स्वास्थ्य उपायों और इन्फ्लुएंजा, हैजा, प्लेग आदि महामारियों के नियत्रण आदि वाह्य तत्त्वों पर निर्भर रहती है, अतः इसका नियन्त्रण अपेक्षाकृत सरलता से किया जा सकता है। परन्तु इसके विपरीत जन्म दर में कमी इतनी सरलता से नहीं होती क्योंकि जन्म दर अन्तरजात तत्त्वों अर्थात् विवाह विषयक दृष्टिकोण, परिवार का आकार, गर्भनिरोधको का प्रयोग, नौकरी में सन्तोष व पारिवारिक यौन सम्बन्धों आदि पर निर्भर करती है तथा इनका प्रभाव दीर्घकाल में ही दिखाई देता है। परिणामतः समय के साथ साथ उच्च जन्म दर और गिरती हुई मृत्यु दर के बीच अन्तर बढ़ जाने के कारण जनसंख्या की वृद्धि दर बढ़ जाती है। उदाहरण के लण 1921 से पूर्व भारत में विद्यमान जनम और मृत्यु दर की ऊँची दर के कारण जनसंख्या की वृद्धि नियंत्रित थी। परन्तु 1921 के पश्चात मृत्यु दर में गिरावट आई है (जैसा कि नीचे तालिका से स्पष्ट है) 1911-1921 में मृत्यु दर 48.6 प्रति हजार थी जो 1051-61 में घटकर 22.8 प्रति हाजर रह गई।

(ब) जैसे जैसे आर्थिक विकास होता जाता है, वैसे वैसे देश की कार्यकारी जनसंख्या का कृषि से उद्योगों में और अन्ततः सेवाओं में स्थानान्तरित होता जाता है। अर्थात् कृषि क्षेत्र पर लगी हुई जनसंख्या का प्रतिशत कम होता जाता है और परिवहन, संचार, बैंकिंग आदि में लगी हुई जनसंख्या का अनुपात बढ़ता जाता है। अतः अत्यधिक आर्थिक विकास होने पर प्राथमिक उद्योग (कृषि आदि) में बहुत कम व्यक्ति कार्य करेंगे, उससे अधिक व्यक्ति द्वितीयक उद्योंग (निर्माण उद्योग आदि) में कार्य करेंगे, उससे अधिक व्यक्ति द्वितीयक उद्योग (निर्माण उद्योग आदि) में कार्य करेंगे और उससे भी अधिक तृतीयक उद्योगों (वाणिज्यिक व्यापार, सेवा आदि) में कार्य करेंगे।

(स) आर्थिक विकास के साथ साथ नगरों का विकास होता है। इसका कारण यह है कि कृषि के अतिरिक्त अन्य व्यवसायों का केन्द्रीकरण नगरों में होता है। भारत वर्ष में 1901 में नगरों की कुल संख्या 1910 थी जो 1961 में बढ़कर 2690 हो गई। आर्थर लुइस के अनुसार, ''आर्थिक विकास के कारण 2000 से कम संख्या वाले नगरों में रहने वाली जनसंख्या का कुल जनसंख्या से प्रतिशत 80 से घटकर लगभग 30 प्रतिशत रह जाता है।''

उपसंहार —यह सत्य है कि किसी भी देश के विकास में मानवीय साधन का महत्त्वपूर्ण स्थान है। अतः मानवीय साधनों पर प्रभाव डालने वाले सभी घटक जैसे सामाजिक, संस्थागत राजनैतिक व मनोवैज्ञानिक के सम्बन्ध में उचित कार्यवाही की जाय। आर्थिक उत्थान के लिए मानवीय शक्ति को अधिक उपयोग बनाया जाय।

यह भी याद रखना आवश्यक है कि मानवीय साधन केवल उत्पादन निर्णायक ही नहीं है, बल्कि उत्पादन का उद्देश्य है। मानवीय विकास के लिये विकास व उत्पादन में वृद्धि के कार्य किये जाते हैं। अतः इस साधन में विनियोग करते समय, इसको पूँजीगत बनाते समय एवं इससे सम्बन्धित सामाजिक संस्थाओं व मनोवैज्ञानिक प्रवत्तियों को सुधारने के कार्यक्रम बनाते समय हम यह न भूलें कि मानव सर्वोपरि है। सभी पहलुओं का केवल आर्थिक दृष्टिकोण से ही मूल्यांकन करना पर्याप्त नहीं है। मानवीय, आध्यात्मिक मूल्यों को नहीं भूलना

चाहिये। इन्हीं मूल्यों के कारण जीवन में आनन्द आता है। अतः हम आर्थिक विकास के लिये मनुष्य को मशीन की श्रेणी नहीं दे सकते, यद्यपि कि हम वर्तमान परिस्थितियों और उपलब्ध साधनों का विकास करना चाहते हैं और विकास की होड़ में आगे बढ़ना चाहते हैं। इस सन्दर्भ में श्री बेरा ऐनस्टेय का कथन बहुत ही महत्त्वपूर्ण है कि आर्थिक विकास के लिए केवल भौतिक अथवा प्राकृतिक साधन ही पर्याप्त नहीं है बल्कि मानवीय साधन का उपयुक्त विकास भी आवश्यक है। इस शर्त को पूरा करने के लिए जनसंख्या पर नियंत्रण भी आवश्यक है।

जनगणना प्रत्येक 10 वर्ष पश्चात् घटित होने वाली एक महत्वपूर्ण सामाजिक-आर्थिक घटना है। इसके अन्तर्गत एक दशक के दौरान भारत के मानविय संसाधनों में हुई वृद्धि का प्रदर्शन किया जाता है। इस सम्बन्ध भारत मे प्रथम प्रयास अर्थात प्रथम जनगणना 1901 हुआ। 1901 से लेकर 2001 तक भारत में 11 जनगणना हो चुकी है। भारत की राजनीतिक स्वतन्त्रता के पूंर्व 5 बार तथा इसके पश्चात् 6 बार जनगणना हो चुकि है प्रत्येक जनगणना द्वारा भारत के मानविय संसाधनों की कुल जनसंख्या, जन्म तथा मृत्यु दर, घनत्व लिंग अनुपात, शहरी-ग्रामीण जनसंख्या, आयु संरचना, जीवन प्रत्यांक्षा, साक्षरता अनुपात आदि के सम्बन्ध सांख्यिकीय प्रस्तुत किये जाते हैं। इन्हें जनगणनाकि विशेषता भी कहा जाता है। भारत में 2001 की जनगणना 21वी शताब्दी की प्रथम जनगणना होने के कारण युगान्तर प्रवृत्ति को दर्शाती है। यह जनगणना हमारे देश मे निवास करने वाले असंख्य मानव संसाधनों की संख्या, जनांकिकी, संस्कृति, आर्थिक संरचना को दर्शाती है। भारत की 2001 की जनगणना का कार्य 9 से 28 फरवरी 2001 तक तथा पुनर्निरिक्षण दौर 1 से 5 मार्च 2001 के मध्य सम्पन्न हुआ। 1 मार्च 2001 को भारत की जनसंख्या 1027 करोड़ तक पहुँच गयी (इसमें 531.3 करोड़ पुरूष तथा 495.7 महिलाएं थी। भारत के पास विश्व का 2.4 प्रतिशत, अर्थात 135.97 करोड़ प्रति वर्ग किलोमीटर धरातलीय क्षेत्र है। किन्तु भारत में विश्व की 16.7 प्रतिशत जनसंख्या निवास करती है। 2001 की जनगणना के अनुसार, भारतीय जनसंख्या की प्रमुख विशेषताओं का चित्रण निम्नलिखित विवेचन में किया गया है :

भारतीय जनसंख्या की विशेषताएँ
(Main Features of Population)

(1) जनसंख्या का आकार (Size of Population) - भारत की जनसंख्या का आकार, जो कि 20वी शताब्दी के प्रारम्भ में 23.8. करोड़ थी बढ़कर 21वी शताब्दी के प्रारम्भ में 102.7 करोड़ पर पहुँच गया। भारत गें जनसंख्या के आकार में हुई वृद्धि का परिणाम स्वरूप यह विश्व में द्वितीय सर्वाधिक जनसंख्या वाला प्रदेश बन गया है। भारत में जनसंख्या की वृद्धि दर को तालिका -1 में दर्शाया गया है।

तालिका-1

भारत में दशकिय जनसंख्या वृद्धि (1901-2001)

जनगणन वर्ष	जनसंख्या (करोड़ों मे)	10 वर्षीय वृद्धि दर (प्रतिशत)	औसत वार्षिक घातांक वृद्धि दर (प्रतिशत)	1991 के पश्चात् की उत्तरोत्तर वृद्धि दर (प्रतिशत)
1901	23.8	–	–	–
1911	25.2	+ 5.75	0.56	+ 5.75
1921	25.1	– 0.31	– 0.03	+ 5.42
1931	27.9	+ 11.00	1.04	+ 17.02
1941	31.9	+ 14.22	1.33	+ 33.67
1951	36.1	+ 13.31	1.25	+ 51.47
1961	43.9	+ 21.51	1.96	+ 84.25
1971	54.8	+ 24.80	2.20	+ 129.94
1981	63.4	+ 24.66	2.22	+ 186.64
1991	84.6	+ 23.85	2.14	+ 255.00
2001	102.70	+21.34	1.93	+330.80

1. Census of India 1991 and 2001

(2) जनसंख्या का घनत्व (Density of Population)- एक अत्यन्त महत्वपूर्ण जनसंख्या संकेतांक, जो जनसंख्या के भारत में किसी विशेष स्थान पर सकेन्द्रण की प्रवृत्ति को दर्शाता है, वह जनसंख्या घनत्व है। जनसंख्या का धनत्व प्रति वर्ग किलोमीटर में निवास करने वाली औसत जनसंख्या से होता है। जनसंख्या धनन्तव की गणना किसी देश की सम्पूर्ण जनसंख्या को देश के कुल क्षेत्रफल से विभाजित कर प्राप्त की जा सकती है। यह एक प्रमुख संकेतांक है जो यह दर्शाता है कि कोई विशेष राष्ट्र, क्षेत्र अथवा राज्य, सघन रूप से अथवा मामूली जनसंख्या वाला क्षेत्र हैं।

तालिका-2

जनसंख्या का धनत्व

जनगणन वर्ष	जनसंख्या धनत्व (प्रतिवर्ग किलोमीटर)
1921	81
1931	90
1941	103
1951	117
1961	142
1971	173
1981	216
1991	267
2001	324

भारत में 1951 में जनसंख्या का घनत्व 117 था, 2001 में यह बढ़कर 324 हो गया। 2001 की जनगणना के अनुसार हरियाणा का घनत्व 477, पंजाब का 482 तथा हिमाचल का 109 है। 1991 से 2001 के मध्य भारत के सभी राज्यों तथा केन्द्र शासित प्रदेशों में जनसंख्या के घनत्व में वृद्धि हुई है। भारत के सभी राज्यों में जनसंख्या का घनत्व समान नहीं है। भारत के प्रमुख राज्यों में पश्चिम बंगाल एक सघन रूप से निवास करने वाली जनसंख्या का प्रदेश है, जिसकी जनसंख्या का घनत्व 2001 की जनगणना के अनुसार 904 था। 2001 की जनगमणा के अनुसार ही बिहार, केरल को तीसरे स्थान पर धकेल कर, भारत का दूसरा सर्वाधिक जनसंख्या घनत्व वाला प्रदेश बन गया है।

(3) जन्म दर व मृत्यु दर (Birth Rate & Death Rate)- भारत में जनसंख्या वृद्धि के प्रमुख कारणों में सर्वाधिक महत्वपूर्ण कारण जन्म दर में वृद्धि तथा मृत्यु दर में कमी का होना रहा है। भारत में मृत्यु दर तेजी से कम हुई है। जबकि जन्म दर में बहुत कम गति से गिरावट हुई है। इस दुविधापूर्ण स्थिति के कारण भारत में जनसंख्या वृद्धि की दर अत्यन्त ऊँची रही है। विगत जनगणनाओं के आकड़ों का विश्लेषण स्पष्ट करता है कि भारत में 1901 से 1941 तक जन्म दर में निरन्तर वृद्धि हुई। 1951 की जनगणना के अनुसार इसमें कमी हुई। 1961 तथा 1971 में जन्म दर स्थिर हो गई। 1981 के पश्चात् भारत में जन्म दर में निरन्तर कमी हुई है। 2001 की जनगणना के अनुसार भारत की जन्म दर 26 प्रति हजार है, यह 1991 की जनगणना की जन्म दर 30.9 प्रति हजार से काफी कम थी। यह एक महत्वपूर्ण विशेषता मानी जा सकती है। जन्म दर में कमी सापेक्ष रूप से जनसंख्या वृद्धि नियन्त्रण की दृष्टि से श्रेष्ठ है, किन्तु इसी अनुपात में हो रही मृत्यु दर में कमी के कारण निरपेक्ष रूप से श्रेष्ठ नहीं कहीं जा सकती है। भारत में मृत्यु दर में 1901 से 2001 तक निरन्तर कमी हुई है। जनगणना 2001 के अनुसार यह 8 प्रति हजार थी। भारत में औसत जन्म दर तथा मृत्यु दर की तालिका-3 में दर्शाया गया है।

तालिका-3
भारत में औसत जन्म व मृत्यु दर

जनगणना वर्ष	जन्म दर (प्रति हजार)	मृत्यु दर (प्रति हजार)
1911	49.2	42.6
1921	48.1	47.2
1931	46.4	36.2
1941	45.2	37.2
1951	39.9	27.4
1961	41.7	22.8
1971	41.2	18.9
1981	37.2	15.0
1991	30.9	10.8
2001	26	8

(4) ग्रामीण शहरी जनसंख्या – आर्थिक विकास का नगरीकरण के विकास के साथ प्रत्यक्ष सम्बन्ध है। भारत में नगर जनसंख्या, 1911 में कुल जनसंख्या का 11 प्रतिशत थी, वह अत्यन्त धीमी गति से बढ़ते हुऐ 1941 में 14 प्रतिशत हो गयी। भारत में शहरी जनमंख्या का अनुपात बढ़ता जा रहा है। 1951 में 83 प्रतिशत जनसंख्या गांवों में तथा 17 प्रतिशत शहरों में रहती थी। सन् 2001 में ग्रामीण जनसंख्या का अनुपात कम होकर 72.2 प्रतिशत रह गया तथा शहरी जनसंख्या का प्रतिशत बढ़कर 27.8 प्रतिशत हो गया। भारत में नगर और ग्रामीण क्षेत्रों में जनसंख्या की स्थिति तथा सापेक्ष वृद्धि को तालिका-4 में प्रदर्शित किया गया है।

तालिका-4
नगर और ग्राम जनसंख्या की सापेक्ष वृद्धि

वर्ष	जनसंख्या लाखों में		कुल जनसंख्या का प्रतिशत		नगर ग्राम जनसंख्या अनुपात
	ग्रामीण	नगरीय	ग्रामीण	नगरीय	
1901	2,073	256	89.0	11.0	1 : 8.1
1951	2,987	624	82.7	17.3	1 : 4.7
1961	3,063	789	82.0	18.0	1 : 4.5
1971	4,319	1,091	80.1	19.9	1 : 3.7
1981*	5,257	1,595	76.7	23.3	1 : 3.3
1991*	6,271	2,172	74.3	25.7	1 : 2.8
2001	7,420	2,850	72.2	27.8	1 : 2.6

नोट : इसमें जम्मू तथा कश्मीर और असम के आंकड़े शामिल नहीं किए गए।

स्रोत : *Census of India, 2001*

तालिका -4 में प्रस्तुत आंकड़े इस तथ्य का संकेत देते हैं कि नगरीय जनसंख्या जो 1901 में 256 लाख थी, बढ़कर 1951 में 624 हो गयी। अर्थात 50 वर्षों मे नगरीय में 368 लाख की वृद्धि हो गयी। इसके बाद के तीन दशकों, अर्थात 1951 से 1981 के दौरान नगरीय जनसंख्या में 971 लाख की वृद्धि हुई। इससे इस बात का स्पष्ट संकेत मिलता है कि आद्योगिकरण के कार्यक्रमों का नगर क्षेत्रों में जनसंख्या पर प्रभाव पड़ा है। 1981-2001 के दौरान नगरिय जनसंख्या में 12.55 लाख की वृद्धि जनसंख्या के नगरिकरण की बढ़ती हुई प्रवृत्ति को दर्शाती है।

(5) आयु रचना (Age Structure)- भारत में 1951 में 14 वर्ष तक की आयु के लोग कुल जनसंख्या के 37 प्रतिशत थे, 15 से 60 वर्ष के लोग 57.5 प्रतिशत तथा 60 वर्ष से ऊपर के लीग 5.5 प्रतिशत थे। 1991 में उनका प्रतिशत क्रमश: 35,58.7 प्रतिशत हो गया। 2001 में 0-6 वर्ष के आय समूह की जनसंख्या 15.42 प्रतिशत हो गई।

तालिका-5

आयु संरचना 1 मार्च को

(प्रतिशत)

आयु वर्ग	*1980*	*1985*	*1990*	*2000*
0-4	14.18	13.91	12.85	10.66
5-14	25.54	24.34	23.15	20.95
15-59	54.07	55.51	57.51	60.80
60 प्लस	6,21	6.24	6.49	7.59
कुल योग	100.00	100.00	100.00	100.00

Source : Seventh Five Year Plan 1985-1990 and Census 2001

(6) जीवन की अवधि (Life Expectancy)- जीवन अवधि का अभिप्राय उस औसत आयु से होता है जो कि किसी राष्ट्र के नागरिक अपने जीवन के समय अपेक्षा करते हैं। भारत में जीवन की अवधि को तालिका में दर्शाया गया है। सन् 1951 में भारत के लोगों की औसत जीवन अवधि 33 वर्ष थी परन्तु 2001 में 64 वर्ष हो गई।

तालिका -6

जन्म के समय जीवन प्रत्यांक्षा

वर्ष	1951-61	1961-71	1971-81	1993-97
जीवन प्रत्याक्षा (वर्ष)	41.2	46.4	54.0	61.1

Source : Economic Survey, 2000-01.

(7) स्त्री-पुरूष अनुपात (**Male-Female Ratio**- लिंग अनुपात का आशय प्रति हजार पुरूषों की तुलना में महिलाओं की संख्या से लगाया जाता है। भारत में लिंग अनुपात की स्थिति अन्य देशों की तुलना मेंअत्यन्त ही विशिष्ट है। विश्व के अन्य देशों की तुलना में महिलाओं की संख्या पुरूषों से अधिक है भारत में यह सामान्यतया विपरीत रही है। जहाँ पुरूषों की संख्या महिलाओं से अधिक अनुभव की गयी है। भारत में 1951 में स्त्री पुरूष अनुपात 946 स्त्रियां प्रति 1000 पुरूष थी। 1971 में प्रति 1000 पूरूषों की तुलना में महिलाओं की संख्या 930 थी। 1981 की जनगणना के अनुसार प्रति 1000 पुरूषों की तुलना में महिलाओं की संख्या 935 थी। 1991 की जनगणना के अनुसार लिंग अनुपात प्रति 1000 पुरूषों की तुलना में 927 महिलाए था। 2001 में यह कम होकर 933 रह गया।

तालिका -7

भारत में लिंग अनुपात

(हजार पुरूष)

जनगणना वर्ष	लिंग अनुपात
1901	972
1911	964
1921	955
1931	950
1941	945
1951	946
1961	941
1971	930
1981	934
1991	927
2001	933

विगत वर्षों में भारत में लिंग अनुपात में गिरावट का क्रम दृष्टिगत हुआ है। 1981 को छोड़कर, जबकि भारत के लिंग अनुपात में मामूली सा सुधार 927 से 934 हुआ है। 1991 में लिंग अनुपात 934 से कम होकर 927 प्रति हजार महिला रह गया। किन्तु केरला में स्थिति विपरीत है। केरल राज्य में महिलाओं की संख्या उच्चतम है - 1000 पुरूषों की तुलना में 1036 महिलाये। भारत में लिंग अनुपात सामान्यत: 1000 पुरूषों की तुलना में 950 महिलाओं का होना अनुकूल माना जाता है।

(8) शिक्षा (Education)- जनगणना के परिपेक्ष्य में उस व्यक्ति अथवा महिला को साक्षर माना जाता है जो किसी भाषा को पढ़, लिख तथा समझ सकता है। किसी राष्ट्र में

साक्षरता की दर वहाँ की जनसंख्या की गुणवत्ता को दर्शाती है। 1971 की जनगणना के अनुसार साक्षरता दर 34.45 प्रतिशत थी। 1981 की जनगणना के अनुसार भारत की साक्षरता दर 43.56 प्रतिशत, 1991 की जनगणना के अनुसार बढ़कर 52.21 प्रतिशत हो गयी । अन्य देशों की तुलना में भारत में साक्षरता दर अत्यन्त ही निम्न है। इंग्लैण्ड, अमेरिका तथा फ्रांस में लगभग 90 से 95 प्रतिशत जनगणना साक्षर है। यद्यपि भारत में तेज गति से साक्षरता प्रतिशत बढ़ रहा है। उदाहरण के लिये 1901 में 5.35 प्रतिशत था, बढ़कर 1951 में 18.3 प्रतिशत तथा 1991 में बढ़कर 52.21 प्रतिशत हो गया। भारत में 1981 में 44 प्रतिशत लोग शिक्षित थे। 2001 में शिक्षित लोगों का प्रतिशत बढ़कर 65.4 हो गया। 75.9 प्रतिशत पुरूष तथा 54.4 प्रतिशत स्त्रियां शिक्षित थे।

तालिका-8

साक्षरता दर - 1951-2001

वर्ष	व्यक्ति	पुरूष	महिलाएँ
1951	18.33	27.16	8.86
1961	28.31	40.40	15.34
1971	34.45	45.95	21.97
1981	43.56	56.37	29.75
1991	52.21	64.13	39.29
2001	65.4	75.9	54.4

भारत के राज्यों में 2001 की जनगणना के अनुसार, साक्षरता की दृष्टि से केरल सर्वोच्च शिखर पर है। केरल में भारत की 90.92 प्रतिशत जनसंख्या साक्षर है। इसके पश्चात मिजोरम (85.99 प्रतिशत) तथा लक्ष्यद्वीप (87.52 प्रतिशत) का स्थान है। साक्षरता की दृष्टि से सबसे निम्न स्तर पर बिहार विद्यमान है जहाँ साक्षरता की दर 47.53 प्रतिशत है। 2001 की जनगणना के अनुसार ही केरल को स्त्री तथा पुरूष, दोनों ही के सम्बन्ध उच्च साक्षर दर बनाये रखने का गौरव प्राप्त है। राज्य में 94.20 प्रतिशत पुरूष तथा 87.86 प्रतिशत महिलायें साक्षर है। इसके विपरीत बिहार में पुरूष (60.32 प्रतिशत) तथा महिलायें (33.57 प्रतिशत) के साथ स्त्री-पुरूष, दोनों ही दृष्टि से कम साक्षरता वाला प्रदेश है।

(9) जनसंख्या की व्यावसायिक रचना (Occupational Structure)- भारत में जनसंख्या का व्यावसायिक वितरण भी अत्यन्त असमान है। भारत में 1991 में 65 प्रतिशत लोग कृषि पर, 13.5 प्रतिशत उद्योगों पर तथा 21.5 प्रतिशत लोग सेवाओं पर निर्भर थे।

जनगणना 2001
भारत की जनसंख्या नीति

स्वतन्त्रता प्राप्ति से लेकर वर्तमान समय तक हमारे देश की जनसंख्या में बराबर वृद्धि हुई है। भारतीय जनसंख्या में प्रतिवर्ष वृद्धि हो जाती है। स्वतन्त्रता प्राप्ति के पश्चात् से

ही भारत सरकार द्वारा जनसंख्या नियोजन के तीव्र प्रयास किये गये हैं जिसके उपरान्त भी भारतीय जनसंख्या सन् 1951 में 36.11 करोड़ से बढ़ कर सन् 1991 में 84.39 करोड़ हो गई। अधिकांश व्यक्तियों द्वारा जो निम्न और मध्यम आय वर्ग में है, अधिक बच्चों को विशेषकर लड़कों को अभी भी अधिक आमदनी का साधन माना जाता है तथा वे परिवार नियोजन कार्यक्रम के प्रति उत्साह नहीं दिखाते हैं।

जनसंख्या नीति का अर्थ - जनसंख्या नीति का अर्थ उन नीतियों से है जो जनसंख्या की मात्रा व गुणवत्ता को प्रभवित करने के लिए बनाई जाती है। *एस. चन्द्रशेखर* के अनुसार जनसंख्या नीति, राष्ट्रीय सरकार के द्वारा देश की आबादी के आकार और संगठन में किसी सरकारी कानून या निर्देशन के द्वारा परिवर्तन लाने का जान बूझकर किया गया प्रयत्न हैं।

जनसंख्या नीति की आवश्यकता - भारत में जनाधिक्य तथा जनसंख्या में विस्फोटक वृद्धि से कई समस्याओं का जन्म हुआ है। जहाँ एक ओर इन समस्याओं से देश के आर्थिक विकास में अनेक बाधायें उत्पन्न हुई हैं वहीं दूसरी ओर देश में अनेक संकटों का प्रादुर्भाव हुआ है। देश में सक्रिय जनसंख्या नीति की आवश्यकता निम्नलिखित समस्याओं का निराकरण करने के लिये हुई हैं:

1. आर्थिक विकास में बाधा की समस्या।
2. बेरोजगारी की समस्या।
3. गरीबी एवं निर्धनता की समस्या।
4. राष्ट्रीय आय एवं प्रति व्यक्ति आय में धीमी वृद्धि।
5. खाद्यान्न एवं आवश्यक वस्तुओं की अपर्याप्त उपलब्धि।
6. आवास की निरन्तर बढ़ती समस्या।
7. अनुत्पादक उपभोक्ताओं का बढ़ता भार।
8. शिक्षा एवं स्वास्थ्य सेवाओं पर बढ़ते भार की समस्या।
9. पूंजी निर्माण में बाधा की समस्या।
10. विदेशी विनिमय में संकट की वृद्धि
11. नगरीकरण की समस्या।
12. निरक्षरता की समस्या।

इस प्रकार स्पष्ट है कि देश में जनसंख्या में विस्फोटक वृद्धि तथा जनाधिक्य ने देश के सामने कई समस्याओं को जन्म दिया है। अतः उस पर प्रभावी नियन्त्रण की नीति का क्रियान्वयन आवश्यक हो गया है।

भारत में जनसंख्या सम्बन्धी नीतियाँ (Population Policies in India)

भारत में स्वतन्त्रता प्राप्ति तक जनसंख्या समस्या विकराल रूप में नहीं थी। अत: जनसंख्या से सम्बन्धित कोई नीति निश्चित नहीं थी। योजना आयोग ने 1950 में आर्थिक विकास में मानव संसाधनों के महत्व को देखते हुये उनके विकास पर ध्यान आकर्षित किया। जनसंख्या में 2.5 प्रतिशत की वार्षिक वृद्धि को देखते हुये इस विस्पोटक वृद्धि पर रोक लगाने हेतु परिवार नियोजन कार्यक्रमों को विकसित करने की नीति चौथी योजना में अपनाई गई। 1951 से 1976 तक भारत सरकार की जनसंख्या नीति मुख्यत: परिवार नियोजन की नीति तक ही सीमित रही।

1976 की राष्ट्रीय जनसंख्या नीति (National PopulationPolicy 1976) देश की जनसंख्या वृद्धि को सीमित करने और राष्ट्रीय संसाधनों के बीच तालमेल बिठाकर आर्थिक विकास तथा सामाजिक न्याय की दिशा में तेजी से आगे बढ़ सकने के लिये 16 अप्रैल, 1976 को तत्कालीन केन्द्रीय स्वास्थ्य व परिवार नियोजन मन्त्री डॉं. कर्णसिंह ने राष्ट्रीय जनसंख्या नीति की घोषणा की। इस नीति की प्रमुख विशेषतायें निम्नलिखित हैं:

1. विवाह की न्यूनतम आयु में वृद्धि - सरकार ने कानून द्वारा विवाह योग्य न्यूनतम आयु लड़कों के लिए 18 वर्ष से बढ़ाकर 21 वर्ष तथा लड़कियों के लिए 15 वर्ष से बढ़ाकर 18 वर्ष कर दी। विवाहों के पंजीकरण करने का प्रावधान करने की बात भी कही गई।

2. राजनैतिक प्रतिनिधित्व - लोक सभा और विधान सभाओं में सदस्यों की संख्या सन् 2001 तक वही रहेगी जो 1971 की जनगणना पर आधारित की गई है। इसमें राज्यों को परिवार नियोजन कार्यक्रमों को लागू करने का पर्याप्त अवसर मिलेगा।

3. केन्द्रीय अनुदान - केन्द्र द्वारा राज्य की योजनाओं में जो सहायता जनसंख्या को आधार मानकर निश्चित की जाती है तथा कर, शुल्क व अनुदान सहायता का केन्द्र से राज्यों को हस्तांतरण जनसंख्या के आधार पर किया जाता है, वह 1971 की जनगणना के आधार पर 2001 तक जारी रखा जायेगा। राज्यों की योजनाओं के लिये दी जाने वाली सहायता का 8 प्रतिशत भाग परिवार नियोजन की उपलब्धि के आधार पर निश्चित किया जायेगा।

4. स्त्री शिक्षा में सुधार - मिडिल स्तर से आगे एवं पिछड़े क्षेत्रों में अनौपचारिक शिक्षा की योजनाएँ युवा स्त्रियों के लिये चालु की जायेगी। बाल-पोषण कार्यक्रमों पर विशेष ध्यान दिया जायेगा।

5. जनसंख्या शिक्षा - जनसंख्या शिक्षा को पाठ्यक्रम में सम्मिलित करना चाहिये। इसके लिये पाठ्य पुस्तकों का निर्माण किया जायेगा। एन. सी. इ. आर. टी. की सहायता से इस तरह की पाठ्य पुस्तकें तैयार करने का कार्य प्रारँम्भ कर दिया गया है।

6. सामूहिक जिम्मेदारी - छोटे परिवार को अपनाने का कार्य एक मन्त्रालय की जिम्मेदारी न मानकर विभिन्न मंत्रालयों व राज्यों पर डाला गया है। नागरिकों में स्वयं जिम्मेदारी की भावना का विकास हो सके। इस सम्बन्ध में प्रधानमंत्री का एक निर्देश सभी मंत्रालयों तथा मुख्य मंत्रियों को भेजा गया।

7. मौद्रिक क्षतिपूर्ति - समाज के निर्धन वर्गों में परिवार नियोजन अपनाने में मौद्रिक क्षतिपूर्ति का महत्वपूर्ण योगदान है। अत: बन्ध्याकरण कराने पर दी जाने वाली क्षति पूर्ति की राशि मई, 1976 से बढ़ा दी गई। दो या कम जीवित बच्चों की स्थिति में 150 रूपये, तीन जीवित बच्चों 100 रूपये तथा चार या अधिक बच्चों की स्थिति में 70 रूपये क्षनिपूर्ति की राशि के रूप में दिये जाते थे।

8. बड़े पैमाने पर सामुदायिक प्रेरणायें - इस नीति में सामुदायिक प्रेरणायें बढ़ाने को आवश्यक माना गया है ताकि चिकित्सा क्षेत्र के लोगों, जिला परिषदों, पंचायत समितियों, ग्रामीण स्तर पर अध्यापक, सहकारी समितियों न संगठित क्षेत्र के श्रमिक अधिक मात्रा में परिवार नियोजन को लोकप्रिय बनाने में मदद दे सकें।

9. एच्छिक संगठनों का सहयोग - परिवार नियोजन कार्यक्रम को सफल बनाने के लिये ऐच्छिक संगठनों जैसे नवयुवक मण्डल, महिला मण्डल आदि का सहयोग लिया जायेगा तथा ऐसे संगठनों को आर्थिक सहायता भी दी जायेगी।

10. आयकर में छुट - परिवार नियोजन कार्यों के लिये स्थानीय निकायों तथा सरकार द्वारा इस कार्य के लिये मान्य पंजीकृत संस्थाओं को दिये गये चन्दे की सम्पूर्ण राशि पर आयकर में छूट दी जायेगी।

11. स्वेच्छा से नसबन्दी - अनिवार्य नसबन्दी पर केन्द्रीय सरकार ने अभी कोई कानून नहीं बनाया है परन्तु राज्य सरकारें चाहे तो ऐसा कानून बना सकती है। कुछ राज्य सरकारें अपने कर्मचारियें तथा नागरिकों को जिन्होंने परिवार नियोजन को अपना लिया है, मकानों के आवंटन, ऋण आदि में प्राथमिकता देती है। इस कार्य को राज्य सरकारों पर छोड़ दिया गया है।

12. प्रचार, प्रसार माध्यमों का उपयोग - रेड़ियों, टेलिविजन, प्रेस, फिल्म समूह, नृत्य, गायन आदि के माध्यम से ग्रामीण जनता तक परिवार नियोजन कार्यक्रमों का सन्देश पहुँचाने का प्रयास किया जायेगा।

13. गर्भ निरोधक अनुसंधान - देश की अनेक अनुसंधान शालाओं में सन्तानेत्पत्ति, जीव विज्ञान तथा गर्भ निरोधकों के बारे में अनुसंधान किये जा रहे हैं। इसे अधिक तीव्र किया जा रहा है तथा अनुसंधान के लिये आवश्यक आदानों की निरन्तर पूर्ति की जा रही है।

सरकार ने जनसंख्या नियन्त्रण के लिये आपातकाल में की गई सख्ती तथा उसके कारण कुछ लोगों के साथ हुये दुर्व्यहार को स्वीकार किया है तथा अब परिवार नियोजन को स्वैच्छिक रूप से स्वीकार करने की स्वतन्त्रता प्रदान की गई है।

1977 की नवीन संशोधित जनसंख्या नीति

(Amended Population Policy 1977)

जून 1977 में जनता सरकार के स्वास्थ्य एवं परिवार कल्याण मंत्री स्व. श्री राजनारायण द्वारा नवीन जनसंख्या नीति की घोषणा पुरानी जनसंख्या नीति में में निम्नलिखित परिवर्तनों के साथ की गई -

1. कार्यक्रम के नाम में परिवर्तन - नवीन जनसंख्या नीति में परिवार नियोजन कार्यक्रम का नाम बदल कर "परिवार कल्याण कार्यक्रम" रखा गया।

2. मंत्रालय के नाम गें परिवर्तन - स्वास्थ्य व परिवार नियोजन मंत्रालय का नाम बदल कर स्वास्थ्य व परिवार कल्याण मंत्रालय रखा गया।

3. स्वैच्छिक कार्यक्रम - आपातकालीन अनिवार्य ऑपरेशन व्यवस्था को समाप्त करके घोषणा की गई कि परिवार कल्याण कार्यक्रम स्वैच्छिक होगा।

4. क्षतिपूर्ति - परिवार कल्याण कार्यक्रम के द्वारा होने वाली क्षतिपूर्ति हेतु 5000 रूपये देने की घोषणा दी गई।

5 निशुल्क उपचार - परिवार कल्याण कार्यक्रम के अपनाये जाने के कारण यदि कोई शारीरिक व्याधिं उत्पन्न होती है तो उसके निशुल्क उपचार की व्यवस्था होगी। नसबन्दी के बाद जिन दम्पत्तियों के बालक का देहान्त हो गया है उनके लिये पुनः निशुल्क ऑपरेशन की व्यवस्था करने का निर्णय लिया गया।

भारत की जनसंख्या नीति की आलोचनाएँ (Criticism of India's Population Policy)- हमारे देश की जनसंख्या नीति जनसंख्या नियोजन के उद्देश्य से बनाई गई है परन्तु इस नीति की कई लोगों द्वारा कटु आलोचनाएँ की गई है। भारत की जनसंख्या नीति प्रमुख आलोचनायें निम्नलिखित हैं -

1. सैद्धान्तिक अधिक - भारत सरकार द्वारा घोषित जनसंख्या नीति सैद्धान्ति दृष्टि से तो काफी उपयुक्त लगती है किन्तु वर्तमान राजनैतिक एवं सामाजिक परिस्थितियों में इसे लागू करना अव्यावहारिक है। सभी वर्गों व धर्म के अनुयायियों पर समान रूप से लागु नही की जा सकती।

2. लक्ष्य बहुत ऊंचे - जन्म दर को सातवीं योजना के अन्त तक घटाकर 29 प्रति हजार करने के लिये देश के लगभग 42 प्रतिशत दम्पत्तियों को परिवार कल्याण कार्यक्रम की परिधि में लाने का लक्ष्य रखा गया हैं परन्तु वास्तविक दर इससे ऊँची ही रहने की सम्भावना है।

3. नीति का क्रियान्वयन अप्रभावी - जनसंख्या नीति भारत सरकार द्वारा तैयार की गई परन्तु राज्य सरकारें इसके क्रियान्वयन में तेजी नहीं ला सकी हैं। पर्याप्त अनुदान के अभाव में वे इसे लागू करने में विशेष रूचि नहीं लेती है।

4. जनसंख्या व यौन शिक्षा की उपेक्षा - इनको पाठयक्रम में सम्मिलित करने की ओर अभी तक कोई विशेष प्रगति नहीं हुई है।

5. मौद्रिक प्रलोभन अपर्याप्त - जनसंख्या नियन्त्रण के लिये मौद्रिक प्रलाभन की राशि पर्याप्त नहीं है। कभी कभी लोग आर्थिक लाभ के लिये नासमझों को धोखा दे देते हैं।

6. कथनी एवं करनी में अन्तर - सरकार की कथनी एवं करनी में काफी अन्तर होने के कारण वांछित सफलता प्राप्त करने में असमर्थता रही है।

7. अनिवार्यता का अभाव - भारत में जनसंख्या वृद्धि को रोकने के लिये अपनाये जाने वाले उपायों की अनिवार्यता नहीं है। उनको अपनाया जाना ऐच्छिक होने के कारण इस विकट समस्या से अभी तक नहीं निपटा जा सका है।

उपरोक्त आलोचनाओं के बावजूद भी यह कहा जा सकता है कि यदि राष्ट्रीय जनसंख्या नीति को कठोरता, कुशलता एवं सर्वोच्च प्राथमिकता स्तर पर लागू किया जाय तो इसके अच्छे परिणाम प्राप्त हो सकते हैं तथा लक्ष्यों की प्राप्ति भी सुगमता से की जा सकती है।

राष्ट्रीय जनसंख्या नीति -2000
(National PopulationPolicy-2000)

परिवार कल्याण कार्यक्रम के स्वरूप में काफी कुछ परिवर्तन किया गया है। अब इसमें केंन्द्र द्वारा निर्दिष्ट विशिष्ट लक्ष्यों के स्थान पर समुदाय पर आधारित विकेंद्रित योजना बनाई गई है। वर्तमान शिक्षा, पद्धति, सुचना प्रोद्योगिकी और सामाजिक-आर्थिक संक्रमण से लोगों में जागरूकता और उनकी आवश्यकताओं में वृद्धि हुई है। इन सभी बातों को ध्यान में रखते हुए यह जरूरी है कि एक राष्ट्रीय जनसंख्या नीति तैयार की जाए। इससे नए युग में परिवार कल्याण सेवाएं सुलभ कराने, जनआधिक्य प्रभाव का आकलन करने और मॉनीटरिंग करने के लिए उपयुक्त नीति बनाने में मदद मिलेगी।

15 फरवरी 2000 को भारत सरकार ने राष्ट्रीय जनसंख्या नीति की घोषणा की थी। यह नीति परिवार नियोजन सेवाओं को लागू करने में जनता की इच्छा को मानते हुए निश्चित लक्ष्यों से मुक्त रखने के दृष्टिकोण पर आधारित है। इस जनसंख्या नीति के मुख्य उद्देश्य इस प्रकार है -

(अ) गर्भनिरोधकों, स्वास्थ्य संरचना, स्वास्थ्यकर्मियों की आवश्यकताओं की ओर ध्यान देना तथा आधारभूत पुनरूत्पादनीय एवं बाल स्वास्थ्य के बारे में समन्वित सेवा प्रदान करना।

(ब) कुल प्रजनन दर को कम करके वर्ष 2010 तक 2.1 की प्रतिस्थापन दर तक लाना।

(स) स्थायी आर्थिक विकास, सामाजिक विकास और पर्यावरण की सुरक्षा को जरूरतों के अनुरूप स्तर पर वर्ष 2045 तक एक स्थिर जनसंख्या को हासिल करना।

राष्ट्रीय जनसंख्या आयोग का गठन कर दिया गया है। यह आयोग राष्ट्रीय जनसंख्या नीति के कार्यान्वयन की देखरेख तथा उसे मॉनिटर करेगा। राष्ट्रीय जनसंख्या नीति के अंतर्गत निर्धारित उद्देश्यों को सुसाध्य बनाने के लिए, स्वास्थ्य और परिवार कल्याण मंत्रालय में एक अधिकार-संपन्न कार्यदल गठित किया गया है।

जनसंख्या नीति के सम्बन्ध में सुझाव (Suggestions to make Population Policy Successful)- भारत की जनसंख्या नीति को प्रभावी बनाने के लिये अग्रलिखित सुझाव दिये जा सकते हैं:

1. जन्म दर कम करना - आज भारत जनसंख्या विस्फोट की स्थिति से गुजर रहा है। इस स्थिति में राष्ट्रव्यापी परिवार नियोजन को लागू करके जन्म दर 25 प्रति हजार किये जाने का लक्ष्य निर्धारित किया जाना चाहिये।

2. स्वेच्छा से प्रेरित होना - परिवार कल्याण कार्यक्रम स्वेच्छा से प्रेरित करने के लिये शिक्षा द्वारा उचित वातावरण तैयार किया जाना चाहिए। शिक्षा लोगों को छोटे परिवार का महत्व समझने के लिये अभिप्रेरित करती है।

3. अविवाहितों को रियायतें - अविवाहितों को आयकर में छुट तथा अन्य रियायतें दिये जाने की व्यवस्था की जानी चाहिये। इसको भी जनसंख्या नीति का एक अंग बनाया जाना चाहिये।

4. जनसंख्या नीति का कठोरता से पालन - जनसंख्या नीति एक आदर्श बन कर रह जाती है। नीति के सफल क्रियान्वीकरण की अत्यन्त आवश्यकता होती है।

5. परिवार नियोजन की अन्य विधियों को अपनाना - जनसंख्या नीति के आधार पर ऑपरेशन पर अधिक जोर दिया गया है। इसमें आयुर्वेदिक, होम्योपैथिक आदि चिकित्सा प्रणालियों का लाभ भी उठाना चाहिये।

6. मौद्रिक एवं अन्य प्रेरणाओं का उपयोग - विद्वानों का मत है कि एक बच्चे के जन्म को रोकने के लिये सरकार जितना व्यय करती है उससे ज्यादा वह उसके जन्म से होने वाले नुकसान से बचती है। अत: परिवार नियोजन पर प्रति व्यक्ति व्यय बढ़ाकर जन्म दर को घटाना अधिक श्रेयस्कर होगा।

7. शिशु मृत्यु दर में कमी - भारत में शशु मृत्यु दर ऊँची होने के कारण लोग नसबन्दी कराने में डरते हैं। बच्चों की मृत्यु दर कम करने के लिये पर्याप्त और ऊँचे स्तर की व्यक्तिगत स्वच्छता विशेष से महत्वपूर्ण है।

8. सुविधाओं का विस्तार - ऑपरेशन आदि पर जोर दिये जाने के बाद भी डॉक्टरों का प्रबन्ध और ऑपरेशन के आधुनिक औजारों एवं थियेटरों का अधिक विस्तार नहीं किया गया है। अत: इस सुविधा का विस्तार सभी क्षेत्रों में समान रूप से किया जाना चाहिये।

9. पूर्ण जन सहयोग - देश के सभी वर्गों का सहयोग लिये बिना जनसंख्या नीति का सफल क्रियान्वीकरण नहीं किया जा सकता। जनसहयोग के अभाव में वांछित उद्देश्य प्राप्त करना कठिन होगा।

10. सामग्री का सस्तें मूल्यों पर वितरण - परिवार नियोजन सामग्री सस्तें मूल्यों पर वितरित की जानी चाहिये। निर्धनतम लोगों को तो यदि नि:शुल्क उपलब्ध कराये जाने की व्यवस्था की जा सके तो सर्वोत्तम रहेगा।

जनसंख्या विस्फोट
(Population Explosion)

किसी राष्ट्र के लिए जनसंख्या एक वरदान तथा अभिशाप दोनों ही है। आवश्यकता से अधिक जनसंख्या संसाधनों के विनाश तथा आवश्यकता से कम जनसंख्या संसाधनों के बेकार पड़े रहने का द्योतक है। अत: आदर्श स्थिति जनसंख्या का उचित आकार है। विश्व में बहुत कम ऐसे राष्ट्र है जो उचित जनसंख्या के आदर्श को प्राप्त कर चुके है। अधिकांश राष्ट्र जनसंख्या के संसाधनों की तुलना में आधिक्य अथवा संसाधनों की तुलना से कमी से पीड़ित है। यदि मोटे रूप में देखा जाय तो विश्व के अधिकांश राष्ट्र प्रथम स्थिति, अर्थात संसाधनों की

तुलना में जनसंख्या के आधिक्य में है। जनसंख्या विस्फोट का अभिप्राय एक ऐसी स्थिति से है जिसमें जन्म दर तथा मृत्यु दर में बहुत अधिक अन्तर हो जाने के फलस्वरूप जनसंख्या वृद्धि दर में विस्फोटक स्थिति उत्पन्न हो जाती है। जनसंख्या विस्फोट की स्थिति उस समय भी उपस्थित हो जाती है जब किसी देश की जनसंख्या का आकार इतना बड़ा हो जाए और भविष्य में भी उसमें इतनी तेजी से वृद्धि हो कि वह देश अपने वर्तमान साधनों द्वारा अपने लागों की अनिवार्य आवश्यकताओं को भी ठीक से पूरा न कर पाए।

भारत में जनसंख्या वृद्धि की अवधि को निम्न तीन भागों में विभक्त किया जा सकता है। इस विभाजन से जनसंख्या विस्फोट की स्थिति को स्पष्ट किया जा सकता है:

1. गतिहीन जनसंख्या की अवधि
2. स्थिर गति से बढ़ती हुई जनसंख्या की अवधि (1921–1951)
3. जनसंख्या विस्फोट की अवधि (1951–1981)
4. तेजी से बढ़ती हुई जनसंख्या परन्तु वृद्धि दर में कमी होने की अवधि

भारत में जनसंख्या वृद्धि एक अत्यन्त गम्भीर समस्या स्वीकार की जाती है। भारत में जनसंख्या विस्फोट की स्थिति को स्पष्ट करने हेतु विगत वर्षों में घटित हुई जनसंख्या वृद्धि की दर का अध्ययन करना आवश्यक है। उपर्युक्त वर्णित तीनों अवधियों का अध्ययन करने के पश्चात भारत में जनसंख्या विस्फोट की स्थिति को सुगमता पूर्वक समझा जा सकता है। भारत में जनसंख्या आकार तथा वृद्धि का तालिका 1 में प्रस्तुत आंकड़ों की सहायता से अध्ययन कर जनसंख्या विस्फोट की अवधि को दर्शाया जा सकता है।

तालिका 1

भारत की जनसंख्या का आकार तथा वृद्धि

वर्ष	जनसंख्या (करोड़)	वृद्धि या कमी (करोड़)
1891	23.87	—
1901	23.83	—0.04
1911	25.21	1.38
1921	25.14	—0.07

महान विभाजन वर्ष

वर्ष	जनसंख्या (करोड़)	वृद्धि या कमी (करोड़)
1931	27.90	2.76
1941	31.86	3.96
1951	36.10	4.24

जनसंख्या विस्फोट का वर्ष

वर्ष	जनसंख्या (करोड़)	वृद्धि या कमी (करोड़)
1961	43.92	7.82
1971	54.81	10.89
1981	68.33	13.52
1991	84.63	16.30
2001	102.7	18.07

Source : Census of India 2001, Statistical Outline of India 2002

1. गतिहीन जनसंख्या की अवधि (1891 से 1921)

इस अवधि में भारत की जनसंख्या में एक गतिहीन वृद्धि अनुभव की गयी। इन तीन दशकों में भारत की जनसंख्या में केवल 1.27 करोड़ की वृद्धि निम्न प्रकार घटित हुई।

1. 1891 से 1901 - इस दशक में जनसंख्या में 4 लाख की कमी हुई। इसका मुख्य कारण यह था कि इन वर्षों में देश के विभिन्न भागों में अकाल, प्लेग, मलेरिया आदि महामारियों के कारण बहुत से लागों की मृत्यु हो गई।

2. 1901 से 1911 - इस दशक में जनसंख्या में 1.38 लाख की वृद्धि हुई। इसका मुख्य कारण यह था कि इस अवधि में अकाल इत्यादि नहीं पड़े तथा मृत्यु दर कम रही।

3. 1911 से 1921 - इस दशक में जनसंख्या 7 लाख कम हो गई। इसका मुख्य कारण अकाल, प्लेग, हैजा और मलेरिया आदि महामारियाँ थीं। 1918 में इन्फलूएन्जा की महामारी से 140 लाख लोग मृत्यु का शिकार हो गये।

2. स्थिर गति से बढ़ती हुई जनसंख्या की अवधि (1921-1951)

भारत में 1921 के पश्चात जनसंख्या अत्यन्त स्थिर गति से बढ़ने की प्रवृत्ति दर्शाती है। भारत में 1921 में जनसंख्या में जो वृद्धि की प्रवृत्ति का प्रदर्शन किया वह कुछ अर्थ में आज तक विद्यमान है। इसी कारण जनसंख्या आयोग ने 1921 को महान विभाजन वर्ष (Year of Great Divide) कहा है। इस अवधि के दौरान भारत की जनसंख्या में हुई वृद्धि की प्रवृत्ति को निम्न प्रकार दर्शाया जा सकता है।

(i) **1921 से 1931 तक की अवधि** (Period from 1921-1931) -इस दशक में भारत की जनसंख्या में 276 लाख की वृद्धि हुई । यह वृद्धि इससे पूर्व 30 वर्षों में होने वाली वृद्धि में सर्वाधिक रही।

(ii) **1931 से 1941 तक की अवधि** (Period from 1931-1941) - इस दशक में जनसंख्या में 3.96 करोड़ की वृद्धि हुई। इस दशक के अन्तर्गत जनसंख्या वृद्धि की दर 11 प्रतिशत से बढ़कर लगभग 14 प्रतिशत हो गयी।

(iii) **1941 से 1951 तक की अवधि** (Period from 1941-1951) - इस दशक में भारत की जनसंख्या में 4.24 करोड़ की वृद्धि हुई। इस अवधि में ब्रिटेन की कुल जनसंख्या के लगभग बराबर ही भारत की जनसंख्या में वृद्धि हुई। इस अवधि में जनसंख्या वृद्धि की दर कुछ कम रही क्योंकि देश के विभाजन के कारण साम्प्रदायिक दंगों में अत्यधिक मानव जीवन की हानि हुई ।

3. जनसंख्या विस्फोट की अवधि

(Period from 1951 to 1981)

विकास एक सतत प्रक्रिया है। विकास की प्रक्रिया के प्रारम्भ में नागरिकों के जीवन स्तर में कुछ सुधार होना एक आवश्यक प्रवृत्ति है। शिक्षा में वृद्धि के परिणाम स्वरूप अंधविश्वास कम होता है तथा सरकार भी प्लेग, मलेरिया, हैजा, चेचक आदि की रोकथाम के उपाय करती है। इन सब का संयुक्त प्रभाव मृत्यु दर में भारी कमी होने के रूप में सामने आता है। किन्तु यदि कोई समाज कृषि प्रदान है और शिक्षा का विस्तार बड़े पैमाने पर संभव नहीं होता तो परिवार के आकार के सम्बन्ध में लोगों के दृष्टिकोण में किसी प्रकार का परिवर्तन दिखायी नहीं देता है। इन सब कारणों से जन्म दर ऊंची रहती है। इस स्थिति में जनसंख्या बहुत तेजी के साथ बढ़ती है। प्रायः इस स्थिति में वार्षिक जन्म दर लगभग 40 प्रति हजार और मृत्यु दर लगभग 15 प्रति हजार होती है। इसका स्पष्ट अर्थ यह हुआ कि इस स्थिति में जनसंख्या वृद्धि की दर लगभग 2.5 प्रतिशत वार्षिक रहती है। अर्थशास्त्री इसे ही **''जनसंख्या विस्फोट''** (Population Explosion) की स्थिति कहते है।

भारत में इस अवधि, अर्थात 1951 से 1981 तक की अवधि में जनसंख्या वृद्धि की दर अत्यन्त विकट हो गयी जिसके कारण इसे जनसंख्या विस्फोट की अवधि कहा जाता है। इस अवधि के दौरान भारत में हुई जनसंख्या वृद्धि की दर की विवेचना निम्न प्रकार प्रस्तुत की जा सकती है।

(1) 1951 से 1961 - यह वह अवधि है जिसके दौरान भारत में जनसंख्या वृद्धि की दर सर्वाधिक दर्ज की गई। इसी कारण इसे विस्फोट (Exploision) का वर्ष भी कहते है। इस दशक के दौरान भारत की जनसंख्या 7.82 करोड़ बढ़ गई। भारत के विभाजन के कारण पाकिस्तान के हिस्से में जो जनसंख्या गयी थी, करीब करीब उसके बराबर जनसंख्या इस अवधि में बढ़ गयी। इस अवधि के दौरान जनसंख्या वृद्धि दर बहुत अधिक, अर्थात 21.6 प्रतिशत रही।

(2) 1961 से 1971 - इस अवधि में यद्यपि भारत की जनसंख्या में 10.89 करोड़ की वृद्धि हुई, किन्तु इस अवधि में वृद्धि की दर 2.2 प्रतिशत प्रति वर्ष आंकी गई।

(3) 1971 से 1981 - इस दशक भारत की जनसंख्या बढ़कर 68 करोड़ 33 लाख हो गयी। इस प्रकार इस दशक के अन्तर्गत जनसंख्या में 13 करोड़ 52 लाख अर्थात 2.1 प्रतिशत वृद्धि हुई।

4. तेजी से बढ़ती हुई जनसंख्या परन्तु वृद्धि दर में कमी होने की अवधि

इस अवधि के दौरान भारत की कुल जनसंख्या में तो यद्यपि वृद्धि हुई किन्तु वृद्धि दर में कमी होने की प्रवृति परिलक्षित हुई।

1. 1981 से 1991 - इस अवधि में भारत की जनसंख्या बढ़कर ८4 करोड़ 63 लाख हो गयी, यद्यपि वृद्धि की दर 2.1 प्रतिशत से गिरकर 1.9 प्रतिशत रह गयी।

2. 1991 से 2001 - सन. 2001 में भारत की जनसंख्या बढ़कर 102.7 करोड़ हो गयी। इस प्रकार इस दशक में भारत की जनसंख्या में लगभग 18.07 करोड़ की वृद्धि हुई। विगत दशक की तुलना में जनसंख्या वृद्धि की दर कम होकर 1.8 प्रतिशत रह गयी।

भारत में जनसंख्या विस्फोट की अवस्था
(The Stage of Population Explosion in India)

क्या भारत जनसंख्या विस्फोट की अवस्था से गुजर रहा है? भारतीय अर्थव्यवस्था से सम्बन्धित निम्नलिखित तथ्य इस बात को सिद्ध करते हैं कि वर्तमान में भारत जनसंख्या विस्फोट की अवस्था में हैं -

1. भू-क्षेत्र की तुलना में जनसंख्या का बड़ा आकार (Large size of population in comparison to Land-area) - भारत में विश्व की कुल जनसंख्या का लगभग 16.7 प्रतिशत का निवास है जबकि इसके पास विश्व के कुल भू-क्षेत्र का 2.4 प्रतिशत ही है। इस प्रकार भू-क्षेत्र की तुलना में भारत में जनसंख्या का काफी बड़ा आकार है। 2001 की जनगणना के अनुसार भारत की जनसंख्या लगभग 102.70 करोड़ थी। विश्व का प्रत्येक छठा व्यक्ति भारतीय है। जनसंख्या की दृष्टि से चीन के बाद भारत का ही स्थान है। अर्थात् जनसंख्या की दृष्टि से भारत विश्व का दूसरा सबसे बड़ा देश है। चीन और भारत की जनसंख्या मिलकर विश्व की जनसंख्या की लगभग 33 प्रतिशत है। एशिया की कुल जनसंख्या का एक चौथाई भाग (25 प्रतिशत) भारत में ही रहता है। इस प्रकार स्पष्ट है कि विश्व के विभिन्न देशों की तुलना में भारत में जनसंख्या का आकार बहुत बड़ा है।

2. जनसंख्या की तीव्र वृद्धि-दर (Rapid rate of population increase) - भारत में जनसंख्या का आकार ही बड़ा नहीं है, बल्कि इसकी वृद्धि दर भी बहुत ऊँची है। 50 वर्षों की योजना-अवधि (1951-2001) में भारत की जनसंख्या लगभग तीन गुना हो गई। 1981-91 के दशक में जनसंख्या की औसत वार्षिक वृद्धि-दर 2.14 प्रतिशत थी जो घटकर 1991-2001 के दौरान 1.93 प्रतिशत हो गई। ऐसा अनुमान है कि भारत में एक मिनट में लगभग 40 व्यक्ति और एक वर्ष में 1.80 करोड़ व्यक्ति बढ़ जाते हैं। भारत प्रत्येक महीने में एक इजराइल, हर छः महीने में एक स्विट्जरलैण्ड और हर एक वर्ष में एक आस्ट्रेलिया उत्पन्न कर देता है। 1991-2001 के दशक में भारत की जनसंख्या में कुल वृद्धि ब्राजील की जनसंख्या के बराबर थी। ऐसा अनुमान है कि 2050 तक भारत चीन से भी आगे बढ़कर संसार का सर्वाधिक जनसंख्या वाला देश हो जाएगा।

3. जीवन की अनिवार्य आवश्यकताओं की समस्या (Problem of Basic Amenities of Life) -भारत में जनसंख्या इस गति से बढ़ रही है कि उसके लिए भोजन, पानी, आवास और चिकित्सा की मूलभुत आवश्यकताओं को जुटा पाना भी कठिन हो रहा है।

4. गरीबी, बेरोजगारी व निम्न रहन-सहन का स्तर (Poverty, Unemployment and Low Standard of Living) -देश में कृषि एवं औद्योगिक

उत्पादन की तुलना में जनसंख्या अधिक तेजी से बढ़ रही है। इसके परिणामस्वरूप प्रति व्यक्ति आय के बढ़ने की गति काफी धीमी है और उपभोग के लिए प्रति व्यक्ति वस्तुएँ भी पर्याप्त मात्रा में नहीं मिल पा रही हैं। इन सबके कारण देश की अत्यन्त बड़ी जनसंख्या को गरीबी, बेरोजगारी एवं निम्न रहन सहन के स्तर में जीवन निर्वाह करना पड़ रहा है।

उपर्युक्त वर्णित तथ्य पर्याप्त रूप में यह सिद्ध करते है कि भारत जनसंख्या विस्फोट की स्थिति में पंहुँच गया है।

भारत में तेजी से बढ़ती हुई जनसंख्या के दुष्प्रभाव
(Evil Effects of Fast Increasing Population in India)

भारत में तेजी से बढ़ती हुई जनसंख्या ने अनेक समस्याओं को जन्म दिया हैं। इस प्रवृत्ति के भविष्य में भी अनेक दुष्प्रभाव हो सकते हैं। इनमें से कुछ सम्भावित दुष्प्रभावों का संक्षेप में नीचे वर्णन किया गया है -

1. खाद्य समस्या (Food Problem) - जनसंख्या बढ़ने पर भी भूमि की मात्रा तो सीमित ही रहती है। अत: कई बार सम्पूर्ण जनसंख्या की आवश्यकता की तुलना में अनाज के कम उत्पादन की समस्या उत्पन्न हो जाती है।। भारत को कई बार खाद्य समस्या का सामना करना पड़ है। आज भारत में खाद्यान्नों की कमी तो नहीं हैं किन्तु आज देश की जनसंख्या के एक बड़े भाग को पर्याप्त एवं संतुलित आहार नहीं मिल पा रहा है।

2. बेरोजगारी (Unemployment) भारत में बढ़ती हुई बेरोजगारी का एक प्रमुख कारण तेजी से बढ़ती हुई जनसंख्या ही है। विभिन्न योजनाओं में रोजगार के अवसरों की व्यवस्था करने के बावजूद भी बेरोजगारों की संख्या बढ़ते जाना वास्तव में चिन्ता का ही विषय है। इससे देश की श्रमशक्ति का अपव्यय होता है तथा बेरोजगार युवकों में उत्पन्न तनावों के कारण सम्पूर्ण अर्थव्यवस्था के अस्तित्व के लिये खतरा उत्पन्न हो जाता है।

3. अनुत्पादक उपभोक्ताओं का भार (Buren of Unproductive Consumers) - जनसंख्या वृद्धि के कारण अनुत्पादक उपभोक्ताओं की संख्या में वृद्धि होती जाती है। अनुत्पादक उपभोक्ताओं में उन्हें सम्मिलित किया जाता है जो उपभोग तो करते हैं किन्तु उत्पादन में कोई योगदान नहीं देते जैसे 14 वर्ष से कम आयु के बच्चे एवं 60 वर्ष से अधिक आयु के बुढ़े। इसके अतिरिक्त अपंग, असहाय, बीमार एवं बेरोजगार जनसंख्या भी अनुत्पादक उपभोक्ताओं की श्रेणी में ही आती हैं। हमारे देश में यह अनुपात बहुत ऊँचा है और लगातार बढ़ता ही जा रहा है।

4. भूमि से सम्बन्धित समस्याएं (Problems Relating to Land) -जनसंख्या बढ़ने के कारण भूमि पर जनसंख्या का भार निरन्तर बढ़ता जा रहा है। इसके परिणामस्वरूप औसत जोत का आकार घट रहा है और अनार्थिक जोत की समस्या उत्पन्न हो गई है। इसी प्रकार, उपविभाजन एवं अपखण्डन की समस्या भी उत्पन्न हो रही है।

5. पूँजी निर्माण में कमी (Low Capital Formation) - जनसंख्या में तेजी से वृद्धि होने पर उपभोग व्यय बढ़ने तथा बचत कम हो जाने की प्रवृत्ति दृष्टिगत होती है। सरकार को भी सार्वजनिक आवश्यकताओं की पूर्ति के लिए पहले की अपेक्षा में अधिक सार्वजनिक

व्यय करना पड़ता है। इसके फलस्वरूप व्यक्तिगत और सार्वजनिक बचत कम हो जाती है। इससे देश में पूंजी निर्माण की दर भी घट जाती है। पूँजी-निर्माण की दर घट जाने से आर्थिक विकास पर भी बुरा प्रभाव पड़ता है।

6. निम्न रहन सहन स्तर (Low Standard of Living) -जनसंख्या में तेजी से वृद्धि होने के कारण उपभोग के लिए प्रति व्यक्ति कम वस्तुएँ उपलब्ध हो पाती है और साथ ही रहन सहन का स्तर भी धटता जाता है। भारत में जनसंख्या वृद्धि के कारण आवास, चिकित्सा, सफाई, पानी व बिजली, महँगाई, नगरों में गंदी बस्तियों का निर्माण, नैतिक मूल्यों में गिरवाट आदि कई निरन्तर वृद्धि आम बात होती जा रही है। कुल मिलाकर डत्पादन में जितनी वृद्धि होती है, उसकी तुलना में उपभोग करने वाले लोगों की संख्या काफी बढ़ जाती है। इसके परिणामस्वरूप देश के लोगों का रहन सहन का स्तर गिरने लगता है।

7. निम्न प्रति व्यक्ति आय (Low Per Capita Income) -भारत में स्वतन्त्रता के पश्चात् राष्ट्रीय आय में जिस दर से वृद्धि हुई है, प्रति व्यक्ति आय में उस दर से वृद्धि सम्भव नहीं हो हुई। इसका कारण जनसंख्या बढ़ना ही रहा है। उदाहरण के लिए सम्पूर्ण योजना अवधि के दौरान राष्ट्रीय आय में औसत वार्षिक वृद्धि 4 प्रतिशत की दर से हुई किन्तु इस अवधि में जनसंख्या में वृद्धि होने के कारण प्रति व्यक्ति आय में केवल 2.3 प्रतिशत प्रतिवर्ष की दर से ही वृद्धि सम्भव हो सकी। अत: भारत में निम्न प्रति व्यक्ति आय के लिए भी जनसंख्या की तीव्र वृद्धि ही उत्तरदायी है।

8. महिलाओं पर बुरा प्रभाव (Adverse Effects on Ladies) बार-बार बच्चों को जन्म देने के कारण माताओं के स्वास्थ्य पर बुरा प्रभाव पड़ता है। बच्चों के लालन-पालन के अतिरिक्त महिलाएँ परिवार के बाहर अन्य किसी भी सामाजिक कार्य में हिस्सा नहीं ले पाती। वे तनावों व दबावों में जीने को विवश होती हैं। अत: जनसंख्या के तेजी से बढ़ने का महिलाओं के स्वास्थ्य, रहन सहन एवं उनकी सामाजिक भूमिका पर भी बुरा प्रभाव पड़ता है।

9. आर्थिक विकास पर बुरा प्रभाव (Adverse Effects on Economic Development) - भारत में आर्थिक विकास के मार्ग में जनसंख्या का तेजी से बढ़ना आज सबसे बड़ी बाधा है। आर्थिक विकास पर जनसंख्या का बढ़ता भार अनेक रूपों में परिलक्षित हुआ है। इसके कारण कृषि जोतों का आकार घटता जा रहा है, भूमि पर जनसंख्या का दबाव बढ़ता जा रहा है। बेरोजगारी व छुपी हुई बेरोजगारी की समस्या की स्थिति भी बनी हुई है। बचत व निवेश में पर्याप्त मात्रा में वृद्धि नहीं हो पा रही। परिवहन व संचार साधनों और ऊर्जा के स्रोतों पर लगातार दबाव बढ़ता जा रहा है। प्राकृति संसाधन तथा उत्पादन बढ़ती हुई जनसंख्या की आवश्यकताओं के लिए कम पड़ रहे हैं। शिक्षा, स्वास्थ्य एवं जीवन की अन्य अनिवार्य आवश्यताओं के पूरा न होने से श्रम की उत्पादकता पर विपरीत प्रभाव पड़ा है। इन सब कारणों से आर्थिक विकास की गति त्वरित नहीं हो रही है। जो कुछ थोड़ा बहुत प्रयास किया जाता है, उसे बढ़ी हुई जनसंख्या छीन लेती है और देश की अर्थव्यवस्था वहीं-की-वहीं खड़ी रह जाती है। जनसंख्या विस्फोट के इन सब दुष्प्रभावों के कारण ही यह कहा जाता है कि भारतीय अर्थव्यवस्था की समस्त समस्याओं का कारण जनसंख्या विस्फोट है।

भारत में जनसंख्या विस्फोट का समाधान

(Remedial Measures for Population Explosion)

उपयुक्त विवेचन से यह स्पष्ट है कि भारत में जनसंख्या विस्फोट की समस्या अत्यन्त गम्भिर है। जनसंख्या वृद्धि को नियन्त्रित करने की दिशा में प्रभावी प्रयास आवश्यक है। यदि जनसंख्या विस्फोट, जो कि जनसंख्या वृद्धि की समस्या की सर्वोच्च सीमा है, कि समस्या से निबटने हेतु समय रहते सार्थक प्रयास नहीं हुए तो भविष्य में उत्पन्न होने वाली भयंकर स्थिति की कल्पना भी नही कि जा सकती है। भारत में जनसंख्या विस्फोट की समस्या के समाधान के लिए एक साथ दो दिशाओं में प्रयास किये जाने आवश्यक है —(क) आर्थिक विकास एवं (ख) जन्म-दर नियन्त्रण।

(क) आर्थिक विकास (Economic Development) - किसी भी देश की जनसंख्या की समस्या का स्थायी एवं दीर्घकालीन हल उस देश के तीव्र आर्थिक विकास पर ही निर्भर करता है। इस दृष्टि से यह आवश्यक है कि देश के कृषि एवं उद्योग दोनों क्षेत्रों में उत्पादन एवं उत्पादकता बढ़ाने के सजग उपाय किये जायें। देश के प्रत्येक भाग में कुटीर एवं लघु उद्योग के विकास की विशेष योजनाएँ तैयार कि जाय। इस नीति के फलस्वरूप शहरी क्षेत्र में बेरोजगारी कम होगी और भूमि पर से जनसंख्या का दबाव भी घटेगा। चूंकि गरीबी स्वयं ही जनसंख्या वृद्धि का एक बहुत बड़ा कारण होती है, इसीलिए आर्थिक विकास को सर्वोत्तम गर्भ निरोधक कहा जाता है।

(ख) जन्म-नियन्त्रण के उपाय (Measures of Birth Control) -निःसन्देह जनसंख्या की समस्या के समाधान के लिए आर्थिक विकास एक महत्वपूर्ण उपाय है किन्तु इसकी अपनी सीमाएँ है। भारत में केवल आर्थिक विकास के माध्यम से जनसंख्या वृद्धि की समस्या निपट जाय, यह सम्भव नहीं लगता है। वास्तविकता तो यह है कि इस गति से बढ़ती हुई जनसंख्या आर्थिक विकास अगतिशील बना देती है। अत: हमें आर्थिक विकास के साथ साथ जन्म दर को नियंत्रित करने के उपाय भी करने होंगे। इस दृष्टि से अपनाए जा सकने वाले कुछ प्रमुख उपाय निम्नलिखित हो सकते हैं:

1. देरी से विवाह (Late Marriages) - विवाह की आयु में वृद्धि करके हम जन्म दर पर कुछ सीमा तक नियन्त्रण स्थापित किया जा सकता है। ऐसा अनुमान है कि यदि भारत में सभी लड़कियों का विवाह 20 वर्ष से अधिक आयु में किया जाए तो जन्म दर में 15 से 30 प्रतिशत तक की कमी हो सकती है।

2. शिक्षा (Education) -शिक्षित व्यक्तियों में अपने आप ही परिवार को सीमित रखने की भावना आ जाती है। अनेक अध्ययनों से यह बात सिद्ध हुई है कि सामान्य तौर पर शिक्षा का स्तर बढ़ने के साथ साथ बच्चों की संख्या घटती जाती है। शिक्षित व्यक्ति परिवार नियोजन के विभिन्न उपायों को आसानी से समझ सकते हैं एवं प्रयोग कर सकते है। इसके लिए हमें विशेष रूप से महिलाओं व प्रोढ़ों में शिक्षा का विस्तार करना होगा तथा शिक्षा के पाठ्यक्रम में परिवार नियोजन की शिक्षा को भी जोड़ना होगा।

3. उच्च रहन-सहन स्तर (High Standard of Living) -जनसंख्या वृद्धि की दर को प्रभावी रूप से नियन्त्रण करने हेतु लोगों में उच्च रहन सहन के स्तर की आकांक्षा

उत्पन्न करने एवं उनके स्तर को ऊँचा उठाने का प्रयास करना चाहिए। रहन सहन के स्तर में सुधार की चाह उत्पन्न होने पर व्यक्ति अपने-आप ही अपने परिवार को छोटा रखने लग जाता है।

4. स्त्रियों की स्थिति में सुधार (Improvement in the Status of Women) -स्त्रियों को संतान उत्पन्न करने एवं उनके लालन-पालन के कार्यों तक ही सीमित न रखकर घर की चारदीवारी के बाहर सामाजिक कार्यों में सक्रिय हिस्सा लेने के लिए प्रेरित किया जाना चाहिए। उन्हें आर्थिक आधार पर स्वतंत्र होने में भी समर्थन प्रदान किया जाना चाहिए। इस परिवर्तन के आने पर महिलाएँ स्वयं कम संतान उत्पत्ति हेतु प्रेरित होगी।

5. सामाजिक दृष्टिकोण में परिवर्तन (Change in the Social Outlook) -भारत में सामाजिक विचारधारा एवं दृष्टिकोण को भी जन्म दर नियंत्रण के अनुकूल बनाना होगा। इसके लिए बच्चों को केवल भगवान की देन समझने, स्त्रियों को केवल सन्तानोत्पत्ति का साधन मानने, बड़े परिवार को प्रतिष्ठा का सूचक मानने, लड़के और लड़की में अन्तर रखने आदि मान्यताओं में बदलाव लाना आवश्यक है।

6. सामाजिक सुरक्षा (Social Security) -सामाजिक सुरक्षा का अभाव भी कई बार ऊँची जन्म-दर के लिए उत्तरदायी होता है। भारत में बच्चों को बुढ़ापे का सहारा माना जाता है। अत: समाजिक तथा वृद्धा अवस्था सुरक्षा के श्रेष्ठ उपाय करने होंगें। इसके साथ ही वृद्धावस्था में चिकित्सा व अन्य सुविधाएँ प्रदान करने व उनकी उचित देखभाल व्यवस्था के द्वारा भी जन्म दर घटाने में सहायता मिल सकती है।

7. अन्य उपाय (Other Measures) -भारत में जनसंख्या वृद्धि की दिशा में किये गये उपर्युक्त वर्णित उपायों के अतिरिक्त नगरीकरण एवं मनोरंजन सुविधाओं में विस्तार करने से भी जन्म दर घटाने में सहायता मिल सकती है। भारत में प्राचीन काल से ही ब्रह्मचर्य के पालन एवं आत्मसंयम पर बड़ा बल रहा है। अत: इस भावना को पुन: जागृत किया जाना चाहिए।

8. परिवार नियोजन (Family Planning) - जन्म दर को कम करने वाले उपर्युक्त वर्णित उपाय स्वायत्त उपाय कहलाते है। किन्तु भारत में केवल इन उपायों को अपना जनसंख्या वृद्धि को नियन्त्रित नहीं किया जा सकता। इस समस्या पर प्रभावी नियन्त्रण हेतु जन्म दर कम करने के लिए सोच-समझकर चुने गए कृत्रिम एवं वैज्ञानिक उपायों को भी अपनाना होगा। इस प्रकार के उपयों द्वारा जन्म दर नियंत्रण के लिए प्रारम्भ की गयी योजना को परिवार नियोजन कार्यक्रम कहा जाता है।

भारत में जन्म-नियंत्रण की दृष्टि से सर्वाधिक प्रभावी उपाय परिवार नियोजन ही है। चीन में एक बच्चे के आदर्श को अपनाकर, सरकार ने जन्म दर लगभग 20 प्रति एक हजार तक लाने में सफलता पाई है। इसी प्रकार, श्रीलंका और थाइलैण्ड ने भी परिवार नियोजन की विधियों को अपनाकर जनसंख्या नियंत्रण में महत्वपूर्ण सफलता प्राप्त की है। अत: भारत द्वारा भी अपनी ऊँची जन्मदर की समस्या के समाधान के लिए पड़ोसी देशों के अनुभवों का लाभ उठाना अनुपयुक्त नहीं होगा। इसके लिए व्यापक स्तर पर गर्भनिरोधकों के प्रयोग और स्त्रियों की स्थिति में सुधार की ओर ध्यान देना होगा। इसी उद्देश्य को प्राप्त करने

के लिए, विशेषकर ग्रामीण एवं वनवासी क्षेत्रों में परिवार नियोजन केन्द्रों का एक बड़ा तंत्र विकसित करना होगा। लोगों को परिवार छोटा रखने के लिए प्रेरित करने के लिए आर्थिक प्रोत्साहनों एवं दंड की भी व्यवस्था विचार किया जाना भी अनुपयुक्त नहीं होगा।

भारत में जनसंख्या विस्फोट कि समस्या अत्यन्त गम्भिर है किन्तु उपर्युक्त वर्णित आर्थिक और सामाजिक उपयो में से किसी को भी परिवार नियोजन कार्यक्रम का हिस्सा नहीं बनाया गया है। भारत में सरकारी प्रयासों का अधिकांश महत्व परिवार नियोजन पर है। भारत में परिवार नियोजन को सरकारी नीति का अंग स्वीकार किया गया है। प्रथम दो पंचवर्षीय योजनाओं की अवधि में सरकार द्वारा परिवार नियोजन के प्रति जन साधारण की प्रतिक्रिया जानने के लिए कुछ अध्ययन किए गए है। इन अध्ययनों से यह तथ्य प्रकाश में आया कि भारत में कि भारत में शहरी और ग्रामीण क्षेत्रों में यद्यपि इसका बड़े पैमाने पर विरोध नहीं है लेकिन अभी जनसाधारण परिवार को सीमित करने के लिए अधिक प्रेरित नहीं है। शहरों में तो आज भी सामान्यत: तीन बच्चो का होना और ग्रमीण क्षेत्रों में चार बच्चों का होना उचित आदर्श समझा जाता है। बच्चों के जन्म के बीच में तीन से चार वर्षो का अन्तर उचित माना जाता है। चार से अधिक बच्चों की माताएं और 35 से अधिक आयु वाली स्त्रियां परिवार नियोजन में अधिक रूचि लेती है। गांवों में भी यद्यपि परिवार के वृद्ध सदस्य परिवार नियोजन का विरोध नहीं करते, परन्तु संकोच के कारण युवा दम्पत्ति खुलकर इसमें रूचि नहीं दिखाते। परिवार नियोजन को सबसे अधिक सफलता शिक्षित और सम्पन्न वर्गो से प्राप्त हुई है। मजदूर तथा किसान वर्ग के लोग कृत्रिम निरोधों को मुफ्त प्राप्त करना चाहते है। शहरों में आवास की समस्या के कारण भी संतती निरोध के लिए काफी प्रेरणा मिलती है। खाद्य समस्या और जनसंख्या विस्फोट द्वारा उत्पन्न संकट में एक दूसरे से पृथक किया जाना सम्भव नहीं है। यद्यपि आर्थिक नियोजन के प्रारम्भिक दस वर्षों में परिवार नियोजन पर ज्यादा ध्यान नहीं दिया गया। भारत में पंचवर्षीय योजनाओं के अन्तर्गत विकास हेतु तथा विकास कार्य में बाधक क्षेत्रों में सुधार हेतु सार्थक प्रयास किये गये।

पंचवर्षीय योजनाओं के अन्तर्गत परिवार नियोजन

(Family Planning Under Five Year Plans)

जनसंख्या नियन्त्रण हेतु परिवार नियोजन की सफलता हेतु विभिन्न पंचवर्षीय योजनाओं में इस प्रकार प्रयास किये गये।

प्रथम चार योजनाएँ (First Three Plans) - प्रथमपंचवर्षीय योजना में परिवार नियोजन के कार्यक्रमों पर कुल 65 लाख रूपया व्यय किया गया। द्वितीय पंचवर्षीय योजना में भी परिवार नियोजन सम्बन्धि नीति में कोई महत्वपूर्ण परिवर्तन नहीं हुआ और केवल 5 करोड़ रूपये व्यय किया गया। प्रथम दो पंचवर्षीय योजनाओं की अवधि में शहरों में 549 और ग्रामीण क्षेत्रो में 1,100 परिवार नियोजन केन्द्र स्थापित किये गये। इसके अतिरिक्त 1,864 ग्रामीण और 330 शहरी अस्पतालों अथवा स्वास्थ्य केन्द्रों में भी परिवार नियोजन सम्बन्धी सुविधाएं प्रदान की गई। देश की विशलता और समस्या की गम्भीरता को देखते हुए यह अत्यन्त अपर्याप्त था। तृतीय योजना अवधि में परिवार नियोजन सम्बन्धी कार्यक्रमों पर 27 करोड़ रूपये व्यय करने की व्यवस्था की गई थी। किन्तु वास्तविक व्यय केवल 24.86 करोड़ रूपये ही हुआ। योजना काल में राज्य स्तर पर सभी राज्यों में और जिला स्तर पर 199 जिलों

में परिवार नियोजन ब्यूरों गठित किए गए। 1960 में तृतीय योजना की समाप्ति के समय 1,381 नगर परिवार कल्याण आयोजन केन्द्र और 3,676 ग्रामीण परिवार कल्याण आयोजन केन्द्र कार्य कर रहे थे। इनके अतिरिक्त ग्रामीण क्षेत्रों में 7,081 उप परिवार कल्याण आयोजन केन्द्र भी संचालित थे। इन कल्याण केन्द्रों का कार्य परिवार नियोजन के सम्बन्ध में सलाह के अतिरिक्त संतति निरोध के लिए आवश्यक सेवाएँ भी प्रदान करना है। तृतीय योजना काल में परिवार नियोजन प्रशिक्षण केन्द्रों की संख्या 28 हो गई थी, जिनमें 7,641 व्यक्तियों के लिए परिवार नियोजन सम्बन्धी पूरे प्रशिक्षण की व्यवस्था थी। इसके अतिरिक्त 34,484 व्यक्ति अल्पकालीन प्रशिक्षण प्राप्त कर सकते थे। सात जनांकिकी केन्द्रों में शोध कार्य की भी व्यवस्था प्रदान की गई थी।

अप्रैल 1966 में केन्द्र और राज्य सरकारों के जनसंख्या नियन्त्रण सम्बन्धी प्रयासों में तालमेल बैठाने के उद्देश्य से परिवार नियोजन का एक अलग विभाग स्थापित किया गया है। ग्रामीण क्षेत्रों में परिवार नियोजन के कार्यक्रम की प्रगति संतोषजनक नहीं है। इसका प्रधान कारण गांवों में कार्य करने के लिए इच्छुक प्रशिक्षित कर्मचारियों का अभाव है। 1966 से 1969 तक सरकार ने परिवार नियोजन के कार्यक्रमों पर लगभग 75 करोड़ रूपया व्यय किया जो पहली तीन योजनाओं में कुल व्यय का ढाई गुना था। चौथी योजना के अन्तर्गत परिवार कार्यक्रमों पर 280 करोड़ रूपए व्यय किए गए।

अत: परिवार नियोजन के कार्यक्रमों को प्रथम दो योजनाओं में कोई महत्वपूर्ण स्थान प्राप्त नहीं था, परन्तु तृतीय योजना और उसके बाद इस ओर विशेष ध्यान दिया गया है। इसके बावजूद भी जहाँ तक जन्म दर नियन्त्रण का प्रश्न है, वह ज्यादा नीची नहीं आई है। इसका कारण यह रहा है कि परिवार नियोजन के कार्यक्रम को तैयार करने के लिए जितनी जानकारी आवश्यक है, उसका भारत में अभी अभाव है।

पॉचवी योजना (Fifth Plan) - पांचवी पंचवर्षीय योजना में परिवार कल्याण नियोजन के कार्यक्रम को प्राथमिकता क्रम में उतना ही ऊँचा स्थान प्रदान किया गया जितना कि चौथी योजना प्रदान किया गया। में था। इस कार्यक्रम पर 516 करोड़ रूपये व्यय किए गए। इस योजना के अन्तर्गत जन्म दर को 1978-79 तक 30 हजार प्रति हजार लाने का लक्ष्य रखा गया था, परन्तु इस दिशा में सफलता नहीं मिली। पांचवी योजना में परिवार नियोजन कार्यक्रम का स्वास्थ्य एवं चिकित्सा कार्यक्रमों के साथ तालमेल बैठाने का प्रयास किया गया था।

पांचवी योजना में परिवार नियोजन सम्बन्धी नीति की कुछ उल्लेखनीय बातें निम्नलिखित थीं :

(1) परिवार नियोजन कार्यक्रम को जन स्वास्थ्य, मातृत्व एवं बाल स्वास्थ्य तथा पोषण सम्बन्धी कार्यक्रमों के साथ समाविष्ट कर दिया गया। अत: एक ही कार्यक्रम से जुड़े हुए कर्मचारियों को बहु उद्देश्य कर्मचारियों में बदलने की व्यवस्था की गई, परन्तु साथ ही इन पर परिवार-नियोजन कार्यक्रमों पर विशेष ध्यान देते रहने का उत्तरदायित्व जारी रखा गया।

(2) लोगों की परिवार नियोजन कार्यक्रम में रूचि जागृत करने के लिए सामान्य शिक्षा, श्रमजीवी वर्ग की शिक्षा, स्वास्थ्य सम्बन्धी शिक्षण तथा विशिष्ट कल्याणकारी

कार्यक्रमों में भी तालमेल बैठाने हेतु सार्थक प्रयास किये गये। परिवार नियोजन के सम्बन्ध में चेतना का स्तर उठाने के लिए टेलीविजन और रेड़ियों का अधिकाधिक प्रयोग किया गया।

(3) जिन राज्यों में परिवार नियोजन सम्बन्धी कार्यक्रमों को अब तक अधिक सफलता नहीं मिली है, वहाँ पर परिवार नियोजन की अधिक सुविधाएँ प्रदान की गई।

(4) परिवार नियोजन कार्यक्रम को परिवार कल्याण कार्यक्रम के रूप में लागू करने की व्यवस्था की गई। अत: इसी कार्यक्रम में बाल मृत्यु दर घटाने की दिशा में भी प्रयत्न किए गए।

(5) जनसंख्या नियन्त्रण कार्यक्रमों की प्रभोवोत्पादकता के दृष्टिकोण से परिवार नियोजन कार्यक्रम में चयनात्मक दृष्टिकोण (Selective Approach) अपनाया गया था। इस दृष्टि से 25 से 35 वर्ष की आयु में आने वाले दम्पत्तियों की तरफ विशेष ध्यान दिया गया।

(6) परिवार नियोजन कार्यक्रम की सफलता योग्य तथा प्रशिक्षित कर्मचारियों की उपलब्धि पर निर्भर होती है। अत: कर्मचारियों के प्रशिक्षण के लिए क्षेत्रीय परिवार नियोजन केन्द्रों की सेवाओं का पूरा पूरा उपयोग करने की दिशा में प्रयास किये गए। इसके अतिरिक्त 40 नए नर्स दाई प्रशिक्षण स्कूल और 25 महिला स्वास्थ्य निरीक्षक प्रशिक्षण स्कूल खोलने की व्यवस्था पांचवी योजना में की गई।

छठी योजना (Sixth Plan) - छठी योजना के अन्तर्गत 1985 के लिए जन्म दर का लक्ष्य 30 प्रति हजार था। यदि यह लक्ष्य प्राप्त हो जाता तो जनसंख्या वृद्धि की दर 1.5 प्रतिशत के आस पास ही रहती और जनसंख्या की विस्फोटक स्थिति से छुटकारा मिल जाता। परन्तु इस लक्ष्य को प्राप्त कर पाना इतना सहज नहीं था। इसलिए छठी योजना में कुछ बुनियादो उपायों पर जोर दिया गया। इस श्रेणी में इस योजना में जिन उपायों का उल्लेख किया गया था, वे है विवाह की न्यूनतम आयु में वृद्धि, स्त्री शिक्षा, छोटे परिवार की उपयुक्तता का प्रचार, परिवार नियोजन की विधियां से सम्बन्धीत शोध कार्य और व्यक्तियों, समुहों और समुदायों को परिवार नियोजन के सम्बन्ध में प्रेरणा देना। छठी पंचवर्षीय योजना में परिवार नियोजन कार्यक्रम को परिवार कल्याण कार्यक्रम में बदल दिया गया। इस कार्यक्रम पर 1,010 करोड़ रूपये व्यय करने का प्रावधान था।

सातवीं योजना (Seventh Plan) - सातवीं योजना के अंतर्गत पुरूरुत्पादन वर्ग में आने वाले दम्पत्तियों में से 42 प्रतिशत को परिवार नियोजन विधियों को अपनाने के लिए प्रेरित करने का लक्ष्य रखा गया था। यह लक्ष्य प्राप्त कर पाना आसान नहीं था। इसके लिए जनचेतना का स्तर ऊंचा करना जरूरी है। लोगों को छोटे परिवार के लाभ समझाने होंगे और लड़कियों के प्रति भेदभाव को दूर करना होगा। सातवीं योजना में परिवार नियोजन कार्यक्रम की बुनियादी संरचना में सुधार कर कार्यक्रम को अधिक प्रभावी बनाने की प्रयास किये गये थे। अन्य पंचवर्षीय योजनाओं की तरह सातवीं पंचवर्षीय योजना के अंतर्गत परिवार कल्याण कार्यक्रमों पर व्यय की राशि अपर्याप्त ही थी। इस योजना में इन कार्यक्रमों पर 3,256 करोड़ रुपये व्यय करने की व्यवस्था की गई थी।

आठवीं योजना (Eighth Plan) - आठवीं पंचवर्षीय योजना में जनसंख्या वृद्धि की दर को जन सहयोग से नीचे लाना एक मुख्य उद्देश्य था। इसके लिए लोगों को विभिन्न

प्रकार से प्रेरित करने के कार्यक्रम लागू किए जाएंगे। परिवार नियोजन के लिए आवश्यक सुविधाएं प्रायः ग्रामीण क्षेत्रों में नहीं पहुँची है। इसलिए इन क्षेत्रों में परिवार नियोजन केन्द्र और उपकेन्द्र, प्राथमिक स्वास्थ्य केन्द्र और न्यूनतम आवश्यकता कार्यक्रम के अन्तर्गत सामुदायिक स्वास्थ्य केन्द्र खोले जाने का प्रस्ताव किया गया जिनमें परिवार नियोजन के लिए आवश्यक सेवाएं मिल सकेंगी। भारत में आगे आने वाले वर्षों में परिवार नियोजन स्वैच्छिक ही होगा और दम्पत्ति इस सम्बन्ध में स्वयं निर्णय लेने के लिए स्वतन्त्र होंगें।

नौंवी योजना (Ninth Plan) - इस योजना में परिवार कल्याण कार्यक्रमों पर 15,120 करोड़ रूपये व्यय करने का प्रावधान किया गया। इस योजना में परिवार कल्याण के जो प्रयास किये गये उनसे (अ) सन् 2001 तक जन्म दर कम होकर 26 प्रति हजार रह गई। (ब) मृत्यु दर 8 प्रति हजार हो गई। (स) शिशु मृत्यु दर कम होकर 70 प्रति हजार रह गइ। (द) परिवार नियोजन अपनाने वालों का प्रतिशत बढ़कर 46 प्रतिशत हो गया।

प्रश्न

1. भारत में जनसंख्या वृद्धि की प्रमुख प्रवृत्तियाँ बतलाइये। जनसंख्या वृद्धि के कारण आर्थिक विकास किस प्रकार कठिन हो गया है।
2. भारतीय जनगणना 2001 के अनुसार भारतीय जनसंख्या की प्रमुख विशेषताएँ बतलाइये।
3. भारत की वर्तमान जनसंख्या नीति की आलोचनात्मक व्याख्या कीजिये।
4. भारत में सन् 1900 से जनसंख्या वृद्धि की प्रमुख प्रवृत्तियां बताइये। इसके फलस्वरूप आर्थिक विकास किस प्रकार कठिन हो गया?
5. जनसंख्या विस्फोट से क्या अभिप्राय है? जनसंख्या विस्फोट रोकने के लिये व्यावहारिक सुझाव दे?
6. जनसंख्या विस्फोट का भारत के निवासियों की आर्थिक सम्पन्नता पर क्या प्रभाव पड़ रहा है? जनसंख्या विस्फोट रोके लिए व्यावहारिक सुझाव दीजिये।

11

प्राकृतिक संसाधन और आर्थिक विकास
(Natural Resources and Economic Growth)

वर्तमान युग की सबसे महत्त्वपूर्ण समस्या 'आर्थिक विकास' की समस्या है। द्वितीय विश्व युद्ध के पश्चात् उपनिवेशवाद समाप्त होने लगा है। उपनिवेशवाद की समाप्ति का उल्लेखनीय परिणाम यह हुआ है कि एशिया, अमरीका तथा लेटिन अमरीका के लगभग 1.5 अरब जन समुदाय को राजनीतिक स्वतन्त्रता प्राप्त हुई है। यह स्वतन्त्रता शताब्दियों से चले आ रहे संघर्ष का परिणाम है। परन्तु राजनीतिक स्वतन्त्रता के अभाव में अर्थहीन है। सामान्य आवश्यकताओं की पूर्ति के अभाव में, भूख से पीड़ित, अर्द्धनग्न अशिक्षित तथा जीवन के प्रति निराश मानव के लिए राजनीतिक स्वतन्त्रता निरर्थक है। अत: राजनीतिक स्वतन्त्रता को सार्थक बनाने हेतु यह आवश्यक है कि निर्धनता को अधिकतम सीमा तक दूर किया जाय। यह कार्य आर्थिक विकास तथा सम्पत्ति के उचित वितरण द्वारा किया जा सकता है। अत: यह जानना आवश्यक है कि आर्थिक विकास का क्या अर्थ है।

1. आर्थिक विकास का अर्थ

कुछ अर्थशास्त्रियों ने 'आर्थिक विकास', 'आर्थिक प्रगति' और 'दीर्घकालीन परिवर्तन' की अलग-अलग परिभाषाएँ दी हैं। इन तीनों शब्दों में पर्याप्त अन्तर भी है। मायर एवं बाल्डविन ने इन तीनों शब्द समूहों का एक ही अर्थ में प्रयोग किया है तथा इनमें अन्तर प्रदर्शित करने को बाल की खाल निकालना कहा है। उनके अनुसार, "आर्थिक विकास एक प्रक्रिया है जिसके द्वारा एक अर्थव्यवस्था की वास्तविक राष्ट्रीय आय में दीर्घकाल में वृद्धि होती है।" इस परिभाषा में तीन शब्द महत्त्वपूर्ण हैं— प्रक्रिया, वास्तविक राष्ट्रीय आय तथा दीर्घकाल।

(1) प्रक्रिया—इसका अर्थ अर्थव्यवस्था के विभिन्न अवयवों में परिवर्तन से है। ये परिवर्तन कई तत्त्वों से प्रभावित होते हैं। इन परिवर्तनों का सम्बन्ध साधनों की पूर्ति तथा उनकी

माँग में परिवर्तन से है। साधनों की पूर्ति में परिवर्तन के अन्तर्गत जनसंख्या में वृद्धि, पूँजी संग्रह, अतिरिक्त साधनों की खोज, उत्पादन की नयी विधियों का प्रयोग तथा अन्य संस्थागत परिवर्तन सम्मिलित है।

पूर्ति पक्ष के अवयवों में परिवर्तन के साथ ही साथ माँग के स्वरूप में भी परिवर्तन होता है। वस्तुतः माँग व पूर्ति के स्वरूप में होने वाले परिवर्तन एक-दूसरे पर निर्भर करते हैं। ये परिवर्तन आर्थिक विकास के कारण व परिणाम दोनों हैं। विकास के फलस्वरूप माँग के स्वरूप में सामान्यतः निम्नलिखित परिवर्तन होते हैं—आय-स्तर तथा उसके वितरण के स्वरूप में परिवर्तन, उपभोक्ताओं के अधिमान में परिवर्तन तथा अन्य संस्थागत एवं संगठनात्मक परिवर्तन। इस प्रकार आर्थिक विकास के फलस्वरूप माँग व पूर्ति के स्वरूप में कई प्रकार के परिवर्तन होते हैं। इन परिवर्तनों की सीमा आर्थिक विकास की गति तथा समय पर निर्भर करती है।

(2) वास्तविक राष्ट्रीय आय — इसका अर्थ देश में उत्पादित अन्तिम वस्तुओं एवं सेवाओं के कुल योग के समायोजित मूल्य से है। सर्वप्रथम समस्त वस्तुओं तथा सेवाओं का मूल्यांकन करते हैं, फिर इस मूल्य में किसी आधार वर्ष के सन्दर्भ में, मूल्य स्तर में हुए परिवर्तन के लिए आवश्यक समायोजन करते हैं। आर्थिक विकास नापने के लिए कुल राष्ट्रीय उत्पादन का प्रयोग न करके शुद्ध राष्ट्रीय उत्पादन का प्रयोग करते हैं। क्योंकि कुल राष्ट्रीय उत्पादन के अन्तर्गत पूँजी प्रतिस्थापन पर ध्यान नहीं दिया जाता। इस प्रकार जब हम यह कहते हैं कि किसी देश का आर्थिक विकास उस समय होता है जबकि उस देश की वास्तविक राष्ट्रीय आय में दीर्घकाल में वृद्धि होती है, तो हम वास्तविक राष्ट्रीय आय शब्द समूह का प्रयोग मूल्य स्तर में हुए परिवर्तन के लिए समायोजित शुद्ध राष्ट्रीय उत्पादन के लिए करते हैं।

(3) दीर्घकाल — आर्थिक विकास के लिए यह आवश्यक है कि शुद्ध राष्ट्रीय उत्पादन में उत्तरोत्तर वृद्धि हो। एक वर्ष में अनुकूल परिस्थितियों के कारण हुई वृद्धि को हम आर्थिक विकास का सूचक नहीं मान सकते अथवा आर्थिक विकास नापने के लिए सामान्यतः दस, बीस या पच्चीस वर्ष की अवधि में हुए परिवर्तनों पर विचार किया जाता है। इस प्रकार आर्थिक विकास का सम्बन्ध अल्पकालीन परिवर्तनों से नहीं अपितु दीर्घकालीन परिवर्तनों से है।

उपर्युक्त विवरण से स्पष्ट है कि आर्थिक विकास का अर्थ शुद्ध राष्ट्रीय आय में दीर्घकालीन वृद्धि है। यह सम्भव है कि किसी देश की राष्ट्रीय आय में वृद्धि हो, परन्तु जनता का जीवन स्तर ऊँचा न उठे। आर्थिक विकास का प्रभाव जनता के जीवन स्तर पर पड़ना चाहिए। अतः आर्थिक विकास का अर्थ केवल शुद्ध राष्ट्रीय आय में वृद्धि ही नहीं है, बल्कि इसके साथ ही साथ जनता के जीवन स्तर में भी सुधार होना चाहिए। इसके लिए यह आवश्यक है कि प्रति व्यक्ति शुद्ध राष्ट्रीय आय में वृद्धि हो। हो सकता है, शुद्ध राष्ट्रीय आय में वृद्धि हो परन्तु जनसंख्या वृद्धि दर ऊँची होने के कारण प्रति व्यक्ति आय में वृद्धि न हो और प्रति व्यक्ति आय कम हो जाय। अतः जनता के जीवन स्तर में सुधार को विकास की शर्त मानते हुए हम आर्थिक विकास को इस प्रकार परिभाषित कर सकते हैं: आर्थिक विकास वह प्रक्रिया है जिसके फलस्वरूप किसी अर्थव्यवस्था की प्रति व्यक्ति शुद्ध राष्ट्रीय आय में दीर्घकाल में वृद्धि होती है।

अधिकांश अर्थशास्त्री आर्थिक विकास की उपर्युक्त परिभाषा को अधुरी मानते हैं। वस्तुत: उपर्युक्त परिभाषा आर्थिक प्रगति को स्पष्ट करती है परन्तु आर्थिक विकास आर्थिक प्रगति से अधिक विस्तृत है। सामान्यत: आर्थिक विकास का अर्थ आर्थिक प्रगति+परिवर्तन से लिया जाता है। प्रति व्यक्ति राष्ट्रीय आय की दीर्घकालीन वृद्धि ही आर्थिक विकास है। आर्थिक विकास का तात्पर्य राष्ट्रीय आय में वृद्धि, अर्थव्यवस्था के ढाँचे में परिवर्तन, जनता के उच्चतर जीवन स्तर, उसकी मान्यताओं एवं दृष्टिकोणों में परिवर्तन, देश की उत्पादन क्षमता में वृद्धि तथा मानव के सर्वांगीण विकास से है। मानव की भौतिक उन्नति के साथ ही साथ, आर्थिक विकास परोक्ष रूप में मानव के अधिकारों तथा उसके गुणों के विकास की ओर इंगित करता है। अत: विस्तृत अर्थ में मानव का सर्वांगीण विकास ही आर्थिक विकास है। संयुक्त राष्ट्र संघ की एक रिपोर्ट में आर्थिक विकास की जो परिभाषा दी गयी है वह सर्वथा उपयुक्त है : ''विकास मानव की केवल भौतिक आवश्यकताओं से ही नहीं बल्कि उसके जीवन की सामाजिक दशाओं की समुन्नति से भी सम्बन्धित होता है। विकास केवल आर्थिक प्रगति ही नहीं है बल्कि उसमें मानव के सामाजिक, सांस्कृतिक, संस्थागत तथा आर्थिक परिवर्तन भी सम्मिलित है।''

प्रो. वार्ड ने भी आर्थिक विकास व प्रगति में निम्न प्रकार भेद किया है :

प्रो. किंडल बर्जर ने भी आर्थिक विकास व आर्थिक प्रगति में निम्नलिखित प्रकार से भेद किया है:

2. आर्थिक विकास के निर्धारक तत्त्व

आर्थिक विकास देश की उत्पादन शक्ति के विकास का प्रतीक है कि किसी देश के उत्पादन में वृद्धि उत्पादन के साधनों—प्राकृतिक साधन, श्रम, पूँजी आदि—की वृद्धि अथवा उत्पादन प्रणाली में सुधार के फलस्वरूप हो सकती है। अत: यहाँ पर यह आवश्यक है कि हम आर्थिक विकास के निर्धारक तत्त्वों का संक्षिप्त विवरण प्रस्तुत करें। आर्थिक विकास के निर्धारक तत्त्वों को दो श्रेणियों में विभाजित किया जा सकता है—(अ) विकास तत्त्व, तथा (ब) अनार्थिक या सामाजिक तत्त्व।

(अ) आर्थिक तत्त्व

आर्थिक विकास में आर्थिक तत्त्वों का महत्त्वपूर्ण स्थान है। ये तत्त्व उत्पादन के साधनों की पूर्ति या उत्पादन के साधनों की प्रयोग विधि को प्रभावित करते हैं। ये आर्थिक तत्त्व निम्नलिखित हैं:

(1) जनसंख्या — मानव आर्थिक क्रियाओं का साधन व साध्य दोनों है। जनसंख्या की वृद्धि ने विश्व के आर्थिक विकास को प्रभावित किया है। जनसंख्या में वृद्धि के कारण उत्पादन के एक साधन (श्रम) की पूर्ति में वृद्धि होती है। काफी समय तक जनसंख्या में वृद्धि के कारण कुल उत्पादन में वृद्धि होती रही है। मानव श्रम मानव जाति की सर्वश्रेष्ठ उत्पादक सम्पत्ति है। जनसंख्या में वृद्धि से प्रति व्यक्ति उत्पादन प्राय: कम होता जाता है। एक सीमित भौगोलिक क्षेत्र में यदि जनसंख्या बढ़ती जाती है तो इस वृद्धि का दबाव प्राकृतिक साधनों पर प्रतिकूल पड़ेगा। अधिक जनसंख्या होने पर देश की सीमित पूँजी, उपकरण आदि बँट जाते हैं, अत: उनका अनुकूलतम प्रयोग नहीं हो पाता। पश्चिमी देशों में जनसंख्या वृद्धि के

साथ ही साथ आर्थिक विकास तेजी से हुआ क्योंकि जनसंख्या वृद्धि के कारण वस्तुओं की माँग में वृद्धि हुई जिसके फलस्वरूप उत्पादन बढ़ा। परन्तु अर्द्धविकसित देशों में जनसंख्या में वृद्धि आर्थिक विकास की गति को कम कर देती है क्योंकि इन देशों में पूँजी का अभाव है तथा उत्पादन प्रणाली में भी पश्चिम की भाँति क्रान्तिकारी परिवर्तन लाने में समय लगने की सम्भावना है।

(2) प्राकृतिक साधन — श्रम की पूर्ति की ही भाँति, प्राकृतिक साधनों का आर्थिक विकास के लिए अत्यधिक महत्त्व है। किसी भी अर्थव्यवस्था का उत्पादन उसकी मिट्टी, जंगल, खनिज पदार्थ, पानी आदि की स्थिति, गुण एवं मात्रा पर निर्भर करता है। नये प्राकृतिक साधनों की खोज द्वारा उत्पादन में वृद्धि की जा सकती है। उत्पादन विधि में सुधार करके वैज्ञानिक तथा प्राविधिक प्रगति द्वारा नये साधनों का पता लगाया जा सकता है तथा कृत्रिम साधनों का भी प्राकृतिक साधनों की भाँति उपयोग किया जा सकता है। प्राकृतिक साधनों से सम्पन्न राष्ट्र के आर्थिक विकास की सम्भावनाएँ प्रायः अधिक होती है।

(3) पूँजी निर्माण -- पूँजी आधुनिक आर्थिक विकास का मूलाधार है। औद्योगीकरण, कृषि के आधुनिकीकरण तथा परिवहन आदि के साधनों के विकास के लिए अधिक पूँजी की आवश्यकता पड़ती है। पूँजी के अधिकाधिक प्रयोग द्वारा उत्पादन की नवीनतम विधियों का प्रयोग सम्भव होता है, नये-नये उपकरण प्राप्त किये जाते हैं तथा अधिक से अधिक जनसंख्या को उत्पादन में लगाना सम्भव होता है। किसी देश का तेजी से आर्थिक विकास करने के लिए पूँजी निर्माण की दर का ऊँचा होना आवश्यक है। सामान्यतः आर्थिक विकास को गति प्रदान करने के लिए कुल राष्ट्रीय आय के 20 प्रतिशत भाग का उपयोग पूँजी के रूप में किया जाना चाहिए । पूँजी निर्माण की दर में वृद्धि आर्थिक विकास में सहायक होती है। पूँजी निर्माण के लिए (अ) बचत की आवश्यकता होती है अर्थात् सम्पूर्ण आय के कुछ भाग को बचाकर पूँजीनिर्माण किया जाता है। (ब) केवल बचत से ही पूँजी निर्माण का काम पूरा नहीं होता, देश में ऐसी साख एवं वित्तीय संस्थाएँ होनी चाहिए जो बचत का संग्रह एवं वितरण कर सकें। (स) विनियोग बचत को पूँजीगत वस्तुओं का उत्पादन करने के लिए विनियोग किया जाना चाहिए। प्राविधिक विधियों में परिवर्तन, उत्पादन मान में परिवर्तन आदि पूँजी निर्माण द्वारा ही सम्भव हो पाते हैं।

(4) वैज्ञानिक तथा प्राविधिक प्रगति—क्या पूँजी निर्माण वैज्ञानिक एवं प्राविधिक प्रगति के बिना सम्भव है? एक देश के परिवहन के साधनों, शक्ति के साधनों आदि के विकास के लिए पूँजी का अधिकाधिक प्रयोग कर सकता है तथा इस प्रकार की वर्तमान सुविधाओं में वृद्धि कर सकता है। इस प्रक्रिया को पूँजी का विस्तार कहते हैं। वैज्ञानिक एवं प्राविधिक प्रगति द्वारा उत्पादन की नयी विधियों का ज्ञान होता है। वैज्ञानिक प्रगति के साथ ही साथ पूँजी की अधिकाधिक आवश्यकता होती है और पूँजी प्रधान उत्पादन विधियों का प्रयोग बढ़ता जाता है। इसे पूँजी की सघनता कहते हैं। वस्तुतः पूँजी निर्माण तथा प्राविधिक प्रगति साथ-साथ होते हैं। वैज्ञानिक एवं प्राविधिक प्रगति ने मानव समाज के विकास में महत्त्वपूर्ण योग दिया है। यदि केवल उत्पादक साधनों की वृद्धि पर ही आर्थिक विकास निर्भर रहता तो गत तीन सौ वर्षों में जो आश्चर्यजनक आर्थिक प्रगति हुई है, वह इस पैमाने पर सम्भव न हो पाती। वस्तुतः इस आर्थिक विकास में उत्पादन के साधनों के साथ-साथ संगठनात्मक परिवर्तनों

तथा उत्पादन विधियों में तकनीकी परिवर्तनों का महत्त्वपूर्ण योग रहा है। वैज्ञानिक एवं प्राविधिक प्रगति द्वारा उत्पादन विधियों में मौलिक परिवर्तन होते हैं तथा नयी-नयी वस्तुओं का उत्पादन किया जाता है। प्रो. शुम्पीटर ने आर्थिक विकास के लिए साहसियों द्वारा प्रयुक्त नवप्रवर्तनों को आवश्यक माना है। किसी देश का आर्थिक विकास अधिकांशत इस बात पर निर्भर करता है कि उस देश में किस प्रकार के साहसी हैं तथा वे उच्चतम तथा आधुनिकतम उत्पादन विधियों का किस सीमा तक प्रयोग करते हैं।

(5) संगठन, विशिष्टीकरण तथा उत्पादन-मान—उत्पादक साधनों की प्रचुरता मात्र से ही उत्पादन में अधिक वृद्धि नहीं की जा सकती। साधनों की प्रचुरता के साथ ही साथ यह भी आवश्यक है कि उत्पादन विधि तथा संगठन में, आवश्यक परिवर्तन किये जाएँ। आर्थिक विकास में उत्पादन साधनों की प्रयोग विधि का महत्त्वपूर्ण स्थान है। श्रम विभाजन तथा विशिष्टीकरण द्वारा उत्पादकता में वृद्धि होती है। आदम स्मिथ ने श्रम विभाजन को उत्पादकता वृद्धि का प्रमुख कारण माना है। विशिष्टीकरण द्वारा बड़े पैमाने पर उत्पादन सम्भव होता है जिससे उत्पादन के साधनों का समुचित उपयोग होता है और आर्थिक विकास को गति मिलती है।

(6) पूँजी उत्पाद अनुपात — पूँजी उत्पाद अनुपात भी आर्थिक विकास का महत्त्वपूर्ण तत्त्व है। यह अनुपात पूँजी की उत्पादकता प्रकट करता है। यह अनुपात प्रकट करता है कि उत्पादन की एक इकाई पैदा करने के लिए पूँजी की कितनी इकाइयों की आवश्यकता होगी। किसी भी देश का आर्थिक विकास केवल पूँजी निर्माण दर पर ही निर्भर नहीं करता बल्कि पूँजी उत्पाद अनुपात पर भी निर्भर करता है। पूँजी उत्पाद अनुपात यह निश्चित करता है कि उपलब्ध पूँजी का विनियोजन करने से उत्पादन में किस गति या दर से वृद्धि होगी। जैसे, यदि पूँजी उत्पाद अनुपात एक योजना के लिए 2 : 1 तथा दूसरी योजना के लिए 3 : 1 है तो इसका अर्थ यह होगा कि यदि प्रथम योजना में अपेक्षाकृत कम पूँजी लगायी जाय तो उत्पादन एक रुपये के बराबर होगा अर्थात् प्रथम योजना में अपेक्षाकृत कम पूँजी लगाने पर भी द्वितीय योजना की अपेक्षा अधिक उत्पादन होगा (तुलनात्मक रूप से)। यदि किसी देश में ऐसी योजनाओं में विनियोग किया जाता है जिसमें पूँजी उत्पाद अनुपात कम है तो उस देश की आर्थिक विकास दर अधिक होगी।

पूँजी की उत्पादकता कई तत्त्वों पर निर्भर है जैसे प्राविधिक विकास की अवस्था, विनियोग की प्रकृति, प्रबन्ध कुशलता तथा अन्य सुविधाएँ। अतः पूँजी उत्पाद अनुपात ज्ञात करना बहुत कठिन है। अर्थशास्त्रियों की यह धारण है कि अल्पविकसित देशों में पूँजी कम उत्पादक होती है अर्थात् पूँजी उत्पाद अनुपात अधिक होता है। इसका कारण प्रबन्ध कुशलता की कमी, विज्ञान व तकनीक की कम प्रगति, साधनों का दुरुपयोग आदि है। प्रो. कुरिहारा के अनुसार, अर्द्ध विकसित देशों में पूँजी उत्पाद अनुपात 5 : 1 हैं। सिंगर के अनुसार, यह अनुपात कृषि क्षेत्र में 4 : 1 तथा अन्य क्षेत्रों में 6 : 1 हैं।

आर्थिक विकास के उपर्युक्त सहायक तत्त्व एक दूसरे से पूर्णतया सम्बन्धित हैं। इन तत्त्वों में से कौन सर्वाधिक महत्त्वपूर्ण है, यह कहना अत्यन्त कठिन है। उनका व्यक्तिगत महत्त्व देश व काल पर निर्भर है परन्तु यह स्मरणीय है कि आर्थिक विकास की आधारशिला रखने तथा उसे गति प्रदान करने में इन सभी साधनों का महत्त्वपूर्ण स्थान है।

(ब) सामाजिक या अनार्थिक तत्त्व

आर्थिक विकास के लिए कुछ अनार्थिक तत्त्वों की भी आवश्यकता होती है। आर्थिक विकास एक जटिल प्रक्रिया है तथा उस पर केवल आर्थिक घटकों का ही नहीं बल्कि अनार्थिक घटकों—राजनीतिक, सामाजिक, सांस्कृतिक आदि—का भी प्रभाव पड़ता है। रैगनर नर्कसे के अनुसार, "" अनार्थिक तत्त्व आर्थिक विकास के लिए आवश्यक पृष्ठभूमि तथा उपयुक्त सामाजिक वातावरण तैयार करते हैं। अतः आर्थिक विकास में सामाजिक एवं मनोवैज्ञानिक तत्त्वों का भी अत्यधिक महत्त्वपूर्ण स्थान है। आर्थिक विकास में सामाजिक एवं मनोवैज्ञानिक तत्त्वों का भी अत्यधिक महत्त्वपूर्ण स्थान है। आर्थिक विकास को गतिमान बनाये रखने के लिए प्रो. रास्टव ने देश की राजनीतिक एवं सामाजिक दशाओं में अपेक्षित परिवर्तन, सामाजिक संस्थाओं में उपयुक्त सुधार तथा जनता के दृष्टिकोण में आवश्यक परिवर्तनों को आवश्यक माना है। आर्थिक विकास की गति विभिन्न प्रकार के साधनों या तत्त्वों पर अवलम्बित है जो किसी अर्थव्यवस्था के मनोवैज्ञानिक तथा सामाजिक वातावरण से सम्बन्धित है। इस वातावरण में एक तत्त्व समाज की उन्नति करने की इच्छा, विकास के प्रति तत्परता तथा नवीन एवं अधिक कार्यक्षम उत्पादन विधियों का प्रयोग है। परम्परावादी, रूढ़िग्रस्त तथा अभौतिकतावादी समाज आर्थिक विकास में बाधा उपस्थित करता है तथा वैज्ञानिक एवं प्रगतिशील दृष्टिकोण वाला भौतिकतावादी समाज आर्थिक विकास को गति प्रदान करता है। यदि समाज आर्करा‌इट जैसे वैज्ञानिक तथा हेनरी फोर्ड जैसे साहसीधमी को पैदा करने तथा प्रोत्साहन देने में समर्थ है तो निश्चय ही उस समाज का आर्थिक विकास तेजी से होगा। आर्थिक विकास एक मशीनी प्रक्रिया नहीं है बल्कि मानवीय प्रयत्न है। इस प्रयत्न का फल अन्तिम रूप में मानव के गुणों, उसकी कुशलता तथा दृष्टिकोण पर निर्भर है।"

संयुक्त राष्ट्र संघ की एक रिपोर्ट के अनुसार,

किसी भी देश के आर्थिक विकास में मानवीय तत्त्व का महत्त्व सर्वाधिक होता है। अधिकाधिक प्राकृतिक साधन होने पर भी मानवीय तत्त्व के अशक्त अथवा निर्बल होने पर देश का विकास धीमी गति से होता है किन्तु यदि मानव तत्त्व सबल, साहसी तथा तेजस्वी होता है तो वह परिश्रम तथा उत्साह के बल पर अपने देश को उन्नति के शिखर पर पहुँचा देता है। जर्मनी का आर्थिक जादू तथा जापान का अनुकरणीय आर्थिक विकास वहाँ के मानवीय तत्त्वों के सक्षम होने के उदाहरण हैं। जापान में लोहा तथा कपास न होने पर भी वह संसार के इस्पात उत्पन्न करने वाले देशों में तृतीय तथा वस्त्र का निर्यात करने वाले देशों में प्रथम स्थान रखता है जर्मनी के विलक्षण नागरिकों ने 15 वर्ष में ही युद्ध जर्जरित देश को संसार के अत्यन्त विकसित देशों की श्रेणी में ला बिठाया है।

आर्थिक विकास के निर्धारक घटकों या तत्त्वों के उपर्युक्त विवरण से स्पष्ट है कि आर्थिक विकास एक जटिल प्रक्रिया है जो आर्थिक अनार्थिक विभिन्न तत्त्वों से प्रभावित होती है। शेपर्ड क्लों का यह कथन सर्वथा उपयुक्त है:

3. आर्थिक विकास की अवस्थाएँ

विभिन्न अर्थशास्त्रियों ने आर्थिक विकास के ऐतिहासिक क्रम को विभिन्न अवस्थाओं में विभाजित करने का प्रयत्न किया है। उनके विचार वस्तुतः सैद्धान्तिक न होकर, वर्णनात्मक

हैं। उनके अनुसार, प्रत्येक अर्थव्यवस्था आर्थिक विकास की विभिन्न अवस्थाओं से एक निश्चित क्रम में गुजरती है। कुछ अर्थशास्त्रियों ने यह विचार प्रकट किया है कि प्रत्येक अर्थव्यवस्था विकास की तीन अवस्थाओं से गुजरती है—(क) वस्तु परिवर्तन अर्थव्यवस्था, (ख) मौद्रिक अर्थव्यवस्था, तथा (ग) साख अर्थव्यवस्था। कुछ अर्थशास्त्रियों ने जनसंख्या के पेशेवार विभाजन के आधार पर आर्थिक विकास की अवस्थाओं का वर्णन किया है तथा यह बताया है कि आर्थिक विकास के साथ ही साथ कृषि पर निर्भर रहने वाली जनसंख्या का प्रतिशत भाग घटता जाता है तथा औद्योगिक जनसंख्या का प्रतिशत क्रमशः बढ़ता जाता है। उनके अनुसार, कृषि आर्थिक पिछड़ेपन तथा उद्योग आर्थिक विकास का सूचक है। प्रसिद्ध अर्थशास्त्री कॉलिन क्लार्क ने आर्थिक विकास की तीन अवस्थाओं का वर्णन किया है—(अ) अल्प विकसित समाज में कृषि सबसे महत्त्वपूर्ण व्यवसाय तथा आय का साधन है; (ब) ज्यों-ज्यों समाज का आर्थिक विकास होता है, कृषि की तुलना में निर्माणकारी उद्योगों का महत्त्व बढ़ता जाता है, तथा (स) अर्थव्यवस्था का अधिक विकास होने पर टर्शियरी या सेवा सम्बन्धी उद्योगों—परिवहन आदि—का अधिक विकास होता है।

प्रसिद्ध अमरीकी अर्थशास्त्री प्रो. रास्टव ने अपनी प्रसिद्ध पुस्तक में आर्थिक विकास की पाँच अवस्थाओं का वर्णन किया है। उनका विवेचन अधिक युक्तिसंगत एवं मान्य प्रतीत होता है। उनके अनुसार, आर्थिक विकास की व्यवस्थाएँ निम्नलिखित हैं—

(1) परम्परावादी अवस्था,

(2) पूर्व-गतिशील अवस्था,

(3) गतिशील अवस्था,

(4) परिपक्वता की दशा में, तथा

(5) अधिकाधिक उपभोग की अवस्था।

(1) परम्परावादी अवस्था — इसके अन्तर्गत समाज के अधिकांश साधन कृषि में विनियोजित होते हैं। कृषि की रीतियाँ भी पूरातन एवं रूढ़िवादी होती हैं क्योंकि समाज में अन्धविश्वास एवं जड़ता का प्रभुत्व होता है। प्रायः सभी आर्थिक एवं सामाजिक कार्य पुरानी अथवा चालू पद्धतियों के अनुसार संचालित होते हैं जिसके कारण उत्पादन तथा आय बहुत कम होती है। वस्तुतः परम्परावादी समाज में विज्ञान तथा प्रोद्योगिक की प्रगति का विशेष प्रभाव दृष्टिगोचर नहीं होता। इस प्रकार के समाज में राजनीतिक सत्ता भूमिधारियों के हाथ में केन्द्रित होती है क्योंकि उद्योग अत्यन्त अवकिसित अवस्था में होते हैं और भूमि के मालिक भूमि की उपज के बल पर आर्थिक शक्ति केन्द्रित कर लेते हैं। आर्थिक शक्ति के कारण ही भूमिधारी वर्ग समाज के अन्य वर्गों पर शासन करने लगता है।

परम्परावादी समाज में व्यवसाय तथा उद्योग प्रायः पिछड़ी हुई अवस्था में होते हैं। कही-कहीं कृषि की नवीन पद्धतियों अथवा व्यवसाय एवं उद्योगों में नये आविष्कारों के प्रयोग होते दिखायी पड़ते हैं परन्तु मौलिक रूप में सम्पूर्ण आर्थिक ढाँचा दुर्बल तथा अविकसित रहता है।

(2) पूर्व गतिशील अवस्था — यह वास्तव में गतिशील अवस्था की भूमिका मात्र है। परम्परावादी समाज क्रमशः प्रगति की ओर अग्रसर होने लगता है, उसमें उद्योग, अवागमन तथा व्यावसायिक साधनों का विकास आरम्भ हो जाता है, जनता के शत पुत्रवती भव (सौ पुत्रों वाली हो) के विचार में क्रान्तिकारी परिवर्तन होने लगते हैं और जनसंख्या निरोधक उपायों का सहारा लिया जाता है जिससे जन्म दर में कमी होने लगती है।

कृषि उद्योग तथा व्यवसाय में नवीन एवं प्रगतिशील वैज्ञानिक पद्धतियों के प्रयोग होने आरम्भ हों जाते हैं तथा भूमिधारियों का महत्त्व कुछ कम होने लगता है। प्रो. रास्टव के अनुसार, ''परम्परावादी समाज में राष्ट्रीय आय की केवल 5 प्रतिशत पूँजी विनियोजित होती है जबकि पूर्वगतिशील अवस्था में विनियोजन की मात्रा 10 प्रतिशत तक पहुँच जाती है और यह दर जनसंख्या की वृद्धि दर से इस सीमा तक अधिक होती हैं कि प्रति व्यक्ति उत्पादन पहले से बढ़ जाता है। सड़कों, रेलों तथा बिजली की अधिक सुविधाएँ प्राप्त होने के कारण लोग ग्रामों से नगरों में जाकर बसने लगते हैं।

कृषि —प्रो. रास्टव की धारणा के अनुसार, पूर्व गतिशील अवस्था के अन्तर्गत कृषि उत्पादन में तीन परिवर्तन स्पष्टतः दृष्टिगोचर होते हैं:

(क) पर्याप्त भोजन — देश में खाद्य सामग्री का उत्पादन आवश्यकतानुसार होने लगता है।

(ख) उद्योगों को सहायता —खाद्य सामग्री के अतिरिक्त औद्योगिक कच्चे माल यथा —रुई, जूट, तिलहन आदि—का उत्पादन बढ जाता है। फलस्वरूप, कृषि एक लाभदायक व्यवसाय बन जाता है।

(ग) पूँजी—इतना ही नहीं, कृषि की बचत आधुनिक उद्योगों में विनियोजित होनी आरम्भ हो जाती है। संक्षेप में, कृषि अधिक खाद्यान्न, विस्तृत बाजार तथा अधिक पूँजी की व्यवस्था करने में सफल होती है।

अधिक सहकारी योगदान —परम्परावादी समाज से गतिशील अवस्था तक पहुँचने के संक्रमण काल में सरकार को अत्यधिक सामाजिक पूँजी लगानी पड़ती है। सामाजिक पूँजी से तात्पर्य ऐसी पूँजी से हे जो परिवहन, सिंचाई योजना अथवा गन्दी बस्तियों की सफाई आदि के लिए प्रयुक्त की जाती है। इस प्रकार की पूँजी की निम्न तीन विशेषताएँ होती हैं:

(1) इनसे लाभ प्राप्त करने में बहुत समय लगता है।

(2) इनमें सामूहिक रूप में अधिक पूँजी लगानी पड़ती है। जैसे, एक सड़क अथवा रेलवे लाइन जब तक दो महत्त्वपूर्ण केन्द्रों को मिला न दे, उसका कोई महत्त्व नहीं है।

(3) इस प्रकार के विनियोजन से प्राप्त होने वाला लाभ परोक्ष तथा सम्पूर्ण समाज को प्राप्त होता है, किसी वर्ग विशेष को नहीं।

उपर्युक्त तीनों विशेषताओं के कारण सामाजिक पूँजी सरकार को ही विनियोजित करनी पड़ती है क्योंकि वर्तमान सरकारें अधिकांशतः प्रजातन्त्रवादी हैं और वे कल्याणकारी राज्य होने का दावा करती है। भारत सरकार द्वारा सामुदायिक योजनाओं के अन्तर्गत रेल,

सड़क, नहरें, चिकित्सा एवं स्वास्थ्य तथा अन्य सामाजिक सुविधाओं की व्यवस्था इस प्रकार की पूँजी विनियोजन के प्रत्यक्ष उदाहरण हैं।

(3) गतिशील अवस्था — यह आर्थिक विकास का तीसरा चरण है। प्रो. रास्टव के शब्दों में, ''यह एक मध्यान्तर काल है, जिसमें विनियोग की दर इस प्रकार बढ़ती है, जिससे प्रति व्यक्ति वास्तविक उत्पादन में वृद्धि होती है और इस आरम्भिक वृद्धि के साथ ही साथ उत्पादन विधियों में क्रान्तिकारी परिवर्तन होते हैं।'' इसका तात्पर्य यह है कि अर्थव्यवस्था एक ऐसी अवस्था में पहुँच जाती है जबकि विकास स्वयं उद्‌भुत होने लगता है, उसके लिए विशेष प्रयत्नों की आवश्यकता नहीं पड़ती। प्राविधिक एवं प्रौद्योगिक प्रगति का प्रभाव कृषि तथा औद्योगिक क्षेत्रों में स्पष्ट दृष्टिगोचर होने लगता है और उत्पादन की मात्रा तथा किस्म में आशातीत सुधार दिखायी पड़ता है।

गतिशील अवस्था में प्राय: तीन महत्त्वपूर्ण तथ्य प्रकट होते हैं:

(क) देश में उत्पादन विनियोजन की दर राष्ट्रीय आय के दस प्रतिशत अथवा उससे अधिक हो जाती है।

(ख) निर्माणकारी उद्योगों का तीव्र गति से विकास होने लगता है।

(ग) एक ऐसा राजनीतिक, सामाजिक तथा संस्थागत ढाँचा स्थापित हो जाता है जो आधुनिक क्षेत्र में विकास की भावना को प्रोत्साहित करता है तथा विकास को गति प्रदान करता है।

गतिशील अवस्था के अन्तर्गत देश में कृषि एवं औद्योगिक व्यवसायों की यथेष्ट प्रगति हो जाती है और उनसे समुचित लाभ लाभ प्राप्त होने लगते हैं। संक्षेप में, इस प्रकार की परिस्थितियाँ मिर्मित हो जाती है कि देश का अर्थतन्त्र आधार रूप में स्वस्थ एवं सबल दिखाई पड़ने लगता है और भविष्य की प्रगति कुण्ठित होने का कोई भय नहीं रहता।

(4) परिपक्वता की ओर — गतिशील अवस्था तक पहुँच जाने पर देश के अर्थतन्त्र में एक विचित्र हलचल सी प्रकट होने लगती है और प्रोद्योगिक एवं वैज्ञानिक साधनों का उपयोग इस सीमा तक होने लगता है कि देश में किसी भी वस्तु का उत्पादन आवश्यक मात्रा में करना सम्भव हो जाता है। परिपक्वता की दशा में पूँजी विनियोजन की मात्रा राष्ट्रीय आय की 20 प्रतिशत तक हो जाती है और अर्थतन्त्र की सबलता के कारण अनेक नये उद्योगों की स्थापना हो जाती है। इन उद्योगों के उत्पादन स्तर में अन्तराष्ट्रीय उत्पादन से स्पर्द्धा करने की क्षमता होती है।

परिपक्व अर्थव्यवस्था की प्राप्ति के फलस्वरूप देश की अन्य देशों पर सामान्य निर्भरता समाप्त हो जाती है और उसका व्यवसाय केवल आर्थिक आधार पर किया जाता है, अर्थात् ऐसा माल जिसका निर्माण विशेष लाभदायक नहीं है, आयात कर लिया जाता है और उच्चस्तरीय प्रौद्योगिक एवं वैज्ञानिक साधनों की सहायता से उत्पन्न माल निर्यात किया जाता है। वस्तुत: परिपक्व अवस्था प्राप्त कर लेने वाला देश आर्थिक दृष्टि से यथेष्ट सबल एवं सम्पन्न हो जाता है।

(5) अधिकाधिक उपभोग की अवस्था — परिपक्व अर्थव्यवस्था में सामान्य जनता की उपभोग सम्बन्धी सभी आवश्यकताओं की पूर्ति सामान्य श्रम द्वारा हो जाती है और उपभोग का स्तर प्राय: ऊँचा हो जाता है। यह अवस्था प्राप्त कर लेने के पश्चात समाज का प्रत्येक व्यक्ति उपभोग की उच्चतम एवं विशिष्ट सेवाएँ उपलब्ध करने का प्रयत्न करता है फलत: मौटरकार, रेफ्रीजरेटर, वस्त्र धोने की मशीन आदि महँगे साधनों की माँग केवल कुछ व्यक्तियों द्वारा नहीं बल्कि सामान्य जनता द्वारा की जाने लगती है और अधिक आय प्राप्त करने वाला वर्ग इन वस्तुओं के नये से नये मॉडल प्राप्त करने को उत्सुक हो जाता है।

अधिकाधिक उपभोग की अवस्था में प्रौद्योगिक एवं प्राविधिक विकास इस सीमा तक हो जाता है कि उसमें विशेष सुधार करने की गुजाँइश नहीं रह जाती, उत्पादक विभिन्न वस्तुओं के आवरण में परिवर्तन करते रहते हैं अथवा सामान्य सुविधाओं में वृद्धि द्वारा नये ग्राहकों को आकर्षित करते हैं।

भारत किस अवस्था में हैं?

भारत की प्रति व्यक्ति राष्ट्रीय आय सन् 1966-67 मे (चालू मूल्यों में) केवल 465 रुपये वार्षिक थी। इतनी राशि से एक सामान्य व्यक्ति के लिए प्रतिदिन दोनों समय सामान्य भोजन की व्यवस्था करनी भी कठिन है परन्तु फिर भी योजनाओं के फलस्वरूप तृतीय योजना के अन्त में भारत में पूँजी विनियोजन की मात्रा सम्पूर्ण राष्ट्रीय आय की 14 प्रतिशत तक पहुँच गयी। यह राशि निश्चित ही उत्साहजनक है किन्तु केवल इस आधार पर यह मान लेना कि देश गतिशील अवस्था तक पहुँच गया है, उचित नहीं है। वस्तुत: भारतीय अर्थतन्त्र अभी गतिशील अवस्था तक पहुँचने का प्रयत्न कर रहा है। यह बात निम्न तथ्यों से स्पष्ट हो जायेगी:

(अ) कृषि प्राधान्य — भारतीय अर्थतन्त्र में अभी कृषि की प्रधानता है और कृषि उद्योग में अभी तक आधुनिकतम वैज्ञानिक एवं प्रौद्योग्किी उपकरणों का समुचित प्रयोग नहीं हुआ है। फलत: भारत को खाद्यान्न, रुई, जूट आदि कच्चा माल विदेशों से आयात करना पड़ता है।

(ब) विदेशों पर निर्भरता — भारतीय उद्योगों में यद्यपि गत पन्द्रह वर्षों में आशातीत प्रगति हुई है परन्तु अधिकांश क्षेत्रों में अब भी विदेशों पर निर्भर रहना पड़ रहा है। वस्तुत: उद्योग की प्रगति किसी भी दृष्टि से तीव्र अथवा श्रेष्ठ नहीं कही जा सकती है।

उपर्युक्त दोनों कमियों के अतिरिक्त भारतीय कृषि तथा उद्योगों के लिए अभी तक उपयुक्त प्राविधिक अथवा प्रोद्योगिक साधनों का विकास नहीं किया जा सका है जो भारतीय साधनों का ध्यान रखते हुए तीव्र गति से विकास करने में सहायक हो सके।

प्रो. रास्टव के अनुसार, भारत सन् 1952 में ही गतिशील अवस्था में पहुँच चुका था। परन्तु हम इस मत से सहमत नहीं हैं। भारत में व्याप्त निर्धनता, अशिक्षा, विदेशी सहायता पर अधिकाधिक निर्भरता, कृषि की व्यापक प्रधानता, औद्योगिक पिछड़ापन, वैज्ञानिक एवं तकनीकी विकास की अपर्याप्तता आदि तथ्यों को ध्यान में रखते हुए यह निर्विवाद रूप से कहा जा सकता है कि भारत अब भी गतिशील अवस्था में नहीं पहुँचा है। अधिक से अधिक हम इतना ही कह सकते हैं कि भारतीय अर्थव्यवस्था गतिशील अवस्था की ओर अग्रसर हो रही है।

4. आर्थिक विकास की संयोजना

एक अल्पविकसित अर्थव्यवस्था को किन विधियों द्वारा विकसित अर्थव्यवस्था में परिणत किया जाय? आर्थिक विकास के किन सिद्धान्तों के प्रयोग से किसी अर्थव्यवस्था का विकास किया जा सकता है? इस सम्बन्ध में अर्थशास्त्रियों ने न तो विकास का कोई सर्वमान्य सिद्धान्त बनाया है और न वे किसी एक आर्थिक विकास के सिद्धान्त पर सहमत नहीं है। सामान्यत: आर्थिक विकास के सम्बन्ध में दो प्रकार की विचारधाराएँ पायी जाती हैं—(1) सन्तुलित आर्थिक विकास, तथा (2) असन्तुलित आर्थिक विकास।

(1) सन्तुलित विकास — सन्तुलित विकास सिद्धान्त के प्रतिपादक कई अर्थशास्त्री हैं, जिन्होंने इस सिद्धान्त के विभिन्न रूप प्रस्तुत किये हैं, यद्यपि उनकी मूल धाराओं में कोई मौलिक अन्तर नहीं है। इस सिद्धान्त के प्रमुख प्रतिपादकों में रोस्टीन रोडां, नर्कस, ल्यूइस तथा सित्वोस्की प्रमुख हैं। विकास सिद्धान्त के अनुसार, अर्थव्यवस्था के विभिन्न क्षेत्रों में एक ही साथ विनियोजन किया जाना चाहिए जैसे कृषि, उद्योग, परिवहन तथा अन्य सभी क्षेत्रों में विनियोजन एक साथ ही किया जाना चाहिए। इस प्रकार सन्तुलित विकास का अर्थ है—'अर्थव्यवस्था के सभी क्षेत्रों का सभी ओर से एक ही साथ विकास।'

नर्कसे ने सन्तुलित विकास सिद्धान्त का स्पष्टीकरण इस प्रकार किया है : अल्पविकसित देशों में विषाक्त चक्र क्रियाशील होता है। इस चक्र के कारण इन देशों का आर्थिक विकास नहीं हो पाता। आर्थिक विकास के लिए इस चक्र को तोड़ना आवश्यक है। यह चक्र इस प्रकार क्रियाशील होता रहता है—कोई भी साहसी उसी समय किसी उद्योग में विनियोजन करता है, जबकि उद्योग द्वारा उत्पादित वस्तु के लिए माँग हो अर्थात् आदि किसी वस्तु का बाजार विस्तृत है तो साहसी उस वस्तु के उत्पादन के लिए विनियोजन करेंगे। बाजार का आकार उत्पादकता पर निर्भर है क्योंकि 'माँग' के लिए क्रय शक्ति आवश्यक है और क्रय शक्ति उत्पादकता पर निर्भर है। उत्पादकता पूँजी के प्रयोग पर निर्भर है। सीमित बाजार के कारण पूँजीपति पूँजी का विनियोजन नहीं करते, अत: उत्पादकता कम रहती है जिसके कारण क्रय शक्ति व माँग कम होती है तथा वस्तु का बाजार संकुचित रहता है। इस प्रकार यह विषाक्त चक्र क्रियाशील रहता है।

इस विषाक्त चक्र को तोड़ने के लिए नर्कसे ने 'सन्तुलित विकास' नीति पर जोर दिया है। उन्हीं के शब्दों में, "बाजार के लघु आकार के कारण उत्पन्न कठिनाई का सम्बन्ध 'उत्पादन विशेष' में व्यक्ति द्वारा विनियोजन की प्रेरणाओं से है। कम से कम सिद्धान्त रूप में तो इस कठिनाई को दूर किया जा सकता है, यदि पूँजी का विनियोजन, एक ही साथ विभिन्न प्रकार के उद्योगों में किया जाय। इससे हम गतिरोध से बच जाते हैं तथा बाजार का पूरा विस्तार हो जाता है।"

सन्तुलित विकास सिद्धान्त के समर्थकों के अनुसार, विभिन्न क्षेत्रों में विनियोग करने से माँग की समस्या का समाधान हो जाता है, विभिन्न उद्योग एक दूसरे के द्वारा उत्पादित वस्तुओं की माँग करते हैं, इस प्रकार उनके समक्ष माँग की समस्या नहीं रहती तथा उद्योगों का विकास एक-दूसरे के पूरक के रूप में होता रहता है। इस प्रकार सम्पूर्ण अर्थव्यवस्था का विकास होता रहता है।

अब प्रश्न यह उठता है कि —क्या आर्थिक विकास की यह नीति अर्द्धविकसित देशों के लिए उपयुक्त है? सिंगर ने सन्तुलित आर्थिक विकास को इस प्रकार प्रकट किया है, ''यह सम्भव है कि विभिन्न उद्योगों का विकास करने में कृषि की उपेक्षा कर दी जाय। यदि कृषि, उद्योग आदि सभी का विकास एक ही साथ किया जाय तो 'अल्प विकसित' देश इतने विशाल पैमाने पर आर्थिक विकास नहीं कर सकते क्योंकि ऐसे देशों में पूँजी की बहुत कमी रहती है। अत: सन्तुलित आर्थिक विकास उनकी क्षमता के बाहर है।

(2) असन्तुलित विकास —पाल स्ट्रीटन, हर्शमैन तथा प्रो. रॉस्टोव 'असन्तुलित आर्थिक विकास' के समर्थक हैं। उनके अनुसार, अर्द्धविकसित देशों में विनियोजन नीति इस प्रकार की होनी चाहिए जिससे अर्थव्यवस्था के कुछ चुने हुए क्षेत्रों को ही विकसित किया जा सके। केवल उन्हीं क्षेत्रों अथवा उद्योगों पर ध्यान केन्द्रित करना चाहिए जिनकी विकास सम्भावनाएँ तथा शक्ति अधिक है। असन्तुलित विकास के समर्थकों के अनुसार, अल्पकाल में कृषि की तुलना में उद्योगों को प्राथमिकता दी जा सकती है। यदि प्राथमिक क्षेत्र के विकास की प्रतीक्षा किये बिना उद्योगों का विकास किया जाय तो इसका परिणाम यह होगा कि औद्योगिक वस्तुओं का बाजार विस्तृत होगा तथा परोक्ष रूप से कृषि भी लाभान्वित होगी। उद्योगों के विकास के लिए अन्य साधनों--परिवहन आदि--का विकास करना आवश्यक होगा जिससे सम्पूर्ण अर्थव्यवस्था लाभान्वित होगी। 'असन्तुलित आर्थिक विकास सिद्धान्त' इस मान्यता पर आधारित है कि पूर्ण स्पर्द्धा द्वारा देशों के साधनों का अनुकूलतम बटवारा नहीं हो सकता।

'असन्तुलित आर्थिक विकास' के अनुसार, विनियोजन को दो भागों में बाँटा जा सकता है : — (अ) सामाजिक उपरिव्यय पूँजी; तथा (2) प्रत्यक्ष उत्पादन क्रियाओं में विनियोजन। अर्द्धविकसित देशों में पूँजी की कमी होती है, अत: उन्हें इन दोनों में से किसी एक प्रकार की क्रियाओं में विनियोजन करना चाहिए। उपर्युक्त दोनों में से एक का चुनाव कर, बड़े पैमाने पर विनियोजन किया जाना चाहिए। इस चुनाव से पश्चात् व्यक्तिगत योजनाओं के चुनाव का प्रश्न उठेगा। उन योजनाओं को प्राथमिकता दी जानी चाहिए जिनका कुल सम्बन्ध तुलनात्मक दृष्टि से अधिक है। किसी भी योजना में दो प्रकार के सम्बन्ध हो सकते हैं—अग्रगामी सम्बन्ध अर्थात् उत्पादन के उत्तरोत्तर चरणों के विनियोगों की प्रोत्साहन तथा अद्योगामी सम्बन्ध अर्थात् उत्पादन के पूर्व चरणों में विनियोग को प्रोत्साहन। जिन योजनाओं में अग्रगामी सम्बन्ध + अधोगामी सम्बन्ध अधिक हो, उन्हें प्राथमिकता देनी चाहिए।

सन्तुलित तथा असन्तुलित विकास सिद्धान्तों में कौनसा सिद्धान्त अल्पविकसित देशों के लिए अधिक उपयुक्त है, इस प्रश्न का उत्तर कठिन है। वस्तुत विभिन्न परिस्थितियों को ध्यान में रखते हुए ही निर्णय लेना पड़ता है।

आर्थिक विकास के दृष्टिकोण से सभी संसाधन महत्त्वपूर्ण होते हैं। ऐसा नहीं है कि केवल कुशल श्रम अथवा वैज्ञानिक संसाधन अथवा कोई भी एक अन्य संसाधन अकेले विकास के लिए पर्याप्त है। अत: सभी संसाधनों को मिलाकर ठीक ढंग से उनका उपयोग करने पर ही आर्थिक विकास तीव्रगति से हो सकता है। इस दृष्टिकोण से यद्यपि कि प्राकृतिक संसाधनों का अकेले कोई महत्त्व नहीं है फिर भी यह देखना आवश्यक है कि आर्थिक उत्थान में इनका क्या स्थान है और आर्थिक उत्थान के दृष्टिकोण से इनकी क्या स्थिति होनी चाहिए। वास्तव में प्राकृतिक संसाधनों का कई दृष्टिकोण से अन्य संसाधनों की तुलना में अधिक महत्त्व है। यही

कारण है कि आधुनिक युग में प्राय: सभी देश प्राकृतिक संसाधनों के विकास और सुरक्षा हेतु सर्वस्व स्वाहा करने के लिए तैयार हो जाते हैं। आर्थिक विकास में कई दृष्टिकोण से प्राकृतिक संसाधनों का महत्त्वपूर्ण स्थान है। अत: प्रस्तुत अध्याय में हम प्राकृतिक संसाधनों का आर्थिक विकास के सन्दर्भ में सहविस्तार अध्ययन करेंगे।

प्राकृतिक संसाधनों के विकास एवं सुरक्षा के उद्देश्य तथा सिद्धान्त

प्राय: सभी राष्ट्र अपने प्राकृतिक संसाधनों का विकास करते हैं। उनके विकास के दो उद्देश्य होते हैं — प्रथम राष्ट्रीय विकास और द्वितीय राष्ट्रीय सुरक्षा में अधिकतम और दीर्घकालीन सहयोग और अनुदान प्राप्त करना। सच पूछा जाय तो किसी भी देश के विकास के दृष्टिकोण से उस देश की सुरक्षा जितनी आवश्यक है उतना ही उसका विकास। बल्कि विकास के दृष्टिकोण से ये दोनों ही तत्व एक दूसरे पर निर्भर हैं और एक के अभाव में दूसरे की पूर्ति कठिन है। भविष्य में किसी भी देश के विकास की क्या आवश्यकता होगी यह नहीं कहा जा सकता है। किन्तु यह आवश्यक है कि विभिन्न शक्तिदायक साधनों का विकास इस प्रकार से होना चाहिए कि विकास की बढ़ती हुई आवश्यकता की पूर्ति की जा सके। विकासशील राष्ट्रों में प्राकृतिक साधनों का विकास इसी उद्देश्य को ध्यान में रखते हुए किया जाता है। शक्तिदायक साधनों का विकास इस उद्देश्य से किया जाता है कि विकास के लिए शक्ति उचित मूल्य पर मिल सके और वह विकास में सहाकय हो, बाधक नहीं।

वे साधन जिन्हें नवीनीकरण योग्य संसाधन कहते हैं, जैसे भूमि, जल, जंगल आदि, इस उद्देश्य से विकसित किये जाते हैं कि उनका प्रयोग सावधानी से हो और उन्हें ठीक ढंग से बनाये रखा जा सके। बिना इनकी सुरक्षा के भविष्य की बढ़ती हुई आवश्यकता की पूर्ति उचित लागत पर नहीं हो सकती। अत: इन साधनों के विकास का उद्देश्य इनकी सुरक्षा ही होता है, ताकि वे दीर्घकाल तक विकास के लिए उपयोगी हो सके। यद्यपि कि इन संसाधनों के उपयोग तथा इनकी आवश्यकता की मात्रा आदि में तकनीकी विकास के फलस्वरूप परिवर्तन लाये जा सकते हैं, परन्तु इन पर निर्भर रहना उचित नहीं कहा जा सकता। अत: इन साधनों के उपयोग के क्षेत्र में तकनीकि विकास के साथ ही साथ इनका सुरक्षापूर्ण विकास भी चलाना आवश्यक है। इनके विकास के इस मार्ग पर चलने से आर्थिक उत्थान में अधिक सहायता मिल सकती है।

इन साधनों की रक्षा और इनके विकास में 'कम से कम व्यय' का सिद्धान्त लागू होना चाहिए। इसका तात्पर्य यह होता है कि इन साधनों का विकास और उनकी सुरक्षा इस उद्देश्य के आधार पर की जानी चाहिए कि उनसे जो सन्तुष्टि तथा सेवायें प्राप्त होने वाली हैं, वे तुलनात्मक दृष्टिकोण से व्यय पर प्राप्त हो। इसी दृष्टिकोण से संसाधनों के सम्बन्ध में यह ध्यान रखा जाता है कि ये 'पर्याप्त मात्रा में उपलब्ध हो', ''इनका उपयोग सावधानी से हो'' तथा ''उनकी बरबादी न हो''। साधनों का ''आदर्श आर्थिक उपयोग'' तभी कार्यान्वित माना जा सकता है। जबकि वर्तमान के उपयोग का लाभ से सन्तुलित है तथा एक वस्तु के उपयोग का लाभ भविष्य के उपयोग के लाभ से सन्तुलित है तथा एक वस्तु के उपयोग का लाभ उसके बदले दूसरी वस्तु के उपयोग के लाभ से सन्तुलित है। इसका तात्पर्य यह होगा कि वर्तमान और भविष्य को तथा विभिन्न समकक्ष साधनों को ध्यान में रखते हुए साधनों का उपयोग इस प्रकार से किया जाय कि उनसे राष्ट्र में अधिकतम उपयोगिता प्राप्त हो सके। इससे साधनों से

कुल वर्तमान आगम का मूल्य बढ़ जायेगा। वर्तमान मूल्य, भविष्य की प्रत्याशित कुल लाभ की एक उचित दर पर कटौती कर के ज्ञात की जाती है। वास्तव में प्रत्येक साधन की आगे की इकाई का प्रयोग तभी होगा जबकि एक और इकाई के प्रयोग का लाभ उसके प्रयोग की हानि से अधिक हो। सैद्धान्तिक भाषा में हम यह कह सकते हैं कि साधनों का प्रयोग उस सीमा तक होगा जहाँ पर सीमान्त लागत तथा सीमान्त आगम बराबर हों।

प्राकृतिक संसाधनों की कुछ आर्थिक विशेषतायें

(1) प्राकृतिक साधनों की अकार्यशील प्रकृति — साधनों का मूल्य इसलिए होता है कि लोग उसकी माँग करते हैं। अत: साधनों के अध्ययन में एक तरफ हम लोग साधनों की उनकी माँगों को और दूसरी और उनकी पूर्ति का अध्ययन करते हैं। प्राकृतिक साधनों की यह प्रकृति होती है कि कुछ विशिष्ट परिस्थितियों, जैसे भूकम्प, ज्वार भाटा या जलवायु सम्बन्धी किसी चक्र के अतिरिक्त, आर्थिक विकास में उनका अकार्यशील प्रभाव रहता है। वे तब तक सुसुप्त रहते हैं जब तक अनुसंधान, आविष्कार और नई तकनीकियों द्वारा उनके उपयोग के महत्त्व को प्रकट न किया जाय। उनमें प्रावैगिक प्रकृति लाने के लिये मानवीय प्रयत्नों की ही आवश्यकता पड़ती है। अत: जैसे जैसे एक देश की सामाजिक व आर्थिक रूपरेखा में परिवर्तन होते जाते हैं वैसे ही वैसे प्राकृतिक साधनों की महत्ता बढ़ती जाती है।

(2) उनके स्थिति निश्चयन के कारण उनकी विशिष्ट महत्ता — प्राकृतिक साधनों की विशिष्ट महत्ता उनके स्थिति निश्चयन के कारण प्राप्त होती है। साधन एक स्थान विशेष पर रहते हैं और प्राय: ऐसा होता है कि उनके स्थिति निश्चयन का वह स्थान अन्य साधनों और सुविधाओं की दृष्टिकोण से बहुत ही सुविधाजनक हो जाता है। ऐसी अवस्था में सम्बन्धित प्राकृतिक साधन की महत्ता बढ़ जाती है। किन्तु जो साधन सुदूर क्षेत्र में रहते हैं, जिनके पास आसानी से पहुँचा नहीं जा सकता हो अथवा जिनका उपयोग कठिन हो तो उनकी महत्ता नहीं बढ़ पाती है। इनके स्थापना का इनके विकास पर भी प्रभाव पड़ता है। जो स्थान आसानी से पहुँचनीय हैं वहाँ के साधनों का शीघ्र विकास होता है, पर जो ऐसे नहीं हैं उनके विकास में देर लग जाी है। किन्तु आधुनिक युग में यह अपरिहार्य है कि वैसे स्थान के साधनों का भी विकास किया जाय और उन्हें सस्ते मुल्य पर उपलब्ध कराया जाय। उदाहरण के लिए मध्य प्रदेश में भिलाई और उड़ीसा राज्य में राउरकेला के पास उपलब्ध लोहे की खदानों को ले सकते हैं।

(3) प्राकृतिक साधनों का महत्व समय के अनुसार होता है — सभी संसाधनों का उपयोग एक ही समय में नही कर लिया जाता है। संसाधनों के कुछ भाग का उपयोग वर्तमान में होता है और कुछ भाग को भविष्य के लिए सुरक्षित रखा जाता है। किस संसाधन का अथवा किस भाग का उपयोग वर्तमान में किया जाय और किस संसाधन अथवा भाग को भविष्य के लिए रखा जाय, निर्भर करता है सम्बन्धित साधन के वर्तमान के उपयोग और भविष्य के उपयोग के मूलय पर। यदि किसी संसाधन के वर्तमान के उपयोग से उपलब्ध उपयोगिता की तुलना में भविष्य के उपयोग से उपलब्ध उपयोगिता अधिक है तो उस संसाधन को भविष्य के उपयोग के लिए सुरक्षित रखा जा सकता है। किसी भी साधन की विकास की मात्रा अथवा उसके विकास में विनिमय की मात्रा, सम्बन्धित साधन के वर्तमान अथवा

भविष्य के महत्त्व पर निर्भर करता है। उनका वर्तमान अथवा भविष्य का उपयोग भी उनकी सुरक्षा और उनमें विनियोग पर निर्भर करता है।

(4) प्राकृतिक संसाधन स्थैतिक नहीं हैं — अन्य संसाधनों के समान यह साधन स्थिर नहीं है बल्कि परिवर्तनशील है। ऐसा नहीं कि इसका उपयोग न होने पर किसी अन्य साधन के समान उतना ही बना रहेगा। उसमें परिवर्तन के फलस्वरूप कमी या वृद्धि आ सकती है। इन संसाधनों का मूल्य सांस्कृतिक व तकनीकी परिस्थितियों पर निर्भर करता है। इनका महत्त्व, साहस, पूँजीगत सामग्री व श्रम से स्पष्टरूप में सम्बन्धित है। जैसे जैसे इन घटकों को परिस्थितियों में परिवर्तन होता है, प्राकृतिक संसाधनों की महत्ता व उनके मूल्य में भी परिवर्तन होता है।

(5) उद्योगों की स्थापना का प्राकृतिक संसाधनों पर निर्भरता — उद्योगों की स्थापना के लिये स्थान के चुनाव में प्राकृतिक संसाधनों का निर्णयात्मक प्रभाव पड़ता है। यदि आवश्यक साधनों की उपलब्धि सुविधाजनक न हो तो लागत व्यय अधिक पड़ेगा जो कि किसी भी उद्योग के दृष्टिकोण से उपयोगी नहीं है। कच्चे माल, पानी, व खनिज आदि साधनों की जहाँ सुविधा होती है वहीं उद्योगशालायें स्थापित हो जाती हैं। उदाहरण के लिए बंगाल में हुगली नदी के किनारे जूट मिलें, जमशेदपुर में लोहे के कारखाने, बम्बई, अहमदाबाद, शोलापुर आदि में कपड़े की मिलों की स्थापना पर्याप्त हैं। उपलब्ध प्राकृतिक संसाधनों के स्थान की दूरी ओर यातायात के साधनों की उपलब्धि भी किसी उद्योग की स्थापना में निर्णयात्मक प्रभाव डालती हैं। प्राकृतिक संसाधनों की सुविधा को ध्यान में रखते हुए उद्योगो की स्थापना से उनके उत्पादन व्यय में मितव्ययिता आती है।

संसाधन विकास और आर्थिक विकास की गतिविधि

आर्थिक विकास में प्राकृतिक संसाधनों का क्या स्थान हो सकता है, इस बात पर निर्भर करता है कि विकास का स्तर क्या है, किस प्रकार के प्राकृतिक साधन उपलब्ध है, पूँजी किस प्रकार की और किस परिमाण में उपलब्ध है तथा किस प्रकार के और किस मात्रा में मानवीय साधन उपलब्ध हैं। विशाल देशों में जिनमें विभिन्न प्रकार भिन्नतायें पाई जाती हैं, विकास में प्राकृतिक संसाधनों का अत्यधिक महत्व रहता है, पर अविकसित देशों में कुछ हद तक विदेशी संसाधनों पर निर्भर करना पड़ता है।

निम्न वर्णन में हम यह देखेंगे कि किस प्रकार से प्राकृतिक संसाधन विकास की गतिविधियों को प्रभावित करते हैं।

(1) प्राकृतिक संसाधनों और विकास के अन्य तत्वों में परस्पर सम्बन्ध का कार्य — आज जो राष्ट्र विकसित कहे जाते हैं वे भी विकास की विभिन्न अवस्थाओं से होकर निकले हैं। उनकी विकास की प्रत्येक अवस्था में प्राकृतिक संसाधनों का महत्वपूर्ण स्थान रहा है। विकास की प्रारम्भिक अवस्था में प्राकृतिक संसाधन भोजन, ईंधन और कच्ची धातुओं की आवश्यकताओं को पूरा करने में सहायक रहे। प्रयत्न और बाजार जैसे जैसे संगठित होते गये, प्राकृतिक संसाधन जटिल विकास के आधार के रूप में काम किये। बढ़ती हुई पूँजी और कुशल श्रम के साथ साथ प्राकृतिक संसाधन निर्णयात्मक रूप में विकास उत्थान में काम करते हैं।

किन्तु यही नहीं कि आर्थिक विकास में प्राकृतिक संसाधन सर्वदा स्वतंत्र रूप में ही काम करते हैं। बल्कि अन्य तत्वों के विकास का प्रभाव भी प्राकृतिक संसाधनों के विकास पर पड़ता है। उदाहरणस्वरूप, विकास की विभिन्न अवस्थाओं में तकनिकि ज्ञान के विकास के फलस्वरूप प्राकृतिक संसाधनों के उपयोग की नई नई सम्भावनायें उपलब्ध होती हैं जिनसे इन साधनों की स्वयं की उपयोगिता बढ़ जाती है। उदाहरण के लिए 18 वीं शताब्दी के अन्तिम काल में धातुशोधन कला में विकास, मशीनों के निर्माण कला में विकास, मशीनों के चलाने की कला और ज्ञान में विकास तथा कुल सांस्कृतिक तत्वों में परिवर्तन के सामूहिक प्रभाव के फलस्वरूप कपड़े के उत्पादन की मशीनों में महत्त्वपूर्ण आविष्कार हुए। इन सबका पुनः सामूहिक प्रभाव कच्चे माल व खनिज के उत्पादनों की मात्रा पर पड़ा और उसका प्रभाव अमेरिका के दक्षिणी पूर्वी तथा दक्षिणी पश्चिमी भाग में कपड़े के उद्योग के विस्तार पर पड़ा। इससे यह सिद्ध होता है कि विकास के अन्य तत्वों और प्राकृतिक साधनों में गहरा सम्बन्ध है। एक में हुए परिवर्तन का प्रभाव दूसरे पर अवश्य ही पड़ता है। प्राकृतिक साधनों के विकास, विकास के अन्य तत्वों के उत्थान पर और अन्य तत्वों का उत्थान प्राकृतिक साधनों में गहरा सम्बन्ध है। इसका स्पष्ट उदाहरण अपना ही देश है। जैसे-जैसे हम आर्थिक विकास करते जा रहे हैं, हमारे प्राकृतिक साधनों की रूपरेखा, उनकी उपलब्धि, उनकी मात्रा और उनके उपयोग में भी परिवर्तन होते जा रहे हैं। देश में विभिन्न प्रकार की बहुउद्देशीय नदी घाटी योजनायें, इस्पात के कारखानें, बिजली उत्पादक गृह, आणविक शक्ति उत्पादक गृह व मशीन निर्माणियाँ इसके उदाहरण हैं।

(2) अल्प विकसित क्षेत्रों में संसाधनों का विकास — अल्प विकसित क्षेत्रों में कई दृष्टिकोणों से अर्थव्यवस्था पिछड़ी हुई रहती है। विकास के बहुत से आवश्यक साधन उस देश में रहते हैं और विकास की इच्छा भी। परन्तु यह पाया जाता है कि ऐसे क्षेत्रों के विकास की प्रारम्भिक अवस्था में उन क्षेत्रों को अपने साधनों पर ही निर्भर रहना पड़ता है। इस स्थिति को ध्यान में रखते हुए ही पूँजीगत सामानों का आयात करने के लिए निर्यात की व्यवस्था की जानी चाहिए। विकास की क्रिया में गति लाने के लिए यह आवश्यक है। पर अल्पविकसित क्षेत्रों में प्राकृतिक साधनों का कितना महत्त्व है, इस बात पर निर्भर करता है कि उनके उपयोग के लिये क्या मार्ग अपनाया गया है। इन क्षेत्रों के लिए यह उपयोगी होगा कि वे अन्य देशों के विकास की ऐतिहासिक पृष्ठभूमि को देखें और उन्हीं मार्गों पर चलने का प्रयत्न करें। विकास के लिए उपयुक्त साधनों की उपयुक्त समय पर उपलब्धि आवश्यक है; अन्यथा विकास की गति में तबतक बाधा होगी जबतक कि उस देश की तकनीकी इतनी विकसित न हो जाय कि विकास की उन आवश्यक सामग्रियों की पूर्ति की जा सके।

जो देश अधिक जनसंख्या वाले हैं उन्हें अपने विकास में कृषि में विकास को प्रधानता देना आवश्यक होता है और इसमें सफलता के लिए यह भी आवश्यक है कि उत्तम बीज, बाढ़ नियंत्रण और उर्वरक की उपलब्धि आदि की व्यवस्था हो। इन सभी आवश्यकताओं की पूर्ति के लिए एक विस्तृत और सर्वाङ्गीण नियोजन की अत्यन्त आवश्यकता होती है। इन देशों में यदि प्राकृतिक संसाधन पर्याप्त मात्रा में उपलब्ध होते हैं तो विकास में सहायता मिलती है। विदेशी विनियोग की सुरक्षा व स्वतन्त्रता रहे तो, विदेशी पूँजी का भी विकास के कार्यों के लिए आगमन होने लगता है।

यह भी आवश्यक होता है कि विकास की क्रिया और साधनों के उचित उपयोग में रोजगार की पर्याप्त व्यवस्था की जाय, लोगों को आवश्यक मात्रा में उपयुक्त ढंग से प्रशिक्षित किया जाय और विभिन्न संसाधनों का इस प्रकार से उपयोग किया जाय की उनकी बरबादी न हो। विकास काल में पूँजी की मात्रा सर्वदा के लिए बढ़ाने के लिए यह आवश्यक है कि विकास काल में कर नीति कठोर हो। यह भी आवश्यक है कि जो भी विकासकार्य हों उसके प्रभावों को सम्पूर्ण जनता में समान रूप में वितरित किया जा सके, इसके लिए वितरण की उपयुक्त नीति को अपनाना आवश्यक होता है।

विकास के सम्पूर्ण कार्यों को ठीक ढंग से संचालित करने के लिए खनिज पदार्थों का शोषण महत्त्वपूर्ण है। बिना ऐसा किये विकास असन्तुलित रूप में होगा जो कि दीर्घकालीन विकास के दृष्टिकोण से बहुत ही हानिप्रद होता है और उस सम्बन्धित विकासशील क्षेत्र की स्थिति शोचनीय हो जाती है। खनिज पदार्थों की पर्याप्त मात्रा में उपलब्धि और उनके उपयुक्त रूप में शोषण से विकास कार्यों को प्रेरणा मिलती है। इसके प्रत्यक्ष उदाहरण हैं - मध्यपूर्व और वेनेजुएला में तेल का विकास, मध्य अफ्रीका में खनिजों का शोषण, ब्रिटिश कोलम्बिया व अलस्का के किनारे अल्मुनियम के उत्पादन के लिए जल शक्ति का विकास आदि।

यह देखा जाता है कि जिन देशों में अविदोहित साधन, जैसे कोयला, बिजली, कच्चा लोहा आदि रहते हैं वहाँ का औद्योगिक विकास अत्यधिक हो सकता है। जहाँ पर ये साधन नहीं रहते हैं वहाँ पर हल्के उद्योगों का विकास हो सकता है, पर पूँजी एवं तत्सम्बन्धी कठिनाइयाँ उत्पन्न होती है, साथ ही राजनैतिक एवं सामाजिक परिवर्तन भी अनुकूलतम दिशा में नहीं होते। अत: ऐसी स्थिति में तीव्रगति से औद्योगिक विकास बिना सामाजिक एवं राजनैतिक परिस्थितियों को नष्ट किये हुए करना आवश्यक रहता है।

संसाधनों के विकास की शर्तें और कठिनाइयाँ

(1) प्राकृतिक संसाधनों की उपयोगिता अथवा उनसे होने वाले लाभों से लोगों में अनभिज्ञता नहीं होनी चाहिए। परन्तु लोग उनकी उपयोगिता और उनके व्यवहार से कितने परिचित हैं, यह निर्भर करता है - वहाँ का परम्परागत रीति-रिवाज एवं नियमों पर। यदि लोग इन संसाधनों की उपयोगिता से अनभिज्ञ रहें तो इनका विकास नहीं होगा।

(2) इन संसाधनों का अधिक विकास तबतक नहीं हो सकेगा जबतक लोगों को यह ज्ञात नहीं होता कि इससे कितना लाभ हो सकता है? इनके विकास की तकनीक का ज्ञान होना भी आवश्यक है।

(3) आर्थिक संसाधनों का विकास अधिक तभी होता है जब लोगों में वर्तमान स्थिति के प्रति असन्तुष्टि रहती है और लोग ऐसे परिवर्तनों एवं विकास को चाहते हैं जिनमें प्राकृतिक संसाधनों का उपयोग हो।

(4) संसाधनों का कितना अधिक विकास हो सकता है, उस सम्बन्धित देश में इनके सम्बन्ध में तकनीकी ज्ञान पर निर्भर करता है। इनके सम्बन्ध में पर्याप्त जानकारी एवं ज्ञान भी आवश्यक है।

प्राकृतिक संसाधनों के विकास में निम्नांकित बातें ध्यान में रखी जाये

(1) प्राकृतिक संसाधन के विकास के लिए किसी कार्यक्रम को हाथ में लेने के पूर्व उनकी आर्थिक सम्भावनायें देखना आवश्यक है किन्तु आर्थिक सम्भावनायें भी वैज्ञानिक एवं इंजिनियरिंग सम्भावनायें पर निर्भर करती हैं। अत: उसके लिए प्रशासकीय एवं सामाजिक सम्भावनाओं को पहले देख लेना आवश्यक है।

(2) संसाधनों की मात्रा व उनकी उपलब्धि के स्थानों का भी पूरा-पूरा ज्ञान आवश्यक है, इस सम्बन्ध में भी उपयुक्त शिक्षा की उपलब्धता पर ध्यान देना आवश्यक है।

(3) संसाधनों के लिए बाजार एवं अनुसंधान की सम्भावनाओं पर भी विचार करना आवश्यक रहता है। अपने देश अथवा विदेश में किस संसाधन का कितना उपयोग हो सकता है, इस जानकारी पर ही उस संसाधन के विकास की योजना बनाई जा सकती है।

(4) इनके विकास के लिए तकनीकी, श्रम सम्बन्धी एवं पूँजी की आवश्यकताओं पर भी विचार कर लेना आवश्यक है। किसी-किसी संसाधन के विकास के लिए बहुत ही विकसित और आधुनिकतम तकनीक की आवश्यकता पड़ती है। अत: उनके विकास कार्य को हाथ में लेने के पूर्व यह विचार कर लेना आवश्यक है कि वह तकनीक उपलब्ध है या नहीं अथवा कई उपलब्ध तकनिकों में से किसको अपनाया जायेगा। श्रमिकों की स्थिति पर भी ध्यान देना आवश्यक है कि वे गतिशील, कुशल एवं लोचदार हैं या नहीं। यदि ऐसा नहीं हुए तो उनका प्रशिक्षण एवं शिक्षण कठिन होगा। इनके विकास के लिए आवश्यक पूँजी की प्रकृति पर भी विचार कर लेना आवश्यक होता है।

(5) अनुकूल, घरेलू एवं अन्तर्राष्ट्रीय परिस्थितियों पर भी ध्यान देना आवश्यक है। प्रत्येक देश प्राकृतिक संसाधनों का विकास अपने देश में ही करना चाहते हैं किन्तु बहुत से देश पूँजीगत वस्तुओं का निर्यात आदि करके दूसरे देश के संसाधनों के विकास में सहायता दे सकते हैं। अत: इस स्थिति के अनुकूलता अथवा प्रतिकूलता पर भी ध्यान देना आवश्यक है। इसे निजी क्षेत्र में विकसित किया जाय या सरकारी क्षेत्र में, इसकी अनुकूलता पर भी ध्यान देना आवश्यक है। जो भी विकास किया जाय उससे प्राप्त होने वाले लभ एवं उपयोगिता पर भी पहले ही विचार कर लेना आवश्यक होता है।

(6) संसाधनों को आर्थिक विकास में महत्त्व के दृष्टिकोण से भी इनके विकास पर विचार करना आवश्यक है और यह भी देखना आवश्यक रहता है कि इनके किस अंश का उपयोग किया जाय और किस अंश तक सुरक्षित रखा जाय। जिन देशों को दूसरे देशों से ऐसे साधन उपलब्ध होने वाले नहीं रहते, इन साधनों के कुछ अंशों को सुरक्षित रखना भी आवश्यक होता है। इस प्रश्न पर हमें अपनी भविष्य की आवश्यकताओं के सन्दर्भ में विचार करना आवश्यक रहता है। यदि एक साधन का लागत व्यय बढ़ जाता है तो उसके स्थान पर दूसरे साधन के उपयोग की सम्भावना भी देश खोज निकालते हैं।

उपरोक्त वर्णन से यह सिद्ध होगा कि प्राकृतिक संसाधनों को देश के आर्थिक विकास में बहुत अधिक महत्त्व है। प्रथम तो इनके विकास एवं उपयोग की नीति बड़ी ही सतर्क और उपयैुक्त होनी चाहिए, अन्यथा इनसे विकास में प्रत्याशित सहयोग प्राप्त नहीं हो पाता है। इनका महत्त्व दूसरे प्रकार से भी समझा जा सकता है। वह यह है कि पहले साधनों के विकास के

उद्देश्य स्पष्ट कर लिए जाँय और तब विकास के कार्यक्रम बनाये जाँय। यह मार्ग अधिक उपयोगी है क्योंकि इसमें अधिक स्पष्टता है। पर इसमें दोष यह है कि इस प्रकार से बनाये कार्यक्रमों में परिवर्तन नहीं हो सकते और निर्धारित लक्ष्य को प्राप्त करने के लिए दूसरा मार्ग नहीं अपनाया जा सकता है। इस पद्धति में 'कई मार्गों में से एक के चुनाव' की पद्धति की सुविधा नहीं रह जाती है।

एक तीसरी प्रणाली भी है, इसे 'कुषी-ग्रावी पद्धति' कहते हैं। इस पद्धति में यह देखा जाता है कि सबसे महत्त्वपूर्ण कौन सी बाधा या समस्या है जिसे दूर कर देने पर, आर्थिक विकास तबतक आगे बढ़ता रहेगा जबतक कोई दूसरी समस्या न आ जाय और उसे दूर न किया जाय। इस पद्धति का यह लाभ है कि इसमें समस्यापूर्ण बिन्दु पर पहले ध्यान जाता है और उसका समाधान पहले कर दिया जाता है। अत: शीघ्र बाधा उपस्थित नहीं रहती और प्राकृतिक संसाधनों के सन्दर्भ में किसी भी कार्य को करने में उद्दीपन प्राप्त होता है।

चौथी पद्धति 'सन्तुलित संसाधन विकास' पद्धति है। इसमें संसाधनों का संतुलित विकास करने का प्रयत्न किया जाता है। इस पद्धति का तात्पर्यग विकेन्द्रित कार्यक्रम होता है। इसमें मानवीय आवश्यकताओं और तकनीकी सम्भावनाओं को समन्वित करते समय यह प्रयत्न किया जाता है कि एक ही साथ कई संसाधनों को विकास किया जाय, जैसे भूमि, शक्ति, पानी एवं उद्योग आदि। संसाधनों के सन्तुलित विकास की विचारधारा में उनकी उपलब्धता व्यक्तिगत एवं सामाजिक उद्देश्य एवं सम्बन्धित क्षेत्रों की आवश्यकताओं को सन्तुलित एवं समन्वित करने के प्रयत्न किये जाते हैं। विकास का प्रारम्भिक अवस्था वाले क्षेत्र में सन्तुलन कृषि विकास से हो सकता है अथवा कृषि में भी सन्तुलन आन्तरिक उपभोग एवं निर्यात की वस्तुओं के उपभोग तथा निर्यात की वस्तुओं के उत्पादन से हो सकता है, किन्तु विकसित देशों में सन्तुलन ज्ञात करना कठिन होता है।

इस पद्धति में देश के लिये मिलिटरी की सुरक्षा की ओर अधिक ध्यान दिया जाता है और इसमें अधिकतम सुरक्षा प्राप्त करने का प्रयत्न किया जाता है। पर एक समय ऐसा आ जाता है कि मिलिटरी और नागरिक सुरक्षा एक बिन्दु पर मिल जाते हैं।

प्राकृतिक संसाधनों के विकास की जो उपरोक्त पद्धतियाँ बतलाई गई है कि प्राकृतिक संसाधनों का विकास में महत्त्व ठीक से स्पष्ट किया जा सके। एक ही देश के अलग-अलग क्षेत्र, अलग पद्धतियों से विकास के कार्यों में संसाधनों का महत्त्व समझ सकते हैं।

ससाधनों के विकास की पद्धतियाँ

गत वर्षों में साधनों के विकास के कुछ सिद्धान्त प्रतिपादित किये गये हैं जो प्रायोजनाओं एवं कार्यक्रमों के निर्माण तथा मूल्यांकन में अत्यन्त सहायक हो सकते हैं। ये सिद्धान्त विकसित एवं अर्द्ध विकसित दोनों ही देशों में लागू होते हैं, यद्यपि कि वैधानिक, राजनैतिक, सामाजिक एवं संस्थागत विशेषताओं के अनुसार थोड़ा सा अन्तर उनके उपयोग में आ जाता है। उन सिद्धान्तों की संक्षिप्त व्याख्या निम्न हैं:

(1) बहुउद्देशीय विकास सिद्धान्त — इस सिद्धान्त के अनुसार एक संसाधन का कई दृष्टिकोणों से विकास किया जाता है। उदाहरणार्थ, बहुउद्देशीय नदीघाटी योजनाओं का विकास लिया जा सकता है। इनके विकास का उद्देश्य सिंचाई, यातायात, बाढ़ नियन्त्रण एवं

बिजली आदि की प्राप्ति होता है। इस प्रकार का विकास आधुनिक तकनीकी ज्ञान के फलस्वरूप ही सम्भव है। अमेरिका की 'टेनेसी बैली अथरिटी', भारत की 'दामोदर घाटी योजना', भाखरा नांगल योजना आदि इसके उदाहरण हैं।

(2) क्षेत्रीय समन्वयीकरण का सिद्धान्त — इस सिद्धान्त का उद्गम भी पहले सिद्धान्त से ही हुआ है। इस सिद्धान्त का तात्पर्य है कि संसाधनों के विकास का जो भी कार्यक्रम बनाया जाय वह उस क्षेत्र के लिए उपयुक्त हो जहाँ पर तथा जहाँ के लिए बनाया जा रहा हो। यही नहीं, बल्कि वह कार्यक्रम उस कार्य के पूर्ण योग्य हो जिसके लिए वह बनाया जा रहा हो। उदाहरणार्थ, यदि एक बहुउद्देशीय कार्यक्रम को लिया जाय तो उसे तैयार करते समय उस क्षेत्र की आवश्यकताओं को देख लिया जाना चाहिए और इस बात पर विचार किया जाना चाहिए कि कौन कौन सी आवश्यकतायें उस बहुउद्द्शीय प्रायोजना से पूरी की जा सकती हैं। उस क्षेत्र का पूरा विकास सामूहिक रूप में किया जाना चाहिए।

(3) निरन्तर प्रयोग का सिद्धान्त — इस सिद्धान्त के आधार पर संसाधनों के विकास का यह तात्पर्य होता है कि संसाधन इस प्रकार के विकसित किये जायँ कि संसाधनों का तकनीकी और आर्थिक दृष्टिकोण से, उत्तम स्तर पर प्रयोग अनिश्चित काल तक किया जा सके अर्थात् उनसे अधिकतम उत्पादन प्राप्त किया जा सके। यह सिद्धान्त ऐसे संसाधनों के लिए लागू होता है जो कभी भी समाप्त होने वाले नहीं है, जैसे भूमि, जल आदि। जो संसाधन प्रयोग में अधिक लाये गये रहते हैं, उनमें इस सिद्धान्त के लागू करने से कम स्तर का उत्पादन भी उद्देश्य हो सकता है।

(4) न्यूनतम क्षेप्य सिद्धान्त — यद्यपि कि यह सिद्धान्त सभी संसाधनों के लिए उपयोगी हो सकता है किन्तु विशिष्टरूप से उन साधनों के लिए उपयुक्त हैं जो समाप्त होने वाले या स्कंधात्मक हों, जैसे खनिज पदार्थ। यदि इन पदार्थों को न खोदा जाय या सँवारने में अधिक नष्ट किया जाय अथवा किसी साधन का अपूर्ण प्रयोग किया जाय अथवा यदि समयानुसार उनकी पुनरध्यर्थना न की गई तो वे नष्ट हो जाते हैं। यहाँ पर 'न्यूनतम क्षेप्य सिद्धान्त' का तात्पर्य संसाधनों के प्रत्येक अंश के प्रयोग किये जाने की व्यवस्था, जिन अंशों का कभी प्रयोग न हुआ हो या न होता हो उनका भी प्रयोग करना, संसाधनों को आधुनिक और नई प्रणालियों के अनुसार विदोहन, प्रति उत्पादनों को विकसित करना एवं सस्ते तथा पर्याप्त मात्रा में स्थानापन्न संसाधन प्राप्त करने से है। उस सिद्धान्त के अनुसार संसाधनों का प्रयोग करते समय हमेशा यह ध्यान रखना चाहिए कि वे निरर्थक रूप में नष्ट न हों। उनके विदोहन में तकनीकी एवं वैधानिक नियमों को पूरा-पूरा ध्यान में रखा जाना आवश्यक है। वास्तव में यह सिद्धान्त तो प्रत्येक प्रकार के संसाधन के लिए लागू होना चाहिए। यह तो बहुत ही आवश्यक एक उपयोगी सिद्धान्त है।

(5) लाभ का व्यापक वितरण सिद्धान्त — आधुनिक युग में प्राकृतिक संसाधनों के उपयोग और विकास में 'लाभ का व्यापक विस्तार सिद्धान्त' मार्गदर्शक का काम करता है। इसका उद्देश्य यह है कि इन संसाधनों के उपयोग का लाभ अधिकाधिक लोगों को मिले। इस सिद्धान्त को इन साधनों के उपयोग में प्रत्यक्ष-कर-प्रणाली प्रगामी-कर-प्रणाली आदि को लागू करके कार्यान्वित किया जाता है। इन संसाधनों से कम व्यय पर अधिकाधिक लाभ लोगों को दिलाने का प्रयत्न किया जाता है।

(6) कुल लाभ की अधिकतम प्राप्ति के अर्थ में मितव्ययता — यह एक बहुत ही उपयोगी एवं व्यावहारिक सिद्धान्त है; किन्तु इसमें आगम एवं व्यय का ठीक-ठीक अनुमान लगाना पड़ता है जिसमें कठिनाई होती है। अत: यह सिद्धान्त लागु करने में कठिनाई रहती है। प्रायोजनाओं में लागत व उनसे प्राप्त होने वाले लाभों का अनुमान लगाना पड़ता है। किन्तु यह अनुमान लगाना बड़ा ही कठिन है। इनसे प्राप्त होने वाले लाभों की मौद्रिक गणना करना बड़ा कठिन है। अत: इसमें अनुमान घटक का ही प्रयोग किया जाता है।

इस सिद्धान्त को लागू करने के लिए साधनों के उपयोग में 'न्युनतम व्यय सिद्धान्त' को मार्ग दर्शक बनाना पड़ता है। उदाहरणार्थ, यदि बिजली का उत्पादन कोयले से किया जाय अथवा जल से किया जाय या तेल से, इसका निर्णय करने के लिए यह अनुमान लगाना पड़ेगा कि किसमें कम से कम व्यय पड़ेगा। किन्तु जब इन संसाधनों का विकास सरकारी क्षेत्र में करना होगा तो राजनैतिक एवं सामाजिक तत्वों को भी ध्यान में रखना पड़ेगा। इस सिद्धान्त को ठीक से लागू करने के लिए सर्वोत्तम मार्ग यह है कि ऐतिहासिक तत्वों से मार्ग दर्शन प्राप्त किया जाय। अर्थात् पहले की जो प्रायोजनायें हैं उसमें प्रत्याशित लाभ हो रहा है अथवा नहीं? इन प्रायोजनाओं के बनने के पूर्व और उपरान्त क्या कठिनाइयाँ रही? इन सबको ध्यान में रखकर संसाधनों का विकास, इस सिद्धान्त के आधार पर अच्छी तरह से किया जा सकता है और उनके लिए प्रायोजनायें बनाई जा सकती है।

(7) आर्थिक स्थायित्व प्रदान करने के लिए सिद्धान्त — कभी-कभी संसाधनों का विकास इसलिए किया जाता है कि सम्बन्धित देश में आर्थिक उतार चढ़ाव को रोका जा सके। यह कार्य प्राय: विकसित अथवा विकसित देशों से सम्बन्धित देशों में ही किया जाता है। किन्तु इस आवश्यकता की पूर्ति के लिए संसाधनों के विकास का चुनाव श्रम, पूँजी व आवश्यक मानसेवी साधनों को ध्यान में रखते हुए, सावधानी से किया जाना चाहिए। उदाहरणार्थ, साधारण आर्थिक प्रतिसार में बड़े प्रायोजनाओं का चुनाव युक्तिसंगत नहीं होगा क्योंकि उनकी योजनाबद्ध करने तथा कार्यान्वित करने में अधिक समय लगता है। अत: छोटी एवं मध्यम श्रेणी की प्रायोजनायें ली जानी चाहिए। पर यदि दीर्घकालीन आर्थिक अवसाद हो तो बड़ी प्रायोजनाओं को लेना हितकर होता है। छोटे एवं केन्द्र मियन्त्रित योजनाबद्ध विकास वाले देशों में यह समस्या नहीं आती है।

(8) लागत एवं उत्तरदायित्व विभाजन सिद्धान्त — इस सिद्धान्त का यह उद्देश्य है कि संसाधनों के विकास का लागत व्यय एवं उत्तरदायित्व अधिकाधिक लोग वहन करें। संसाधनों के विकास में आजकल यह सिद्धान्त अधिकाधिक लागू हो रही है। किन्तु अलग-अलग देशों में अलग अलग प्रकार से इस सिद्धान्त को लागू किया जाता है। उदाहरणार्थ, अमेरिका में बड़ी प्रायोजनाओं के विकास का उत्तरदायित्व एवं व्यय सभी स्तर की सरकारों एवं जनता के द्वारा वहन किया जाना उपयुक्त समझा जाता है। वहाँ प्रयत्न यह किया जाता है कि ऐसी प्रायोजनाओं के तैयार हो जाने के बाद उत्पादित मात्रा की बिक्री से लागत व्यय अदा किया जाय, जैसे बिजली एवं पानी आदि की प्रायोजनायें। किन्तु जिन प्रायोजनाओं में ऐसा नहीं किया जा सकता है उनका व्यय, करों एवं जन जन ऋण से दिया जाता है। जब ऐसी प्रायोजनाओं से कई सेवायें प्रदान की जाती है तो केवल प्रत्यक्ष लागत को ही वसूल किया जाता है। जिन सेवाओं का लागत व्यय आँका जा सकता है, उनका लागत पूर्व अनुमानित आधार पर

लोगों से, उनकी देय क्षमता के अनुसार प्राप्त कर लिया जाता है। बाढ़ नियन्त्रा कार्यक्रमों का लागत व्यय कुछ देशों में जनता से नहीं लिया जाता है, पर कुछ देशों में उनके निर्माण में श्रम के रूप में जनता से लागत प्राप्त किया जाता है। आजकल बहुत से कार्यक्रम इस रूप में चलाये जाते हैं, पर उनका व्यय जनता से वसूल नहीं किया जाता है। किन्तु जो प्रायोजनायें केवल स्थानीय महत्त्व की होती हैं, उनकी लागत वसूल की जाती है।

(9) व्यय-अनुमान व लगाने योग तत्त्वों को ध्यान में रखने का सिद्धान्त — प्राय: प्रायोजनाओं के साथ यह समस्या रहती है कि उनके लागत व्यय का ठीक ठीक अनुमान नहीं लगाया जा सकता। यह भी समस्या उठती है कि किन व्ययों अथवा लाभों को जोड़ा जाय और किन को नहीं। इन आधारों पर किन प्रायोजनाओं को हाथ में लिया जाय, किनको नहीं। कुछ व्यय एवं प्रायोजनायें ऐसी होती हैं जो जन कल्याण, राष्ट्रीय सुरक्षा आर्थिक स्थिरता व जन स्वास्थ्य के दृष्टिकोण से बहुत ही महत्वपूर्ण होती है। अत: उन अनुमान न लगाये जा सकने वाले तत्वों को भी ध्यान में रखते हुए संसाधनों का विकास करना बहुत ही आवश्यक है क्योंकि समुचित जन विकास के दृष्टिकोण से इनका महत्व बहुत ही अधिक होता है। उनके महत्त्व का मूल्यांकन मुद्रा में नहीं किया जा सकता है। समाज के लिए वे अमूल्य हैं। अत: ऐसे संसाधनों एवं प्रायोजनाओं का विकास ऐतिहासिक मूल्यांकन के आधार पर किया जाना चाहिए। ऐतिहासक मूल्यांकन का तात्पर्य होता है कि उसी प्रकार के पहले से स्थापित प्रायोजनाओं के लाभ हानि के दृष्टिकोण से बहुमुखी हैं। अत: एक लाभ या उपयोगिता का मूल्यांकन करके उनको महत्व नहीं समझा जा सकता है। अत: ऐसी प्रायोजनओं के निर्माण का निर्णय दूसरी प्रायोजनाओं की तुलना के आधार पर किया जा सकता है।

(10) राष्ट्रीय सुरक्षा एवं विश्व शान्ति में वृद्धि के दृष्टिकोण से साधनों का विकास — दीर्घकालीन विकास में राष्ट्रीय सुरक्षा का कार्यक्रम स्वाभाविक हो जाता है। वास्तव में भूमि, शक्ति, खनिज आदि साधनों का विकास करते समय राष्ट्रीय सुरक्षा को ध्यान में रखना आवश्यक है। ऐसा न करने पर आकस्मिक समयों में कठिनाई उपस्थित हो जाती है। उदाहरणार्थ, भारत में चीन के अतिक्रमण के बाद बहुत से प्रायोजनाओं को सुरक्षा सामान उत्पादक प्रायोजना में परिवर्तित करना पड़ा और बहुत सी प्रायोजनायें भी इस कार्य के लिए स्थापित की गई।

संसाधनों का विकास विश्व शान्ति में सहायक के रूप में भी विकसित किया जा सकता है। जिन साधनों का विकास स्वतंत्र राष्ट्रों की सुरक्षा को बढ़ाता है परोक्षरूप से उनसे विश्व शान्ति में सहायता मिलती है। इन संसाधनों से दूसरे राष्ट्रों को आर्थिक सहायता, तकनीकी सलाह और ऋण प्राप्त होती है।

(11) उपयोग एवं संरक्षण की समस्या सिद्धान्त — इस सिद्धान्त के अनुसार साधनों का उपयोग 'दूरदर्शी एवं मितव्ययी' ढंग से होना चाहिए। किन्तु यह सिद्धान्त अलग-अलग संसाधनों से अलग अलग प्रकार से लागू होती है। संरक्षण का तात्पर्य है कि साधनों को इस प्रकार से रखा जाय कि उनसे अधिकाधिक उपज प्राप्त हो सके। ऐसा तभी सम्भव है जब कि उनका उपयोग उत्तम ढंग से हो। संसाधन उनकी आवश्यकता एवं उपयोग का अनुमान लगाते हुए उनका उपयोग इस प्रकार से किया जाना चाहिए कि उनसे दीर्घकाल में अधिकतम उपयोगिता प्राप्त हो सके। उनका विकास अधिकतम उपयोगी बिन्दु तक होना चाहिए ताकि वे

अधिकतम प्रत्याय प्रदान कर सकें। उनके संरक्षण के लिए उनकी पर्याप्त देख रेख एवं उपयुक्त तरीके से उनका उपयोग किया जाना चाहिए। जब उनकी समाप्ति के कारण कीमत खूब बढ़ जाय तो उनके स्थानापन्न संसाधन का विकास किया जाना चाहिए।

अविकसित तथा अर्द्धविकसित राष्ट्रों के लिए होता है कि वे संसाधनों के विकास की ऐसी प्रणाली अपनावें कि उनमें विकास तीव्रगति से होता रहे और वे अपने कच्चे माल की सहायता से अथवा आवश्यकतानुसार आयात करके अपना विकास करते रहें। यातायात एवं पूँजीगत संसाधनों को विकसित करना ऐसे राष्ट्रों के लिए और भी आवश्यक होता है। भविष्य के औद्योगीकरण के लिये आवश्यक संसाधनों का विकास विशेषरूप से इनके द्वारा किया जाना चाहिए। उदाहरणार्थ, कपड़े के उद्योग के लिए रूई व ऊन, कागज उद्योग के लिए जंगल, सिंचाई के लिए शक्ति आदि का विकास। अर्थात् इन देशों को यह देख और सोच समझ कर संसाधनों का विकास किया जाना चाहिए कि किस उद्योग के लिए कौन सा संसाधन आवश्यक होगा।

संसाधनों के विकास के लिए नीति एवं कार्यक्रम की रूपरेखा

प्रभावशाली संसाधन विकास कार्यक्रम की प्रमुख आवश्यकतायें

(1) अनुसंधान — विकासशील देशों में संसाधनों के विकास के प्रभावशाली कार्यक्रम का प्रमुख आवश्यक लक्षण होता है कि वहाँ सभी प्रकार के संसाधनों, जैसे, भूमि, पानी, खनिज, शक्ति आदि के विकास के लिए पर्याप्त अनुसंधान की व्यवस्था की जाय अन्यथा इनका अच्छे और सन्तोषपूर्ण ढंग से विकास नहीं होता है। इन अनुसंधान के फलस्वरूप इन संसाधनों से नये साधनों, सेवाओं और मालों को प्राप्त करने में सहायता मिलेगी। सुव्यवस्थित अनुसंधान - कार्यक्रम का पूरा भार सरकार द्वारा वहन किया जाना चाहिए। निजी अनुसंधान कार्यालयों के विकास को भी प्रोत्साहित करना चाहिए। इस कार्य को करने के लिए उपयुक्त मात्रा में मानवसेवियों के प्रशिक्षण की व्यवस्था भी होनी चाहिए।

(2) सुधरा हुआ अधियोजन एवं कार्यक्रम — गत वर्षों में इस दिशा में पर्याप्त विकास हुआ है। संसाधनों के विकास में सूचीपट्टता व समन्वय प्रणाली की ओर ध्यान देना अत्यन्त आवश्यक है और इनका विकास देश की पूरी आवश्यकता को ध्यान में रखते हुए किया जाना चाहिए। संसाधनों के आधार पर उद्योगों के विकास का कार्यक्रम कुछ कठिन होता है जिनका माल निर्यात होता है। क्योंकि उन्हें अन्तर्राष्ट्रीय स्तर पर देखना पड़ता है। अत: इनका कार्यक्रम विशेष सतर्कता से तैयार किया जाना अत्यन्त आवश्यक है। संसाधनों के विकास के लिए भौगोलिक क्षेत्र के आधार पर आधारित कार्यक्रम, सम्पूर्ण राष्ट्र को एक इकाई के रूप में मानकर तैयार किया हुआ होना चाहिए। ऐसी प्रायोजनायें भूमि विकास, जलपूर्ति एवं शक्ति के दृष्टिकोण से अधिक महत्त्वपूर्ण होती है। भरत में बहुउद्देशीय प्रायोजनायें इसका उदाहरण हैं।

संसाधन प्रायोजनाओं के मूल्यांकन में, उसकी उपयोगिता, लागत व्यय, विनियोग और उस पर लाभ, राष्ट्रीय आय पर उन संसाधन के प्रभाव आदि को ध्यान में रखना आवश्यक है। पर प्रायोजनाओं के मूल्यांकन में इन सभी घटकों का उपयोग सावधानी से किया जना चाहिए।

(3) निजी व सरकारी भाग — प्राकृतिक संसाधनों का विकास सरकारी संस्थाओं द्वारा किया जाय अथवा निजी संस्थाओं द्वारा - यह भी निर्णय का एक महत्त्वपूर्ण प्रश्न रहता है। इस सम्बन्ध में अलग अलग देशों में अलग अलग प्रणाली है। किन्तु अर्द्धविकसित अथवा अविकसित देशों में अधिकांशतः सरकार ही इस कार्य को अपने हाथ में लेती है। इसका आर्थिक कारण यह है कि निजी लोगों के पास इनमें लगाने के लिए बड़ी मात्रा में पूँजी नहीं रहती। राजनीतिक कारण यह रहता है कि इनसे देश की सुरक्षा और लोगों का सामाजिक एवं आर्थिक विकास हो सकता है। विदेशी सरकारें भी संसाधनों के विकास में सहयोग देती है, पूँजी भी लगाती है किन्तु राष्ट्रीय सरकार का उनके साथ उनकी पूँजी की सुरक्षा सम्बन्धी सहयोग रहता है। स्वतन्त्र राष्ट्रों में आवश्यक और महत्त्वपूर्ण संसाधन प्रायोजनाओं को सरकार स्वयं ही विकसित करती है अधिक पूँजी लगने वाले प्रायोजनाओं का भी विकास सरकार के द्वारा ही किया जाता है। बहुत से क्षेत्रों में, जहाँ सरकार स्वयं उत्तरदायित्व नहीं ले सकती, निजी लोगों को प्रोत्साहित करती है, जैसे कृषि साख, लघु-सिंचाई साधन, विस्तार सेवा, कृषि अनुसंधान आदि की प्रायोजनायें। इसमें लोगों को आगे चलकर व्यक्तिगत लाभ हो सकता है और इन प्रायोजनाओं से उन्हें सीधा सम्बन्ध है। अतः इनका भार वहन करने के लिए उन्हें प्रोत्साहित करना आवश्यक है। किन्तु सोवियत रूस में तो संसाधनों के विकास का पूरा कार्यक्रम सरकार के द्वारा ही पूरा किया जाता है

(4) आर्थिक स्थायित्व में संसाधनों का महत्त्व ध्यान में रखते हुए — व्यापार चक्र की क्रिया को बंद कराने के लिए संसाधनों के विकास में नई मोड़ आवश्यक है। इसके लिए आवश्यक है कि संसाधनों का विकास दीर्घकालीन आर्थिक प्रवृत्तियों को ध्यान में रखते हुए किया जाय। अतः व्यय का विश्लेषण स्थानीयकरण, प्राप्त होने वाले रोजगार की प्रकृत्ति, आवश्यक कच्चे माल, श्रम एवं उसे पूरा करने की गति आदि पर पूर्ण विचार किया जाना आवश्यक है। ये प्रोयाजनायें ऐसी हो कि किसी भी प्रत्याशित प्रतिसार से टकराने और उसे रोकने की उचित व्यवस्था करने में सहायक हो। बेकार के कार्यक्रमों को बिल्कुल हतोत्साहित किया जाना आवश्यक है। संसाधनों के विकास में स्थिर घटकों को हमेशा ध्यान में रखना चाहिए।

(5) संसाधन विकास एवं प्रतिरक्षा — अर्द्धविकसित राष्ट्रों के लिए आवश्यक होता है कि संसाधनों का विकास करते समय वे प्रतिरक्षा को भी ध्यान में रखें और आवश्यक सामग्रियों के निर्माण का प्रावधान करते चलें। संसाधनों एवं आवश्यक सामग्रियाँ के दृष्टिकोण से शान्ति एवं अशान्ति काल का समन्वय होना चाहिए। इस कार्य के लिए संसाधन विकास नियोजन लचीली होनी चाहिए। अर्द्धविकसित राष्ट्रों को चाहिए कि वे विकसित देशों के साथ राजनैतिक एवं सामाजिक सम्पर्क सतर्कता से स्थापित करें और अपनी प्रतिरक्षा हेतु अन्तर्राष्ट्रीय संस्थाओं से सम्पर्क स्थापित करें। शान्ति, सुरक्षा एवं स्थायित्व के सिद्धान्त को मिलाकर बनाई गई नीति के आधार पर संसाधनों का विकास सर्वोच्च होता है।

संक्षेप में, यह कहा जा सकता है कि हम साधनों का अधिकतम विकास तभी कर सकते हैं जब हम सर्वसाधारण के कल्याण के लिए कार्यक्रम बनायें और काम करें। इसका तात्पर्य यह है कि जब उपरोक्त बातों को ध्यान में रखते हुए संसाधनों के विकास का कार्यक्रम बनाया जायेगा तो स्वाभाविकरूप से उनसे अधिकतम जन कल्याण होगा। सम्बन्धित देश के सर्वसाधारण का अधिकतम कल्याण संसाधनों के विकास से करने के लिए अत्यन्त आवश्यक है कि उनके विकास का कार्यक्रम हम इन तत्वों को पूर्णरूपेण ध्यान में रखते हुए बनायें।

प्रश्न

1. विकासशील अर्थव्यवस्था में प्राकृतिक संसाधनों की आर्थिक विशेषताओं का संक्षिप्त वर्णन करते हुए यह बतलाइये कि प्राकृतिक संसाधन विकास की गतिविधियों को किस प्रकार से प्रभावित करते हैं?
2. संसाधनों के विकास की क्या शर्तें हैं? उन्हें विकसित करते समय कौन-कौन सी बातें ध्यान में रखी जानी चाहिए?
3. संसाधनों के विकास की विभिन्न सिद्धान्तों का संक्षिप्त वर्णन कीजिए। क्या भारत अपनी विकास प्रणाली में उन सिद्धान्तों का पालन कर रहा है?
4. संसाधनों के विकास के लिए उपयुक्त नीति एवं कार्यक्रम की रूपरेखा की विशेषताओं पर प्रकाश डालिए।

□□□

12

अर्द्धविकसित देशों में कौशल निर्माण की समस्या
(Problem of Skill Formation in Under-developed Countries)

अर्द्धविकसित देशों में जहाँ जनसंख्या की बाहुल्यता रहती है, श्रम की दो प्रतिकूल विशेषतायें दिखायी पड़ती है—प्रथम, श्रम की मात्रा अधिक होती है। जिससे बेरोजगारी और निम्न आय की समस्यायें व्याप्त होती है और द्वितीय इन देशों में कुशल श्रमिकों की कमी होती है, इससे विकास के कार्य में बाधा पैदा होती है। देश में औद्योगिक चातुर्य व कौशल का अभाव रहता है।

कौशल निर्माण का अर्थ — कौशल निर्माण ऐसी क्रिया है जिसके दौरान मानवशक्ति में भारी विनियोग करना पड़ता है ताकि देश के श्रमिक नये-नये कार्यों को करने की योग्यता और कुशलता प्राप्त कर सकें। इसके द्वारा विकासमान अर्थव्यवस्था में प्रशिक्षित श्रम की आवश्यकताओं की पूर्ति की जाती है। कौशल निर्माण का उद्देश्य प्रत्येक व्यवसाय में कर्मचारियों की पूर्ति को माँग के बराबर करना है। देश के आर्थिक विकास के साथ साथ उच्चतर और तकनीकी व्यवसायों में कर्मचारियों की माँग का बढ़ना स्वाभाविक है और इस कारण अकुशल तथा अर्द्धकुशल व्यक्तियों को प्रशिक्षण देना अनिवार्य हो जाता है।

कौशल निर्माण के तीन तत्व है—शिक्षा, प्रशिक्षण व अनुभव। कौशल निर्माण के लिये सर्वप्रथम मजदूरों को उत्पादन के नये तथा आधुनिक तरीकों की शिक्षा देनी होती है, फिर उनके प्रशिक्षण की व्याख्या करनी होती है और उनके लिये निर्देशक तथा अनुभव का भी प्रबन्ध करना होता है। इस प्रकार कौशल निर्माण एक अनवरत तथा दीर्घकालीन प्रक्रिया है जिसके परिणामस्वरूप प्रशिक्षित श्रम की आवश्यकताओं की पूर्ति होती है।

कौशल निर्माण की आवश्यकता तथा महत्त्व — आर्थिक विकास में प्रशिक्षित श्रमशक्ति केन्द्रीय महत्त्व रखती है। भारतवर्ष में तृतीय योजना में इसी तथ्य पर जोर देते हुये कहा गया। ''विकास के सभी साधनों में इस समय सम्भवत: सर्वाधिक महत्त्वपूर्ण स्थान —प्रशिक्षित जनशक्ति का है। आर्थिक विकास के साथ साथ जहाँ अधिक उच्च और विशेष प्रशिक्षण प्राप्त व्यक्तियों की तथा वैज्ञानिक ढंग से प्रशिक्षित कर्मचारियों की माँग बढ़ती है वहाँ निचले स्तर के कुशल अर्द्धकुशल, और अकुशल व्यक्तियों की माँग निरन्तर कम होती जाती है।'' अत: अर्थव्यवस्था के विकास के साथ साथ कुशल श्रम की माँग में वृद्धि होती जाती है। उदाहरण के लिये भारतवर्ष में जब पंचवर्षीय योजनाओं के अधीन आर्थिक विकास का एक बड़ा प्रोग्रम अपनाया तो तकनीकी कर्मचारियों की माँग उनकी पूर्ति से बढ़ गई। नव स्थापित भारी तथा मूल उद्योगों अर्थात् लौह तथा इस्पात, मशीनी औजार इंजीनियरी सामान भारी रसायन, बिजली के सामान आदि में प्रशिक्षित व तकनीकी कर्मचारियों की आवश्यकता अनुभव हुई। इस माँग को पूरा करने के लिये प्रशिक्षित कर्मचारियों की पूर्ति को बढ़ाना अनिवार्य हो गया। परन्तु अर्द्धविकसित देशों में प्रशिक्षित व्यक्तियों की पूर्ति बढ़ाना बहुत कठिन है। कई बार तो ऐसा देखा गया है कि अर्द्धविकसित देशों में कौशल निर्माण की समस्या अन्य सभी समस्याओं से भी कठिन सिद्ध होती है, शायद पूँजी निर्माण से भी अधिक कठिन।

कौशल की समस्या का समाधान उन देशों में आसानी से हो गया है, जहाँ औद्योगिक विकास स्वत: एवं शनै: हुआ है। परन्तु भारत जैसे देश में जहाँ किसी भी प्रकार का सामान्य व स्वाभाविक आर्थिक विकास न हुआ हो, और विकास कार्य को 15-20 वर्षों में ही समाप्त करना हो, वहाँ कौशल निर्माण की समस्या बहुत गम्भीर होती है।

विकसित देशो में कौशल निर्माण व पूँजी निर्माण की प्रक्रियायें इस अर्थ में अलग-अलग होती है कि कौशल निर्माण तकनीकी स्कूल व कालेज तथा अन्य कौशल सृजन करने वाले अवसरों की उपलब्धियों पर निर्भर करती है जबकि पूँजी निर्माण बचत की दर पर निर्भर होती है। परन्तु अर्द्धविकसित देशों में पूँजी निर्माण एवं कौशल निर्माण की प्रक्रियाएँ वस्तुत: लगभग एक ऐसी होती है क्योंकि दोनों में ही उपयोग को नियन्त्रित करना होता है और साधनों का भविष्य में उत्पादन बढ़ाने के लिये प्रयोग किया जाता है। इसलिए अल्पकाल में विकासशील देश में पूँजी निर्माण तथा कौशल निर्माण की आवश्यकताओं के बीच प्रतिस्पर्धा होती है। कारण यह कि कौशल के विकास के लिये देश में सामान साज सज्जा उपभोग की वस्तुओं इत्यादि की आवश्यकता होती है। फलत: पूँजी निर्माण के लिये साधनों को उपलब्धि कम हो सकती है। प्रो. दत्ता के शब्दों में '' '' कई बार पूँजी तथा कौशल एक दूसरे के तकनीकी सहयोगी होते हैं जिसके कारण पूँजी तथा कौशल की आवश्यकता साथ साथ होती है। अत: विकास के लिये आर्थिक कौशल तथा अधिक पूँजो दोनों की ही आवश्यकता होती है।

लोगों की शिक्षा व प्रशिक्षण में किये जाने वाले विनियोग का महत्त्व हाल में पूर्णतया समझा जाना प्रारम्भ हुआ है और इस प्रश्न के सम्बन्ध में अधिक खोज व विश्लेषण की जरूरत है। फिर भी मानवीय विनियोग (कौशल निर्माण) की प्रक्रिया की तीन मुख्य बातें हैं —

(अ) नई पीढ़ी के ज्ञान के वे उपयुक्त अंश प्रदान किये जाने चाहिये जो पिछली पीढ़ियों ने पहले ही संचित कर रखे है।

(ब) लोगों के यह जानने में मदद करनी चाहिये कि प्रचलित ज्ञान को किस तरह से नई दिशाओं में लागू किया जाय।

(स) लोगों को केवल इतना ही नहीं सिखाया जाय कि पुराने विचारों को किस तरह से नये ढंगों से लागू किया जा सकता है बल्कि उन्हें पूर्णतया नये विचार, वस्तुयें एवं प्रक्रियाओं को विकसित करने के लिये भी प्रोत्साहित किया जाना चाहिये।

शिक्षा सम्बन्धी विनियोग के तीन प्रमुख क्षेत्र हैं

(1) कृषि विस्तार सेवाओं की व्यवस्था,

(2) औद्योगिक चातुर्य में प्रशिक्षण,

(3) व्यवस्था एवं प्रशासकीय प्रशिक्षण,

(1) चूँकि अर्द्धविकसित देशों में कृषि का बहुत ही, महत्त्वपूर्ण स्थान रहता है, अतः यह अनुमान लगाया जाता है कि कृषि में किये गये विनियोगों सर्वाधिक लाभ होगा, अपेक्षाकृत किसी भी अन्य विनियोग के। संयुक्त राष्ट्रसंघ का "कृषिगत सेवा विस्तार कार्य" पर राष्ट्रीय आय का 1 प्रतिशत तक विनियोग कर देने का सुझाव दिया है। औद्योगिक क्रियाओं को पूरा करने के दृष्टिकोण से औद्योगिक चातुर्य में प्रशिक्षण का भी महत्त्व रहता है। विभिन्न जैसे-जैसे आगे बढ़ता है, रोजगार के दृष्टिकोण से कृषि की महत्ता कम होने लगती है और रोजगार के लिए लोग उद्योगों में जाने लगते हैं। अतः उनका प्रशिक्षण आवश्यक हो जाता है। बदलती हुई राष्ट्रीय परिस्थितियों से शिक्षा को जब तक समन्वित नहीं किया जाता, तब तक अर्द्धबेरोजगारों एवं बेरोजगारी की समस्या के समाधान में कठिनाई होती है और लोगों को कम मजदूरी से अधिक मजदूरी वाले कार्यों में स्थानान्तरित करना कठिन होता है।

(2) परम्परागत औद्योगिक प्रणाली से लोग आधुनिक विवेकीकृत औद्योगिक प्रणाली में प्रवेश करते हैं। अतः उन्हें नवीन वातावरण के अनुकूल प्रशिक्षित करना बहुत ही आवश्यक हो जाता है। श्रमिकों में मनोवैज्ञानिक एवं सामाजिक परिवर्तन लाने की भी आवश्यकता पड़ती है और इन सब के लिए भी उपयुक्त प्रशिक्षण व्यवस्था आवश्यक है। यही नहीं, बल्कि दीर्घकालीन एवं अल्पकालीन आवश्यकताओं की पूर्ति के लिए उपयुक्त शिक्षा भी आवश्यक है। विशिष्ट आवश्यकताओं की पूति के लिए विशिष्ट प्रशिक्षण की व्यवस्था भी शिक्षा प्रणाली द्वारा शीघ्र पूरा किये जाने वाली आवश्यकता होती है। प्रारम्भिक आवश्यकताओं की पूर्ति करने के बाद, दीर्घकालीन व विस्तृत शिक्षा प्रणाली में साधारण शिक्षा, पेशेवर शिक्षा, पूर्व पेशेवर शिक्षा और प्रशिक्षण सम्बन्धी शिक्षा का सम्बन्ध ठीक से स्थापित किया जाना भी अत्यावश्यक है। शिक्षा प्रणाली को विस्तृत करने में बड़ी ही सावधानी बरतनी चाहिए। जो शिक्षा केवल शिक्षित बुद्धिजीवियों की संख्या बढ़ाती है और बेरोजगारों एवं उसके फलस्वरूप असन्तोष को पनपाती है उसका विस्तार सावधानी से किया जाना चाहिए। बहुत ही विशिष्ट प्रकार के अप्रशिक्षण की व्यवस्था का निर्माण भी सावधानी से होना आवश्यक है।

(3) प्रशासनिक क्षान एवं योग्यता प्रदान करने त्राली शिक्षा, शिक्षा-प्रणाली की तीसरी प्रमुख आवश्यकता है। जैसे-जैसे विकास कार्य बढ़ते जाते हैं, उच्च कोटि के प्रशासकों एवं प्रबन्धकों की विशाल संख्या में आवश्यकता पड़ती है। अत: इस प्रकार की शिक्षा आवश्यक है यदि योग्य समन्वयकर्त्ता, कार्यशीलता में एकता स्थापनाकर्त्ता और कार्यों में स्थायित्व लाने वाले व्यक्ति उपयुक्त संख्या में नहीं मिले तो विकास का कार्य कठिन हो जाता है। शिक्षा प्रणाली में इस प्रकार में वाले के प्रयत्न भी किये जाने चाहिए कि साहसपूर्ण कार्यों में वे व्यक्ति भी सम्मिलित होना प्रारम्भ करें जो असन्तुष्ट बुद्धिजीवी हैं। उपयुक्त मात्रा में 'जन प्रशासन केन्द्र', "व्यावसायिक संस्थायें", "वाणिज्य एवं व्यापार प्रशिक्षण केन्द्र" भी स्थापित किये जाते हैं। यदि इन सभी तत्वों को ध्यान में रखकर शिक्षा-नीति निर्धारित की गई तो शिक्षा प्रणाली विकास में अवश्य ही सहायक हो सकती है। इसमें सरकार का विशेष कार्य भार होता है।

कौशल के स्त्रोत — कौशल निर्माण के लिये अर्द्धविकसित देशों को सभी सम्भव साधनों का उपयोग करना चाहिए। कौशल निर्माण के लिये भी हम वाह्य व आन्तरिक साधनों का उपभोग कर सकते हैं।

(अ) बाह्य स्त्रोत — उच्चस्तरीय कौशल जैसे इन्जीनियरों, डाक्टरों, एकाउन्टेन्ट आदि के प्रशिक्षण के लिये अधिक समय की आवश्यकता होती है और यह अधिक खर्चीला भी होता है। अत: अर्द्धविकसित देशों में पूँजी की तरह कौशल का आयात करना आवश्यक हो जाता है। इसके कई रूप हो सकते हैं जैसे (अ) विदेशी प्राविधिकों को स्थायी या अस्थायी आधार पर देश में बुलाना, (ब) विदेशों से स्थानीय श्रमिकों के प्रशिक्षण के लिये शिक्षकों को बुलाना, (स) देश के श्रमिकों को प्रशिक्षण के लिये विदेशें में भेजना, (द) बाहर के श्रमिकों को देश के लिये प्रोत्साहन आदि।

परन्तु ऊपर वर्णित सभी विधियों में अन्य बातों के साथ विदेशी मुद्रा भी खर्च होती है। अत: जिन देशों में विदेशी मुद्रा की कमी होती है उन्हें ऐसे तरीकों को अपनाने में कठिनाई होती है।

तकनीकी सहायता देने के लिए कई देशों द्वारा द्विपक्षीय संस्थायें स्थापित की गई है। अन्तर्राष्ट्रीय संस्थायें भी काम कर रही हैं। इनमें से 'यूनाइटेड किंगडम कोलोनियम डेवलपमेंट एन्ड वेलफेयर ऐक्ट 1929' 'कोलोनियम डेवलपमेंट कारपोरेशन' ग्रेट ब्रिटेन द्वारा सहायता देने के लिए स्थापित किये गये थे। पर आधुनिक दृष्टिकोण से इसका उतना अधिक महत्त्व नहीं है। अमेरिका द्वारा स्थापित यूनाइटेड स्टेट्स टेक्निकल कोआपरेशन एडमिनिस्ट्रेशन की स्थाना 1950 में की गई और 1953 में इसे फारेन ऑपरेशन ऐडमिनिसट्रेशन में सम्मिलित कर लिया गया। आजकल वहाँ विदेशी सहायता का काम अन्तर्राष्ट्रीय सहयोग प्रशासन द्वारा चलाया जाता है। अमेरिका द्वारा इस मद में 1952 में 141.3 मिलियन डालर और 1953 में 141.4 मिलियन डालर व्यय किया गया था। सन् 1954 में लगभग 3000 अमेरिका तकनीकी व्यक्ति बाहर काम कर रहे थे। इन सहायताओं में विभिन्न प्रकार के कार्यक्रम थे पर तकनीकी सहायता, सामुदायिक विकास योजना एवं शिक्षा उसके प्रमुख अंग थे। तकनीकी सहायता में प्रायोजनाओं के लिए सामान, तकनीकी व्यक्ति एवं प्रायोजना प्रदाय सम्मिलित हैं। रूस, चेकोस्लावाकिया, जापान नार्वे, डेनमर्क युगोस्लाविया आदि देशों द्वारा भी ये सहायतायें

दी जा रही हैं। इन देशों की संस्थाओं के अतिरिक्त, संयुक्त राष्ट्रसंघ के तत्वावधान में भी संस्थायें स्थापित की गई हैं। कोलम्बो प्लॉन भी अन्तर्राष्ट्रीय विकास सहायता का एक बहुउद्देशीय कार्यक्रम है। इन सभी कार्यक्रमों के अन्तर्गत विभिन्न देशों को उनकी आवश्यकता, और साधनों के अनुसार विभिनन सहायतायें मिल रही हैं। इस प्रकार से जो देश इन कार्यक्रमों से सम्बन्धित हैं, यह उनके अन्तर्राष्ट्रीय नीति का एक अंग हैं।

एक प्रश्न अवश्य उठता है कि इन सहायताओं की व्यवस्था 'द्विपक्षीय' हो अथवा 'बहुपक्षीय'? द्विपक्षीय के अन्तर्गत अमेरिका, रूस या ग्रेट ब्रिटेन आदि के कार्यक्रम आते हैं और बहुपक्षीय में, कोलम्बों प्लॉन, संयुक्त राष्ट्र संघ आदि का कार्यक्रम सम्मिलित होते हैं। विकासशील राष्ट्रों की समस्याओं को ध्यान में रखते हुए यह कहा जा सकता है कि बहुपक्षीय संस्थायें ही उपयुक्त होंगी। इस प्रकार की संस्था से, सदस्य राष्ट्र सहायता लेना अधिक श्रेयस्कर समझेंगे, क्योंकि बहुत से ऐसे उदाहरण मिलते हैं कि द्विपक्षीय संस्थाओं द्वारा जो सहायता दी जाती है उसके साथ बहुत सी अनुपयुक्त एवं हानिकारक शर्तें लगी रहती है। दूसर लाभ है कि 'बहुपक्षीय संस्था' के होने से सभी राष्ट्र अपना योगदान देंगे, फलस्वरूप राशि अधिक उपलब्ध हो सकती है। तृतीय लाभ है कि आपसीपन और सहयोग बढ़ता है, जिसके फलस्वरूप एक देश के दस व्यक्ति दूसरे देश को उपलब्ध हो सकते हैं। चतुर्थ लाभ यह है कि अन्तर्राष्ट्रीय संस्था से ऋण लेने अथवा लेने पर ऋण अथवा तकनीकी सहायता के साथ कोई शर्त नहीं रहती है। पाँचवी बात यह है कि इस पद्धति में ऋण अथवा सहायता अधिक दिनों तक के लिए ली और दी जा सकती है क्योंकि प्रतिवर्ष ऋण देने वाले राष्ट्र को राष्ट्रीय विधान मण्डल की अनुमति लेने की आवश्यकता नहीं पड़ती। छठवीं उपयोगिता यह है कि कुछ ऐसी समस्यायें हैं जिनका समाधान अन्तर्राष्ट्रीय स्तर पर अधिक ठीक से हो सकता है।

1958 व 1959 में यूनाइटेड नेशनन्स टेक्निकल सहायता जो अर्द्धविकसित देशों को प्राप्ति हुई और जो विभिन्न सदस्य देशों द्वारा टेक्निकल सहायता में अंशदान दिया गया वे निम्न सारणी के अंकों से स्पष्ट है:

(ब) आन्तरिक स्त्रोत — यद्यपि उच्चस्तरीय कौशल अन्तर्राष्ट्रीय सहयोग से प्राप्त किया जा सकता है। परन्तु सहायक सामान्य कर्मचारियों में कौशल वृद्धि के लिये गरीब देश को मुख्यतया आन्तरिक प्रयोग पर ही निर्भर रहना पड़ता है। आन्तरिक कौशल निर्माण के दो रूप हो सकते हैं — (क) विशिष्ट प्राविधिक संस्थाओं में शिक्षा उपलब्ध कराना, तथा (ख) कारखानों में प्रशिक्षण देना।

अर्द्धविकसित देशों में विशिष्ट प्राविधिक संस्थाओं जैसे पोलीटेक्नीक स्कूल, इन्जीनियरिंग स्कूल व औद्योगिक स्कूलों की स्थापना हो रही है। भारतवर्ष के कुछ राज्यों में तो प्रत्येक जिले में इस प्रकार के स्कूल है। विशिष्ट संस्थायें लाभप्रद एवं आवश्यक है परन्तु इस सम्बन्ध में कई समस्यायें हैं, जैसे धन की कमी, भवनों की अधिक लागत, उपकरण व साज सज्जा उपलब्ध कराने की परेशानी, शिक्षक का अभाव, व मध्यम वर्ग के व्यक्तियों को इस प्रकार की शिक्षा उपलब्ध कराने में वित्तीय कढ़िनाइयों आदि का सामना करना पड़ता है।

कारखाने में प्रशिक्षण की प्रथा विकसित देशों में बहुत प्रचलित है। अब इसे सावधानी से संगठित तथा नियोजित किया जाये तो इस विधि में औजारों, सामान्य साज सज्जा तथा शिक्षण कर्मचारियों की मितव्ययता हो सकती है। इस विधि में एक लाभ यह भी है कि

कर्मचारी कमाते हैं और सीखते भी जाते हैं परन्तु अर्द्धविकसित देशों में यह तरीका अभी लोकप्रिय नहीं है। इसे लोकप्रिय बनाने का प्रयास किया जाना चाहिये, क्योंकि यह तरीका केवल नये श्रमिकों के लिये ही नहीं है लेकिन पहले से काम में लगे कर्मचारियों को भी उच्चस्तर की शिक्षा देने के लिये काम में लिया जा सकता है। परन्तु इस विधि में प्रमुख दोष यह है कि देश के प्रशिक्षण के प्रमाप में एकरूपता नहीं रहेगी। इसके अतिरिक्त नियोजकों को इस बात के लिये प्रयास करना पड़ेगा कि वे श्रमिकों को प्रशिक्षित करावें, क्योंकि हो सकता है कि वे स्वयं इस कार्य के लिये अधिक इच्छुक न हों। अत: इससे सम्बन्धित बुराइयों को रोकने के लिये इसका नियमन आवश्यक है और प्रशिक्षण के स्तर को बनाये रखने के लिये इसे सार्वजनिक अधिकारियों के निरीक्षणों में रखना चाहिए।

निष्कर्ष - कौशल निर्माण आर्थिक विकास को आगे बढ़ाने में एक केन्द्रीय स्थान रखती है। जो देश तीव्र आर्थिक विकास को अपने राष्ट्रीय उद्देश्यों की सूची में ऊँचा स्थान दो है उसे इस तरह का हिसाब लगाना चाहिये ताकि वह शिक्षा में किये जाने वाले विनियोग की एक युक्तिसंगत योजना बना सके। कौशल निर्माण का ऐसा प्रोग्रम तैयार करना चाहिए जो कई पंचवर्षीय योजनाओं तक फैला हुआ हो, तभी एक विकासशील देश तकनीकी कर्मचारियों की पूर्ति में आत्मनिर्भर हो सकता है।

स्पष्ट है कि कौशल निर्माण ऐसी क्रिया है जिसके दौरान मानवशक्ति में भारी विनियोग करना पड़ता है। राष्ट्रीय दृष्टिकोण से मानव शक्ति पर किया जाने वाला व्यय उस समय तक बढ़ाया जाना चाहिये जबतक कि इस पर प्राप्त किया गया प्रतिफल अर्थव्यवस्था में अन्यत्र दूसरे विनियोगों से प्राप्त होने वाले प्रतिफल के बराबर न हो जाये। श्री एडवर्ड एफ डेनीसन ने प्रति व्यक्ति भौतिक पूँजी और शिक्षा के प्रतिफल के बारे में अनुमान लगाये हैं। वह इस निष्कर्ष पर पहुँचे हैं कि 1929 से 1947 के बीच की अवधि में संयुक्त राज्य अमेरिका में प्रति व्यक्ति कार्यकुशलता और शिक्षा में वृद्धि के कारण कुल राष्ट्रीय उत्पादन के वार्षिक औसत में 0.67 प्रतिशत वृद्धि हुई, जबकि प्रति व्यक्ति भौतिक पूँजी में वृद्धि के कारण राष्ट्रीय उत्पादन में केवल 0.15 प्रतिशत वृद्धि हुई।

भारतवर्ष में कौशल निर्माण — भारतवर्ष में पंचवर्षीय योजनाओं के अधीन औद्योगीकरण का एक बड़ा प्रोग्राम चालाये जाने के कारण अर्थव्यवस्था के सभी क्षेत्रों में तकनीकी श्रम की अत्यधिक आवश्यकता अनुभव हुई। तृतीय योजना में इसी तथ्य पर जोर देते हुये कहा गया ''आर्थिक क्षेत्र में तेजी से विकास करने, टेक्नोलौजी के क्षेत्र में उन्नति करने तथा स्वतन्त्रता, सामाजिक न्याय और समान अवसर के सिद्धान्त पर आधारित समाज व्यवस्था की स्थापना के लिए यदि कोई एक तत्त्व सबसे महत्त्वपूर्ण है तो वह शिक्षा है। .... शिक्षा के प्रयत्नों को गति देना तथा हर घर को उसकी परिधि में समेटना तीसरी योजना के प्रमुख लक्ष्यों मेसे एक था। इस तरह भविष्य से राष्ट्र जीवन के प्रत्येक अंग में शिक्षा सुयोजित विकास का केन्द्र बिन्दु बन जाएगी।''

लेकिन हम तीनों योजनाओं की उपलब्धि पर दृष्टि डालते हैं तो स्पष्ट हो जाता है कि शिक्षा पर कम खर्च के कारण कौशल निर्माण की गति धीमी रही है, जैसाकि नीचे के तालिका में दर्शाया गया है-

भारत में वैज्ञानिकों और प्राविधिकों की संख्या एक हजार की आबादी के पीछे न केवल विकसित देशों की तुलना में बल्कि मिश्र जैसें विकासोन्मुख देशों की तुलना में बहुत कम है।

हमारे देश में कौशल निर्माण की धीमी प्रगति के कारण देश के आर्थिक विकास में काफी रूकावट आई है। आर्थिक विकास के लिये यह आवश्यक है कि एक सुसम्बद्ध योजना भौतिक और वित्तीय साधनों की दृष्टि में रखकर कौशल निर्माण की गति तेज करने के लिये बताई जाए।

प्रश्न

1. कौशल निर्माण क्या है? किसी देश के विकास में कौशल निर्माण के महत्त्व पर प्रकाश डालिये।
2. किसी अर्थव्यवस्था में कौशल निर्माण की प्रक्रिया पर प्रकाश डालिये। इस प्रक्रिया में शिक्षा की भूमिका क्या होती है।
3. कौशल निर्माण के प्रमुख स्रोतों को बतलाइये।
4. भारतवर्ष में कौशल निर्माण के महत्त्व और उसकी वर्तमान स्थिति की विवेचना कीजिये।

□□□

13

पूर्ण रोजगार एवं राजस्व नीति
(Full Employment and Fiscal Policy)

प्राक्कथन

पिछले अध्याय में हमने बेरोजगारी के विभिन्न कारणों, रूपों और परिणामों का विश्लेषण किया था। हमने देखा कि बेकारी मनुष्य को ही नहीं वरन् सम्पूर्ण देश के सामाजिक और आर्थिक जीवन को नष्ट कर देती है। हमने पिछले अध्याय में बेकारी को दूर करने के विभिन्न उपायों की भी विवेचना की है। आज सभी इस विचार से सहमत हैं कि सरकार अपनी राजस्व सम्बन्धी नीति से देश में रोजगार की स्थिति को स्थायी बना सकती है। वास्तव में बेरोजगारी की समस्या एक निरन्तर बदलने वाली समस्या है। इसके लिए एक स्थायी नीति निर्मित नहीं की जा सकती। जनसंख्या के बढने के यदि अन्य परिस्थितियाँ स्थिर रहे तो, बेकारी उत्पन्न होना स्वाभाविक है। किन्तु यह तो बेकारी की दीर्घकालीन समस्या है और इसके लिए एक स्थायी किन्तु लोचपूर्ण नीति की आवश्यकता है। यदि देखा जाय तो दीर्घकालीन बेकारी की समस्या अधिक दुखदायी नहीं होती, क्योंकि जनसंख्या की वृद्धि से सक्रिय माँग में वृद्धि होती जाती है। किन्तु अल्पकालीन समस्या अत्यन्त ही विषम होती है, क्योंकि सक्रिय माँग के कम होते ही बेकारी उत्पनन हो जाती है। हम देख चुके हैं कि व्यापार चक्रीय परिवर्तनों के कारण जो बेकारी उत्पन्न होती रहती है वह समस्त आर्थिक व्यवस्था को छिन्न भिन्न कर देती है और इसके लिए सरकार के अतिरिक्त और किसी भी ओर से नीति निर्मित होना या सक्रिय माँग की उत्पत्ति के लिए प्रयत्न होना असम्भव ही होता है। बेकारी का एक चक्र एक बार आरम्भ होकर फिर बड़ी कठिनाई से ही रूक पाता है। इसीलिये निर्बाधवादी नीति के अन्त और आर्थिक नियोजन के विचार की प्रगति के साथ-साथ बेकारी को दूर करना और देश के सभी नागरिकों के लिए समुचित रोजगार सुविधाओं की व्यवस्था करना आधुनिक राज्य का एक महत्त्वपूर्ण कर्त्तव्य समझा जाने लगा है। आजकल राज्य का महत्त्व केवल जनता की सुरक्षा या देश के प्रशासन के लिए ही नहीं है वरन् व्यक्तियों के

कल्याण के लिए भी है। इसीलिए आधुनिक राज्यों को कल्याणकारी राज्य कहते हैं। ऐसे राज्य में सभी नागरिकों के लिए रोजगार सुविधायें प्रदान करने का प्रयत्न किया जाता है और देश में पूर्ण रोजगार की स्थिति स्थापित करना मुख्य नीति मानी जाने लगी है। यहाँ यह बताना अनुचित न होगा कि विशेष रूप से पूँजीवादी देशों के लिए इस नीति को कार्यान्वित करना तथा निर्मित करना आवश्यक है, क्योंकि व्यापार चक्र की समस्या केवल पूँजीवादी देशों में ही मुख्य होती है। समाजवादी तथा साम्यवादी देशों में तो इस समस्या की गम्भीरता एवं रूप और आकार बहुत अधिक नहीं होता और वहाँ तो राज्य की नीति पहले से ही पूर्ण रोजगार स्थापित करने की होती है। किन्तु पूँजीवादी अर्थव्यवस्था में, जहाँ व्यापारिक तथा व्यासायिक क्षेत्रों में प्रत्येक व्यक्ति स्वतन्त्र होता है, जहाँ सरकारी नियन्त्रण या तो होता ही नहीं है, या यदि होता भी है तो बहुत ढीला ढाला होता है, पूर्ण रोजगार नीति का निर्मित होना तथा उसको कार्यान्वित करने के विभिन्न उपायों का स्पष्टीकरण करना सरकारी नीति का एक मुख्य अंग होना चाहिये। परन्तु प्रश्न यह है कि पूर्ण रोजगार क्या होता है? अर्थात् पूर्ण रोजगार का क्या अर्थ है?

पूर्ण रोजगार का अर्थ – केन्स का कथन है कि यदि अर्थव्यवस्था में किसी समय अनिच्छित बेकारी न हो तो उस स्थिति को पूर्ण रोजगार की स्थिति कह सकते हैं। इसका अभिप्राय यह है कि जब तक देश में अनिच्छित बेकारी न हो, चाहे स्वैच्छिक बेकारी और रगड़ात्मक बेकारी भले ही हो किन्तु ऐसी अवस्था को पूर्ण रोजगार की स्थिति माना जाएगा। रगड़ात्मक बेकारी वह होती है जिसमें श्रम की गतिशीलता के कारण श्रमिक कुछ समय के लिए बेकार रहता है या कच्चे माल, शक्ति की कमी और मशीन के टूटने फूटने के कारण कारखाने बन्द हो जाते हैं और व्यक्ति को कुछ समय के लिए बेकार रहना पड़ता है।

किन्स के बाद कुछ लेखकों ने पूर्ण रोजगार सम्बन्धी सैद्धान्तिक विचारधारा को आगे बढ़ाने का प्रयास किया है, यद्यपि वे अधिक सफल नहीं हो पाये, तथापि उनका संक्षिप्त विश्लेषण यहाँ पर आवश्यक है। प्रो. केल्डोर के अनुसार पूर्ण रोजगार सम्बन्धी विवेचना में दो बातों की ओर ध्यान देना चाहिए, प्रथम, उत्पादन के साधनों की पूरकता और द्वितीय, उनकी विशिष्टता। साधनों की पुरकता से उसका अभिप्राय यह है कि एक साधन के साथ-साथ उन सभी साधनों की उपलब्धि भी होनी चाहिए जो उसको काम पर लगाने के लिए आवश्यक हैं, जैसे, किसान के लिए भूमि, उसका उपजाऊपन, खाद, बीज, पानी, हल, बैल इत्यादि सभी किसान को काम पर लगाने के लिए आवश्यक होते हैं। यदि ऐसा नहीं होगा तो पूर्ण रोजगार की स्थिति उत्पन्न नहीं हो पाएगी। साधनों की विशिष्टता का अर्थ यह है कि यदि कोई साधन किसी विशेष कार्य को ही कर सकता है और यदि वह विशेष कार्य नहीं मिल पाता तो स्वाभाविक ही है कि वह साधन बेकार ही रहेगा, उदाहरणार्थ, एक टाइप करने वाला जिसे टाइप करने के अतिरिक्त अन्य कार्य तो प्रचुर मात्रा में मिल जाते हैं किन्तु टाइप करने का काम नहीं मिलता, जिसका अभिप्राय यह हुआ कि देश को उसकी आवश्यकता नहीं है। इस कारण से भी देश में पूर्ण रोजगार की स्थिति उत्पन्न होना कठिन है। ऑकलिन ने केन्स के इस विचार से सहमति प्रगट की है कि पूर्ण व्यवसाय के स्तर को बनाये रखने के लिए प्रभावशील माँग का विशेष महत्त्व है। किन्तु इसके साथ साथ यह भी आवश्यक है कि उन रूकावटों को भ हटाया जाए, जैसे बचतों तथा विनियोगों के निम्न स्तर, जो अर्थव्यवस्था में विद्यमान होती है।

सर विलियम बैवरिज के अनुसार पूर्ण रोजगार एक ऐसी परिस्थिति है, जहाँ बेकार व्यक्तियों की अपेक्षा अधिक खाली नौकरियाँ होती है। इसका यह भी अर्थ है कि, ''नौकरियाँ उचित मजदूरियों पर हैं और इस प्रकार की हैं तथा ऐसे स्थानों पर स्थित हैं कि बेकार व्यक्ति से यह सरलता से आशा की जा सकती है कि वे उन्हें ग्रहण करलें। परिणामस्वरूप एक नौकरी के छूटने और दूसरी नौकरी को ढूँढने में बहुत कम समय लगता है।'' प्रो. पीगू उस अवस्था को पूर्ण रोजगार की दशा कहते हैं जब सभी स्वस्थ व्यक्ति नौकर होते हैं, यदि वे प्रचलित मजदूरी की दर पर काम करना चाहते हैं तो।

उपर्युक्त परिभाषाओं में बैवरिज की परिभाषा तो अत्यन्त ही आदर्शवादी और सैद्धान्तिक हैं, क्योंकि ऐसी अवस्था आना, जबकि बेकार व्यक्तियों की अपेक्षा अधिक नौकरियाँ हो, सोचा भी नहीं जा सकता और न ही यह सम्भव है। आजकल जबकि जनसंख्या इतनी तीव्र गति से बढ़ रही है ऐसी स्थिति कदापि भी स्थापित नहीं हो सकती है। पीगू के अनुसार सभी स्वस्थ व्यक्तियों को नौकर होना चाहिए। स्वस्थ व्यक्तियों के बेकार रहने की दशा में भी पूर्ण रोजगार की दशा उत्पन्न हो सकती है। वृद्धावस्था में जबकि व्यक्ति नौकरी करने योग्य भी हैं परन्तु सरकारी कानून के अनुसार उनको रिटायर होना पड़ता है, ऐसे व्यक्ति यदि नौकरी नहीं करते और न उन्हें नौकरी मिलती ही हैं, तो इनकी बेकारी के उपस्थित होते हुए भी क्या पूर्ण रोजगार की स्थिति नहीं कही जा सकती? इसके अतिरिक्त प्रचलित मजदूरी की दर से क्या अभिप्राय है? भिन्न भिन्न स्थानों और भिन्न भिन्न उद्योगों की तो बात ही क्या करना, एक स्थान पर एक ही उद्योग की विभिन्न इकाइयों तक में मजदूरी की दरों में समानता देखने को नहीं मिलती। इसी भिन्नता के कारण तो श्रमिकों में गतिशीलता उत्पन्न होती है। मजदूरी की दर की भिन्नतायें तो सदैव ही रहेंगी, जब तक कि सरकार प्रत्येक उद्योग के लिए न्यूनतम मजदूरी निर्धारित नहीं कर देती। इस प्रकार इस परिभाषा में भी अस्पष्टता है और इसका भी केवल सैद्धान्तिक महत्त्व ही है। हम निम्न में एक परिभाषा और देते हैं –

पूर्ण रोजगार, ''एक ऐसी दशा है जिसमें खाली नौकरियों की संख्या, बेकार व्यक्तियों की संख्या से अधिक कम नहीं है ताकि किसी भी समय पर बेकारी, एक व्यक्ति के एक नौकरी छूटने और दूसरी नौकरी ढूँढने में सामान्य विलम्ब के कारण होती हैं।''

यह परिभाषा भी केवल सैद्धान्तिक दृष्टिकोण से ही उचित है। सच तो यह है कि पूर्ण स्थिति का विचार स्वयं एक आदर्शवादी विचार है। यह एक उपरिक सिद्धान्त है और क्योंकि यह व्यावहारिक नहीं है इसलिये जितनी भी परिभाषायें इसकी दी गई हैं वह भी उपयुक्त प्रतीत नहीं होती। एक लम्बे वाद विवाद के बाद अब सभी इस विचार से सहमत हैं कि पूर्ण रोजगार की स्थिति स्थापित होना केवल एक स्वप्न हैं। न तो प्रत्येक स्वस्थ व्यक्ति को नौकरी मिलना सम्भव हीं हैं और न बेकार व्यक्तियों की अपेक्षा अधिक खाली नौकरियों का होना ही सम्भव है। इसलिये अब सभी इसको स्वीकार करने लगे हैं कि प्रत्येक समय पर कुछ न कुछ व्यक्ति अवश्य ही बेरोजगार रहेंगे, चाहे सरकार कितने ही प्रयत्न क्यों न करें। इस बेकारी के निम्न कारण होते है –

(1) प्रत्येक समय में समाज के कुछ सदस्य ऐसे अवश्य ही होते हैं, जिन्हें कितने ही प्रलोभन क्यों न दिये जायें, कितनी भी मजदूरी क्यों न दी जाये, किन्तु उन्हें काम करना अच्छा ही नहीं लगता। ऐसे व्यक्ति ठलुआ जीवन व्यतीत करने के आदी हो जाते हैं और उनकी नस–नस में आलस्य भर जाता है। ऐसे व्यक्ति हमेशा बेकार रहेंगे।

(2) श्रमिकों में गतिशीलता तो होती ही है। मनुष्य एक स्थान पर टिक कर काम करना नहीं चाहता। उसका जीवन नीरस हो जाता है और फिर परिवर्तन तो प्रकृति का नियम भी है। इसलिए श्रमिक एक व्यवसाय को छोड़कर दूसरे व्यवसाय या एक स्थान को छोड़कर दूसरे स्थान को जाना चाहते हैं। एक काम को छोड़कर दूसरे काम का तुरन्त ही मिलना सम्भव नहीं होता। कुछ न कुछ समय अवश्य ही लगता है। इसलिए जब तक कोई दूसरा काम नहीं मिलता तब तक श्रमिक बेकार रहेगा। इस प्रकार की बेकारी समाज में सदैव ही रहेगी।

(3) इसके अतिरिक्त काम को छोड़ना तो सरल होता है किन्तु काम को ढूँढ़ना कठिन होता है। हो सकता है श्रमिक को दूसरा काम ऐसा मिले जिसके लिए उसे कुछ प्रशिक्षण लेना पड़े। इसलिए काम को छोड़कर प्रशिक्षण लेने और दूसरे काम मिलने तक में जो समय लगता है, उसमें व्यक्ति बेकार ही रहेगा।

(4) आकस्मिक श्रमिकों को नौकर रखने की प्रथा प्राय: सभी देशों में है। कुछ व्यवसाय ऐसे होते है जहाँ अनिश्चित समय अवधि के बाद काम कुछ दिनों के लिए ही निकलता है और फिर काम बन्द हो जाता है। ऐसे व्यवसायों में मालिकों के लिए यह भी भी लाभप्रद नहीं हो सकता कि वे श्रमिकों को स्थायी रूप से काम पर रखें, जैसे, जहाज पर माल लादने तथा ढोने का काम, क्योंकि श्रमिकों को केवल जहाज आने तथा जहाज जाने पर ही काम मिलता है। अत: ऐसे कार्यों के लिए आकस्मिक श्रमिक नौकर रखे जाते हैं। अर्थात् काम उत्पन्न होने पर मजदूर बुला लिए जाते हैं और काम समाप्त होने पर उन्हें हटा दिया जाता है। आकस्मिक बेकारी भी अवश्य ही हर समय में कुछ न कुछ अंश में होगी।

(5) कुछ उद्योग ऐसे होते हैं जिनमें वर्ष में केवल कुछ ही महीनों के लिए कार्य होता है और शेष महीनों में फैक्ट्रियों बन्द रहती है जैसे, चीनी उद्योग में। चीनी उद्योग में काम करने वाले फैक्ट्री बन्द होने पर अधिकांश श्रमिक बेकार हो जाते हैं। इसे मौसमी बेकारी कहते हैं। इस प्रकार की बेकारी भी कुछ न कुछ अंश में सदैव ही बनी रहेगी।

(6) समय-समय पर मशीनों तथा उत्पादन कला में परिवर्तन होते रहते हैं। पुरानी फैक्ट्रियों में नये परिवर्तनों के अनुसार परिवर्तन करने के लिए कुछ समय तक के लिए काम बन्द कर दिया जाता है, जिस कारण भी कुछ श्रमिक बेकार हो जाते है।

उपर्युक्त सभी कारणों से समाज में हर समय कुछ न कुछ बेकारी अवश्य ही रहेगी। यह अनुमान है कि यह बेकारी कुल रोजगारों की संख्या की 2 प्रतिशत से 5 प्रतिशत तक होगी। इसका अभिप्राय यह हुआ कि यदि हम पूर्ण रोजगार की स्थिति उत्पन्न करने का प्रयत्न करें भी तो भी अधिक से अधिक 95 प्रतिशत से 98 प्रतिशत तक ही श्रमिकों को काम पर लगाया जा सकता है। अधिकतर इसी अर्थ में पूर्ण रोजगार शब्द का प्रयोग किया जाता है।

इसके विपरीत श्रीमती जोनराबिन्सन का कहना है कि पूर्ण रोजगार वह स्थिति होगी जिसमें रगड़ात्मक बेकारी भी न हो। उनका विचार है कि पूर्ण रोजगार की स्थिति में कोई भी मालिक अपने श्रमिकों की संख्या उस समय तक नहीं बढ़ा सकता जब तक कि कोई दूसरा मालिक अपने यहाँ श्रमिकों की छटनी न कर दे। स्पष्ट है कि श्रीमती राबिन्सन का मत केन्स से कुछ भिन्न है। किन्तु लर्नर श्रीमती राबिन्सन के विचारों से सहमत नहीं है। उसके अनुसार

इसका अर्थ यह होगा कि रगड़ात्मक बेकारी न होने के कारण पहले से ही पूर्ण रोजगार की स्थिति मौजूद थी और उसके स्तर को ऊँचा उठाने का प्रयत्न किया जा रहा है। लर्नर के अनुसार पूर्ण रोजगार वह स्थिति है जहाँ से आगे प्रभावशील माँग में वृद्धि होने के कारण तथा उत्पादन में वृद्धि न होने से मुद्रा स्फीति उत्पन्न हो जाती है।

उपर्युक्त विवरण से स्पष्ट है कि केन्स के पश्चात् जितने भी विचार प्रस्तुत किए गए हैं वे केन्स द्वारा प्रस्तुत विचार पर आधारित है और इनमें प्रभावशील माँग की धारणा ही प्रमुख है। अतः स्पष्ट है कि पूर्ण रोजगार की स्थिति को बनाये रखने के लिए प्रभावशील माँग को जागरूक रखने के लिए सरकार को हर सम्भव प्रयत्न करने चाहिए।

पूर्ण रोजगार स्थिति प्राप्त करने की रीतियाँ – यह तो हम पहले ही कह चुके हैं कि एक स्वतन्त्र अथवा पूँजीवादी अर्थव्यवस्था में पूर्ण रोजगार की स्थिति उत्पन्न करने के लिए ही सरकारी प्रयत्नों की आवश्यकता होती है। इस भाग में हम केवल ऐसे ही प्रणाली में पूर्ण रोजगार स्थिति प्राप्त करने के लिए किये जा सकने वाले प्रयत्नों का विश्लेषण करेंगे। ऐसे प्रयत्न तीन प्रकार के हो सकते हैं –

(1) राजकीय विनियोगों जैसे, स्कूल, अस्पताल, सड़के, जल विद्युत इत्यादि या जनता के उपभोग को बढ़ाने (जैसे, कुटुम्ब भत्ते, अप्रत्यख करों को कम करके, आवश्यक वस्तुओं के उत्पादकों को आर्थिक सहायता देकर उनके मूल्यों को नीचा रखना) के लिए, सरकारी व्यय द्वारा रोजगार उत्पन्न करना, परन्तु शर्त यह है कि यह व्यय ऋणों द्वारा प्राप्त धन में से किया जावे। इसे घाटे का व्यय कहते हैं।

(2) निजी विनियोगों को प्रोत्साहन देकर, ब्याज की दर, आय-कर को कम करके या अन्य उपायों द्वारा।

(3) अधिक ऊँची आय वाले वर्गों से नीची आय वाले वर्गों में आय का पुनर्वितरण करके।

घाटे का व्यय – इस विधि के अनुसार सरकार ऋणों द्वारा धन प्राप्त करती है और उसको सक्रिय माँग उत्पन्न करने में खर्च करती है। यह धन नये-नये विनियोगों में लगा दिया जाता है, जिनमें अधिकाधिक संख्या में व्यक्ति नौकर रखे जाते हैं। उनकी क्रय शक्ति उपलब्ध होने से वस्तुओं की माँग बढ़ेगी और अन्त में रोजगारों की संख्या में वृद्धि होगी। इसके अतिरिक्त यह धन जनता के उपभोग के स्तर को बढ़ाने पर खर्च किया जा सकता है। क्योंकि यह धन ऋणों द्वारा प्राप्त होता है, इसलिए न तो इनसे निजी विनियोगों की मात्रा कम होगी और न पहले की अपेक्षा उपभोग ही कम होगा, क्योंकि, प्रत्येक समय में व्यक्तियों के उपभोग करने की प्रवृत्ति लगभग समान रहती है और विनियोग तो बचतों में से किये जाते हैं। आय में वृद्धि होने के साथ साथ कर आय में वृद्धि होने लगती है और धीरे धीरे बजट के धाटों में कमी आती जाती है। बजट के घाटे स्वयं अपने लिए वित्त का प्रबन्ध कर लेते हैं, क्योंकि बजट के घाटों से जो आय में वृद्धि होती है, उससे बचतों में भी बजट के घाटों के साथ-साथ वृद्धि होती रहती है।

कुछ लोगों का कहना है कि बजट के घाटों के बढ़ने के साथ-साथ ब्याज की दर भी बढ़ती जाती है और बजट के घाटों के अनुपात में निजी विनियोगों की मात्रा कम होती

जाती है और सरकारी व्यय के जो कुछ भी प्रोत्साहन मिलता है वह निजी विनियोगों में कमी होने से बेकार हो जाता है। यह पूर्णतया सच है, परन्तु यदि सरकार देश में उचित बैंकिंग नीति को निर्मित करे और सामान्य सूद की दर के स्थिर रखने का प्रयत्न करे तो कभी भी निजी विनियोगों में कमी उत्पन्न नहीं होगी यदि जनता बराबर अपनी बचतों को सरकारी प्रतिभूतियों में विनियोग करती रहे, और बैंकों में जमा न करे या यदि बैंकों में बचत जमा हो भी तो बैंक अपनी नकद जमा की राशि को न बढ़ाकर जनता की ओर से सरकारी प्रतिभूतियाँ खरीद ले तो अवश्य ही सूद की दर बढ़ेगी और व्यक्ति अपना धन व्यापार तथा उद्योगों में न लगाकर सरकारी प्रतिभूतियों में लगायेंगे और निजी विनियोगों की मात्रा कम होती जायेगी। किन्तु यदि, केन्द्रीय बैंक, व्यापारिक बैंकों को इतनी नकदी देता रहे कि उनको जनता से नकद जमा प्राप्त करने की आवश्यकता अनुभव न हो, तो सूद की दर कभी भी नहीं बढ़ेगी।

घाटे के व्यय की नीति का दूसरा भय लोगों को यह है, कि सूद की दर स्थिर रहने की स्थिति में बजट के घाटे बढ़ने के साथ-साथ देश में मुद्रा स्फीति की स्थिति उत्पनन हो जायेगी और मूल्य तथा मजदूरी बढ़ती जायेंगी। इस सम्बन्ध में इतना ही कहना उपयुक्त होगा कि यदि सक्रिय मांग इतनी अधिक हो जाती है कि वस्तुओं की पूर्ति को बढ़ाने के लिए पर्याप्त मात्रा में श्रमिक या मशीनें उपलब्ध नहीं हो पातीं, अर्थात् वस्तुओं की माँग बढ़ने के साथ-साथ उनकी पूर्ति बढ़ाना सम्भव नहीं होता तो ऐसी स्थिति में मूल्यों में नि:सन्देह ही बढ़ने की प्रवृत्ति उत्पन्न हो जायेगी। इसलिये सरकार को बड़ी सावधानी से इन नीति को अपनाना चाहिये और उस बिन्दु से आगे इस प्रकार के व्यय को करने का प्रयत्न नहीं करना चाहिये, जिस बिन्दु पर श्रम और मशीनों का पूर्ण उपयोग हो जाये। अत: यह स्पष्ट है कि पूर्ण रोजगार की स्थिति के लिए मशीनों तथा उपलब्ध श्रमशक्ति में एक निश्चित अनुपात रहना अत्यन्त आवश्यक है। एक समय विशेष पर देश में जितने भी श्रमिक हों उनके काम करने के लिए जितनी मशीनों की आवश्यकता हो उतनी मात्रा में तो मशीनों हों ही, बल्कि कुछ मशीने अलग सुरक्षित कोष में रखी रहें ताकि बढ़ती हुई श्रमशक्ति के लिए उपलब्ध हो सकें। यदि मशीनें, उपलब्ध श्रम शक्ति को काम पर लगाने के लिए अपर्याप्त हैं जैसा पिछड़े हुए देशों में होता है, तो पूर्ण रोजगार की स्थिति स्थापित करने में बहुत समय लगेगा और देश में मुद्रा प्रसार और उत्पन्न हो जायेगा। इसलिये पिछड़े हुए देशों में होता है, तो पूर्ण रोजगार की स्थिति स्थापित करने में बहुत समय लगेगा और देश मुद्रा प्रसार और उत्पन्न हो जायगा। इसलिये पिछड़े हुए देशों को पहले अपने देश में मशीनों के उत्पादन करने के प्रयत्न करने चाहिये और उसके बाद फिर पूर्ण रोजगार की ओर पग उठाना चाहिये। एक दूसरे प्रकार से भी मूल्य में वृद्धि उपभोग की वस्तुओं की माँग और पूर्ति के असन्तुलन द्वारा उत्पन्न होती हैं। पूर्ण रोजगार की स्थिति से श्रम संघों की सौदा करने की शक्ति में बहुत अधिक वृद्धि हो जाने से मौद्रिक मजदूरी की दरों में वृद्धि हो जाती है जिससे मूल्य बढने लगते हैं और यह क्रम यूँ ही चलता रहता है। हाँ, इतना अवश्य है कि यदि मजदूरी की दरें श्रमिकों की उत्पादन शक्ति के अनुपात में बढ़ रही हैं तो मूल्य वृद्धि की सम्भावना उत्पन्न ही नहीं होती क्योंकि प्रति इकाई श्रम लागत लगभग समान रहेगी और इसलिए मूल्य बढ़ने का कोई कारण ही नहीं होता। परन्तु यदि मजदूरी श्रम की उत्पादन शक्ति के अनुपात से अधिक बढ़ती है तब मूल्य वृद्धि का भय अवश्य ही रहता है और इसीलिए सरकार को चाहिये कि वह ऐसी व्यवस्था करे जिससे मूल्य बढ़ने न पायें।

घाटे के व्यय के सम्बन्ध में कुछ लोगों को यह भी आपत्ति है कि राष्ट्रीय ऋण को निरन्तर वृद्धि से ऋण-भार में भी वृद्धि होती जायेगी। परन्तु यह भय भी निराधार है, क्योंकि एक तो बढ़ते हुए राष्ट्रीय ऋण के ब्याज का भार समाज पर नहीं पड़ता और इस क्रिया में केवल धन का हस्तान्तरण ही एक व्यक्ति से दूसरे व्यक्ति को होता है और वह भी देश के अन्दर ही ओर दूसरे एक ऐसी अर्थव्यवस्था में जिसकी प्रवृत्ति विस्तार की हो यह आवश्यक नहीं कि धन का हस्तान्तरण तत्कालीन कर की दरों पर प्राप्त होने वाली कर आय के अनुपात से अधिक हो।

उपर्युक्त विवरण से हमने घाटे के व्यय के विरूद्ध उत्पन्न होने वाले भयों को दूर करने का प्रयत्न किया है। अब हम इस स्थिति में हैं कि इस नीति की कार्य प्रणाली का स्पष्टीकरण तनिक विस्तार में कर सके।

घाटे के व्यय का सामान्य सिद्धान्त यह है कि सरकार अपने व्यय को राजकीय विनियोगों तथा जनता के उपभोग के स्तर को बढ़ाने पर, बिना कर की दरों में परिवर्तन किये, उस बिन्दु तक बढ़ाती जाती है जिस पर इस व्यय द्वारा प्रत्यक्ष या अप्रत्यक्ष रूप से उत्पन्न होने वाली सक्रिय माँग से पूर्ण रोजगार की स्थिति स्थापित हो जाती है। यदि यह मान लें कि सरकार पूर्ण रोजगार की स्थिति स्थापित करने में सफल हो जाती है तो प्रश्न यह है कि निजी विनियोगों की स्थिति क्या होगी? प्रथम, क्या निजी विनियोगों में चक्रीय परिवर्तन होते रहेंगे? और दूसरे निजी विनियोगों का सन्तुलन स्तर क्या होना चाहिये?

यह तो स्पष्ट ही है कि पूर्ण रोजगार की स्थिति में निजी विनियोगों का विकास लगभग स्थिर ही रहेगा। स्वतन्त्र उपक्रम की प्रणाली में मुनाफों में तीव्र उतार चढ़ाव होने के कारण ही तीव्र गति से विनियोगों में भी चक्रीय उतार-चढ़ाव होते हैं परन्तु पूर्ण रोजगार में उत्पादन तथा लाभों में जनसंख्या की वृद्धि और श्रम की बढ़ती हुई उत्पादन शक्ति के कारण ही दीर्घकालीन परिवर्तन होंगे। यह हो सकता है कि निजी विनियोगों की दर में आकस्मिक उतार चढ़ाव उत्पन्न हों, किन्तु इनको दूर करने के लिए सरकार उनके साथ-साथ निजी विनियोगों को बढ़ा सकती है। जहाँ तक दूसरे प्रश्न का सम्बन्ध है अर्थात् निजी विनियोगों का सन्तुलन स्तर क्या होना चाहिये? इस प्रश्न के उत्तर में संक्षेप में इतना ही कहना आवश्यक होगा कि निजी विनियोग ऐसे स्तर पर होना चाहिए जो काम करने योग्य जनसंख्या तथा श्रम की उत्पादकता में वृद्धि होने के साथ-साथ मशीनों की कार्यशक्ति को बढ़ाने के लिए पर्याप्त हों, अर्थात् निजी विनियोग पूर्ण रोजगार में होने वाले उत्पादन के अनुपात में हों। इस उद्देश्य की पूर्ति कई विधियों द्वारा की जा सकती है। जैसे ब्याज की दरो को घटा बढ़ा कर और आय कर की दरों को घटा बढ़ा कर। जब निजी विनियोग बहुत नीचे स्तर पर हों तब सरकार इन दरों को कम कर सकती है। परन्तु यह ध्यान रहे कि पूर्ण रोजगार की स्थिति में इन दरों में हेर-फेर करना इतना सरल नहीं होता।

निजी विनियोगों को प्रोत्साहित या हतोत्साहित करने के अतिरिक्त सरकार प्रत्यक्ष रूप से निजी विनियोगों के क्षेत्र में हस्तक्षेप कर सकती है, जैसे, उनको कम करने के लिए प्रत्यक्ष नियन्त्रण लगा सकती है। यदि सरकार को कुछ विशेष उद्योगों में उत्पत्ति को बढ़ाना है तो सरकार स्वयं उनका उत्पादन आरम्भ कर सकती है। गन्दी बस्तियों को समाप्त करना एक उपयुक्त उदाहरण है।

अब प्रश्न यह है कि सरकार अपने व्यय का कितना भाग विनियोगों पर और कितना निजी उपभोग स्तर को बढ़ाने पर खर्च करे। अधिकतर लोगों का यही विचार है कि सरकार को घाटे का व्यय केवल विनियोगों के सम्बन्ध में ही करना चाहिए। परन्तु इस सम्बन्ध में यह बताना अनुचित न होगा कि कुछ समय बाद राजकीय विनियोगों तक ही सीमित रखने का विचार अनुचित होगा जबकि उपभोग बढ़ाने के कार्यक्रम पर किया गया व्यय भी जीवन स्तर को ऊँचा करने में सफल हो सकता है। अत: सामान्य सिद्धान्त यह होना चाहिए कि सरकारी व्यय का कार्यक्रम सामाजिक आवश्यकताओं की प्राथमिकताओं द्वारा निश्चित हो।

निजी विनियोगों को प्रोत्साहित करना – अब हम निजी विनियोगों को प्रोत्साहन देकर पूर्ण रोज़गार की स्थिति उत्पन्न करने के विषय पर प्रकाश डालेंगे। इस विचार के अनुसार निजी विनियोगों को इतना प्रोत्साहित करना चाहिये कि उनसे प्रत्यक्ष तथा अप्रत्यक्ष रूप से उत्पन्न होने वाली सक्रिय माँग पूर्ण रोजगार स्थापित कर सके। हम यह पहले ही कह चुके हैं कि यदि घाटे के व्यय से पूर्ण रोजगार स्थापित करना है तो निजी विनियोगों को प्रोत्साहन देने वाले उपाय आवश्यक होते हैं। यह ध्यान रहे कि इस प्रकार की सहायता से सक्रिय माँग उत्पन्न नहीं होती, (यह केवल घाटे के व्यय द्वारा ही उत्पन्न होती है), वरन् इसकी आवश्यकता इसलिये होती है कि यह निश्चित किया जा सके कि विनियोग स्तर द्वारा दीर्घकालीन पूर्ण रोजगार उत्पादन की वृद्धि के अनुपात में, उत्पादन शक्ति में वृद्धि हो रही है। परन्तु यह आवश्यक नहीं, कि दीर्घकालीन विनियोग की दर उस विनियोग की दर के बराबर हो ही जाय जो रोजगार के लिए सक्रिय भाग उत्पन्न करने के लिए आवश्यक होती है। हमने केवल यह मान लिया है कि यदि ऐसा नहीं हो रहा है तो सरकार उसको अपने ऋण व्यय द्वारा पूरा करने का प्रयत्न करेगी। यदि यह दर कहीं पूर्ण रोजगार उत्पादन के लिए, जितनी उत्पादन शक्ति को उत्पन्न करने के लिए आवश्यक होती है उससे अधिक हो जाती है तो मशीनों के उपयोग के अंश में निरन्तर कमी होती जायगी और फिर भी निजी विनियोगों को प्रोत्साहित करने का कोई लाभ न होगा। इसके अतिरिक्त मशीनों का कम उपयोग होने से लाभ की दर भी कम होती जायेगी जो निजी विनियोगों को हतोत्साहित करेगी। इस स्थिति को सुधारने के लिए सरकार के व्यय की आवश्यकता फिर होगी और ब्याज और आय-कर की दरों को कम करके फिर निजी विनियोगों को प्रोत्साहित करना होगा। परन्तु कुछ समय बाद यह समस्या फिर उत्पन्न होगी। इसलिए निजी विनियोगों को प्रोत्साहन देकर पूर्ण रोजगार उत्पन्न करना उपयुक्त रीति नहीं है। परन्तु कुछ लेखकों को इसमें आपत्ति हो सकती है और वह यह सोच सकते हैं कि निजी विनियोगों को प्रोत्साहित करने से श्रम की तुलना में अधिक मशीनों का उपयोग होता है और उत्पादकता में वृद्धि होने से जीवन स्तर ऊपर उठने लगेगा। यह केवल उसी समय सम्भव होता है जब नियोजित उत्पादन की मात्रा निश्चित होती है और यदि विनियोग की जाने वाली पूँजी की मात्रा निश्चित है तो पहली ही स्थिति उत्पन्न हो जायगी। वास्तविक जीवन में दोनों ही स्थितियों के बीच की स्थिति पाई जाती हैं, क्योंकि वस्तुओं के बाजार की अपूर्णताएँ नियोजित उत्पत्ति की मात्रा निर्धारित करेंगी और पूँजी बाजार की अपूर्णताएँ उपलब्ध पूँजी की मात्रा को निश्चित करेंगी और इसलिए सूद की दर कम होने से पूँजी के विनियोग में वृद्धि तो हो जायगी किन्तु उतनी नहीं जितनी अनुमान की जाती थी, किन्तु व्यावहारिक जीवन में यह स्थिति सन्देहजनक होती है। वास्तव में प्रति व्यक्ति अधिक

पूँजी का उपयोग होने के लिए प्रोत्साहन नये-नये आविष्कारों द्वारा प्राप्त होता है। इसमें सूद की दर का कोई भी प्रभाव नहीं पड़ता। यही कारण है कि पिछड़े हुए देशों में सूद की दर ऊँची होते हुए भी उतनी ही आधुनिक मशीनों का प्रयोग होता है जितना कि विकसित देशों में। हमने अभी तक यह माना है कि सूद की दर कम होने से विनियोग प्रोत्साहित होते हैं। किन्तु हम पहले भी कह चुके हैं कि यह विधि अधिक सप्रभाविक नहीं है, क्योंकि एक तो ब्याज की दीर्घकालीन दरों में बहुत धीरे धीरे परिवर्तन होते हैं और फिर एक निश्चित सीमा से नीचे इनको गिराया भी तो नहीं जा सकता। इसी प्रकार आय कर की दरों को कम करने से जो विनियोग प्रोत्साहित होंगे, उनमें अधिक पूँजीकरण की सम्भावना इसलिए नहीं होती, क्योंकि अधिकांश पूँजीकरण से जो अधिक लाभ होंगे उन पर भी कर देना होगा। इस प्रकार निजी विनियोगों में अधिक उत्पत्ति को प्रोत्साहित करने के लिए या तो प्रत्यख रूप से आधुनिक मशीनों के लिए आर्थिक सहायता प्रदान करना अच्छा होगा या फिर सरकार स्वयं आधुनिक ढंग पर कारखानों का निर्माण करे ताकि निजी उद्योगपति प्रतियोगिता के भय से स्वयं अपने कारखानों को आधुनिक बनाने का प्रयत्न करें।

परन्तु वास्तव में यह नीति पूर्ण रोजगार उत्पन्न करने के लिए सन्तोषजनक नहीं है। निजी विनियोगों का प्रमुख कार्य देश में उपभोग वस्तुओं का उत्पादन करना है। उपलब्ध श्रमशक्ति के लिए रोजगार प्रदान करना नहीं है। इसके अतिरिक्त विनियोग सुविधाएँ उपलब्ध होने से निजी विनियोगकर्त्ता कितने प्रोत्साहित होंगे यह उनकी मानसिक अवस्था पर निर्भर करता है, क्योंकि यदि विनियोगकर्त्ता अत्यन्त निराशाजनक हैं तो किसी अंश तक भी प्रलोभन काम नहीं करेगा। इसीलिये निजी विनियोगों को पूर्ण रोजगार प्राप्त करने के लिए प्रोत्साहित करने की नीति सन्तोषजनक नहीं होती।

आय का पुनर्वितरण - बहुधा इस नीति का प्रस्ताव पूर्ण आय प्राप्त करने के लिए दिया गया है। इस नीति का आधारभूत विचार यह है कि जब धनी व्यक्तियों से निर्धनों को आय का हस्तान्तरण किया जाता है तो उसके परिणामस्वरूप देश के कुल उपभोग में वृद्धि हो जाती है, क्योंकि निर्धनों में धनी व्यक्तियों की अपेक्षा अधिक उपभोग करने की प्रवृत्ति होती है। उदाहरणार्थ यदि हम धनी व्यक्तियों पर आय कर बढ़ाकर और साथ ही अनिवार्य वस्तुओं तथा अर्ध-आवश्यक वस्तुओं पर अप्रत्यक्षकर को उसी सीमा तक कम करदें, या परिवार भत्तों को समान राशि दें तो औसत उपभोग करने की प्रवृत्ति में वृद्धि होगी। यदि आय कर से प्राप्त आय को राजकीय विनियोगों में लगा दिया जाए तो भी सक्रिय माँग में वृद्धि होगी, यदि निजी विनियोगों में कोई भी कमी उत्पन्न नहीं होती। आय-कर की दर इस प्रकार ऊँचे स्तर पर निर्धारित की जाय कि निजी विनियोग हतोत्साहित न हों। इसलिये यह आवश्यक है कि ऊँची आय पर आय-कर की अपेक्षा पूँजी कर लगाया जाये। सरकारी व्यय सदैव ही, पूर्ण रोजगार के लिए, साधारण आय-कर प्रणाली की अपेक्षा अधिक होता है जबकि घाटे के व्यय का सहारा लिया जा रहा हो, क्योंकि घाटे के व्ययों की तुलना में करारोपण से उपभोग में कमी आ जाती है और इसलिए केवल उसी सीमा तक सक्रिय माँग उत्पन्न होती है जब तक कि घर का भुगतान बचतों मे से किया जाता है। आय-कर प्रणाली घाटे के बजटों की तुलना में केवल इसी दृष्टि से अच्छी होती हैं कि इसमें आय का वितरण अधिक न्यायपूर्ण हो जाता है।

किन्तु साथ ही साथ इस नीति से जनता को आपत्ति भी अधिक होती है। दोनों ही नीतियाँ अपनाई जा सकती हैं। पहले आय कर को बढ़ाया जा सकता है और फिर इसी के साथ-साथ घाटे के बजटों से भी काम लिया जा सकता है।

आय का पुनर्वितरण, आय-कर लागू करने से पहले, मूल्य नियन्त्रण द्वारा भी प्राप्त किया जा सकता है। यदि मजदूरी स्थिर रहे और उपभोग की वस्तुओं के मूल्य कम कर दिए जायें तो लगभग उसी प्रकार वास्तविक लाभों का स्थानान्तरण वास्तविक मजदूरी की ओर होगा, जिस प्रकार उपभोग की वस्तुओं के मूल्य स्थिर रहने और मजदूरी बढ़ने की स्थिति में होता। यह नीति उपर्यक्त नीतियों की अपेक्षा अधिक उपयुक्त होगी यदि निजी विनियोगों की स्थिति पहले ही जैसी रहे। हाँ, इतना अवश्य है कि इसका प्रशासन एवं प्रबन्ध उतना सरल नहीं होता। यह भी हो सकता है कि मूल्य नियन्त्रण द्वारा मूल्य स्थिर रखे जायें और मजदूरी में वृद्धि कर दी जाए, किन्तु इसमें कठिनाई यह होगी कि मजदूरी बढ़वाने की माँग फिर उन उद्योगों में भी होने लगेगी जिनमें लाभ की दर ऊँची नहीं है और इसलिए इन उद्योगों को बिना आर्थिक सहायता दिये मूल्य स्थिर रखना कठिन हो जाएगा। इसीलिए व्यवहार में दोनों ही रीतियों को अपनाया जाता है। अब हमें यह देखना है कि मूल्य स्थिर रहने पर जब मजदूरी बढ़ाई जाती है तो पूर्ण रोजगार वाली अर्थव्यवस्था में उसके क्या प्रभाव होंगे। इस रीति में भी पहली रीति की भाँति मजदूरी बढ़ेगी और लाभ गिरने लगेंगे। परिणामस्वरूप सक्रिय माँग में वृद्धि होगी और इसीलिए पूर्ण रोजगार में, ऊँची आय वालों के उपभोग में कमी करना आवश्यक हो जाएगा। अत: लाभों का मजदूरियों की ओर स्थानान्तरण करने के अतिरिक्त उचित दर पर आय कर भी लागू करना चाहिए, जिससे उतने ही बजट के घाटे कम हो जायेंगे। कुछ भी हो, दोनों ही स्थितियों में बजट के घाटे उसी अनुपात में कम हो जायेंगे जिस अनुपात में पुनर्वितरण से उपभोग पर उत्पन्न होने वाले जो प्रभाव होते हैं, उनको दूर करने के लिए अतिरिक्त आय-कर लगाया जाता है। अब हम निम्न निष्कर्षों पर पहुचते हैं -

प्रत्येक प्रकार के सरकारी व्यय से चाहे वह राजकीय विनियोगों पर किया जाए या सामूहिक उपभोग बढ़ाने के लिए, आर्थिक सहायता देने के लिए, या तो घाटे के व्यय द्वारा या आयकर में वृद्धि करके, पूर्ण रोजगार की स्थिति प्राप्त की जा सकती है। दूसरी स्थिति में सरकार का व्यय अधिक होगा, क्योंकि आय का भुगतान करने वालों के उपभोग पर अधिक भार पड़ेगा। व्यवहार में जो व्यय आय-कर द्वारा प्राप्त धन में से किया जाता है, जो केवल पूर्ण रोजगार प्राप्त करने के लिए ही लाभकारी नहीं होता, बल्कि आय के वितरण की असमानताओं को भी दूर करता है जहाँ तक सम्भव हो अधिक से अधिक किया जाए और यदि वह पूर्ण रोजगार प्राप्त करने के लिए पर्याप्त नहीं है तो ऋण प्राप्त करके व्यय को, जितनी आवश्यकता को बढ़ाया जाए। लाभ की दरों को भी कम करके - चाहे यह कमी उपभोग की वस्तुओं के मूल्यों में कमी करके या स्थिर मूल्यों के साथ मजदूरी को बढ़ाकर प्राप्त की जाए और उसको मूल्य नियन्त्रण के ढाँचे के ही अन्दर रखा जाए, तो भी सक्रिय माँग में वृद्धि होगी और पूर्ण रोजगार स्थिति प्राप्त करने में सरकारी व्यय का काम और भी सरल हो जाएगा।

निजी विनियोगों को उसी सीमा तक बढ़ाना चाहिए, जो जनसंख्या के बढ़ने और श्रम की आवश्यकता के साथ-साथ मशीनों की उत्पादन शक्ति को बढ़ाने के लिए पर्याप्त हो। यह आय-कर को संशोधित करके या ऊँची आय वालों के लिए कर की दरों को कम करके

या आय–कर के एक भाग के स्थान पर पूँजी कर लगाकर (ताकि लाभशीलता पर बुरा प्रभाव न पड़े) किया जा सकता है। इसके अंतिरिक्त यह भी आवश्यक होता है कि सरकार स्वयं निजी विनियोगों में भाग ले (जैसे श्रमिकों के रहने के गन्दे स्थानों की सफाई)। परन्तु सरकारी व्यय ऐसा होना चाहिए जो निजी विनियोगों के साथ मिलकर पूर्ण रोजगार उत्पन्न कर सके। राजकीय विनियोगों तथा उपभोग सम्बन्धी आर्थिक सहायता, दोनों मदों के बीच सरकारी व्यय का बँटवारा सामाजिक प्राथमिकताओं के सिद्धान्त के अनुसार होना चाहिए।

राजस्व एवं पूर्ण रोजगार – हम अभी तक पूर्ण रोजगार स्थापित करने की विभिन्न रीतियों का वर्णन कर रहे थे। यद्यपि ऊपर के पृष्ठों में जो विवेचना दी गई है वह सब पूर्ण रोजगार और राजस्व के घनिष्ठ सम्बन्धों का ही एक अध्ययन है, किन्तु वह सामान्य नीतियों का ही विश्लेषण था और उनका सम्बन्ध राजस्व में केवल अप्रत्यख रूप से ही था। अब हम निम्न में प्रत्यक्ष रूप से राजस्व और पूर्ण रोजगार की पारस्परिक निर्भरता की विवेचना करेंगे।

पूर्ण रोजगार तथा राजस्व के प्राचीन सिद्धान्त – प्राचीन आंग्ल अर्थशास्त्रियों का विचार था कि पूर्ति स्वय अपनी माँग उत्पन्न कर लेती है और निजी उपक्रम सभी उपलब्ध साधनों का उपयोग कर लेता है, यदि मजदूरी तथा लाभों से पर्याप्त लोचपूर्णता है। वे आधुनिक अर्थशास्त्रियों की भाँति इस बात को स्वीकार नहीं करते थे, कि एक व्यक्ति की आय दूसरे व्यक्ति के व्यय पर निर्भर करती है और यदि कोई व्यक्ति अपनी आय को खर्च न करके बचाता है, तो उससे दूसरे व्यक्तियों की आय कम हो जाएगी वरन् उनका विश्वास था कि समाज में एक व्यक्ति की बचत सदैव दूसरे व्यक्तियों द्वारा विनियोगों में लग जाती है, बेकार नहीं पड़ी रहती। इस लिये यदि सरकार इन साधनों का उपयोग करना चाहती है तो वह निजी उद्योगपतियों को वंचित करके ही कर सकती है। जिसका अभिप्राय यह हुआ कि राजकीय विनियोगों या सरकारी व्यय से किसी प्रकार भी सक्रिय माँग उत्पन्न नहीं होगी और न ही रोजगारों में वृद्धि ही होगी। इसलिये सरकार को अपना बजट सन्तुलित रखना चाहिये। यही राजस्व का प्रमुख सिद्धान्त था। इसके अतिरिक्त और भी कई सिद्धान्त थे।

(1) बजट को सन्तुलित रखना चाहिये।

(2) बजट को छोटे से छोटा रखना चाहिये।

(3) उपभोग पर कर लगाने चाहियें और बचतों को कर मुक्त रखना चाहिये।

(4) यदि बजट के घाटों का होना अनिवार्य हो तो दीर्घकालीन बौंड़ चालू किये जायें।

(5) ऋण केवल उत्पादक विनियोगों के लिए ही प्राप्त किये जाएँ।

(6) राष्ट्रीय ऋणों का भुगतान करने के लिए ऐसे कर लागू किये जाएँ जो चालू उपभोग को कम करें।

ये सब विचार एक इस मान्यता पर आधारित थे कि निजी विनियोग स्वयं पूर्ण रोजगार की स्थिति स्थापित करते हैं और राज्य हस्तक्षेप इस स्थिति को भंग कर देता है।

पूर्ण रोजगार तथा आधुनिक सिद्धान्त – किन्तु केन्स ने अपने सामान्य सिद्धान्त द्वारा प्राचीन लेखकों के विचारों को छिन्न भिन्न कर दिया। केन्स ने यह सिद्ध कर दिया कि उपभोग को कम करके और आय को बचाकर पूँजी का एकत्रीकरण नहीं होता बल्कि बेकारी उत्पन्न होती है, राष्ट्रीय आय गिरती है और विनियोग कम होने से पूँजी का एकत्रीकरण कम हो जाता है। आजकल यह कहना सम्भव नहीं है कि 'जो कुछ हम उपभोग नहीं कर पाते व्यापारी उसका उपयोग विनियोग के लिए कर लेता है, बल्कि अब तो यह कहा जाता है कि यदि हम उपभोग न करें तो व्यापारी विनियोग करने के लिए तैयार नहीं होंगे।' पुराने लेखकों के अनुसार ऐसा प्रतीत होता था कि मनुष्यों के लिए केवल एक ही मार्ग खुला हुआ था – या तो उपभोग करें या विनियोग। किन्तु आज यह गलत सिद्ध हो गया है और अब विनियोग और उपभोग दोनों एक दूसरे पर निर्भर होते हैं। बिना उपभोग के विनियोग सिद्ध नहीं होते और दोनों एक साथ गिरते हैं और एक साथ बढ़ते हैं। इन नये विचारों ने राजस्व के सिद्धान्तों में हलचल उत्पन्न कर दी। आजकल यह स्वीकार कर लिया गया है कि निजी उपक्रम पूर्ण रोजगार स्थापित नहीं करते और जितने भी उत्पादक साधन निजी उपक्रम द्वारा उपयोग में नहीं लाए जाते, उन सब पर राज्य, करारोपण के अतिरिक्त अन्य उपायों से, अपना स्वामित्व स्थापित कर लेता है या जब हम यह स्वीकार करते हैं कि समाज का व्यय इतना नहीं है कि सारे उपलब्ध उत्पादक साधन उपयोग में ले लिये जायें और अधिकतम राष्ट्रीय आय उत्पन्न करने के लिए पर्याप्त नहीं हैं, हम यह भी स्वीकार करते हैं कि यदि राज्य अपनी आय की अपेक्षा अधिक व्यय करे तो राष्ट्रीय आय में वृद्धि हो सकती है। अत: सन्तुलित बजटों के विचार को पूर्णतया समाप्त कर दिया गया है। इसके अतिरिक्त राजस्व के सिद्धान्तों में और भी अनेकों परिवर्तन हुए है।

केन्स का कथन है कि पूँजीवादी अर्थव्यवस्था में प्रभावशील माँग कम होने की सम्भावना सदैव ही बनी रहती है, क्योंकि ऐसे देशों में उपभोग की अपेक्षा बचत की प्रवृत्ति अधिक होती है। परिणामतया अतिरिक्त आय के सृजन के साथ-साथ उन वस्तुओं और सेवाओं की माँग में वृद्धि नहीं होती जिनका उत्पादन किया गया था और इस प्रकार अर्थव्यवस्था में बेकारी उत्पन्न हो जाती है। ऐसी स्थिति में केन्स का सुझाव है कि राजकीय व्यय द्वारा प्रभावशील माँग को बढ़ाना चाहिए। इसी लिए मन्दीकाल में भी प्रभावशील माँग को बढ़ाने के लिए राजकीय व्यय का महत्त्व बहुत अधिक हो गया है। उसका कहना तो यहाँ तक कि राजकीय व्यय को करने के लिए यदि हीनार्थ प्रबन्धन करना पड़े तो भी कोई हानि नहीं। जैसा हम पहले कह चुके हैं, केन्स का कहना था कि पूर्ण रोजगार के सतर को प्राप्त करने के लिए उपभोग तथा विनियोग, दोनों में ही वृद्धि करना आवश्यक है और निजी क्षेत्र में विनियोगों को उत्साहित करने के लिए भी राजकीय व्यय का प्रयोग करना लाभप्रद सिद्ध होता है। हेन्सन के अनुसार निजी क्षेत्र में विनियोगों की कमी को पूरा करने के लिए नलकूप विस्फोटक क्रिया तथा क्षतिपूरक व्यय का प्रयोग किया जा सकता है। पहली क्रिया का उपयोग उस समय किया जाता है जबकि अर्थव्यवस्था में किसी कारण से गड़बड़ी उत्पन्न हो गई हो तो उसे ठीक मार्ग पर लाने के लिए सरकार एक मुश्त धनराशि का व्यय करे। दूसरी

नीति का प्रयोग निजी विनियोगों की कमी को पूरा करने के लिए करना चाहिए। सरकार को उस समय तक अपना व्यय करते रहना चाहिए जब तक कि निजी विनियोगों की कमी पूरी न हो जाए। हेन्सन इस नीति को विपरीत चक्रीय राजकोषीय नीति के नाम से सम्बोधित किया है। राजकोषीय व्यय चाहे किसी भी प्रकार किया जाए उसका मुख्य कार्य गुणक प्रभावों द्वारा प्रभावशील माँग को बढ़ाना होता है। इसलिए पूर्ण रोजगार की स्थिति की स्थापना में इसका विशेष महत्त्व होता है।

सन्तुलित बजट की नीति – यदि हम यह मानकर कि पूर्ण रोजगार स्थापित करना राज्य का कर्त्तव्य है तो सन्तुलित बजटों की नीति द्वारा, अर्थात् बिना ऋण प्राप्त किए हुए पूर्ण रोजगार की स्थापना सम्बन्धी नीति की ओर ध्यान दे तो ज्ञान होगा कि सरकार को आय का वितरण समान करने का प्रयत्न करना होगा। उसको ऐसी नीति अपनानी होगी कि व्यक्ति चालू विनियोग सुविधाओं की तुलना में अधिक बचाने का प्रयत्न करे। आय के समान वितरण में व्यक्तियों के उपभोग करने की सामान्य प्रवृत्ति अधिक होती है। इसलिये, जबकि निजी विनियोग के अवसर स्वयं निश्चित मात्रा में नहीं होते, पूर्ण रोजगार की स्थापना के लिए और आय के पुनर्वितरण के लिए बहुत अधिक प्रयत्न करने होंगे – करारोपण के ढाँचे में, आर्थिक सहायताओं और मूल्य नियंत्रण में परिवर्तन करने पड़ेगे, ताकि अर्थव्यवस्था एक समान स्तर पर रहे। यहाँ पर हम केवल करारोपण को ही आय का समान वितरण प्राप्त करने के एक उपाय के रूप में प्रयोग करेंगे।

करारोपण का महत्त्व – आधुनिक विचारधारा के अनुसार करारोपण केवल आय प्राप्त करने का ही एक साधन नहीं है, वरन् आय के पुनर्वितरण का एक अस्त्र भी है जब कि प्राचीन लेखकों के लिये यह आय प्राप्त करने का एक साधनमात्र था। उन लोगों का विचार था कि करारोपण से पूँजी का संचय कम हो जाता है। उनके अनुसार क्या यह अधिक अच्छा नहीं है कि रोटी के वितरण की चिन्ता छोड़ कर हम रोटी के आकार को बढ़ाने की ओर ध्यान दें? प्राचीन काल में आय का समान वितरण आर्थिक दृष्टिकोण से नहीं वरन् सामाजिक न्याय के दृष्टिकोण से उपयुक्त माना जाता था। परन्तु आजकल आय के पुनर्वितरण सम्बन्धी उपायों को सामाजिक दृष्टि से नहीं बल्कि आर्थिक दृष्टिकोण से अधिक महत्त्व दिया जाता है। आजकल उपभोग की अपेक्षा बचतों पर कर लगाने को अधिक उचित स्वीकार किया जाता हैं। और पूनर्वितरण सम्बन्धी करारोपण को आर्थिक एवं सामाजिक दोनों ही दृष्टिकोणों से आवश्यक समझा गया है। आर्थिक दृष्टिकोण से यह निजी बचतों को कम करने से सहायक सिद्ध होता है जो बेकारी दूर करने के लिये आवश्यक है। सामाजिक दृष्टिकोण से वह जीवन स्तरों में समानता स्थापित करता है जो न्याय की दृष्टि से उ़चित है। अतः पुनर्वितरण सम्बन्धी करारोपण केवल बेकारी दूर करने के लिये ही आवश्यक नहीं है वरन् सामाजिक आय प्राप्त करने के लिये भी आवश्यक है। हम इस अध्याय के आरम्भ में ही कह चुके हैं कि आय के पुनर्वितरण सम्बन्धी करारोपण की नीति निर्धारित करते समय बड़ी सतर्कता से काम करना चाहिये और मुख्य रूप से दो बातों को ध्यान में रखना चाहिये – प्रथम, आय के समुचित वितरण न कि शुद्ध वितरण पर कर लगाना चाहिये और दूसरे, करारोपण इस प्रकार किया जाए कि करदाताओं की विनियोग करने की रूचि कम न हो। उपर्युक्त दोनों बातों को आय कर लागू करते समय ध्यान में रखना चाहिये।

पुनर्वितरण सम्बन्धी करारोपण केवल आयों के आधिक्य को ही कम नहीं करता, वरन् यह निर्धन व्यक्तियों की आय को बढ़ा भी सकता है। आय की यह वृद्धि या तो मुद्रा के रूप में हो सकती है या वस्तु के रूप में, जैसे पारिवारिक भत्ते या निशुल्क शिक्षा। कुछ लेखकों का विचार है कि बड़ी आयों पर कर लगा कर छोटी आयों में वृद्धि करने से व्यक्तियों के कार्य करने की इच्छा कम हो जाती है। परन्तु न तो यह सदैव होता ही है और न प्रत्येक प्रकार की सहायता ही के विरूद्ध यह आपत्ति की जा सकती है। उपभोग की आवश्यक वस्तुओं के मूल्य कम करने के लिए दी गई आर्थिक सहायताओं पर कम से कम यह बात लागू नहीं होती। वैसे भी सरकार के लिए यह तो सदैव ही सम्भव है कि आर्थिक सहायता देने की अपेक्षा, मूल्य कम करने के लिए अप्रत्यक्ष कर न लगाए। उपभोग की वस्तुओं पर लगे हुए प्रत्येक कर से उपभोग कम होता है और आर्थिक सहायता से उपभोग बढ़ता है। प्रत्येक कर या आर्थिक सहायता का प्रभाव विशेष इस बात पर निर्भर करता है कि वस्तु विशेष की माँग की लोच कैसी है। साधारणतया यह देखा गया है कि सामूहिक उपभोग की अधिकांश वस्तुओं की माँग आय के परिवर्तनों के सम्बन्ध में लोचदार होती है और मूल्य नियन्त्रण के सम्बन्ध में बेलोच होती है।

पुनर्वितरण सम्बन्धी करारोपण से पूँजी का संचय कम नहीं होता वरन् उसमें वृद्धि होती है, यदि कर इस प्रकार लगाये जाएँ कि व्यापारियों की विनियोग करने की रूचि कम नहीं होती। निजी विनियोगों को प्रोत्साहन देने के लिए अर्थात् धन का संचय अधिक तीव्र गति से होने देने के लिए - सबसे उत्तम विधि यह है कि उन वस्तुओं के उपभोग को बढ़ावा दिया जाये, जिनके उत्पादन में उस पूँजी का विनियोग किया जा सके। उपभोग की वस्तुओं की माँग बढ़ने से निजी विनियोगों पर कभी भी बुरा प्रभाव नहीं पड़ता। यदि पूर्ण रोजगार भी स्थापित हो गया है तो भी उपभोग की वस्तुओं की माँग बढ़ने से निजी विनियोग हतोत्साहित नहीं होंगे, वरन् वस्तुओं के मूल्य बढ़ने से उपभोक्ताओं की ही वास्तविक आय कम होगी। अत: यदि व्यक्तियों की उपभोग करने की प्रवृत्ति में वृद्धि करने के लिए करारोपण किया जाता है तो वह विनिोगों को हतोत्साहित न करके प्रोत्साहित करेगा। किन्तु यह उसी समय होगा जब कि कर ऐसे लगाये गए हों जिनसे व्यक्तियों के विनियोगों से प्राप्त होने वाले लाभों से कमी नहीं होती।

उपभोग करने की प्रवृत्ति में इतनी वृद्धि हो सकती है कि मुद्रा प्रसार उत्पन्न हो जाए। किन्तु आधुनिक अर्थव्यवस्था में ऐसे मुद्रा प्रसार का आजकल कुछ भी भय नहीं हैं, निजी और सरकारी दोनों ही प्रकार के व्ययों से ऐसा हो सकता है। हमें यहाँ पर केवल सरकारी व्यय की ओर दृष्टिपात करना है। पूर्ण रोजगार के सम्बनध में साधारणतया यह मान लिया जाता है कि सरकार केवल उसी सीमा तक अपना व्यय बढ़ाती है जितना पूर्ण रोजगार की स्थिति को स्थापित करने तथा बनाये रखने के लिए आवश्यक होता है। किन्तु यह मान्यता अवास्तविक है। आधुनिक समाज में कुछ सामूहिक क्रियाएँ ऐसी होती हैं जिनको प्राथमिकता देनी होती हैं और जिन पर बहुत अधिक खर्च करना पड़ता है। यदि यह मान भी लिया जाए कि समाज में धन का वितरण इस प्रकार हो रहा है कि देश में उपलब्ध सभी साधनों का उपयोग करने के लिए पर्याप्त है तो भी स्वतन्त्र वास्तविक साधनों को अपने उपयोग के लिए प्राप्त करने के हेतु सरकार करारोपण करेगी। इस प्रकार करारोपण नीति के दो कार्य होते हैं - प्रथम, सरकार इस अस्त्र के द्वारा उन साधनों के निजी उपयोग को नियन्त्रित करती है, जिनकी

आवश्यकता स्वयं उसको होती है, और दूसरे, इसके द्वारा देश में आय का वितरण ठीक किया जाता है। करारोपण मुद्रा प्रसार विरोधक भी होता है, अर्थात् करारोपण से सरकार मुद्रा प्रसार को भी नियंत्रित कर सकती है। ऐसा करारोपण उपभोग को हतोत्साहित करता है। और वास्तविक साधनों को सरकार के उपयोग के लिए उपलब्ध करता है। किन्तु ऐसे करों को केवल उसी समय अच्छा कहा जा सकता है जब सरकार उन साधनों को इस प्रकार उपयोग करती है कि सामूहिक कल्याण में इतनी वृद्धि होती है, जितनी निजी उपयोग में नहीं होती। वास्तव में उपभोग पर जो कर लगाए जाते हैं उनसे प्राप्त होने वाली आय को सरकार को बड़ी सावधानी से और उसका बड़ा ही उत्तम उपयोग करना चाहिये। ऋणों तथा निजी बचतों पर लगाये हुए करों द्वारा जा धन प्राप्त होता है उसके सम्बन्ध में इतनी सतर्कता बरतने की आवश्यकता नहीं होती क्योंकि पहली स्थिति में सरकार उन साधनों को निकाल देती है जिनका उपयोग व्यक्ति अपने लिए करते, किन्तु दूसरी स्थिति में वह ऐसे साधन निकालती है जिनका उपयोग व्यक्ति अपने काम के लिए नहीं करते और उनको बिना उपयोग के पड़ा रहने देते। प्राचीन विचारधारा में इस प्रकार की कोई भी कठिनाई उत्पन्न नहीं होती, क्योंकि प्राचीन लेखकों के अनुसार प्रत्येक कर ही उद्देश्य की पूर्ति करता है, अर्थात् प्रत्येक कर से ही साधन निजी उपयोगों में से निकाल लिए जाते हैं और प्रत्येक कर ही मुद्रा प्रसार निरोधक होता है। आधुनिक विचारधारा में प्रत्येक कर के अभाव अलग-अलग होते हैं और इसी प्रकार हर प्रकार के ऋण के अभाव भी अलग-अलग होते हैं। इसलिए सामान्य रूप से यह कहना है कि राजकीय व्यय का इतना प्रतिशत (जैसे 40 प्रतिशत) करों द्वारा प्राप्त आय में से और इतना प्रतिशत (जैसे 60 प्रतिशत) ऋणों से पूरा होना चाहिए, सभी परिस्थितियों के लिए उचित नहीं होगा। इसके अतिरिक्त इन सूचनाओं तथा अनुमानों से मुद्रा प्रसार की नीति के सम्बन्ध में भी कुछ लाभ नहीं होता, जब तक यह न मालुम हो कि करों और ऋणों के स्रोत क्या हैं। अत: पुनर्वितरण सम्बन्धी करारोपण नीति का निर्माण तथा करों का चुनाव बड़ी सावधानी एवं बुद्धिमानी से करना चाहिए।

असन्तुलित बजट की नीति - अभी तक हम सन्तुलित बचट की नीति के आर्थिक प्रभावों का विश्लेषण कर रहे थे। अब हम असन्तुलित बजट की नीति के आर्थिक प्रभावों की विवेचना करेंगे। जब पूर्ण रोजगार की स्थिति की स्थापना के लिए करारोपण द्वारा आय के पुनर्वितरण से सन्तोषजनक परिणाम प्राप्त नहीं हो पाते, तब घाटे के बजटों का सहारा लेना पड़ता है। घाटे के बजटों का अभिप्राय यह होता है कि सरकार को अपनी आय की अपेक्षा अधिक व्यय करना पड़ता है। इससे पहले कि हम घाटे के बजटों के परिणामों की ओर ध्यान दें, यह बताना आवश्यक है कि पूर्ण रोजगार के लिए राजकीय व्यय का क्या महत्त्व होता है।

राजकीय व्यय तथा पूर्ण रोजगार - राजस्व नीति के सभी यन्त्रों में राजकीय व्यय को सबसे शक्तिशाली यन्त्र माना गया है। राजकीय व्यय के तीन उद्देश्य हो सकते हैं -

1. उपभोग को प्रभावित करने के लिए, 2. निजी विनियोगों को प्रभावित करने के लिए, और 3. राजकीय विनियोगों के लिए। हम इनका विश्लेषण निम्न अनुच्छेदों में करेंगे।

हम पहले बता चुके हैं कि उपभोगों की मात्रा में कमी होने के कारण ही प्रभावशील माँग कम होती है, अत: प्रभावशील माँग को बढ़ाने के लिए व्यक्तियों की उपभोग

शक्ति को बढ़ाना आवश्यक होता है। इस दृष्टि से सरकार को कम आय वाले व्यक्तियों को आर्थिक सहायता प्रदान करनी चाहिए। अमरीका में इस नीति का प्रयोग अवसाद काल में एक बड़े पैमाने पर किया गया था।

निजी विनियोगों में कमी होने के कारण भी प्रभावशील माँग में कमी हो जाती है, विशेषकर पूँजीवादी देशों में। यदि निजी विनियोगों को बढ़ा दिया जाए तो प्रभावशील माँग स्वयं ही बढ़ जाएगी। राजकीय व्यय द्वारा निजी विनियोगों को निम्नांकित प्रकार से बढ़ाया जा सकता है - (अ) निजी विनियोगों को बढ़ाने के लिए यह आवश्यक है कि ब्याज की दर की अपेक्षा लाभ दर अधिक हो। सरकार को चाहिए कि वह अपनी नीति द्वारा ब्याज की दर को कम करने का प्रयत्न करें। (ब) सरकार अपनी कर-नीति द्वारा, विशेषकर विभेदात्मक करारोपण द्वारा निजी विनियोगों पर लगे हुए कर को या तो हटा दे या उसे कम कर दे। यह भी एक प्रकार का राजकीय व्यय होगा क्योंकि इस नीति से सरकार की आय में कमी हो जाएगी और इसे छुपा हुआ व्यय कह सकते हैं। (स) सरकार उद्योगों में नवीन उत्पादन प्रणाली तथा नयी मशीनों के प्रयोग के लिए निजी क्षेत्र को आर्थिक सहायता दे। इससे विनियोग प्रोत्साहित होंगे और माँग में वृद्धि होगी। (द) अन्त में, सरकारी सीमान्त उद्योगों को आर्थिक सहायता दे। यह आर्थिक सहायता उद्योग विशेष में लगे हुए श्रमिकों के अनुपात में दी जाए ताकि अधिक श्रमिकों वाले उद्योगों को अधिक सहायता मिलने से प्रभावशील माँग में अधिक वृद्धि हो।

राजकीय व्यय द्वारा सरकार राजकीय क्षेत्र में विनियोगों की मात्रा को बढ़ा सकती है ताकि निजी क्षेत्र में विनियोगों की जो कमी है वह पूरी हो जाए और प्रभावशील माँग में वृद्धि हो जाए। राजकीय विनियोग निम्न प्रकार किए जा सकते हैं : (अ) सरकार, यदि आवश्यकता हो तब अनुत्पादक कार्यों में भी विनियोग करे ताकि बेकार व्यक्तियों को काम मिले और प्रभावशील माँग में वृद्धि हो। केन्स ने इस नीति को लिफ्रेचिंग के नाम से पुकारा है। (ब) सरकार सामाजिक सेवाएँ प्रदान करने के लिए जैसे स्कूल, अस्पताल, सड़के, नहरें इत्यादि बनाने में व्यय कर सकती है। ऐसे व्यय से सामाजिक कल्याण में वृद्धि होने के साथ-साथ उत्पादन व्यय में भी वृद्धि होती है। (स) सरकार कुछ ऐसे खर्चें भी कर सकती है जिससे निजी उपभोगों में वृद्धि हो जाए, जैसे, स्कूल जाने वाले बच्चों को निःशुल्क भोजन, दूध, दवाइयाँ इत्यादि। (द) सरकार उत्पादक उद्यमों में विनियोग करके भी समाज में कुल विनियोगों की मात्रा को बढ़ा सकती है। इस नीति के अन्तर्गत सरकार नये नये उद्योगों को चालू करे ताकि अधिकाधिक व्यक्तियों को रोजगार मिले और उनके उपभोग स्तर में वृद्धि हो, ताकि समाज की प्रभावशील माँग में वृद्धि हो सके। (य) अन्त में, सरकार निर्यातों को बढ़ाने के लिए राजकीय व्यय को बढ़ाये। ऐसी नीति से देश के उद्योगों का विकास होगा, व्यक्तियों को काम मिलेगा तथा उनकी आय एवं उपभोग में वृद्धि होगी।

अतः स्पष्ट है कि राजकीय व्यय द्वारा विनियोगों तथा उपभोग में विभिन्न प्रकार से वृद्धि करके पूर्ण रोजगार की स्थिति को प्राप्त किया जा सकता है और उसके स्तर को ऊँचा किया जा सकता है।

राजकीय ऋण तथा पूर्ण रोजगार

इसमें तो कोई सन्देह नहीं कि बजट के हर घाटे से राष्ट्रीय ऋण में वृद्धि होती है। हाँ पर दो प्रश्न उठते हैं – प्रथम, राष्ट्रीय ऋण के आकार की कोई सीमा होनी चाहिए या नहीं? और दूसरे राष्ट्रीय ऋण में किस प्रकार के ऋणों द्वारा वृद्धि करनी चाहिए? पहला प्रश्न राष्ट्रीय ऋण की राशि से सम्बन्धित है और दूसरा उसके गुणों से, अर्थात् ऋण दीर्घकालीन बॉण्ड में होना चाहिए या अल्पकालीन पत्रों में या नकदी में।

आन्तरिक राष्ट्रीय ऋण के सम्बन्ध में बहुधा यह आपत्ति दिखाई जाती है कि ऋणों द्वारा जो धन का स्थानान्तर होता है वह अनुचित होता है और इन ऋणों के भार का वितरण भी उचित नहीं होता अर्थात् जिन व्यक्तियों पर भार नहीं पड़ना चाहिए उन पर पड़ता है और जिनको सहन करना चाहिए वे बच जाते हैं। कुछ लोगों का यह भी कहना है कि ये ऋण ऐसे व्यक्तियों से प्राप्त किये हैं जो देने योग्य नहीं। इसलिए जितना ऋण का आधार बढ़ता जाता है उतना ही उसका भार भी जनता पर बढ़ता जाता है। किन्तु यह सही नहीं है। राष्ट्रीय ऋण केवल उसी समय भारयुक्त होता है जबकि सम्पूर्ण ऋण की राशि केवल मुट्ठी भर व्यक्तियों द्वारा ही प्रदान की जाती है और जिनको प्रत्येक वर्ष सूद के रूप में एक बहुत बढ़ी धनराशि प्राप्त होती है और इसलिए ये थोड़े से व्यक्ति प्रत्येक वर्ष और अधिक धनी होते जाते हैं, जो अन्यायपूर्ण है। अत: ऋण के भार बड़े या छोटे आकार के कारण बड़ा या छोटा नहीं होता वरन् ऋण पत्रों के स्वामित्व के कारण ऋण भार कम या अधिक होता है। राष्ट्रीय ऋण, इसलिये आय के वितरण की असमानतायें भी उत्पन्न कर देते हैं – वास्तव में सही मौलिक समस्या है।

पूर्ण रोजगार प्राप्त करने के लिए, जहाँ तक ऋण की राशि का सम्बन्ध है, जो समस्या ऋण के तत्कालीन प्रभावों की इतनी विषम नहीं होती जितनी कि इस बात की होती है कि हीनार्थ प्रबन्धन द्वारा पूर्ण रोजगार प्राप्त करने की नीति उचित है या अनुचित। युद्ध के लिये प्राप्त की गई ऋण राशि में प्रत्येक वर्ष वृद्धि होती जाती है, क्योंकि प्रत्येक वर्ष सूद दर सूद लगता जाता है और राशि बढ़ती जाती है। ऐसी वृद्धि से आय के वितरण की असमानतायें और भी बढ़ती जाती है। इसलिए राष्ट्रीय ऋण की बहुत बड़ी समस्या आय के वितरण के सम्बन्ध में है और ऋण भार के स्थानान्तरण की समस्या तो केवल एक सहायक समस्या ही है।

सरकारी बॉडों का स्वामित्व व्यक्ति को केवल धन प्राप्त करने का अधिकार ही प्रस्तुत नहीं करता बल्कि वार्षिक आय प्राप्त करने के लिए भी अधिकार प्रदान करता है। जब ऋण पर केवल थोड़े से व्यक्तियों का ही स्वामित्व होता है और ऋण की राशि में प्रत्येक वर्ष वृद्धि होती जाती है तो आय तथा धन प्राप्त करने के अधिकार भी थोड़े से ही व्यक्तियों के हाथों में एकत्रित हो जाते हैं। यदि करों में इस प्रकार हेर-फेर कर दी जाए। कि यह अधिकार कम हो जायें तब भी धन प्राप्त करने के अधिकार तो एकत्रित होते ही रहेंगे, चाहे वार्षिक आय प्राप्त करने के अधिकारों में कमी भले ही हो जाय। इस प्रकार धनी व्यक्तियों की संख्या में निरन्तर वृद्धि होती ही रहेगी जो सामाजिक एवं आर्थिक दोनों ही दृष्टिकोणों से अनुचित है। हाँ, पूर्ण रोजगार की दृष्टि से यह उचित हो सकता है, क्योंकि धनी व्यक्तियों की आय में वृद्धि होने से उनके उपभोग करने की प्रवृत्ति भी बढ़ती जाती है, जिससे पूर्ण रोजगार स्थिति

स्थापित होने में सहायता मिलतो है। परन्तु ऐसे पूर्ण रोजगार को सामाजिक एवं आर्थिक दृष्टिकोण से न्यायोचित नहीं कहा जा सकता। यह ध्यान रहे कि इन मुद्रा स्वत्वों का एकत्रीकरण पूर्ण रोजगार की नीति के कारण नहीं होता, बल्कि यह धन की उन असमानताओं के कारण उत्पन्न होता है जो ऋण प्राप्त करने के पहले ही से विद्यमान थी। इसीलिए तो समय-समय पर उत्पन्न होने वाले अवसाद आवश्यक होते हैं, क्योंकि वह इन मुद्रा स्वत्वों के मूल्य को गिरा देते हैं।

ऋणों द्वारा प्राप्त राशि को खर्च करने के उद्देश्य या खर्च करने की विधि का न तो ऋण ग्रस्तता के आकार पर और न सूद की दर पर ही कोई प्रभाव पड़ता है। सरकार इस राशि को जिस प्रकार चाहे व्यय कर सकती है। सरकार के निर्णय आर्थिक उद्देश्यों से निर्धारित नहीं होते बल्कि सामाजिक प्राथमिकता से निश्चित होते हैं या यह भी देखकर निर्णय लिए जा सकते हैं कि देश में कौन से आर्थिक साधन बेकार हैं और उनमें से किन को बिना कठिनाई के प्राप्त किया जा सकता है। सामाजिक प्राथमिकता के विचारों से प्रेरित होकर सरकार यह भी सोच करती हैं कि स्थायी पूँजी का निर्माण करना अधिक वांछनीय हो सकता है जैसे, सड़कों, स्कूलों, अस्पतालों आदि का निर्माण या सरकार यह भी निर्णय कर सकती है कि वह अपने व्यय को उपभोक्ताओं के व्यय को बढ़ाने के उद्देश्य से करे। दोनों ही स्थितियों में केवल उपभोग में ही वृद्धि नहीं होती बल्कि उत्पादक पूँजी में भी वृद्धि होती है, क्योंकि मशीनों तथा स्थायी पूँजी की माँग केवल वस्तुओं की माँग से ही उत्पन्न होती है। इस प्रकार मुख्य ध्यान देने योग्य बात यह है कि निजी विनियोग की क्रिया एक उत्पादित घटना है, जो लाभ की आशा से प्ररित होती है और लाभ की आशा स्वंय अन्तिम वस्तु की वास्तविक या आशातित माँग की वृद्धि पर निर्भर करती है। सरकारी विनियोगों में यह बात नहीं होती, सरकार चाहे तो उपभोग को बढ़ा सकती है या निजी विनियोगों को प्रोत्साहित कर सकती है। किन्तु राशनिंग व्यवस्था में इस प्रकार की स्वतन्त्रता नहीं होती।

जिन लेखकों ने पूर्ण रोजगार के लिए निजी विनियोगों को प्रोत्साहन देने का समर्थन किया है उन्होंने इस ओर कोई ध्यान नहीं दिया कि निजी विनियोग केवल उत्पादित होते हैं। कर में रियायतें करने और आर्थिक सहायता प्रदान करने से निजी विनियोग प्रोत्साहित तो अवश्य हो सकते हैं, किन्तु पूँजीगत वस्तुओं का संचय उस समय तक निराधार होगा जब तक उपभोक्ताओं की क्रय शक्ति में वृद्धि नहीं होती। अत: दीर्घकाल में केवल निजी विनियोगों को आर्थिक सहायता प्रदान करके ही समस्या नहीं हल हो जाती। यह केवल मन्दी काल में रोजगार के स्तर को ऊँचा उठाने में सफल हो सकती है, पूर्ण रोजगार के बनाये रखने में नहीं। हम पहले भी इस विषय का काफ दृष्टि डाल चुके हैं। अब हम इस प्रश्न पर विचार प्रकट करेंगें कि एक बड़े राष्ट्रीय ऋण से मुद्रा स्फीति उत्पन्न होती है या नहीं?

व्यक्तियों के पास केवल मुद्रा के एकत्रित होने या मुद्रा स्वत्त्वों के अधिकार एकत्रित हो जाने से ही मुद्रा स्फीति उत्पन्न नहीं होती। मुद्रा स्फीति उसी समय आरम्भ होती है जब लोग अपनी मुद्रा को खर्च करते हैं। परन्तु प्रश्न यह है कि मुद्रा की उपस्थिति या मुद्रा प्राप्त करने के अधिकारों की उपस्थिति निजी व्यय पर कोई प्रभाव डालती हैं या नहीं? मनुष्य का खर्चा उसकी आय से निर्धारित होता है। यदि मनुष्य कुछ भी न बचाकर अपनी पूरी आय खर्च कर देते हैं तो उनका व्यय उस स्थिति की अपेक्षा अधिक होगा जबकि आय में से वह

कुछ बचत कर रहे थे। इसी प्रकार व्यय में और भी वृद्धि हो सकती है यदि मनुष्य अपनी पुरानी बचतों को चालू आवश्यकताओं पर खर्च करने लगे। पूर्ण रोजगार वाली अर्थव्यवस्था में एकत्रित धन या मुद्रा प्राप्त करने के अधिकारों के एकत्रित करने का कोई भी प्रभाव नहीं पड़ता, केवल इसी का प्रभाव पड़ता है कि व्यक्ति अपनी पूरी चालू आय उपभोग पर व्यय करना आरम्भ कर रहे हैं या नहीं। यदि वे पूरी आय खर्च करना आरम्भ कर देते हैं तो अवश्य ही मुद्रा स्फीति उत्पन्न हो जायेगी। सारांश में उपभोग करने की प्रवृत्ति में तनिक भी वृद्धि होने से पूर्ण रोजगार व्यवस्था में मुद्रा स्फीति आरम्भ हो जाती है यदि सरकार वास्तविक साधनों का उपयोग उसी अनुपात में कम नहीं कर देती। इस प्रकार एक बड़ा राष्ट्रीय ऋण मुद्रा स्फीति को उत्पन्न नहीं करता।

जहाँ तक इस प्रश्न का सम्बन्ध है कि बजट के घाटों के लिए वित्त प्रबन्ध की कौनसी रीति अपनाई जाये जिससे मुद्रा प्रसार कम हो, इसके सम्बन्ध में यही कहना होगा कि सरकार को सभी नीतियाँ अपनानी चाहिये, किन्तु किसी समय विशेष पर केवल वही विधि अपनाई जाए जिसका स्वागत करने के लिए जनता तैयार हो अर्थात जिसको जनता स्वीकार करले। हम बता ही चुके हैं कि घाटे स्वयं अपने लिए आवश्यक बचतें उत्पन्न कर लेते हैं यदि यह बचतें इच्छित हैं अर्थात व्यक्तियों ने अपनी सारी आवश्यकताओं को सन्तुष्ट करके अपनी आय में से यदि कुछ धन बचाया है तो उसका उपभोग पर या विनियोगों में एकदम अकस्मात ही खर्च होना सम्भव नहीं है। यदि सरकार इन घाटों को पूरा करने के लिए केवल दीर्घकालीन बॉण्ड ही चालू करती है तो बिना किसी उद्देश्य या लाभ के सूद की दर बढ़ जायेगी और यदि सरकार सूद की दर को नीचा रखने के लिए केवल अल्पकालीन ऋणों या सस्ती मुद्रा निकालकर द्वारा घाटों को पूरा करना चाहती है तो बैंकों के नकद आधार में इस प्रकार वृद्धि करने से सूद की दरों का समस्त ढाँचा छिन्न भिन्न हो जायेगा और परिणामस्वरूप पूँजीगत मूल्यों पर बहुत बुरे प्रभाव पड़ेगे। अत: इन दोनों विधियों में से कोई भी वांछनीय नहीं है। पहली विधि में निजी विनियोग की क्रियाओं की हानि होगी और दूसरी में मुद्रा स्फीति होगी और विलास की वस्तुओं का उपभोग बढ़ने लगेगा। वास्तव में सरकार को दोनों ही विधियों का प्रयोग करना चाहिये। अर्थात् अल्पकालीन और दीर्घकालीन दोनों ही प्रकार के ऋण पत्रों को चालू करना चाहिए और यदि फिर भी कुछ कमी रह जाय तो उसकी पूर्ति सस्ती मुद्रा की निकासी करके की जाए। इसकी कोई भी आवश्यकता नहीं है कि बैंकों पर या जनता पर अत्यधिक दबाव डाला जाए या उन्हें समझाया बुझाया जाए और जो ऋण दान स्वेच्छा से प्राप्त हो रहे हैं उनकी गति को तीव्र किया जाये। यदि व्यक्तियों में बदलना चाहते हैं तो सरकार सूद की दर कम कर सकती है या दीर्घकालीन। यह प्रवृत्ति हो रही है कि वे अल्पकालीन ऋण पत्रों को दीर्घकालीन बॉण्ड को खरीदने तथा बेचने के मूल्यों के बीच एक कृत्रिम अन्तर उत्पन्न कर सकती है। पूर्ण रोजगार में निजी विनियोग क्रियाओं को केवल सूद की दर में फेर बदल करके ही नियन्त्रण करना सम्भव नहीं होगा। केवल असाधारण परिस्थितियों के कारण उत्पन्न होने वाली मुद्रा स्फीति को भयभीत होकर, मौद्रिक नीति में उलट फेर करके नियन्त्रण नहीं करना चाहिए। वास्तविक मुद्रा-स्फीति को भारी प्रगतिशील करारोपण से रोकना चाहिए और यदि आवश्यकता हो तो राशनिंग और कन्ट्रोल जैसे अप्रत्यक्ष रीतियाँ भी अपनानी

चाहिये। इन रीतियों को अपनाने में यह सोचने की आवश्यकता नही है कि क्योंकि यह पूर्ण रोजगार के स्थायित्व को क्षति पहुँचाएगी इसलिए इनको न अपनाया जाए। वास्तव में पूर्ण रोजगार से प्राप्त होने वाले लाभ मुद्रा स्फीति की हानियों की अपेक्षा बहुत कम होते हैं।

निष्कर्ष - उपर्युक्त विवरण से स्पष्ट है कि नयी विचारधारा का यह विश्वास है कि अब यह सरकार की शक्ति में है कि वह साधनों के अधिकतम तथा पूर्ण उपयोग को सम्भव बनाये, क्योंकि उसको यह भी अधिकार है कि व्यक्तियों की आय का एक भाग करों द्वारा प्राप्त करले और इस प्रकार प्राप्त की हुई आय को जिस प्रकार चाहे खर्च करे और उसको यह भी अधिकार है कि वह जनता की इच्छानुसार जिस प्रकार के ऋण पत्र चाहे छापे चाहे कागजी मुद्रा के रूप में या बॉण्ड और प्रतिभूतियों के रूप में। पूर्ण रोजगार स्थापित करने के लिए वह पुनर्वितरण सम्बन्धी करारोपण भी कर सकती है और घाटे के बजटों का भी सहारा ले सकती हैं। किन्तु व्यवहार में अकेली कोई भी एक नीति सफल नहीं हो पायेगी। इसलिए व्यावहारिक नीति में दोनों का ही मिश्रण होना चाहिए। परन्तु इसकी सफलता भी इसी बात पर निर्भर करती है कि आय का समुचित या कुल वितरण ठीक हो। नई विचारधारा यह भी स्वीकार करती है कि सरकार सूद की दर को भी नियन्त्रित कर सकती है। और लाभकर्त्ता की खामोशी या निराशा को भी समाप्त कर सकती है। इसलिए नई विचारधारा को लागू करना, सामाजिक और आर्थिक, दोनों ही दृष्टिकोणों से महत्त्वपूर्ण है। व्यक्तियों की स्वतन्त्रता में हस्तक्षेप करने की कोई आवश्यकता नहीं है। कर लगाना और ऋण प्राप्त करना कोई नई बात नहीं है। यह तो सरकार नई विचारधारा के आगमन से पहले ही करती आ रही है किन्तु आज नई विचारधारा ने इनके उद्देश्य और इनको उपयोग करने के नियमों में परिवर्तन कर दिया है। अब इनका उपयोग निम्न नियमों के अनुसार होना चाहिए -

प्रथम, सरकार को प्रचलित कर प्रणाली का ध्यानपूर्वक अध्ययन करना चाहिए और विभिन्न करों के उपभोग, निजी विनियोग तथा निजी बचतों पर पड़ने वाले प्रभावों के आधार पर उनमें भेद करना चाहिए। इस अध्ययन से सरकार यह पता लगा सकेगी कि जिन साधनों को उद्योगपति काम में लगाना नहीं चाहते उन के आकार पर करारोपण के क्या प्रभाव होंगे।

दूसरे, करारोपण का उपयोग केवल, काम मे लाए जाने वाले साधनों के आकार में फेर बदल करना ही होना चाहिए, जिसकी कमी और वृद्धि सामाजिक प्राथमिकताओं पर निर्भर करेगी।

तीसरे, जो कुछ भी शेष रहता है (दूसरे नियम के अन्तर्गत निर्णय लेने के बाद) सरकार इन बेकार साधनों को हीनार्थ प्रबन्धन द्वारा अपने उपयोग में ले ले।

अतः आज नई विचारधारा के प्रभाव में राजकीय वित्त (राजस्व) का रूप और उद्देश्य पूर्णतया बदल गया है। आज राजस्व का प्रमुख उद्देश्य देश में साधनों के पूर्ण उपयोग को सम्भव बनाना है केवल आय और व्यय या शुद्ध वित्तीय दृष्टिकोण से आय प्राप्त करना या व्यय करना नहीं है। नयी विचारधारा में सामाजिक कल्याण का तत्त्व है और राजस्व का उद्देश्य सामाजिक कल्याण में वृद्धि करना है जब कि प्राचीन विचारधारा में वित्तीय तत्त्व था और उस समय राजस्व का उद्देश्य व्यक्तिगत हित को अग्रसर करना था। सारांश में राजस्व पूर्ण रोजगार स्थापित करने का एकमात्र अस्त्र है।

प्रश्न

1. ''अदृश्य बेरोजगारी को हटाकर पूँजी निर्माण के द्वारा ही शीघ्र विकास किया जा सकता हैं'' आप इसे किस प्रकार समझायेंगे।
2. नर्क्से के इस सिद्धान्त की अदृश्य बेकारी अल्पविकसित देशों में पूँजी निर्माण का एक सम्भाव्य स्रोत है, व्याख्या कीजिये।
3. अल्पविकसित देशों में पूँजी निर्माण के साधन के रूप में अर्द्ध-प्रयुक्त जनशक्ति के उपयोग पर नर्क्से के विचारों की व्याख्या कीजिये।

□□□

14

बजट नीति
(The Budgetary Policy)

राजकोषीय नीति में परिवर्तन करने का अभिप्राय यह होता है कि सरकार या तो बजट के सन्तुलन में परिवर्तन करती है या व्यक्तिगत करों की दरों में परिवर्तन करती है या व्यय की मदों में हेर-फेर करती है ताकि जो भी उद्देश्य उसके सम्मुख हों, उनकी पूर्ति हो जाए। कभी कभी सरकार अपनी बजट स्थिति में परिवर्तन इस लिए करती है कि अर्थव्यवस्था में उत्पन्न होने वाली दुषित परिस्थितियाँ सुधर जाएँ। किन्तु ऐसा बहुत ही कम होता है कि बजट नीति में स्वयं ही उत्पन्न होने वाले परिवर्तन अर्थव्यवस्था में स्थायित्व उत्पन्न कर सके और इसीलिए सरकार के लिए कभी-कभी यह आवश्यक हो जाता है कि वह तत्परता से कार्य करें और आर्थिक क्रियाओं को वांछित वास्तविक स्तर पर ला सकें।

सन्तुलित बजट - किसी भी वर्ष में यदि बजट को सन्तुलित रखा जाता है तो उससे कुल व्यय में और इस प्रकार आर्थिक क्रियाओं में नाम मात्र को ही प्रभाव उत्पन्न किया जा सकता है। यदि सरकार अपने बजटों को निरन्तर सन्तुलित रखने की नीति अपनाती है तो उससे देश की सम्पूर्ण आर्थिक स्थिति में बहुत कम परिवर्तन हो सकेंगे, क्योंकि सरकार केवल उतना ही धन खर्च करती है जो कि वह व्यक्तियों से प्राप्त करती है और जिसे व्यक्ति स्वयं ही खर्च करते यदि सरकार उसे न ले लेती। किन्तु जब राजकोषीय नीति का उद्देश्य आर्थिक क्रियाओं को नियन्त्रित करना होता है तो सरकार या तो घाटे के बजट बनाती है या आधिक्य के। घाटे के बजट यह सूचित करते हैं कि समाज का कुल व्यय एक ऊँचे स्तर पर है। सरकारी व्यय तथा कर आय में जो अन्तर होता है, वह कुल व्यय को बढ़ाता है और उसका बहुत अधिक गुणक प्रभाव होता है। इस प्रकार घाटे के बजट राष्ट्रीय आय में वृद्धि करते हैं और कुल माँग में वृद्धि करके देश में आर्थिक क्रियाओं के स्तर को ऊँचा करते हैं, ठीक इसके विपरीत आधिक्य के बजटों की स्थिति में होता है। जब सरकार की आय उसके व्यय से अधिक होती है तो उसका अभिप्राय यह है कि सरकार समाज द्वारा किए जाने वाले

कुल व्यय के एक भाग को अपने पास रख लेती है और इस प्रकार उसके गुणक प्रभाव में राष्ट्रीय आय तथा कुल माँग में कमी हो जाती हैं। स्पष्ट ही है कि देश में आर्थिक क्रियाओं का स्तर भी ऐसी दशा में गिर जाएगा। इसलिए आधिक्य बजट केवल उसी दशा में बनाये जाते हैं जबकि सरकार का उद्देश्य आर्थिक क्रियाओं के स्तर को गिराना होता है, जैसे भीषण मुद्रा-स्फीति की स्थिति में।

घाटे के बजट सरकार या तो अपने व्यय को बढ़ाकर या अपनी कर आय को कम करके या दोनों रीतियों द्वारा बना सकती है। ऊपर से देखने पर सरकार के व्यय में वृद्धि होने और कर आय में कमी होने का एक सा ही प्रभाव होता है अर्थात् दोनों ही रीतियों से समाज के कुल व्यय में वृद्धि होती है और इन दोनों रीतियों में कोई विशेष अन्तर दिखाई नहीं देता। किन्तु ये दोनों उपाय कभी-कभी विभिन्न ढंगों से अपनाये जाते हैं और इनके भिन्न भिन्न प्रभाव होते हैं। राजकीय व्यय की वृद्धि कुल व्यय को अधिक तेजी से प्रभावित करती है, अपेक्षाकृत कर आय की कमी के, क्योंकि राजकीय व्यय द्वारा व्यक्तियों के हाथों में क्रय शक्ति तुरन्त ही पहुँच जाती है जिसको वे अपनी उपभोग सम्बन्धी आवश्यकताओं पर खर्च कर देते हैं। बेकार व्यक्ति काम में लग जाने के कारण, पहले की अपेक्षा अधिक खर्च करने में समर्थ हो जाते हैं। इसी प्रकार जब सरकार निजी व्यवसायियों द्वारा उत्पादित वस्तुओं को खरीद कर अपने व्यय में वृद्धि करती है तो निजी उत्पादकों को अपने उत्पादन में वृद्धि करने के लिए प्रोत्साहन मिलता है, अधिक श्रमिकों को काम मिलता है और वे प्राप्त होने वाली अतिरिक्त क्रय शक्ति को खर्च करने लगते हैं। करों में कमी होने से व्यक्तियों के पास अधिक धन रह जाता है और वे उसकी बचत करने लगते हैं, जिसका अभिप्राय यह हुआ कि वे पहले की अपेक्षा कम खर्च करने के लिए लालायित होंगे। किन्तु कर में कमी होने का एक प्रभाव यह भी हो सकता है कि व्यापारी वर्ग बचे हुए धन को विनियोगों में लगा दें और इस प्रकार देश में कुल विनियोगों की मात्रा में वृद्धि हो जाए। यह ध्यान रहे कि राजकीय व्यय में शीघ्र वृद्धि उसी समय हो सकती है जबकि ऐसे व्यय के लिए परियोजनाएँ पूर्ण रूप से तैयार हों और यह एक नियोजित अर्थव्यवस्था में ही सम्भव हो सकता है। इस प्रकार स्पष्ट है कि सरकार दोनों ही रीतियों को अपना सकती है किन्तु इस विषय में सरकार को बड़ा सोच समझकर काम करने की आवश्यकता होती है।

कभी-कभी सरकार कुल व्यय को इस प्रकार भी प्रभावित कर सकती है कि वह अपने व्यय में जो भी वृद्धि करे उसको अतिरिक्त करारोपण द्वारा पूरा करले। इस रीति से निजी व्यय में कमी किए बिना ही सरकार करारोपण से अतिरिक्त आय प्राप्त कर सकती है। यह सम्भव है कि व्यक्ति अपने नए कर देयों को अपनी बचतों द्वारा पूरा करें या अपनी निष्क्रिय बचतों को सक्रिय बनाये। इस प्रकार सरकार व्यक्तियों से धन राशि के उस भाग को ले लेती हैं जो कि व्यक्ति स्वयं खर्च नहीं करते और व्यक्तियों से प्राप्त किए हुए इस धन को स्वयं खर्च करके समाज के कुल व्यय में वृद्धि कर देती है। इस प्रकार सरकार बजट के आकार में परिवर्तन किये बिना ही या ऋण प्राप्त किए बिना ही आर्थिक क्रियाओं में परिवर्तन उत्पन्न कर सकती है। किन्तु ऐसी नीति की कुछ अपनी ही सीमाएँ होती है। प्रथम, करारोपण तथा राजकीय व्यय में इस उद्देश्य से किये जाने वाले परिवर्तन से कुल राष्ट्रीय आय में बहुत अधिक परिवर्तन हो जाए यह तनिक असम्भव-सा प्रतीत होता है। इसके अतिरिक्त नये करों को एकत्रित करने तथा लागू करने में अनेक राजनीतिक तथा प्रशासनिक कठिनाइयाँ उत्पन्न हो

सकती है और इससे निजी विनियोगों पर बुरा प्रभाव भी पड़ सकता है। अन्त में, यह भी सम्भव हैं कि सभी परियोजनाओं तुरन्त ही व्यय के लिए तैयार न हों। अतः बिना घाटे के राजकीय व्यय को बढ़ाने की नीति व्यावहारिक प्रतीत नहीं होती।

हम पहले ही कह चुके हं कि आधिक्य के बजटों का प्रयोग केवल मुद्रा स्फीति के काल में ही किया जा सकता है। करारोपण में परिवर्तन किये बिना ही राजकीय व्यय में कमी होने से कुल व्यय में प्रत्यख रूप से कमी हो जाती है और यह सरकार बिना किसी कठिनाई से कर सकती है। किन्तु राजकीय व्यय को बढ़ाये बिना ही करारोपण में वृद्धि करने की नीति तनिक कठिन प्रतीत होती है। ऐसी नीति में राजनीतिक बाधाएँ उत्पन्न होती हैं और प्रशासनिक कठिनाइयाँ भी सामने आती हैं जिनको दूर करना सरल नहीं होता। करारोपण की वृद्धि केवल मुद्रा स्फीति काल में ही उपयोग सिद्ध होती है। युद्ध के समय राजकीय व्यय को बढ़ाना ही पड़ता है और नियोजन काल में भी ऐसा ही करना पड़ता है। इन परिस्थितियों में उत्पन्न होने वाली मुद्रा स्फीति को व्यय पर प्रतिबन्ध लगा कर नियन्त्रित नहीं किया जा सकता और अधिक से अधिक यह किया जा सकता है कि सरकार अपने अनावश्यक व्यय को कम कर दें। ऐसी परिस्थितियों में आधिक्य के बजटों की कोई सम्भावना ही नहीं होती है। इसलिए सरकार को अपनी कर आय को बढ़ाकर ही स्थिति की काबू में करना होता है। अन्य परिस्थितियों में जबकि सरकार के लिए अपने व्यय में बहुत अधिक कमी करना सम्भव नहीं होता तो वह कुछ कमी अपने व्यय में कर सकती है और कुछ कर आय में वृद्धि कर सकती है। इस प्रकार स्पष्ट है कि सरकार के लिए राजकोषीय नीति द्वारा आर्थिक क्रियाओं को तीव्र करना अधिक सरल होता है, अपेक्षाकृत आर्थिक क्रियाओं को मन्द करना।

कभी-कभी सरकार व्यक्तिगत करों में हेर-फेर करके आर्थिक क्रियाओं को नियन्त्रित करने का प्रयास कर सकती है। प्रत्येक कर उपभोग तथा विनिमय पर अपना-अपना प्रभाव डालता है और कर विशेष से जो प्राप्तियाँ होती हैं तथा कर ढाँचे की जो रूपरेखा होती हैं उसमें निश्चित उद्देश्यों की पूर्ति के लिए परिवर्तन किए जा सकते हैं। कुछ कर ऐसे होते हैं जिनमें कुल मौद्रिक आय में परिवर्तन होने के साथ-साथ अपने आप परिवर्तन हो जाते हैं और इनके प्रभाव में आर्थिक क्रियाओं में भी परिवर्तन हो जाते हैं। कर प्रणाली की स्वचालकता कुछ परिस्थितियों में बड़ी ही उपयोगी सिद्ध होती है। राष्ट्रीय मौद्रिक आय के कम होने की स्थिति में राजकीय आय में कमी होना स्वाभाविक ही है। और इस प्रकार गिरती हुई आय अपना प्रभाव उत्पन्न नहीं कर पाती। ठीक इसका विपरीत उस समय होता है जब कि राष्ट्रीय आय की प्रवृत्ति ऊपर की ओर चढ़ने की होती है। आय कर सब से अधिक स्वचालित स्थायित्व उत्पन्न करने वाला कर होता है। कारपोरेशन कर में स्थायित्व उत्पन्न करने की क्षमता कम होती है कि वे उससे कम। सामाजिक सुरक्षा सम्बन्धी योगदानों में भी यह क्षमता होती है कि वे स्वचालित स्थायित्व उत्पन्न कर सकें। जहाँ तक अप्रत्यक्ष करों का सम्बन्ध है, उनके प्रभाव अलग अलग होते हैं। अधिक लोचदार माँग वाली वस्तुओं पर लगे हुए कर इस दिशा में काफी प्रभावशील होते हैं, किन्तु इनके प्रभाव काफी धीमें होते हैं क्योंकि वे थोक व्यापारी, फुटकर व्यापारी इत्यादि कई स्रोतों से एकत्रित किये जाते हैं। विनियोगों पर लगने वाले करों में स्वचालकता बहुत कम होती है। किन्तु कर प्रणाली के स्वचालित लचीलेपन के लाभ सीमित ही होते हैं। यह आर्थिक क्रियाओं में उत्पन्न होने वाले छोटे छोटे परिवर्तनों को ही दूर कर सकता है, बड़े-बड़े तथा तीव्र और निरन्तर बढ़ने वाली मुद्रा स्फीति तथा मुद्रा संकुचन

की स्थिति को नियन्त्रिण करने में सफल नहीं हो सकता। ऐसी स्थिति में सरकार को सोच समझकर ही नीति निर्मित करनी पड़ती है और कर प्रणाली में वांछित उद्देश्यों की प्राप्ति के लिए हेर-फेर करनी पड़ती है। आय कर इस सम्बन्ध में भी बहुत उपयोगी सिद्ध होता है किन्तु तभी जबकि एक बहुत बड़ी संख्या में विभिन्न आय वाले वर्ग कर क्षेत्र के अन्तर्गत हों। विनियोग तथा उपभोग पर व्यय कर, अप्रत्यख कर, पूँजी कर और सामाजिक सुरक्षा सम्बन्धी योगदानों का भी वांछित दिशाओं में प्रभाव उत्पन्न किया जा सकता है।

कभी-कभी सरकार राजकीय व्यय के परिवर्तनों द्वारा भी आर्थिक क्रियाओं के स्तर को प्रभावित कर सकती है, विशेषकर आजकल जबकि राजकीय व्यय का क्षेत्र इतना विस्तृत हो चुका है। करों की भाँति सरकारी व्यय की कुछ मदें ऐसी होती है जो काफी अंश तक स्वचालित होती हैं, उदाहरणार्थ, राजकीय व्यापार संस्थाएँ जो मूल्यों को स्थायी बनाने के सम्बन्ध में निजी संस्थाओं की भाँति ही कार्य कर सकती है अर्थात् मूल्यों के बढ़ने की स्थिति में प्रत्यक्ष रूप से सहायता देकर नीचे मूल्यों पर वस्तुओं को बेच सकती है और मूल्यों के नीचे गिरने की स्थिति में वस्तुओं को खरीदकर मूल्यों को अधिक नीचे गिरने से रोक सकती हैं। इसी प्रकार सामाजिक सुरक्षा सम्बन्धी व्यय भी काफी लचीला होता है। अवसाद काल में बेंकारी भत्ते देकर सरकार समाज की कुल व्यय शक्ति में वृद्धि कर सकती है और समृद्धि काल में ऐसे भत्तों को बन्द करके समाज के व्यय को कम कर सकती है। राजकीय व्यय में स्वयं भी उत्पनन हो जाने वाले परिवर्तनों द्वारा केवल आर्थिक क्रियाओं में उत्पन्न होने वाले छोटे-छोटे परिवर्तनों को ही ठीक किया जा सकता है किन्तु अधिक गम्भीर समस्याओं के लिए और अर्थव्यवस्था में दीर्घकालीन प्रवृत्तियाँ उत्पन्न करने के लिए यह आवश्यक है कि सरकार निश्चित रूप से तथा नियोजित ढंग से कार्य करे और सावधानी से चुने हुए कार्यक्रमों की पूर्ति के लिए राजकीय व्यय में सचेत होकर फेर बदल करे। हम पहले ही कह चुके हैं कि राजकीय व्यय अर्थव्यवस्था में फैलाव तथा विस्तार की प्रवृत्तियाँ उत्पन्न करता है और ये प्रवृत्तियाँ साधारणतया अर्थव्यवस्था के लगभग प्रत्येक क्षेत्र में उत्पन्न हो सकती हैं किन्तु यदि सरकार चाहे तो कुछ चुने हुए क्षेत्रों को भी प्रभावित कर सकती है। इसके अतिरिक्त यह भी ध्यान रहे कि सरकार आर्थिक क्रियाओं का नियन्त्रण अपने व्यय में परिवर्तन करके अधिक अच्छी प्रकार कर सकती है अपेक्षाकृत निजी क्षेत्र प्रभावित करने के। इसलिए यह आवश्यक है कि सरकार अपने व्यय तथा विनियोगों की दिशाओं का निर्धारण खूब सोच समझकर करे। इस दृष्टि से सरकार सामाजिक कल्याण सम्बन्धी कार्यक्रमों को हाथ में ले सकती है, नये राजकीय उद्यमों को स्थापित कर सकती है। और पुराने उद्यमों का पुनर्संगठन कर सकती हैं। साथ ही नदी घाटी जैसी परियोजनाओं को हाथ में ले सकती है।

राजकोषीय नीति की सीमाएँ - यहाँ पर यह बता देना अनुपयुक्त न होगा कि राजकोषीय नीति की प्रभावोत्पादकता असीमित नहीं है। वास्तव में राजकोषीय नीति उसी समय प्रभावयुक्त सिद्ध हो सकती है जबकि किए गए उपायों का आकार तथा समय उचित हो। हम सभी इस बात से अवगत हैं कि राष्ट्रीय आय सरकारों द्वारा किए गए व्यय तथा आय पर निर्भर करती है। सरकारों के लिए यह पता लगाना कि समय विशेष में उपस्थित परिस्थितियों के अनुसार व्यय तथा विनियोग की राशि क्या हो या कितनी आय प्राप्त की जाए, सरल नहीं होता। सरकारों में इतनी दूरदर्शिता भी नहीं हो सकती कि वे यह पता लगा सकें कि अर्थव्यवस्था में कब अवसाद की स्थिति उत्पन्न होगी और कब समृद्धि की। इसके

अतिरिक्त राजनीतिक तथा प्रशासनिक विलम्ब के कारण, हो सकता है कि समय पर सोचे गए उपाय कार्यान्वित नहीं किये जा सकें। यह भी सम्भव है कि कुछ ऐसे उपाय करने का निश्चय किया जाए जिनके प्रभाव उत्पन्न करने में कुछ अधिक समय लग जाए। राजकोषीय उपायों के वास्तविक प्रभाव इस बात पर भी निर्भर होते हैं कि आय का पुनर्वितरण किस प्रकार हुआ है तथा उसके क्या परिणाम हैं। यदि आय की अतिरिक्त वृद्धियाँ केवल उन्हीं वर्गों की आय में हुई हैं जिनमें बचत करने की आदत है तो समाज की कुल मांग में वृद्धि होने की सम्भावना कम ही होगी। इसी प्रकार यदि वृद्धि उन वर्गों की आय में अधिक होती है जो अपनी आय के अधिकांश भाग को खर्च कर देने में विश्वास करते हैं तो राजकोषीय उपायों का प्रभाव अधिक तीव्रता से उत्पन्न होगा।

कभी-कभी सरकार की कर नीति भी सरकार द्वारा समाज के कुल व्यय में वृद्धि करने के लिए किए गए प्रयत्नों में बाधक सिद्ध हो सकती है क्योंकि एक ओर तो सरकार समाज के कुल व्यय को बढ़ाने के लिए अपने व्यय में वृद्धि कर रही होती है। और दूसरी ओर समाज की अतिरिक्त आय के एक भाग को परिवर्तित कर नीति द्वारा वापस ले रही होती है। परिणामतया समाज की कुल आय में वृद्धि होने से कुल व्यय में जो वृद्धि होती, वह नहीं हो पाती। इसके अतिरिक्त व्यापार सन्तुलन में किए जाने वाले परिवर्तनों से भी राजकोषीय नीति के सत्प्रभावों को रोका जा सकता है। यदि सरकारी व्यय में वृद्धि होने के साथ-साथ आयातों में वृद्धि हो जाती है और निर्यातों में कमी तो राजकीय व्यय की वृद्धि से वांछित फल प्राप्त नहीं हो पाएगा, क्योंकि समाज की बढ़ी हुई आय अधिक आयात के कारण विदेशों को चली जाएगी। उसका ठीक विपरीत उस स्थिति में होगा जब कि सरकार समाज के व्यय को कम करने के लिए अपने व्यय में कमी करती है और व्यक्ति देश के निर्यात में वृद्धि करके अधिक आय प्राप्त करने और उसको खर्च करने की चेष्टा करते हैं। राजकोषीय नीति का वांछित प्रभाव इस बात पर भी निर्भर होगा कि व्यक्ति सरकार को किस अंश तक अपना सहयोग देने के लिए तैयार है। अर्थात् यदि आय की वृद्धि के साथ साथ व्यक्तियों में काम करने की इच्छा पूर्ववत् ही रहती है तो राजकोषीय नीति का उद्देश्य प्राप्त हो जाएगा किन्तु यदि सरकार मुद्रा स्फीति को रोकना चाहती है और व्यक्ति अधिक काम करके ओर अधिक आय प्राप्त करना चाहते हैं या सरकार मुद्रा संकुचन के प्रभावों को रोकना चाहती है और व्यक्ति काम करना नहीं चाहते या अपनी आय को खर्च करना नहीं चाहते तो राजकोषीय नीति [illegible] नहीं होगी। अन्त में राजकीय व्यय नीति का सम्पूर्ण प्रभाव राष्ट्रीय मौद्रिक आय पर उस समय तक उत्पनन नहीं होगा जब तक कि निजी विनियोग भी सरकार द्वारा प्रदर्शित दिशा में नहीं होते। कहते का अभिप्राय यह है कि यदि सरकार ऋणों द्वारा राजकीय विनियोग के कार्यक्रम को पूरा करती है और नये विनियोगों को उन्हीं उद्योगों में करती है जिन्हें निजी क्षेत्र अपना कार्यक्षेत्र समझता है तो इस प्रतियोगिता से निजी विनियोगों की राशि कम हो जाएगी। यही नहीं वरन् सरकार द्वारा ऋण प्राप्त करने की नीति से सूद की दर बढ़ जाएगी और निजी विनियोग हतोत्साहित होंगे। टीक ऐसा ही उस समय होता है जबंकि सरकार हीनार्थ प्रबन्धन

द्वारा अपने विनियोगों को बढ़ाने की चेष्टा करती है और जब व्यक्तियों में यह अफवाह फैल जाती है कि सरकार का दिवाला निकलं गया है जिसके परिणामस्वरूप निजी क्षेत्र के व्यवसायी अपने विनियोगों को कम करने लगते हैं।

बजट नीति तथा रोजगार

हम अभी कह चुके हैं कि अर्थव्यवस्था में दीर्घकालीन परिवर्तन उत्पन्न करने के लिए तथा आर्थिक क्रियाओं की गम्भीर समस्याओं को दूर करने के लिए राजकीय व्यय तथा करारोपण सम्बन्धी नीतियों को निर्मित करना होता है ताकि निजी व्यय सम्बन्धी परिवर्तनों के प्रभावों को दूर किया जा सके। व्यापार चक्रीय प्रभावों को रोकने के लिए राजकोषीय नीति के कई रूप हो सकते हैं, जिनमें से सबसे महत्त्वपूर्ण नियोजित सार्वजनिक निर्माण कार्यों की नीति है जिसमें सभी राजकीय संस्थायें एक पूर्व निश्चित योजना के अनुसार कार्य करती हैं। विनियोग की दर आर्थिक क्रियाओं की अवस्था के अनुसार समय-समय पर बदलती रहती है। इसी प्रकार देश की मौद्रिक नीति का इस कार्यक्रम से समन्वय स्थापित किया जाता है और सूद की दरों में इस प्रकार परिवर्तन किए जाते हैं कि निजी विनियोगों में राष्ट्रीय विनियोगों के अनुकूल बदलने की प्रवृत्ति उत्पन्न हो जाती है, किन्तु ऐसे दीर्घकालीन कार्यक्रम की कुछ अपनी ही कठिनाइयाँ होती हैं। प्रथम, सार्वजनिक निर्माण कार्यों की पूर्ति के लिए एक निश्चित अवधि की आवश्यकता होती है जिसको बढ़ाना या कम करना सरल नहीं होता। ऐसे कार्यक्रमों पर विनियोग की जाने वाली राशि में परिवर्तन करने के लिए तकनीकी कठिनाइयाँ भी उत्पनन होती है ओर कुछ परियोजनाएँ तो ऐसी होती है जिन पर कार्य आरम्भ करने के बाद बिना भारी हानि उठाये बीच में नहीं रोका जा सकता। सार्वजनिक निर्माण कार्य, देश की व्यावसायिक क्रियाओं से पूर्णतया स्वतन्त्र होते हैं और उनमें आर्थिक क्रियाओं की अवस्था के अनुसार परिवर्तन करने की नीति देश के हित में नहीं होती। राजकीय विनियोगों का एक विशाल कार्यक्रम निजी विनियोगों को भी हतोत्साहित कर सकता है। यह सम्भव है कि यदि हम बुद्धिमानी से योजना बनायें तो इन कठिनाइयों को दूर किया जा सके, किन्तु अधिक अच्छा यही होगा कि अर्थव्यवस्था में स्फूर्ति उत्पनन करने के लिए व्यापार चक्र निरोधक उपायों के स्थान पर एक दीर्घकालीन योजना निर्मित करें।

व्यापार चक्र निरोधक उपायों में एक उपाय यह भी हो सकता है कि अवसाद काल में सरकार एक बड़ी मात्रा में वस्तुओं को खरीदे और समृद्धि काल में उनको बेचे। किन्तु ऐसी नीति सभी वस्तुओं के सम्बन्ध में लागू नहीं की जा सकती, क्योंकि कुछ वस्तुएँ ऐसी होती हैं जिनकी माँग फैशन तथा रूचि बदलने के साथ साथ कम या अधिक होती जाती है। सरकार इन वस्तुओं के क्रय विक्रय के जोखिम को सहन नहीं कर सकती। इसके अतिरिक्त ऐसी नीति में सरकार को अपनी पूँजी पर सूद भी नहीं मिलेगा। और बहुत समय तक पूँजी भी बन्द पड़ी रहेगी। यही नहीं, यह भी उपयुक्त प्रतीत नहीं होता कि सरकार इस प्रकार की सट्टे की क्रियाओं में भाग ले। अत: स्पष्ट है कि सरकार द्वारा वस्तुओं के खरीदने तथा बेचने की नीति किसी भी दृष्टिकोण से उपयुक्त नहीं है।

उपर्युक्त विवरण से स्पष्ट है कि केवल करों तथा राजकीय व्यय में आवश्यक हेर-फेर करने की नीतियाँ ही अर्थ व्यवस्था में स्थायित्व उत्पनन करने के लिए अधिक व्यावहारिक प्रतीत होती हैं। बुरे समय में करारोपण में कमी और राजकीय व्यय में वृद्धि होनी

चाहिए। करों में कमी होने से व्यक्तियों तथा फर्मों की आय में वृद्धि होनी चाहिए। करों में कमी होने से व्यक्तियों तथा फमों की आय में वृद्धि हो जाती है जिसको वे निजी विनियोग में लगा सकते हैं। सरकार श्रमयोजकों तथा श्रमिकों से सामाजिक बीमा के सम्बन्ध में कम योग प्राप्त कर सकती है और प्राप्त होने वाले लाभों को पूर्ववत् ही रख सकती है जिसका परिणाम यह होगा कि श्रमिकों के पास अधिक आय रह जाएगी। सरकार छोटे-छोटे सार्वजनिक निर्माण कार्यों में अधिक विनियोग कर सकती हैं। अन्त में, सरकार मजदूरियों के सम्बन्ध में श्रम योजकों को आर्थिक सहायता भी दे सकती है। समृद्धि काल में करारोपण में वृद्धि और राजकीय व्यय में कमी करके सरकार आर्थिक स्थिति को ठीक कर सकती है।

यह ध्यान रहे कि व्यापार चक्रों के काल में राजकोषीय उपायों की प्रभावोत्पादकता इस बात पर निर्भर होगी कि अवसाद काल में बजट के घाटे और समृद्धि काल में बजट के आधिक्य का उपयोग किस प्रकार किया जाता है। यदि बजट के घाटों की पूर्ति जनता से प्राप्त ऋणों द्वारा की जाती है तो सरकार को आशातीत सफलता प्राप्त नहीं होगी। इसलिए सबसे अधिक उपयुक्त तो यही रहेगा कि सरकार केन्द्रीय बैंक तथा व्यापारिक बैंकों से ऋण प्राप्त करे और समृद्धि काल में बजट के आधिक्यों द्वारा पुराने राजकीय ऋणों का भुगतान करे और शेष राशि केन्द्रीय बैंक में जमा कराये।

दीर्घकाल में राजकोषीय नीति - दीर्घकालीन नीति का उद्देश्य व्यापार-चक्रीय परिवर्तनों को रोकना तथा अर्थव्यवस्था में समवृद्धि की ऊँची दर को बनाये रखना होता है। व्यापार चक्र निरोधक नीति तो सम्पूर्ण नीति का एक आवश्यक अंग हैं। इस नीति के अतिरिक्त ऐसे उपाय करने की आवश्यकता भी होती है जिनसे दीर्घकाल में आर्थिक क्रियाओं का स्तर ऊँचा हो सके। संक्षेप में, उद्देश्य यह होता है कि एक निरन्तर बढ़ते हुए स्तर पर राष्ट्रीय आय को स्थायी रखना है और इस स्तर को भी एक बढ़ती हुई दर से ऊँचा उठाना है। इसका अभिप्राय यह हुआ कि व्यापार चक्र निरोधक नीति के अन्तर्गत अवसाद काल के परिणामों को रोकने के लिए गम्भीर प्रयत्न करने होंगे और समृद्धि काल में तुलनात्मक रूप से हल्के प्रयत्न करने होंगे। दीर्घकाल में सम्वृद्धि की दर को ऊँचा उठाना इस बात पर निर्भर है कि उपस्थित पूँजी तथा मानव शक्ति के पूर्ण उपयोग की स्थिति में दीर्घकालीन माँग दीर्घकालीन पूर्ति से कम न हो और साधनों के पूर्ण उपयोग की स्थिति में होने वाले उत्पादन में भी वृद्धि होती जाए। जहाँ तक पहली बात का सम्बन्ध है, उसमें कोई विशेष कठिनाई नहीं होती। किन्तु साधनों के पूर्ण उपयोग होने की स्थिति में उत्पादन को बढ़ाने के लिए यह आवश्यक है कि सरकार के कुल व्यय में निरन्तर वृद्धि होती रहे। इसका अभिप्राय यह है कि हीनार्थ प्रबन्धन द्वारा व्यय सरकार की दीर्घकालीन राजकोषीय नीति का मुख्य अंग होना चाहिए। इसके अतिरिक्त यह नीति भी विकसित तथा अर्ध विकसित देशों में अलग-अलग होगी। विकसित देशों में राजकोषीय नीति का उद्देश्य रोजगार के आकार को बढ़ाना होता है और अर्द्धविकसित देशो में पूँजी निर्माण में वृद्धि करना।

दीर्घकालीन विस्तार के लिए घाटे के व्यय का चरित्र अवसाद काल की अपेक्षा भिन्न होता है। ऐसे घाटों की पूर्ति नई साख को उत्पनन करके की जा सकती है। राजकीय व्यय का आकार जब बहुत ही बड़ा हो जाए तो करारोपण का सहारा भी लिया जा सकता है और अतिरिक्त करारोपण एक विकासशील अर्थव्यवस्था में कर दाताओं पर अधिक भार नहीं डालेगा, क्योंकि निर्धन तथा धनी दोनों ही वर्गों की आय में वृद्धि होती है।

प्रश्न

1. बजट से आप क्या समझते हैं? बजट के विभिन्न प्रकार बतलाइये।
2. बजट नीति का क्या आशय हैं? बजट नीति के प्रमुख संघठकों की विवेचना कीजिये।

□□□

15

महिला एवं बाल विकास
(Women and Child Development)

73 वें संवैधानिक संशोधन अधिनियम 1992 में महिलाओं के निर्वाचित पदों पर आरक्षण की व्यवस्था है। यह व्यवस्था दी गई है कि पंचायती राज व्यवस्था के त्री-स्तरीय ढाचों (अर्थात ग्राम पंचायत, मध्यवर्त्ती पंचायत तथा जिला पंचायत) में सदस्यो तथा अध्यक्षों के कुल पदों का एक-तिहाई सभी स्तरों पर महिलाओं के लिए आरक्षित होगा। वर्तमान में 6,81,258 महिलाओं का ग्राम पंचायतों में निर्वाचन हुआ है।

इस परिपेक्ष्य में कि मानव संसाधन विकास हमारी योजनाओं का अन्तिम लक्ष्य है, महिलाओं तथा बच्चों का सशक्तिकरण को राष्ट्रीय विकास एजेन्डा में प्रमुख स्थान प्रदान किया गया है। महिलाएँ तथा बच्चे संयुक्त रूप से भारत की कुल जनसंख्या का 65.6 प्रतिशत है तथा 2001 की जनगणना में इनकी जनसंख्या 673.80 मिलियन है।

महिलाओं को एक स्वतन्त्र लक्ष्य समूह के रूप में जनसंख्या 495.74 मिलियन है तथा भारत की कुल जनसंख्या में इनका प्रतिशत भाग 48.3 प्रतिशत है। एक प्रक्रिया के रूप में महिला शक्तिकरण हेतु जीवन -चक्र उपगणन (approach) की आवश्यकता है। इस दृष्टि से उनके जीवन के प्रत्येक स्तर पर विकास हेतु नियोजन में प्राथमिकता प्रदान किये जाने की आवश्यकता है। ग्रामीण क्षेत्रों में महिलाओं तथा बच्चों के कल्याण हेतु जो प्रयास तथा कार्यक्रम संचालित हो रहे हैं, उनका विवेचन इस अध्याय में किया है।

स्वयं सहायता समूह
(Self-Help Group)

गरीब वर्ग की ग्रामीण महिलाओं द्वारा एक समूह बनाया जाकर अपनी निजी आय में से बचत कर एक कोष की स्थापना की जाती है। इस कोष से महिलाएं अपनी आवश्यकता के अनुरूप ऋण का लेन देन कर सकती है। यह कोष महिलाओं के लिए एक ''मिनी बैंक''

का कार्य करता है। महिलाओं के ऐसे ''स्वयं की सहायता स्वयं के द्वारा ही किये जाने वाले समूह'' को स्वयं सहायता समूह कहते हैं।

स्वयं सहायता समूह का गठन

(Formation)

गांव की गरीब तबके की महिलाओं से संपर्क कर उन्हें समूह में बचत करने हेतु प्रोत्साहित किया जाता है। महिलाओं की बैठक बुलवाई जाती है तथा उनसे बचत कार्य शुरू करवाया जाता है। महिलाओं की आवश्यकतानुसार उन्हें समूह के बचत कोष में से ऋण दिया जाता है। समूह की महिलाओं के परस्पर विचार विमर्श के द्वारा समूह का विधान एवं नियम बनाने चाहिए। महिलाओं के द्वारा ही समूह अध्यक्ष, उपाध्यक्ष एवं कोषाध्यक्ष का चुनाव करना चाहिए। बचत एवं ऋण के लेन देन का हिसाब रखने के लिए गाँव की पढ़ी लिखी महिला/ग्राम साथिन/स्वयंसेवी कार्यकर्त्ता का चयन भी समूह द्वारा किया जाता है। बैंक ऋण के रूप में प्राप्त राशि द्वारा महिलाओं को आय अर्जन से संबंधित विभिन्न गतिविधियों से जोड़ा जाता है।

समूह को बैंक से जोड़ने के लिए शर्तें

(Condition of Linking Group with Bank)

समूह द्वारा 6–8 माह तक नियमित लेन देन की स्थिति में उसे बैंक से जोड़ा जा सकता है।

बैंक द्वारा समूह को ऋण देना

(Bank Loans to Group)

बैंक द्वारा समूह को सीधे ऋण प्रदान कर लाभ दिया जाता है। समूह द्वारा बचत की गई राशि का दुगुना ऋण बैंक द्वारा दिया जाता है। समूह की साख अच्छी होने पर बचत की राशि का चार गुणा तक ऋण बैंक से प्राप्त हो सकता है। बैंक द्वारा समूह से 12 प्रतिशत प्रतिवर्ष अर्थात 100 रूपये पर 1 रूपया प्रतिमाह की दर से ब्याज लिया जाता है।

समूह सदस्यता

(Group Membership)

18 से 60 वर्ष की आयु की अर्जन करने वाली महिलाएं समूह की सदस्य हो सकती है। महिला उसी गांव की निवासी होनी चाहिए। एक समय में एक महिला एक ही समूह की सदस्य हो सकती है। एक परिवार से दो से अधिक महिलाएं समूह की सदस्य नहीं हो सकती है। समूह से कम से कम 10 एवं अधिक से अधिक 20 सदस्य हो सकते हैं। सदस्यों की संख्या 20 से अधिक हो जाने पर समूह का पंजीकरण करवाना आवश्यक हो जाता है।

बचत करने की प्रक्रिया

(Process of Savings)

समूह का प्रत्येक सदस्य नियमित रूप से निश्चित राशि, समयावधि पर समूह के पास जमा करवाता है। सदस्य द्वारा निश्चित समय पर बचत की राशि जमा नहीं करवाने पर

समूह द्वारा निर्धारित दंड राशि ब्याज के रूप में देनी होती है। सदस्यों से प्राप्त बचत की राशि उनकी पास बुक में दर्ज कर ली जाती है तथा राशि बैंक में जमा करवा दी जाती है।

समूह की प्रबंधकीय समिति

(Governing Body of Group)

समूह की तीन सदस्यीय प्रबंधकीय समिति होती है। जिसमें अध्यक्ष, सचिव व कोषाध्यक्ष होते हैं। इस समिति का कार्यकाल एक वर्ष का होता है। अगले वर्ष के लिए समूह पुन: बहुमत के आधार पर चुनाव करता है। एक सदस्य दो वर्ष से अधिक समय तक एक ही पद के लिए नहीं चुना जा सकता है। अध्यक्ष एवं सचिव एक ही परिवार के नही होने चाहिए।

महिला पशुपालन प्रशिक्षण कार्यक्रम

(Women Animal Husbandry Programme)

विश्व बैंक की सहायता से महिला पशुपालन प्रशिक्षण शिविर आयोजित करवाये जाने का कायक्रम वर्ष 1993-94 से प्रारंभ किया गया था। इस प्रशिक्षण शिविर में महिलाओं को पशुपालन का प्रशिक्षण दिया जाता है ताकि महिलाएं आर्थिक उत्थान के लिए पशुपालन व्यवसाय को कुशलतापूर्वक अपना सके।

लक्ष्य

(Target)

उक्त प्रशिक्षण हेतु प्रतिवर्ष जिले में 500 महिलाओं को प्रशिक्षित करने का लक्ष्य रखा जाता है। प्रत्येक माह 50 महिलाओं का एक प्रशिक्षण शिविर आयोजित करवाया जाना आवश्यक है, जिससे पूरे वर्ष में 500 महिलाओं को प्रशिक्षित किया जा सके।

प्रशिक्षण की अवधि

(Duration of Training)

महिलाओं के लिए तीन दिवस का प्रशिक्षण कार्यक्रम आयोजित किया जाता है।

प्रशिक्षण भत्ता

(Training Allowance)

प्रशिक्षण में आने वाली समस्त महिलाओं को आने जाने का वास्तविक किराया तथा तीन दिवस का भत्ता कुल 70 रू. दिया जाता है।

प्रशिक्षण का माध्यम

(Medium of Training)

प्रशिक्षण अधिकतर श्रव्य-दृश्य माध्यम से ही करवाया जाता है, जिससे महिलाओं को अधिक से अधिक लाभ प्राप्त हो सके। व्याख्यानों के माध्यम से ग्रामीण महिलाओं को अधिक लाभ नहीं पहुंच पाता है, अत: व्याख्यान कार्यक्रम न्यूनतम रखा जाता है।

कुछ राज्य सरकारों द्वारा महिलाओं तथा बाल कल्याण हेतु पृथक्क से योजना का संचालन किया जा रहा है। इनमें कुछ प्रमुख कार्यक्रम योजनाए निम्न प्रकार है:

सरस्वती योजना

(Saraswati Yojana)

''सरस्वती योजना'' ग्रामीण क्षेत्र में बालिकाओं के लिए शिक्षा के सार्वजनिकरण हेतु नवीनतम कड़ी है। ग्रामीण क्षेत्र की आठवीं कक्षा उत्तीर्ण महिला कम से कम दस बालिकाओं को लेकर अपने निवास अथवा स्थानीय स्तर पर सरस्वती विद्यालय प्रारंभ करती है। सरस्वती विद्यालय चलाने वाली महिला को सरस्वती बहिन कहा जाता है।

वित्तीय प्रावधान

(Financial Provision)

सरस्वती विद्यालय चलाने वाली सरस्वती बहिन को 600/- रू., विद्यालय सामग्री हेतु प्रदान किये जाते हैं । मानदेय के रूप में सरस्वती बहिन को तीन साल के लिए 4000/- रु. दिये जाते हैं जो क्रमश: 1000/- रु., 1500/- रु. तथा 1500/- रु. प्रथम, द्वितीय एवं तृतीय किश्त के रूप में दिये जाते हैं।

प्रशासनिक व्यवस्था

(Administrative Arrangement)

उपजिला शिक्षा अधिकारी तथा पंचायत समिति के शिक्षा प्रसार अधिकारी इनका परीवीक्षण कर सकते हैं। सरस्वती बहिन दस अथवा उससे अधिक बालिकाओं के केन्द्र पर पढ़ाती है। कक्षा प्रथम एवं द्वितीय की परीक्षा सरस्वती बहिन अपने स्तर पर लेती है तथा कक्षा तीन से पांच तक की परीक्षाएं समान परीक्षा योजना के अन्तर्गत नजदीकी प्राथमिक विद्यालय में बालिकाओं को नामांकित करवा कर सम्पन्न करवाती है। सरस्वती बहिन, बालिकाओं को पढ़ाने की फीस लेने के लिए स्वतंत्र होती है।

ग्रामीण विकास कार्यक्रम तथा महिलायें

(Rural Development Programmes and Women)

समुदाय के सामाजिक-आर्थिक विकास के लिए महिलाओं को अधिकार संपन्न बनाना अत्यंत महत्वपूर्ण है, इसलिए महिलाओं को राष्ट्रीय विकास की मुख्यधारा में लाना सरकार का मुख्य लक्ष्य रहा है।

* ग्रामीण विकास मंत्रालय के कार्यक्रमों के अन्तर्गत महिलाओं के लिए विशेष घटक हैं तथा उनके विकास के लिए पर्याप्त संसाधनों की आपूर्ति सुनिश्चित करने के लिए ''महिला घटक'' के रूप में निधियां निर्धारित की जाती है।
* वर्ष के दौरान ग्रामीण विकास मंत्रालय द्वारा कार्यान्वित मुख्य योजनाओं जैसे स्वर्णजयंती ग्राम स्वरोजगार योजना (एस.जी.एस.वाई.) संपूर्ण ग्रामीण रोजगार योजना (एस.जी.आर.वाई.), इंदिरा आवास योजना (आई.ए.वाई.), पुनर्गठित केन्द्रीय ग्रामीण स्वच्छता कार्यक्रम तथा त्वरित ग्रामीण पेयजल आपूर्ति कार्यक्रम में महिला घटक शामिल हैं। इन योजनाओं का संक्षिप्त विवरण निम्नानुसार है:

(अ) स्वर्णजयंती ग्राम स्वरोजगार योजना (Swarn Jayanti Gram Swarozgar Yojana) : स्वर्णजयंती ग्राम स्वरोजगार योजना, जिसे 1 अप्रैल, 1999 से प्रारम्भ किया गया है, एक व्यापक कार्यक्रम है जिसमें गरीबों को स्व-सहायता समूह में संगठित करना, प्रशिक्षण,ऋण, प्रौद्योगिकी, ढांचा तथा विपणन जैसे स्वरोजगार के विभिन्न पक्ष सम्मिलित हैं। ऐसी परिकल्पना है कि प्रत्येक खंड में निर्मित समूहों का 50 प्रतिशत विशेष रूप से महिलाओं के लिए होना चाहिए जो स्वरोजगारियों की कुल संख्या का कम से कम 40 प्रतिशत हों। स्वर्णजयंती ग्राम स्वरोजगार योजना के अंतर्गत महिलाओं को बचत तथा जमा के लिए प्रोत्साहित किया जाता है, जिससे वे आत्मनिर्भर बन सकें। योजना के अन्तर्गत आवर्ती निधि, बैंक ऋण तथा सब्सिडी के रूप में सहायता देकर महिलाओं को रोजगार के अवसर उपलब्ध कराकर उन्हें समेंकित करने का प्रयास किया गया है।

वर्ष 2000 के दौरान (नवम्बर तक) इस योजना में सहायता प्राप्त व्यक्तिगत स्वरोजगारियों की कुल संख्या 105,687.00 थी, इसमें से महिलाओं के लिए उपलब्ध्यिां 1067.00 थी। सहायता प्राप्त स्व-सहायता समूह के सदस्य 131,777.00 थे, इसमें से महिलाओं के लिए उपलब्धियां 416.00 थीं तथा सहायता प्राप्त कुल स्वरोजगारी 237,464.00 थे, इसमें से महिलाओं के लिए उपलब्धियां 117,199.00 थी।

(ब) संपूर्ण ग्रामीण रोजगार योजना (Sampoorna Gramin Rozgar Yojana): 25 सितम्बर, 2001 से (जे.जी.एस.वाई. तथा ई.ए.एस. का विलय करने के बाद) संपूर्ण ग्रामीण रोजगार योजना (एस.जी.आर.वाई.) प्रारम्भ की गई हैं। योजना का प्राथमिक उद्धेश्य ग्रामीण क्षेत्रों में अतिरिक्त मजदूरी रोजगार उपलब्ध कराना है जिससे खाद्य सुरक्षा मुहैया कराई जा सके और पोषण स्तरों को सुधारा जा सके। इसका गौण उद्धेश्य ग्रामीण क्षेत्रों में टिकाऊ स्वरूप की सामुदायिक, सामाजिक तथा आर्थिक परिसम्पत्तियों का सृजन करना और आधारभूत ढांचे का विकास करना है। इस योजना के अंतर्गत गरीबी रेखा से नीचे के परिवारों को मजदूरी रोजगार दिया जाता है। यह निर्धारित है कि 30 प्रतिशत रोजगार अवसर महिलाओं के लिए आरक्षित होने चाहिए।

वर्ष 2001 के दौरान इस योजना के अंतर्गत कुल उपलब्धियां 1327.66 लाख श्रमदिन है इसमें से महिलाओं के लिए उपलब्धियां 319.40 लाख श्रमदिन हैं।

(स) इंदिरा आवास योजना : इंदिरा आवास योजना का लक्ष्य ग्रामीण क्षेत्रों में गरीबी रेखा से नीचे रहने वाले परिवारों को मकानों का निर्माण करने के लिए सहायता प्रदान करना है। इस योजना के अंतर्गत विधवाओं और अविवाहित महिलाओं को प्राथमिकता दी जाती है। यह प्रावधान किया गया है कि इंदिरा आवास योजना के मकान परिवार की महिला सदस्यों के नाम अथवा पति और पत्नि दोनों के संयुक्त नाम से आबंटित किए जाएं।

वर्ष 2002 के दौरान इस योजना के अंतर्गत आवासीय इकाईयों की कुल संख्या 586,365.00 थी इसमें से महिलाओं के लिए उपलब्धियां 229,000.00 थी।

(द) पुनर्गठित केन्द्रीय ग्रामीण स्वच्छता कार्यक्रम: पुनर्गठित केन्द्रीय ग्रामीण स्वच्छता कार्यक्रम, जो 1 अर्पेल, 1999 को प्रारम्भ किया गया है, में ग्रामीण परिवारों के लिए स्वच्छ शौचालयों के निर्माण का प्रावधान किया गया है। जहां पर व्यक्तिगत शौचालय संभव

नहीं हैं, वहां केवल महिलाओं के लिए ग्रामीण स्वच्छ शौचालय परिसर बनाने का प्रावधान है, जिससे उनकी गोपनीयता और मर्यादा बनी रहे। महिलाओं के लिए सार्वजनिक शौचालयों के निर्माण एवं रख-रखाव के लिए आबंटित निधियों का 10 प्रतिशत तक प्रयोग किया जा सकता है।

(य) त्वरित ग्रामीण जल आपूर्ति कार्यक्रमः त्वरित ग्रामीण जल आपूर्ति कार्यक्रम के अंतर्गत महिलाओं को प्रशिक्षण दिया जा रहा है जिससे उनको पेयजल आपूर्ति के लिए हैंडपम्पों के रख-रखाब तथा उनके उपयोग में सक्रिय भूमिका वहन करने योग्य बनाया जा सके। वे ग्राम-स्तरीय समितियों में प्रतिनिधित्व करती हैं तथा हैंडपम्पों व अन्य स्रोतों के लिए स्थानों के चयन में उन्हें सक्रिय रूप से सम्मिलित किया जाता है।

कुछ राज्य सरकारों द्वारा महिलाओं तथा बाल कल्याण हेतु पृथक से योजनाओं का संचालन किया जा रहा है। इनमें कुछ प्रमुख कार्यक्रम/योजनाएं निम्न प्रकार है:

बालिका कल्याण योजनाएं

(Girl Development Plans)

बालिका समृद्धि से सम्बन्धित कार्यक्रमों को राष्ट्रीय एवं राज्य स्तर के विकास कार्यक्रमों में महत्वपूर्ण स्थान प्रदान किया गया है। विगत वर्षो में इस महत्वपूर्ण उद्देश्य की प्राप्ति हेतु विभिन्न विशेष कार्यक्रमों के संचालन द्वारा जो प्रयास हुए उनका संक्षिप्त विवरण निम्न प्रकार है:

बालिका समृद्धि योजना

इस योजना के अन्तर्गत केन्द्र सरकार द्वारा गर्भवती महिला के प्रथम दो बालिका के जन्म तक प्रत्येक बालिका के जन्म पर 500 रू. की एकमुश्त सहायता उसकी माता को दी जाती है।

पात्रता

(Eligibility)

बालिका समृद्धि योजना की पात्रता हेतु पात्रता निम्न प्रकार है:

1. परिवार गरीबी रेखा से नीचे चयनित हो।

2. यह लाभ प्रथम दो बालिकाओं के जन्म तक ही सीमित है। चाहे परिवार के बच्चों की संख्या कितनी ही हो।

आवेदक, स्वीकृति एवं भुगतान प्रक्रिया

(Applicant, Approval and Payment Process)

आवेदन संबंधित ग्राम पंचायत में भरकर प्रस्तुत करना होगा। इसके बाद पंचायत के द्वारा स्वीकृति जारी की जाकर राशि का भुगतान बालिका की मात्रा को किया जायेगा।

समेकित बाल विकास सेवाएँ (आई.सी.डी.एस.)

(Integrated Child Development Plans)

जिले में ग्राम स्तर पर आंगनबाड़ी केन्द्रों के माध्यम से संचालित समेकित बाल विकास सेवाएं अत्यन्त ही महत्वपूर्ण कार्यक्रम है। इस कार्यक्रम के अन्तर्गत महिला एवं बाल विकास विभाग के माध्यम से बच्चों के स्वास्थ्य, पोषण, शिक्षा आदि के बारे में विशेष गतिविधियां संचालित की जाती है।

उद्देश्य

(Objectives)

इस कार्यक्रम का मुख्य उद्देश्य निम्नलिखित हैं :

1. 0 से 6 वर्ष की आयु वर्ग के बच्चों का पोषण एवं स्वास्थ्य की स्थिति सुधारना।

2. बाल मृत्यु, रूग्णता, कुपोषण व स्कूल छोड़ने वाले बच्चों की संख्या में कमी करना।

3. बच्चों में उचित मनोवैज्ञानिक, शारीरिक व सामाजिक विकास की नींव डालना।

4. बाल विकास को प्रोत्साहन देने के लिए विभिन्न विभागों में परस्पर नीति एवं उनके क्रियान्वयन में प्रभावकारी समन्वय स्थापित करना।

5. उचित पोषाहार एवं पोष्टिक आवश्यकताओं की देखभाल के लिए माताओं को योग्य बनाना।

सुविधाएँ

इन उद्देश्यों की प्राप्ति हेतु समेकित बाल विकास सेवाओं के अन्तर्गत आंगनबाड़ी केन्द्रों के माध्यम से निम्न सुविधाएं प्रदान की जाती है:

1. स्वास्थ्य जांच,

2. बच्चों का टीकाकरण

3. पोषाहार एवं स्वास्थ्य संबंधी शिक्षा,

4. 300 दिवस के लिये बच्चों व महिलाओं.को पोषाहार,

5. बच्चों एवं महिलाओं के स्वास्थ्य की जांच करना

6. अनौपचारिक स्कूल पूर्व शिक्षा की व्यवस्था करना।

प्रक्रिया

(Process)

प्रत्येक जिले में ग्राम स्तर पर आंगनबाड़ी केन्द्रों का संचालन, आंगनबाड़ी कार्यकर्त्ता एवं आंगनबाड़ी सहायक के माध्यम से किया जाता है एवं केन्द्रों पर प्रतिदिन समेकित बाल विकास गतिविधियां क्रियान्वित की जाती है। इस हेतु राज्य सरकार की ओर से

कार्यकर्त्ताओं को मेडीकल किट, दवाइयां, बच्चों को तोलने की मशीन एवं धात्री महिलाओं के लिए आहार आदि के वितरण की व्यवस्था की जाती है।

कार्यों के सुपरविजन हेतु महिला सुपरवाइजर भी नियुक्त की जाती है तथा आंगनबाड़ी कार्यकर्त्ताओं एवं सहायिकाओं को समय समय पर प्रशिक्षित किया जाता है। प्रत्येक परियोजना स्तर पर संचालित किये जा रहे समस्त कार्यों की देखभाल बाल विकास परियोजना अधिकारी द्वारा की जाती है। जिला स्तर पर कार्यक्रम को समन्वित करने की जिम्मेदारी क्षेत्रीय उप निदेशक द्वारा निर्वाह की जाती है।

महिला विकास अभिकरण द्वारा संचालित योजनाएं

महिला विकास अभिकरण द्वारा, महिलाओं के विकास तथा कल्याण हेतु संचालित योजनाएं निम्नलिखित है:

महिला विकास कार्यक्रम

(Women Development Programmes)

महिलाओं में चेतना उत्पन्न करने एवं उन्हें विकास की मुख्य धारा से जोड़ने के लिए वर्ष 1984 में राजस्थान सरकार द्वारा यूनिसेफ के सहयोग से 5 जिलों में प्रोयोगिक तौर पर महिला विकास कार्यक्रम प्रारंभ किया गया था। कार्यक्रम की अभूतपूर्व सफलता को देखते हुए कार्यक्रम का धीरे धीरे विस्तार किया गया एवं वर्तमान में महिला विकास कार्यक्रम राज्य के सभी जिलों में जिला महिला विकास अभिकरण के माध्यम से संचालित किया जा रहा है।

महिला विकास कार्यक्रम के उद्देश्य

(Objectives)

महिला विकास कार्यक्रम के प्रमुख उद्देश्य निम्नलिखित है:

1. महिलाओं एवं बच्चों को शिक्षा हेतु प्रेरित करना।

2. महिलाओं एवं बच्चों को स्वास्थ्य एवं पोषण के प्रति जागरूक करना।

3. महिलाओं की आर्थिक स्थिति को सुधारने के लिए उन्हें विकास के विभिन्न कार्यक्रमों से जोड़ना

4. विभिन्न एजेंसियों से समन्वयन स्थापित कर महिलाओं एवं बच्चों को शिक्षा, स्वास्थ्य एवं रोजगार सेवाएं उपलब्ध करवाना।

5. महिला विकास के महत्वपूर्ण व प्रत्यक्ष कार्यक्रमों की पहचान करना तथा महिलाओं के लाभार्थ इन कार्यक्रमों को गति देना। महिलाओं के लिए आर्थिक एवं सामाजिक विकास के कार्यक्रमों का आयोजना करना।

6. महिलाओं का सर्वागीण विकास कर समाज में उनका अस्तित्व स्थापित करना।

कार्यक्रम की प्रक्रिया

(Process of the Programme)

महिला विकास कार्यक्रम के उद्देश्यों की प्राप्ति हेतु ग्राम स्तर पर महिला समूहों का गठन किया जाता है। इन महिला समूहों को कार्यक्रम के अन्तर्गत संचालित विभिन्न गतिविधियों के माध्यम से आर्थिक, सामाजिक और राजनैतिक सशक्तिकरण प्रदान किया जाता है।

महिला विकास सुपरवाइजर 'प्रचेता' नियमित रूप से इन महिलाओं से सम्पर्क स्थापित कर महिला समूहों की विभिन्न गतिविधियां संचालित करवाने में सहायता प्रदान करती है तथा महिला समूहों को दिशा निर्देश प्रदान करती है। जिला स्तर पर कार्यक्रम से संबंधित समस्त प्रशासनिक कार्य परियोजना निदेशक द्वारा निर्वहन किये जाते है।

आयोज्य कार्यक्रम

(Programme Planned)

महिला विकास अभिकरण के माध्यम से महिलाओं को शिक्षा, स्वास्थ्य एवं रोजगार से संबंधित विभिन्न विषयों पर जानकारी उपलब्ध करवाने एवं विभिन्न प्रकार की सहायता उपलब्ध करवाकर समाज में उनका अस्तित्व स्थापित करने के उद्देश्य से कई प्रकार के कार्यक्रम आयोजित करवाये जाते हैं जिनमें से प्रमुख निम्नानुसार हैं :

1. जाजम बैंठक
2. शिविर आयोजन
3. कार्यशाला आयोजन
4. महिलाओं के सामाजिक एवं आर्थिक विकास हेतु विभिन्न प्रकार के प्रशिक्षण का आयोजन
5. महिला विकास कार्यक्रम से संबंधित विभिन्न विषयों पर विभिन्न विभागों, जनप्रतिनिधियों, अन्य एजेसियों का आमुखीकरण।
6. महिला विकास सें संबन्धित मुद्दो पर सकारात्मक वातावरण निर्माण हेतु रैली, नुक्कड़ नाटक, सांस्कृतिक कार्यक्रम आदि का आयोजन।
7. बाल विवाह, बेमेल विवाह, दहेज प्रथा, मृत्यु भोज, पर्दा प्रथा आदि सामाजिक कुरीतियों के निवारण हेतु अभियान संचालन।
8. लैंगिंग असमानता के निवारण हेतु कार्यक्रम आयोजन।
9. बाल अधिकारी संरक्षण हेतु कार्यक्रम आयोजन
10. पर्यावरण, एड्स, साक्षरता एवं अन्य विभिन्न राष्ट्रीय कार्यक्रमों का आयोजन।

किशोर बालिका योजना

किशोर बालिकाओं को शैक्षणिक, सामाजिक एवं आर्थिक विकास की दृष्टि से किशोर बालिका कार्यक्रम संचालित किया जा रहा है। इस कार्यक्रम के माध्यम से किशोर बालिकाओं को शिक्षा, स्वास्थ्य, स्वच्छता, आहार-पोषण, मातृ शिशु कल्याण, परिवार

कल्याण आदि विषयों पर प्रशिक्षित किया जाता है जिससे ये बालिकाएँ भविष्य की अच्छी गृहणियां/माताएं सिद्ध हो सकें। इसी के साथ उन्हें स्वरोजगार उपलब्ध करवाने के उद्देश्य से विभिन्न प्रकार के कुटीर एवं लघु उद्योगों की जानकारी उपलब्ध करवाई जाती है जिससे वे अपना आर्थिक विकास कर स्वावलंबी बन सकें। कार्यक्रम के अन्तर्गत बालिकाओं को खेलने कुदने, गाने बजाने एवं अन्य विभिन्न प्रकार के अवसर भी उपलब्ध करवाये जाते है जिससे उनमें छिपी प्रतिभा प्रकट हो सके तथा वे अपने अस्तित्व के प्रति जागृत हो सकें। बालिकाओं को भ्रमण आदि के अवसर भी प्रदान करवाये जाते हैं।

योजना के उद्देश्य

1. 11-18 वर्ष आयु की निरक्षर अथवा स्कूल छोड़ चुक बालिकाओं से संपर्क स्थापित करना।

2. अनौपचारिक शिक्षा एवं राष्ट्रीय साक्षरता कार्यक्रम के माध्यम से बालिकाओं को साक्षर करना।

3. उनके स्वास्थ्य एवं पोषण स्तर को उन्नत करना।

4. बालिकाओं को गृह कार्य में दक्षता प्राप्त करने हेतु प्रशिक्षण देना।

5. बालिकाअें को परिवार कल्याण, गृह प्रबंध एवं बच्चों के रख रखाव के संबंध में जानकारी उपलबध करवाना।

6. पर्यावरण संबंधी सामाजिक मुद्दों इत्यादि के संबंध में बालिकाओं की समझ विकसित करना।

7. प्रजनन के संबंध में उनकी समझ को विकसित करना।

8. विवाह की उम्र में वृद्धि के उपाय करना।

9. उनकी निर्णय लेने की क्षमता को बढ़ाना।

10. समाज में बालिकाओं के हम में वातावरण निर्माण करना।

योजना की विशेषताएँ एवं गतिविधियां

यह योजना जिले के समस्त ब्लॉक में प्रत्येक में 20 ग्रामों में प्रथम चरण के रूप में चलाई जावेगी जिसके अन्तर्गत बालिकाओं के आर्थिक, सामाजिक एवं स्वास्थ्य के विकास हेतु विभिन्न गतिविधियां संचालित की जाएगी जो निम्नानुसार है :

1. कार्यकर्त्ता प्रशिक्षण

2. बालिका सर्वे

3. बालिका दल गठन

4. ग्राम स्तरीय सामुदायिक शिविर आयोजना

5. पंचायत स्तरीय बालिका शिविर आयोजन

6. जिला स्तरीय बालिका मेला

7. बालिका केन्द्र संचालन

उक्त समस्त गतिविधियां छः माह में सम्पन्न करवाकर बालिकाओं का समग्र विकास किया जावेगा।

प्रश्न

1. स्वयं सहायता समूह क्या है। इनके गठन तथा कार्य प्रणाली की व्याख्या कीजिए।

   What is self-help group? Discuss its formation and working.

2. निम्न पर संक्षिप्त टिप्पणी लिखिये:

   (क) महिला पशु पालन प्रशिक्षण कार्यक्रम (ख) सरस्वती योजना।

   Write short note on the following :

   (a) Women animal husbandary programme. (b) Saraswati Yojana

3. ग्रामीण विकास कार्यक्रमों में महिलाओं के लिये चलाये गये कार्यक्रमों की संक्षेप में व्याख्या कीजिए।

   Explain briefly programmes related to women in rural development programme.

□□□

16

विश्व व्यापार संगठन
(World Trade Organisation WTO)

द्वितीय विश्व युद्ध से जर्जरित अर्थव्यवस्थाओं के पूननिर्माण तथा तीव्र आर्थिक विकास के उद्देश्य से अनेक महत्वपूर्ण अन्तर्राष्ट्रीय संस्थाओं की स्थापना की गयी। इन संस्थाओं में एक ओर जहां अन्तर्राष्ट्रीय मुद्रा कोष तथा विश्व बैंक जैसी महत्वपूर्ण अन्तर्राष्ट्रीयं संस्थाओं की स्थापना की गयी। वहीं दूसरी तरफ अन्तर्राष्ट्रीय व्यापार में वृद्धि की मंशा से विकसित एवं विकासशील राष्ट्रों द्वारा व्यापार में थोपे गये मनमाने प्रतिबन्धों को हटाने तथा प्रशुल्कीय प्रतिबन्धों को न्यूनतम करने के उद्देश्य से ब्रेटनवुड्स सम्मेलन में अन्तर्राष्ट्रीय व्यापार संघ की स्थापना का प्रस्ताव 1944 में प्रस्तुत किया गया। यद्यपि अमरीका एवं इंगलैण्ड जैसे विकसित राष्ट्रों के विरोध के कारण इस संगठन की स्थापना संभव ना हो सकी और अन्तत: उसके स्थान पर 300, 1947 को गेट (GATT) की स्थापना की गई। इस संगठन का प्रमुख उद्देश्य अन्तर्राष्ट्रीय व्यापार में उपस्थित होने वाली बाधाओं और समस्यो को पारस्परिक विचारविमर्श एवं समझौतो में माध्यम से न्यूनतम करना था। यद्यपि इस संस्था की ढुलमूल व्यवस्था और सीमित अधिकारों के कारण व्यापार बाधाओं के समाधानों में सफलता सीमित ही रही।

उपर्युक्त वर्णित परिपेक्ष्य में विश्व व्यापार की नीतियों, वैधानिक व्यवस्थाओं और उनके क्रियान्वयन को अधिक प्रभावी एव कारगर बनाने की दृष्टि से ही संगठन गेट की स्थापना से अप्रैल 1994 तक गैट वार्ताओं के आठ दौर की समाप्ति पर अन्तत: 15 अप्रैल 1994 को उरूग्वे दौर के डंकल प्रस्तावों को स्वीकार कर लिया गया। और *गैट* (General Agreement on Tariff and Trade- GATT) के स्थान पर *विश्व व्यापार संगठन* (World Trade Organisation-WTO) स्थापित हुआ। यह संगठन गैट के मुकाबले अत्यन्त प्रभावशाली अधिकारों से युक्त शक्तिशाली और प्रभावी संगठन है।

विश्व व्यापार संगठन के उद्देश्य
(Objectives of WTO)

डंकल समझौते के अन्तर्गत गैट के स्थान पर 1 जनवरी 1995 को विश्व व्यापार संगठन अस्तित्व में आया। इस संगठन की प्रमुख उद्‌देश्य निम्न प्रकार निर्धारित किये गये:

(1) जीवन स्तर में वृद्धि करना (Improvement in Living Standard) - विश्व स्तर पर स्थापित होने वाले सभी संगठनों का प्रत्यक्ष अथवा अप्रत्यक्ष रूप में उद्देश्य मानव जीवन के स्तर में वृद्धि करना रहा है। ठीक उसी प्रकार विश्व व्यापार संगठन का प्रमुख उद्देश्य भी अन्तर्राष्ट्रीय व्यापार में स्वस्थ्य परम्पराओं का विकास कर मानव जीवन के स्तर में वृद्धि करना है।

(2) पूर्ण रोजगार एवं प्रभावपूर्ण मांग में वृद्धि (Increase in full employment and effective demand) - विश्व व्यापार संगठन का एक अन्य उद्देश्य प्रभावपूर्ण मांग में वृद्धि करना है। इससे उत्पादन का आकार बढ़ सके तथा अन्तत्वोगत्वा रोजगार के अवसर में वृद्धि हो सके और पूर्ण रोजगार के लक्ष्य की प्राप्ति हो सके।

(3) वस्तुओं के उत्पादन एवं व्यापार में वृद्धि (Increase in Production and Trade of Commodity) - विश्व व्यापार संगठन इस बात का पक्षधर है कि विश्व के विभिन्न राष्ट्रों में स्थापित औद्योगिक प्रतिष्ठानों में उत्पादित वस्तुओं के लिये सम्पूर्ण विश्व एक बाजार हो। ऐसा अन्तर्राष्ट्रीय व्यापार के आकार में वृद्धि द्वारा ही संभव है जिसके प्रति यह संगठन कटिबद्ध है।

(4) सेवाओं के उत्पादन एवं व्यापार (Production of Services and Trading) - विश्व व्यापार संगठन इस दिशा में प्रयासरत है कि सेवाओं के उत्पादन एवं व्यापार का विस्तार किया जाए। किसी राष्ट्र द्वारा उत्पन्न सेवायें उस राष्ट्र की भौगोलिक सीमाओं में बन्ध कर ही न रह जाये वरन् उनका प्रयोग सम्पूर्ण विश्व द्वारा किया जाये।

(5) विश्व के संसाधनों का अनुकूलतम प्रयोग (Optimum Utilisation of World Resources) - विश्व के विभिन्न राष्ट्रों को प्रकृति द्वारा अनेक संसाधनों की प्राप्ति हुई है, किन्तु उपर्युक्त वातावरण के अभाव में इन संसाधनों का भली प्रकार से विदोहन संभव नहीं हो सका है। विश्व व्यापार संगठन इस दिशा में प्रयासरत है कि इन संसाधनों का अनुकूलतम प्रयोग संभव हो सके।

(6) सुस्थिर विकास (Sustainable Development) - विकास की प्रक्रिया में अस्थिरता अत्यन्त घातक सिद्ध होती है । अत: विश्व व्यापार संगठन द्वारा अपने उद्देश्य में सुस्थिर विकास की अवधारणा को स्वीकार किया गया है।

(7) पर्यावरण की सुरक्षा एवं संरक्षण (Protection and Care of Environment) - मानवीय क्रियाओं एवं पर्यावरण के मध्य उत्पन्न हुये असन्तुलन के कारण मानव जीवन को अनेक खतरों की सम्भावना उत्पन्न हो गयी है। विश्व व्यापार संगठन द्वारा पर्यावरण की सुरक्षा एवं संरक्षण के द्वारा आर्थिक विकास में वृद्धि के प्रयास किये जाऐंगें।

(8) विकास के साथ साधनों में वृद्धि (Increase in Resources with Development) - विश्व व्यापार संगठन इस उद्देश्य की पूर्ति हेतु प्रयासरत है कि विकास के वैयक्तिक स्तरों की आवश्यकता के साथ निरन्तर चलते रहने के साधनों में वृद्धि संभव हो सके।

विश्व व्यापार संगठन के प्रमुख कार्य

(Functions of World Trade Organisation)

विश्व व्यापार संगठन अन्तर्राष्ट्रीय स्तर पर आर्थिक समृद्धि की प्राप्ति हेतु विश्व के प्रत्येक स्तर के राष्ट्रों द्वारा संगठित एक ऐसा मंच है जो समय समय पर बैठकों के आयोजना द्वारा तत्कालीन समस्याओं का सम्मानजनक उपाय सुझाता है। इस उद्देश्य की पूर्ति हेतु इस संगठन के प्रमुख कार्य निम्नलिखित है:

(1) सामूहिक संस्थागत मंच (Collective Institutional Platform) : विश्व व्यापार संगठन एक सामूहिक संस्थागत मंच के रूप में कार्य करता है। इसके अन्तर्गत अन्तर्राष्ट्रीय समझौते से सम्बन्धित विचार विमर्श किये जाते हैं। इन विचारविमर्श के दौरान हुये समझौतों को लागू किये जाने की दिशा में भी इस संस्थागत मंच द्वारा प्रयास किये जाते हैं।

(2) विश्व व्यापार समझौते हेतु प्रबन्ध (Arrangement for World Trade Agreement) : विश्व व्यापार संगठन विचार विमर्श के माध्यम से जिन समझौतों को अन्तिम रूप प्रदान करता है उनके कार्यान्वयन, प्रशासन एवं परिचालन हेतु आवश्यक सुविधाएँ प्रदान की जाती है।

(3) व्यापार एवं प्रशुल्क सम्बन्धि विचार विमर्श (Mutual Discussion Regard to Trade and Tariff) : विश्व व्यापार संगठन व्यापार एवं प्रशुल्क सम्बन्धि एक मंच प्रदान करता है। कोई भी राष्ट्र प्रशुल्क सम्बन्धी किसी भी मसले पर इस मंच के माध्यम से विचार विमर्श कर सकता है।

(4) व्यापार नीति समिक्षा का क्रियान्वयन (Implementation of Trade Policy Review) : विश्व व्यापार संगठन व्यापार नीति की समीक्षा एवं प्रक्रिया के प्रावधानों को लागू किये जाने के सम्बन्ध में महत्वपूर्ण कार्य करता है। इस मंच द्वारा व्यापार नीति समिक्षा प्रक्रिया से सम्बन्धित नियमों एवं प्रावधानों को लागू किया जाता है।

(5) विवादों का निपटारा (Settlement of Disputes) : विश्व व्यापार संगठन सदस्य राष्ट्रों के मध्य किसी मसले पर उत्पन्न हुये विवादों के निपटारे हेतु इनसे सम्बन्धित नियमों एवं प्रक्रियाओं का प्रशासन करता है।

(6) अन्तर्राष्ट्रीय संस्थाओं से सहयोग (Assistance with International Organisation) : विश्व व्यापार संगठन महत्वपूर्ण अन्तर्राष्ट्रीय मौद्रिक संस्थाओं जैसे विश्व बैंक तथा अन्तर्राष्ट्रीय मुद्रा कोष आदि संस्थाओं को इनके कार्य संचालन में सहयोग प्रदान करता है। इसका प्रमुख उद्देश्य वैश्विक आर्थिक नीति निर्माण में अधिक सामंजस्य स्थापित करना है।

(7) विश्व संसाधनों का अनुकूलतम प्रयोग (Optimum Utilisation of World Resources) : विश्व व्यापार संगठन सदस्य राष्ट्रों को एक ऐसा मंच प्रदान करता है जिससे वे आपसी विचार विमर्श द्वारा विश्व संसाधनों के अनुकूलतम प्रयोग हेतु को योजना तैयार करते है।

विश्व व्यापार संगठन के उपर्युक्त वर्णित कार्यों का अध्ययन करने के पश्चात् यह स्पष्ट होता है कि इस संगठन के कार्यों में उन सभी बातों का समावेश है जिनका अनुसरण करके इस मंच के सदस्य देशों को समझौतों से सम्बन्धित मामलों पर विचार विमर्श करने का एक सामूहिक संस्थागत मंच प्राप्त होता है। इसके साथ ही सदस्य राष्ट्रों को एकीकृत स्थायी एवं सुदृढ़ बहुपक्षीय प्रणाली द्वारा व्यापार सम्बन्धों के विस्तार, वैधानिक ढंग से विवादों के निपटारे तथा व्यापार नीति समीक्षा की प्रक्रिया के प्रावधानों को लागू करने में सहायता प्राप्त होती है।

विश्व व्यापार का संगठनात्मक ढाँचा

(Oraganisational Structure of WTO)

विश्व व्यापार संगठन विकसित एवं विकासशील राष्ट्रों की अर्थव्यवस्था में उत्पन्न होने वाली विभिन्न समस्याओं के समाधान हेतु आपसी विचार विमर्श का एक अन्तर्रष्ट्रीय मंच है। यह संगठन अपने कार्यों तथा उद्देश्य का सफलतम संचालन कर सके, इस हेतु इसके संगठनात्मक ढाँचे का विकास किया गया है जिसका संक्षिप्त वर्णन निम्न प्रकार है:

(अ) मंत्रिस्तरीय सम्मेलन (Ministerial Conference) : यह विश्व व्यापार संगठन का सर्वोच्च निर्णय किया जाने वाला निकाय है। इसमें सदस्य राष्ट्रों के सभी मंत्रियों को प्रतिनिधित्व प्रदान किया जाता है। इस सम्मेलन की एक वर्ष में कम से कम दो बैठके होना आवश्यक है। इस सम्मेलन द्वारा कार्यों का सम्पादन निर्बाध पूर्वक हो, अतः पृथक पृथक समितियों का गठन किया गया है। इन समितियों में प्रमुख (अ) व्यापार एवं विकास समिति, (ब) व्यापार एवं पर्यावरण समिति, (स) भुगतान सन्तुलन प्रतिबन्ध समिति, तथा (द) वित्त एवं प्रशासन समिति आदि। इन सभी समितियों की सदस्यता सभी सदस्य राष्ट्रों के लिए खुली रहती है।

(ब) सामान्य परिषद् (General Council) : विश्व व्यापार संगठन के संगठनात्मक ढाँचे में द्वितीय स्तर पर सामान्य परिषद् का गठन किया गया है। इसमें प्रत्येक सदस्य राष्ट्र का एक स्थायी प्रतिनिधि होता है। इस परिषद को सुपूर्द किये गये प्रमुख कार्य है : (अ) मन्त्रिस्तरीय सम्मेलन के निर्णयों को लागू करना, (ब) आवश्यकता पड़ने पर अपने स्तर पर कुछ निर्णय लेना, (स) तिनादो के निपटारे से सम्बन्धित घटक एवं व्यापार नीति समिक्षा प्रक्रिया से सम्बन्धित बैंठके आयोजित करना, तथा (द) अन्तर-सरकारी संगठन (Inter-Government Organisation) तथा गैर सरकारी संगठन जो किसी रूप में इस संगठन से सम्बन्धित हो, उनसे परामर्श करना एवं प्रभावपूर्ण संयोग बनाये रखना है।

(स) विभिन्न बहुपक्षीय समझोता परिषदें (Various, Multilateral Agreement Councils) : विश्व व्यापार संगठन के तृतीय स्तर पर विभिन्न बहुपक्षीय समझौता परिषदों का गठन किया गया है इन परिषदों में प्रमुख हैं : (अ) वस्तु, व्यापार एव

सेवाओं में व्यापार पर सामान्य समझौता परिषद (ब) व्यापार सम्बन्धी बौद्धिक अधिकार परिषद, (स) व्यापार सम्बन्धी निवेश उपाय परिषद, तथा (द) टेक्सटाइल एवं वस्त्रों पर समझौता। इन समझौतों के संचालन की देखभाल हेतु प्रत्येक की एक एक पृथक परिषद का गठन भी किया गया है।

(द) सचिवालय (Secretariate) : विश्व व्यापार संगठन का अन्तर्राष्ट्रीय स्तर पर एक महत्वपूर्ण एवं पृथक वैधानिक अस्तित्व है। इस दृष्टि से इस संगठन के दिन प्रतिदिन के प्रशासनिक कार्यो को सम्पन्न बनाने के लिए इसका एक सचिवालय भी है। इस सचिवालय का सर्वोच्च अधिकारी महानिदेशक (Director General) होता है। महानिदेश की नियुक्ति चार वर्ष की अवधि के लिए सामान्य परिषद (General Council) द्वारा की जाती है। इटली के भूतपूर्व व्यापार मंत्री रिनेटो रूगेरो विश्व व्यापार संगठन के प्रथम महानिदेशक रहे है। महानिदेशक की सहायता के लिए विभिन्न सदस्य राष्ट्रों से चार उप महानिदेशक भी नियुक्त किये जाते हैं।

मुख्यालय
(Head Office)

विश्व व्यापार संगठन का मुख्यालय जेनेवा मे है।

सम्बन्ध समितियाँ (Attached Committees)

विश्व व्यापार संगठन के कार्यों को निर्बाध पूर्वक संचालित किये जाने के उद्देश्य से अनेक सम्बद्ध समितियों का गठन भी किया गया है। इन समितियों में सर्वप्रमुख समितियाँ निम्न लिखित है:

(1) विवाद निवारण समिति (Dispute Settlement Body) : इस समिति का प्रमुख कार्य विभिन्न राष्ट्रों के विरूद्ध विश्व व्यापार संगठन के व्यापार नियमों के उल्लंघन की शिकायतों पर विचार करना है। विश्व व्यापार संगठन के सभी सदस्य इस समिति के भी सदस्य होते हैं किन्तु किसी शिकायत विशेष के गहन अध्ययन के लिए यह विशेषज्ञों की समिति गठित कर सकती है। इस समिति की बैठक प्रत्येक माह में दो बाद होती है।

(2) व्यापार नीति समीक्षा समिति (Trade Policy Review Body) : इस समिति का कार्य सदस्य राष्ट्रों की व्यापार नीति की समीक्षा करना है। विश्व व्यापार संगठन के सभी सदस्य राष्ट्र इस समिति के सदस्य होते हैं। सभी बड़े व्यापारिक राष्ट्रों की व्यापार नीतियों की प्राय: दो वर्ष में एक बार समीक्षा की जाती है।

विश्व व्यापार संगठन के लाभ

(Advantages of WTO)

विश्व व्यापार संगठन की स्थापना के समय संस्थापक सदस्यों द्वारा इस मंच पर आपसी विचार विमर्श की बैठकें आयोजित की जाकर अन्तर्राष्ट्रीय समृद्धि प्राप्त करने की परिकल्पना की गयी। ऐसी अपेक्षा व्यक्त की गयी है कि विश्व व्यापार संगठन के कारण अच्छी बाजार पहुँच (Better Market Access) द्वारा विश्व की आय में 213 अरब डॉलर से 274 अरब डॉलर की वार्षिक वृद्धि सम्भावित होगी। ऐसी संभावना भी व्यक्त की गई है कि

सन् 2005 तक विश्व का वार्षिक व्यापार लाभ 745 अरब अमरीका डॉलर तक पहुँच जाएगा। यदि सेवाओं के व्यापार में वृद्धि तथा विश्व व्यापार के नये प्रावधानों का कड़ाई से पालन किया जाता है तो विश्व व्यापार के लाभों में अधिक वृद्धि की संभावना व्यक्त की गई है। इस मंच के सफलतापूर्वक संचालन से निम्नलिखित संभावित लाभ उत्पन्न होने की आशा है।

(1) संसाधनों का अनुकूलत उपयोग (Optimum Utilisation of Resources) - विश्व व्यापार संगठन सदस्य राष्ट्रों को विश्व संसाधनों के अनुकूलतम उपयोग का एक सामान्य मंच प्रस्तुत करेगा। इस मंच का उपयोग कर अन्तर्राष्ट्रीय समृद्धि एवं विकास का मार्ग प्रशस्त होगा।

(2) बहु पक्षीय व्यापार में वृद्धि (Increase in Bilateral Trade) : इस व्यापार संगठन रूपी मंच का प्रयोग से एक ऐसी बहु पक्षीय व्यापार की प्रणाली विकसित होगी जिसमें सभी देशों को निर्यात सवर्द्धन के समान अवसर प्राप्त होने के कारण निर्यातों में वृद्धि होर्गी।

(3) बाजार पहुँच में वृद्धि (Increase in Market Access) - विश्व व्यापार संगठन के संचालन से ऐसी अपेक्षा है कि औद्योगिक उत्पादों पर उच्च स्तरिय तटकर बन्धनों (Tarif Binding) द्वारा विकसित देशों के लिए व्यापार पहुँच सुरक्षा 78 प्रतिशत से 99 प्रतिशत तथा विकासशील राष्ट्रों के लिए यह सुरक्षा 22 प्रतिशत से 72 प्रतिशत होने की संभावना है।

(4) कृषि उत्पादों की शत प्रतिशत सुरक्षा (Complete Security of Agricultural Product) - विश्व व्यापार संगठन के द्वारा गैट -तटकर बाधाओं के तटकरीयकरण के कार्यक्रम के तहत कृषि उत्पादों को शत प्रतिशत सुरक्षा प्राप्त होने की आशा है।

(5) औद्योगिक उत्पादों की तटकर दर में कमी (Reduction in Tariff Rate on Industrial Product) - विश्व व्यापार संगठन के विकसित सदस्य राष्ट्र अपने औद्योगिक उत्पादों के तटकरों में लगभग 38 प्रतिशत की कमी करेंगें। इसके फलस्वरूप औद्योगिक उत्पादों की तटकर दर 6.3 प्रतिशत से घटकर 3.9 प्रतिशत रह जायेगी।

(6) विकसित देशों के आयातित औद्योगिक उत्पादों में 20 प्रतिशत से 43 प्रतिशत तक का उछाल (Jump in Imported Industrial Product of Develop Countries) - विकसित देशों में सीमा शुल्कों में कटौती के फलस्वरूप उनके आयातित औद्योगिक उत्पादों की राशि में 20 प्रतिशत से 43 प्रतिशत तक वृद्धि की सम्भावना है। इसी प्रकार शीर्ष तटकरों (Peak Tarifs) के कारण आयात अनुपात 7 प्रतिशत से घटकर 5 प्रतिशत रह जायेगा।

(7) विकासशील देशों से आयात में प्रशुल्क दरों में कटौती से विकासशील देशों का लाभ (Benefits to Developing Nations by Reduction in Tariff Rate) विकासशील देशों मे विकसित राष्ट्रों द्वारा आयात किये जाने वाले बहुत से पदार्थों पर प्रशुल्क दरों में कटौती से विकासशील राष्ट्रों के निर्यातों में वृद्धि का मार्ग प्रशस्त होगा।

(8) विकासशील देशों के निर्यात में सकारात्मक वृद्धि (Positivc Increase in Export of Developing Countries) - विकासशील देशों को अपने प्राथमिक उत्पादों को -विकसित देशों में बाजार उपलब्ध होने से उन्हें अपने निर्यातों में सकारात्मक वृद्धि का अवसर मिलेगा।

(9) व्यापार एवं अन्य क्षेत्रों में लाभ (Advantages in Trade and Other areas)- व्यापार एवं वित्तीय सेवाऐ, पर्यटन एवं यात्रा व्यवसाय क्षेत्रों में व्यापार वृद्धि से सभी राष्ट्रों को लाभ होगा।

(10) प्रतिस्पर्द्धात्मक नीची कीमतों का लाभ (Advantages of Low Price) - उपभोक्ताओं को प्रतिस्पर्द्धात्मक नीची कीमतों पर उपभोग का अवसर प्राप्त होगा और उन्हें उन वस्तुओं के उपभोग का भी अवसर मिलेगा जो अन्यथा सम्भव नहीं थी।

(11) उत्पादन लागतों में कमी (Reduction in Production Cost) - बढ़ती प्रतिस्पर्द्धा और कुशलतम उत्पादन व्यवस्थाओं के कारण सभी देशों में उत्पादन लागतों में कमी के प्रयास से सभी के लिए लिये लाभ का सौदा होगा।

(12) प्रोद्योगिक उन्नयन (Technological Upgradation) - विश्व व्यापार संगठन के समझौतों से विश्व के सभी विकासशील देशों को न केवल प्रौद्योगिकी उन्नयन का अवशर प्राप्त होगा वरन् निरन्तर शोध एवं विकास कार्यक्रमां का लाभ भी मिलेगा।

विश्व व्यापार संगठन और भारत

(India and World Trade Organisation)

नि:सन्देह विश्व व्यापार संगठन एक ऐसा मंच उपस्थित करता है जिससे विश्व के सभी राष्ट्रों को बहु आयामी लाभ उपलब्ध होने की सम्भावना है। ऐसी अपेक्षा है कि इस मंच के सफलतापूर्वक संचालन से विश्व के सभी सदस्य राष्ट्रों के व्यापार में वृद्धि से उत्पादन आय और रोजगार में वृद्धि के फलस्वरूप आर्थिक समृद्धि एवं उच्च जीवन स्तर का मार्ग प्रशस्त होगा। व्यापारिक प्रतिबन्धों की कमी और मुक्त व्यापार को प्रोत्साहन प्रदान किये जाने के दौरान आर्थिक संसाधनों का श्रेष्ठ उपयोग संभव होगा। विश्व व्यापार संगठन से अनेक लाभ प्राप्त होगें, लेकिन इसमें कुछ अर्थव्यवस्थाओं को खतरे की भी सम्भावना है। विश्व व्यापार संगठन से भारत को प्राप्त होने वाले संभावित लाभ तथा हानियां निम्नलिखित है।

(अ) संभावित लाभ (Probable Advantages) - भारत को विश्व व्यापार संगठन से प्राप्त होने वाले संभावित लाभ निम्नलिखित है:

(1) श्रेष्ठ बाजार पहुँच (Better Market Access) - विदेशी बाजारों में विश्व व्यापार संगठन द्वारा तटकरों एवं प्रशुल्क दरों में कमी, कृषि जन्य पदार्थों को प्रदान किये जाने वाले अनुदान में कमी से भारत विदेशी बाजारों में सुगमता पूर्वक प्रवेश कर सकेगा।

(2) निर्यातों में वृद्धि (Increase in Export) - अल्प विकसित राष्ट्रों के समक्ष निर्यातों में वृद्धि एक अन्यन्त महत्वपूर्ण समस्या एवं चुनौति है। ऐसी सम्भावना व्यक्त की गयी है कि विश्व व्यापार संगठन की सदस्यता से भारत के निर्यातों में प्रतिवर्ष 150 से 200 करोड़ डॉलर के तुल्य वृद्धि की संभावना है।

(3) विदेशी निवेश में वृद्धि (Increase in Foreign Investment) - भारत में विदेशी पूंजी का आगमन पर्याप्त मात्रा में नहीं हो सका है। विश्व व्यापार संगठन के माध्यम से भारत के विदेशी पूंजी निवेशों में वृद्धि की सम्भावना है जिससे ना केवल तीव्र आर्थिक विकास का मार्ग प्रशस्त होगा वरन् विदेशी तकनीक की आधुनिकतम विधियों के प्रयोग से भारत के उत्पादों की लागत में कमी और प्रतिस्पर्द्धात्मक शक्ति में वृद्धि होगी। विश्व व्यापार संगठन में किये गये प्रयासों के परिणास्वरूप ही विगत तीन वर्षों में भारत में विदेशी पूंजी निवेश अत्यन्त तेजी से बड़ा है।

(4) उन्नत प्रौद्योगिकी का उपयोग (Use of Better Technology) - विदेशी पूँजी निवेश के साथ उन्नत प्रौद्योगिकी का आयात बढ़ेगा जो अन्ततः लाभप्रद रहेगा।

(5) पेटेन्ट छूट (Patent Concession) - प्राकृतिक उत्पादों के पेटेन्ट की आवश्यकत नही रहेगी किन्तु अगले 8 वर्षों तक ही पेटेन्ट कानून में छूट मिलेगी। उसके बाद यह छुट प्राप्त नहीं होगी।

(6) वस्त्रों एवं पोशाकों के निर्यात में वृद्धि (Increase in Textiles and Garments) - अमेरिका एवं यूरोपीय देशों के बाजारों में भारत के वस्त्रों एवं पोशाकों का निर्यात बढ़ने का लाभ मिलेगा।

(7) विदेशी मुद्रा भण्डारों में वृद्धि (Increase in Foreign Exchange Reserves) - भारत के निर्यातों में वृद्धि तथा भारतीय डाक्टरों, इन्जीनियरों एवं अन्य विशेषज्ञों आदि कुशल श्रम की सेवाओं के निर्यात से विदेशी मुद्रा अर्जन का लाभ मिलेगा।

(8) विदेशी वस्तुओं के उपभोग का अवसर (Opportunity to Consume Foreign Goods) - भारत के उपभोक्ताओं का विश्व व्यापार संगठन के अन्तर्गत विश्व की लगभग सभी वस्तुओं के स्वतंत्र व्यापार के कारण विदेशी वस्तुओं के उपभोग का लाभ मिलेगा। वस्तुएँ सस्ती, उत्तम किस्म की और आसानी से मिल सकेगी।

(9) अन्तर्राष्ट्रीय मंच की सुविधा (Facility of International Platform) - विश्व व्यापार संगठन की सदस्यता के परिणामस्वरूप भारत को अपनी वस्तुओं एवं सेवाओं के व्यापार से सम्बन्धित मुद्दों पर विचार विमर्श और उनके उपयुक्त समाधान हेतु यह अन्तर्राष्ट्रीय साझा मंच मिल गया है जहाँ वह अपना पक्ष प्रभाव ढंग से रखने का अधिकारी है।

(10) विवादों का निपटारा करने की सुविधा (Facility for Settlement of Disputes) - भारत को विश्व व्यापार संगठन की सदस्यता के कारण अपनी वस्तुओं एवं सेवाओं के व्यापार सं सम्बन्धी मुद्दों पर उत्पन्न विवाद को निपटाने के लिये विश्व व्यापार संगठन की सुविधा प्राप्त हो गई है। इस मंच पर विवाद के निपटारे के लिये शिकायत दर्ज कराने और अपना पक्ष प्रस्तुत करने की सुविधा प्राप्त रहेगी।

भारत को विश्व व्यापार संगठन की संभावित हानियाँ

(Disadvantages of WTO to India)

यद्यपि भारत को विश्व व्यापार संगठन की सदस्यता से अनेक लाभ प्राप्त होने की संभावना है, किन्तु उन संभावित खतरों की अनदेखी भी नहीं की जा सकती जो भारत को इस संगठन की सदस्यता से आपेक्षित है। विश्व व्यापार संगठन की सदस्याता से भारत को निम्न हानियाँ संभावित है:

(1) भौतिक सम्पदा अधिकारों पर दुष्प्रभाव (Disadvantages of Trade Related Aspects of Intellectual Property Rights -TRIPS) - इसके अन्तर्गत भारत को कॉफीराइट, ट्रेड मार्क, पेटेन्ट अधिकार आदि के उपयोग के लिये भारी मात्रा में रॉयल्टी भुगतान का भार वहन करना पड़ेगा। अभी हाल ही में अमरिका द्वारा बासमती चावल, नीम तथा अनेक कृषि उत्पादों व औषधी जड़ी बुटियों का पेटेन्ट करवा कर लाभ उठाने का प्रयास किया गया है।

(2) बहु राष्ट्रीय कम्पनियों से प्रतिस्पर्द्धा (Competition with MNCs) - विश्व व्यापार संगठन में हुये समझौते का पालन किये जाने के बावजूद भारत को बहु राष्ट्रीय कम्पनियों के प्रवेश का मार्ग खोलना होगा। भारत को बहु राष्ट्रीय कम्पनियों से तीव्र प्रतिस्पर्द्धा का सामना करना पड़ सकता है। यदि इसमें सफलता प्राप्त नहीं हुई तो भारतीय कम्पनियों का अस्तित्व खतरे में पड़ सकता है।

(3) सेवा क्षेत्रों में विदेशी कम्पनियों के आधिपत्य का भय (Fear of Dominance of Foreign Companies in Service Sector) - विश्व व्यापार संगठन के कारण भारत में बैंकिंग, बीमा, पर्यटन, संचार, विज्ञापन, परामर्श सेवाएँ आदि क्षेत्रों में स्वतन्त्र आगमन भारत में स्थित कमजोर, कम्पनियों के अस्तित्व को खतरे में डाल सकती है। यह सम्भावित खतरा है कि इससे समुचे भारत पर विश्व उद्योगों का कब्जा भारतीय सस्कृति को दुष्प्रीभावी कर सकता है।

(4) आयातों में वृद्धि का खतरा (Fear in Increase in Import) - यदि विश्व व्यापार संगठन में हुये समझौते के अनुरूप भारतीय बाजार को विदेशी उत्पादों हेतु खोलने की बाध्यता लागू कि जाती है तो, भारत में वस्तुओं के आयातों की संभावना बढ़ सकती है। अवांछीत आयातो में वृद्धि भारत के भुगतान सन्तुलन की समस्या को बड़ा कर सकती है।

(5) खाद्यान्नों के अनिवार्य आयात (Compulsory Import of Foodgrains) - यदि खाद्यान्नों के अनिवार्य आयात की शर्त विकासशील कृषि प्रदान देशों में खाद्यानों में मूल्यों के गिरावट का कारण बनती है तो उनकी खाद्यान्नों में आत्म निर्मरता का प्रयास विफ़ल हो जाएगा।

(6) कृषि एवं अन्य क्षेत्रों में सरकारी अनुदान में कमी (Reduction in Grant and Subsidies) - यदि कृषि एवं अन्य क्षेत्रों में सरकारी अनुदान में कमी का प्रयास किया जाता है तो इससे उत्पादन लागतों में हुई वृद्धि होगी जो भारत की प्रतिस्पर्द्धात्मक शक्ति में कमी कर सकती है।

(7) गैर व्यापारिक सामाजिक मुद्दों पर शोषण (Exploitation on Non-Trade Social Issues) - भारत सामाजिक मुददों को व्यापार से जोड़े जाने का विरोध कर रहा है। गुट निरपेक्ष देशों के श्रम मन्त्रियों के सम्मेलन में भारत ने स्पष्ट कर दिया है कि श्रम मानकों से जुड़े मसले अन्तर्राष्ट्रीय श्रम संगठन द्वारा ही तय किये जाने चाहिये और विश्व व्यापार संगठन का कार्य व्यापारिक मुद्दे तक ही सीमित रहना चाहिये।

(8) पर्यावरण के मुद्दे पर शोषण (Exploitation on Issues of Environment) - विकसित देशों द्वारा पर्यावरण के मुद्दे के आधार पर विकासशील राष्ट्रों में उद्योगों की स्थापना में प्रदुषण नियन्त्रण के लिये आधुनिकतम महँगी प्रविधियों को अपनाने की बाध्यता उत्पन्न की जा रही है। यही नहीं, अभी कुछ समय पूर्व अमेरिका में भारतीय नाइलोन स्कर्ट्स के आयात पर उनके अधिक प्रज्वलनशीलता के कारण प्रतिबन्ध लगाया क्योंकि उसमें मानव जीवन को खतरा बताया गया। ठीक उसी प्रकार जर्मनी में भारतीय वस्त्रों के आयातों पर यह कह कर प्रतिबन्ध लगाया गया है कि उनमें ऐसे रंगों का प्रयोग किया जाता है जो मानव जीवन के लिये घातक हैं।

(9) भारत में स्वदेशी की भावना पर अंकुश (Setback to Swadesi) - विदेशी कम्पनियाँ कई प्रकार के आरोप लगा रही है। भारत द्वारा 1998-99 के बजट में 40 प्रतिशत स्वदेशी ड्यूटी लगाने की यूरोपीय संघ, जापान, स्विट्जरलैण्ड, कनाड़ा और अमेरिका ने विश्व व्यापार संगठन को शिकायत की है जबकि भारत इसे वैधानिक रूप से सही ठहरा रहा है।

(10) आन्तरिक आर्थिक नीतियों के निर्धारण में स्वतंत्रता का अभाव (Lack of Freedom in Determination of International Economic Policies) - विश्व व्यापार संगठन के अन्तर्गत समझौतों के परिणामस्वरूप भारत को अपनी आर्थिक नीतियों को वैश्वि आर्थिक नीति के अनुरूप एकीकृत करना होगा। अतः आन्तरिक नीतियों के निर्धारण में भारत की स्वतंत्रता का हनन होगा।

प्रश्न

1. विश्व व्यापार संगठन के प्रमुख उद्धेश्य तथा कार्यों की विवेचना कीजिए।
2. विश्व व्यापार संगठन की स्थापना के उद्धेश्यों तथा उसके सम्भावित लाभों एवं खतरों की विवेचना कीजिये।
3. विश्व व्यापार संगठन से भारत को प्राप्त होने वाले लाभों की विवेचना कीजिए। भारतीय अर्थव्यवस्था पर इसके क्या विपरीत प्रभाव सम्भावित है।
4. संक्षिप्त टिप्पणी लिखिए

   भारत और विश्व व्यापार संगठन

□□□

17

विदेशी व्यापार नीति एवं संवर्द्धन
(Foreign Trade Policy and Promotion)

विकसित एवं अर्द्ध-विकसित अर्थ-व्यवस्था की आर्थिक समस्याएँ भिन्न होने के कारण इनके सन्दर्भ में अपनायी जाने वाली आर्थिक नीति का मौलिक स्वरूप भी भिन्न होता है। व्यापारिक नीति (Commercial Policy) आर्थिक नीति (Economic Policy) का वह अंग है जिसका सम्बन्ध अन्तर्राष्ट्रीय आर्थिक सम्बन्धों के नियमन (Regulation) से है। *प्रो. हेबरलर* के शब्दों में, ''व्यापारिक नीति या वाणिज्य नीति से आशय उन सब उपायों हैं, जो किसी देश के बाह्य आर्थिक सम्बन्धों का नियमन करते हैं।'' स्पष्ट है कि व्यापारिक नीति का आशय उस देश के विदेशी व्यापार से सम्बन्धित नीति (जिसमें आयात एवं निर्यात नीतियाँ भी सम्मिलित होती है) से होता है। मुख्य रूप से व्यापारिक नीति का विभाजन निम्न दो प्रकार से किया जा सकता है:

(i) **स्वतन्त्र व्यापार नीति** (Policy of Free Trade)- इसके अन्तर्गत आयात तथा निर्यात पर सरकारी प्रतिबन्ध नहीं होते। इस प्रणाली में देशी एवं विदेशी वस्तुओं में किसी प्रकार का भेदभाव नहीं रखा जाता। उद्योगों को किसी प्रकार का संरक्षण नहीं दिया जाता है; और न उन्हें कोई विशेष सुविधाएँ प्राप्त होती है।

(ii) **संरक्षण** (Protection)- विदेशी प्रतिस्पर्द्धा से गृह उद्योगों की सुरक्षा हेतु आयात व्यापार पर प्रतिबन्ध लगाये जाने की नीति को संरक्षण अथवा संरक्षणवादी व्यापार नीति कहा जाता है। संरक्षण का प्रमुख उद्देश्य नवीन एवं छोटे आकार वाले उद्योगों के विकास हेतु उचित वातावरण का निर्माण करना होता है।

भारत की व्यापारिक नीति के प्रमुख उद्देश्य

(Main Objectives of India's Commercial Policy)

भारत एक विकासशील अर्थव्यवस्था है। राष्ट्रिय अर्थव्यवस्था की विकास प्रक्रिया में अभी तक किसी स्थायी व्यवस्था का विकास नहीं हो सका है। राष्ट्रिय अर्थव्यवस्था के सर्वथा अनुकूल स्थिति को ध्यान में रखते हुए व्यापारिक नीति के कतिपय विशिष्ट उद्धेश्य निर्धारित किये गये है। अब तक भारत सरकार द्वारा घोषित की गयी समस्त निर्यात-आयात नीति में से उद्धेश्य परिलक्षित हुए है। भारत की व्यापार नीति की निम्नलिखित प्रमुख उद्देश्य निम्नलिखित है :

(1) **निर्यात सम्बर्धन** (Export Promotion) - सरकार द्वारा अब तक घोषित सभी व्यापारिक नीतियों में भी निर्यात सम्बर्धन की बात कही गयी है। इस उद्देश्य को पूरा करने के लिए निर्यातकों को अनेक सुविधाएँ दिये जाने की व्यवस्था की जाती है।

(2) **उत्पादन वृद्धि** (Production Growth) - व्यापारिक नीति के माध्यम से इस प्रकार का वातावरण तैयार करना जिससे देश के उत्पादन में वृद्धि हो सके। भारत की व्यापारिक नीति का यह एक महत्वपूर्ण उद्देश्य है।

(3) **आत्मनिर्भरता** (Self-Reliance) - उत्पादन में न केवल वृद्धि वरन् आत्मनिर्भरता प्राप्त करना भी व्यापारिक नीति का महत्वपूर्ण पहलू होता है। आत्मनिर्भरता प्राप्ति के लिए अनुकूल वातावरण तैयार किया जाने को व्यापारिक नीति में विशेष महत्व प्रदान किया जाता है। इस आत्म निर्भरता से अनावश्यक वस्तुओं के आयात में कमी होगी।

(4) **विदेशी सहायता** (Foreign Aid) - विदेशी सहायता की निर्भरता को समाप्त अथवा सीमित अथवा युक्ति संगत बनाने की मंशा भारत की व्यापारिक नीति में दृष्टिगत हुई है। इससे देश आत्मनिर्भरता की तरफ अग्रसर होंगा। कुछ चयनित परियोजनाओं के लिए विश्व के वित्तीय बाजार एवं बैंकिंग क्षेत्रों से ऋण प्राप्त करने के प्रयास किये जायेंगें।

(5) **मूल्यों में स्थिरता** (Price Stability) - मूल्यों में स्थिरता की प्रवृत्ति आर्थिक विकास में महत्वपूर्ण योगदान करती है। मूल्यों में उच्चावचन स्वदेशी उपभौक्ताओं, आयात एवं निर्यात सभी को प्रभावित करती है। वर्तमान व्यापारिक नीति में इस सम्भावित खतरे से बचाव के लिए मुल्यों में स्थिरता की बात कही गयी है।

निर्यात-आयात नीति 1992

(Export-Import Policy 1992)

स्वतंत्रता प्राप्ति के पश्चात् सरकार ने समय समय पर विदेशी व्यापार नीति (निर्यात-आयात) घोषित की हैं। सरकार ने 31 मार्च 1992 की विदेश व्यापार नीति घोषित की जिसका कार्यकाल वर्ष 1992-97 अर्थात् आंठवी योजना के कार्यकाल से सम्बन्धित रहा हैं। इस नीति के मुख्य तथ्य निम्न है :

1. लाइसेंस प्रणाली समाप्त (Abolition of License System) - इस नीति में आयात एवं निर्यात के लिए लाइसेंस प्रणाली को समाप्त कर दिया गया।

2. आयात-निर्यात के लिए प्रतिबन्धित सूची (Restricted list of Imports and Export)- इस नीति में आयात व निर्यात के लिए अलग अलग सूचियाँ बनाई गई हैं। इन सूचियों में सम्मिलित वस्तुओं का आयात व निर्यात नहीं किया जा सकता है।

3. आयातित पूंजीगत सामान का निर्यात एवं पुनः आयात (Export of Imported Capital Goods and then Re-Import)- आयातित पूंजीगत सामानों और पूर्जों को विदेश भेजा जा सकता है और उनका बिना लाइसेंस के पुनः आयात किया जा सकता है।

4. उपहारों के आयात की अनुमति (Permission for Import of Gifts) - इस नीति में सरकार ने उपहारों के आयात की अनुमति प्रदान की है।

5. निःशुल्क आयात का अग्रिम लाइसेंन्स (Advance Licence of Free Import) - निःशुल्क आयात का अग्रिम लाइसेन्स तभी दिया जायेगा जबकि निश्चित अवधि के अंदर निर्यात की प्रतिबद्धता पूरी हुई हो।

6. पुराने उपकरणों के आयात की अनुमति (Permission for Import of Used Equipments) - विदेशों में परियोजनाएं पूरी होने के बाद इस्तेमाल किये गये उपकरणों, वाहनों और निर्माण उपकरणों का बिना लाइसेंस आयात किया जा सकेगा, बशर्ते कि इन वस्तुओं का इस्तेमाल न्यूनतम एक वर्ष के लिए हुआ हो।

उपर्युक्त निर्यात-आयात नीति की घोषणा के पश्चात् 31 मार्च, 1993 को इस नीति में कुछ संशोधन किये गये हैं जो निम्न प्रकार हैं :

1. कृषि एवं संबंधित क्षेत्र को कर मुक्त आयात की सुविधा (Duty Free Imports by Agricultural and Allied Industries) - इस नीति में कृषि एवं सबंधित क्षेत्र की इकाइयों को पूंजीगत माल का कर मुक्त आयात करने की अनुमति दी गई हैं, परन्तु शर्त यह है कि वे अपने उत्पादन का कम से कम 50 प्रतिशत निर्यात अवश्य करें।

2. व्यापार एवं सेवाएँ (Trade and Services) - सरकार ने सेवा क्षेत्र के लिए निर्यात संवर्द्धन पूंजीगत माल योजना प्रारम्भ की है जिसके अंतर्गत 15 प्रतिशत आयात कर पर यइ इकाइयां पूंजीगत माल का आयात कर सकती है। इस आयात के अधिकारी हैं, पेशेवर सेवाओं वाले-आर्टिस्ट, चार्टर्ड एकाउन्टेन्ट, अर्थशास्त्री, पत्रकार, वकील, वैज्ञानिक आदि।

3. 144 वस्तुओं के निर्यात की अनुमति (Permission to Export 144 Products) - पहले ये वस्तुएं निर्यात नहीं सकती थी, परन्तु अब इन 144 वस्तुओं को निर्यात करने की अनुमति दे दी गई है।

निर्यात-आयात नीति - 2001-2002
(Export-Import Policy : 2001-2002)

वित्तीय वर्ष 2001-2002 के लिए आयात-निर्यात नीति (Exim Policy) की घोषणा केन्द्रीय वाणिज्य एवं उद्योग मंत्री मुरासोली मारण ने 31 मार्च 2001 को की। भारतीय विदेशी व्यापार के इतिहास में यह नीति एक ऐतिहासिक नीति स्वीकार की गई क्योंकि इसके अंतर्गत बाकी बचे सभी 715 उत्पादों के आयात पर से परिमाणात्मक प्रतिबंध (Quantative

Restrictions) हटा लिये गए । इससे अब सुरक्षा की दृष्टि से अति संवेदनशील उत्पादों को छोड़कर सभी उत्पादों का आयात देश में किया जा सकेगा।

प्रमुख विशेषताएँ
(Main Characteristics)

निर्यात-आयात नीति 2001-02 की प्रमुख विशेषताएं निम्नलिखित है :

1. विश्व व्यापार संगठन के नियमों के प्रति प्रतिबद्धता के चलते 715 वस्तुओं के आयात पर से प्रतिबन्ध अप्रेल, 2000 से ही हटा लिए गए थे।

2. नई नीति कि अंतर्गत 1 अप्रैल 2001 से शेष बचे जिन 715 उत्पादों के आयात को अनुमति प्रदान की गई, उनमें से 147 उत्पाद कृषि क्षेत्र व 342 उत्पाद टैक्सटाइल क्षेत्र से संबंधित हैं। अन्य 226 उत्पादों में ऑटोमोबाइल्स सहित दूसरे उपभोक्ता उत्पाद शामिल है।

3. सभी उत्पादों का आयात खोलने के परिणामस्वरूप सस्ते आयातों से स्वदेशी उद्योग व कृषि क्षेत्र को बचाने के लिए आवश्यक उपायों की घोषणा आयात-निर्यात नीति 2001-02 में की गई है। इनमें प्रशुल्कों (Tariffs) का आवश्यकतानुसार समायोजन भी शामिल है।

4. इनके अतिरिक्त गेहूँ, चावल, मक्का, पेट्रोल, डीजल व यूरिया का आयात केवल अधिकृत एजेंसियों के माध्यम से ही करने की बात 2001-2001 की नीति में कही गई है।

5. कारों, जीपों, फल व सब्जियों, कॉफी, चाय, पोल्ट्री उत्पादन, डेरी उत्पाद, रबर, खिलौने, पेंसिलों व पैनों आदि सहित कुल 300 संवेदनशील उत्पादों के आयात के मामलें में निगरानी रखने के लिए वाणिज्य सचिव की अध्यक्षता में एक उच्चस्तरीय समिति का गठन करने की इस नीति बात कही गई है।

6. राजस्व, लघु उद्योग, पशुपालन, डेरी आदि विभागों के सचिव तथा विदेशी व्यापार के महानिदेशक से संयुक्त दल संवेदनशील उत्पादों के आयात पर निगरानी रखने के लिए वार रूम (War Room) के रूप में कार्य करेगा।

7. पुरानी कारों व वाहनों का आयात कुछ शर्तों के अन्तर्गत ही करने की अनुमति नई नीति में प्रदान की गई है। इसके तहत तीन वर्ष से अधिक पुराने वाहनों का आयात नहीं किया जा सकेगा।

8. लैफ्ट हैंड ड्राइवन (Left Hand Driven) कारों के आयात की अनुमति भी नहीं प्रदान की जाएगी। वाहनों का आयात केवल मुम्बई बन्दरगाह के रास्ते ही किया जा सकेगा। इनके लिए आयात को हतोत्साहित करने के लिए ऊँचे आयात शुल्क का प्रावधान किया गया है।

9. आयातों पर से मात्रात्मक प्रतिबंध हटाने के साथ साथ निर्यातों में वृद्धि के लिए भी अनेक उपायों की घोषणा वर्ष 2001-2002 की एग्जिम नीति में की गई है।

10. इसमें कृषि को सर्वाधिक महत्व प्रदान करते हुए कृषि उत्पादों के निर्यात की व्यापक संभावनाएं मौजूद होने की बात कही गई है। इनके विदोहन के लिए ड्यूटी एक्जेम्पशन स्कीम (Duty Exemption Scheme) व एक्सपोर्ट प्रमोशन कैपिटल गुड्स स्कीम (Export Promotion Capital Goods Scheme) जैसी निर्यातकों को मिलने वाली सुविधाओं का विस्तार कृषि क्षेत्र में भी किया गया है।

11. कृषिगत निर्यातकों को सुविधाएं प्रदान करने के लिए कृषि आर्थिक जोन (Agriculture Economic Zone) स्थापित किये जाएगें।

12. निर्यात संवर्द्धन के लिए 2000-01 में प्रारम्भ की गई विशेष आर्थिक जोन योजना (Special Economic Zone-SEZ) के तहत कुछ नए प्रोत्साहन 2001-2002 की एक्जिम नीति में प्रदान किए गए है।

अत: निर्यात-अयात नीति 2001-02 में सभी तरह के आयातों की अनुमति उपलब्ध हो जाने के कारण स्वदेशी उद्योगों को अब विदेशी उत्पादों से कड़ी स्पर्द्धा का सामना करना पड़ेगा। बाजार में टिके रहने के लिए स्वदेशी उत्पादों की गुणवत्ता में सुधार के साथ साथ कीमतों को भी भारतीय निर्यातकों द्वारा प्रतिस्पर्द्धात्मक बनाना होगा।

नवीन निर्यात-आयात नीति (2002-2007)

(New Export-Import Policy 2002-2007,

केन्द्रीय वाणिज्य मंत्री मुरसोली मारन द्वारा नवीन आयात-निर्यात नीति (2002-2007) की घोषणा की गई। इस नीति की घोषणा करते हुए वाणिज्य मंत्री ने कहा कि निर्यात आधारित अर्थव्यवस्था के लिए अब मात्रात्मक प्रतिबंधों की कोई आवश्यकता नहीं है। निर्यात को बढ़ावा देने के लिए कई रियायतों और योजनाओं की भी घोषणा इस नीति में की गई है। केन्द्रीय वाणिज्य मंत्री के अनुसार नई नीति के क्रियान्वयन से 8 प्रतिशत की निर्यात दर प्राप्त की जा सकती है। उन्होंने वर्ष 2007 तक भारत का निर्यात 80 अरब डॉलर करने का लक्ष्य निर्धारित किया। नवीन नीति में कुटीर, हस्तशिल्प, लघु उद्योग और कृषि-उत्पादों के निर्यात को बढ़ावा दिया जाने के उद्धेश्य अनेक उपयों की घोषणा की है।

विश्व बाजार में एक प्रतिशत निर्यात लक्ष्य प्राप्त करने की दिशा में आगे बढ़ते हुए सरकार ने नवीन एक्जिम नीति में कुछ संवेदनशील वस्तुओं को छोड़कर सभी वस्तुओं के निर्यात पर से सभी मात्रात्मक प्रतिबन्ध एवं प्रक्रियात्मक बाधाएं समाप्त करने तथा कृषि निर्यात एवं विशेष आर्थिक क्षेत्रों (SEZ) को प्रोत्साहन देने की घोषणा की है। नवीन नीति में हार्डवेयर उद्योग के लिए विशेष रियायत की भी घोषणा की गई है।

इसके अतिरिक्त माल के आने जाने के खर्चे को कम करने के लिए नियम कानूनों में सुधार और आयात निर्यात को आसान बनाने के लिए जिंसों के वर्गीकरण के नए नियम भी बनाए है। इस सम्बन्ध में नए वर्गीकरण नियमों की घोषणा केन्द्रीय उत्पाद व सीमा शुल्क बोर्ड करेगा।

नवीन नीति में जहाजों की जांच के नियम काफी आसान बना दिए गए है। अब कुछ विशेष मार्गो को छोड़कर निर्यात माल की जांच नहीं की जा सकती। इसके अतिरिक्त

प्रक्रिया सम्बन्धी नियमों को भी सरल बनाने के प्रयास किये गये है। मात्रात्मक प्रतिबन्धों को समाप्त करने का एकमात्र उद्देश्य यह है कि अर्थव्यवसथा को आयातोन्मुखी की बजाय निर्यातोन्मुखी बनाया जाए। नवीन नीति में कृषि उत्पादों के निर्यात को बढ़ावा देने, खाद्यान्न निर्यात की लागत को कम करने के लिए परिवहन सहायता उपलब्ध कराने, कुटीर, हस्तशिल्प और लघु उद्योग क्षेत्र को बाजार विकास सहायता तथा रत्न एवं आभुषण निर्यात को बढ़ावा देने के लिए कुछ और सुविधाएं उपलब्ध कराने की घोषणा की गई है।

इस नीति में देश के दुरस्थ इलाकों में स्थित निर्यात कारोबार में उल्लेखनीय नई पहचान देने का प्रयास किया है। होजरी के लिय तमिलनाडु में त्रिपुर, ऊनी कम्बलों के लिये हरियाणा में पानीपत, ऊन के बुने कपड़ों और सामानों के लिये पंजाब में लुधियाना की पहचान ऐसे क्षेत्रों के रूप में की है जिन्हें बाजार विकास के लिये राशि और अन्य सुविधाएं उपलब्ध कराई जायेगी।

प्रमुख विशेषताएँ

(Main Characteristics)

नवीन निर्यात आयात नीति (2002-07) के मुख्य बिन्दुओं का संक्षिप्त विवरण निम्न प्रकार है।

1. देश से निर्यात वृद्धि पर जोर (Emphasis of Export Growth) - पूर्व की नीतियों के समान ही 2002-2007 की निर्यात-आयात नीति का केन्द्र बिन्दु निर्यात वृद्धि है। निर्यात-आयात नीति 2002-07 में भारत के निर्यात 2007 तक 80 अरब डालर करने का लक्ष्य निर्धारित किया गया है।

2. मात्रात्मक प्रतिबन्ध समाप्त (Abolition of Quantitative Restrictions) - 2001-02 की आयात निर्यात नीति में कुछ संवदेनशील वस्तुओं को छोड़कर सभी वस्तुओं के निर्यात पर से मात्रात्मक प्रतिबन्ध समाप्त कर दिये गये थे। अब नवीन पंचवर्षीय आयात निर्यात नीति 2002-07 में सभी निर्याती पर से मात्रात्मक प्रतिबन्ध हटा लिये गये है। केवल जूट और प्याज के निर्यात पर कुछ प्रतिबन्ध रहेंगे। इनके निर्यात राज्य संस्थाओं के माध्यम से ही हो सकेंगे।

3. कुछ निर्यात को विशेष महत्व (Special Importance to Some Exports) - वर्तमान आयात निर्यात नीति के वर्णित 106 निर्यात मदों पर विशेष ध्यान की व्यवस्था लागु की गई है। इन वस्तुओं में प्रमुखत: इंजीनियरिंग वस्तुएँ, बिजली का सामान व इलेक्ट्रोनिक्स वस्तुएँ, उपकरण, घड़ियां, चमड़े के जुते व सामान,समुद्री उत्पाद, कपड़ा, रसायन, आभुषण इत्यादि को सम्मिलित किया गया है।

4. परिवहन सहायता (Transportation Facility)- इस नीति में कृषि निर्यातों को प्रोत्साहन देने के लिये अनेक महत्वपूर्ण प्रयासों की घोषणा की गयी है। इन प्रयासों में प्रमुख रूप से ताजे व परिष्कृत फल, फूल, सब्जियाँ, पोल्ट्री व डेयरी उत्पाद तथा गेहुँ और चावल के उत्पादन के लिये परिवहन सहायता की विशेष व्यवस्था इस नीति में की गयी है। इन प्रयासों को अपनाकर यह अपेक्षा की गयी है कि किसान कृषि विविधकरण के लिए प्रेरित होंगे। भारतीय खाद्य निगम के पास जमा खाद्यानों के भडारों को निर्यात करने के लिए भी परिवहन सहायता की व्यवस्था की गयी है।

5. कृषि निर्यात क्षेत्र (Agriculture Export Zones)-इस आयात निर्यात नीति में 20 कृषि निर्यात क्षेत्र बनाने की योजना घोषित की गयी है। इन कृषि निर्यात क्षेत्रों को बनाने का उद्देश्य क्षेत्र विशेष में उपलब्ध बागबानी उत्पादों के निर्यात को प्रौत्साहित करना है।

6. विशिष्ट आर्थिक क्षेत्र (Special Economic Zones)- आगामी 5 वर्षों में निर्यातों को प्रतिवर्ष 11.9 प्रतिशत की दर से बढ़ाने के लिये इस नीति में विशिष्ट आर्थिक क्षेत्रों को केन्द्र बिन्दु बनाने की बात कहीं गयी है। इन विशिष्ट आर्थिक क्षेत्रों में स्थापित इकाइयों को अनेक प्रकार की छुटे व रियायतें उपलब्ध करवायी जायेगी। इन रियायतों में प्रमुखत: आय कर सम्बन्धी रियायतें, बिक्रीकर से छुट, विदेशी ऋण लेने की अनुमति इत्यादि सम्मिलित होगी।

7. तीन नये शहरों का चुनाव (Selection of Three New Cities)- 2002-07 की आयात निर्यात नीति में प्रयोग के तौर पर तीन शहरों का चुनाव किया गया है। इनमें होजरी के लिये थीरूपूर, ऊनी कपड़ो के लिए पानीपन तथा ऊनी स्वेटरों के लिए लुधियाना को सम्मिलित किया गया है। इन शहरों में इन उद्योगों के विकास के लिये विशेष रियायतें तथा छूटे प्रदान की जायेगी। आंतरिक संरचना में व्याप्त कमियों को दूर किया जायेगा जिससे ये शहर औद्योगिक केन्द्रों के रूप में विकसित हो सके।

8. राज्यों को अतिरिक्त सहायता (Additional Assistance to States)- राज्य सरकारों को निर्यात के लिये श्रेष्ठ आधारित संरचना उपलब्ध कराने के उद्देश्य से अतिरिक्त सहायता का प्रावधान किया गया है। इस उद्देश्य के लिए योजना के अन्तर्गत 2002-03 में 330 करोड़ रूपये की सहायता प्रदान करने की घोषणा की गयी है। यह राशि इस योजना के तहत बन्दरगाहों को उत्पादन केन्द्रों से जोड़ने, सड़के बनाने, भड़ार व्यवस्था मजबूत बनाने, मौजूदा क्षेत्रों में सुविधाएँ बढ़ाने इत्यादि की व्यवस्था पर व्यय की जायेगी।

9. लघु उद्योगों की भूमिका (Role of Small Scale Industries)- भारतीय अर्थव्यवस्था में लघु उद्योगों का विशेष महत्व है। भारतीय निर्यातों में लघु उद्योगों द्वारा उत्पादित माल का प्रतिशत वर्तमान में लगभग 50 प्रतिशत है। इस महत्व को ध्यान में रखते हुए 2002-07 की निर्यात-आयात नीति में लघु क्षेत्र के लिए अनेक महत्वपूर्ण प्रयासों की घोषणा की गयी है।

10. कम्प्यूटर उत्पादक कम्पनियों को छुट (Concession to Computer Manufacturers)- कम्प्यूटर उत्पादक कम्पनियों को पूँजी तथा कच्चा माल आयात करने की छूट इस नीति में प्रदान की गयी है। अब यह कम्पनियाँ घरेलू बाजार में कम्प्यूटर बेच सकेंगी। इसके बदले उन पर कोई निर्यात बाध्यता लागू नहीं रहेगी। इस घोषणा ने भारतीय कम्प्यूटर उत्पादक कम्पनियों को अन्य देशों की कम्प्यूटर उत्पादक कम्पनियों के साथ प्रतिस्पर्धा में छोड़ दिया है।

11. विशेष सुविधाएँ (Special Facilities)- निर्यात गृहों, व्यापार गृहों तथा स्टार व्यापार गृहों को विशेष सुविधाओं की घोषणा की गयी है। यह इकाइयाँ विदेशी खातों में कमाई गयी समस्त विदेशी मुद्रा अपने पास रखने हेतु अब स्वतन्त्र होंगे। इन इकाइयों को मध्यकालीन और दीर्घकालीन पूँजी के लिए प्राथमिकता प्रदान की जायेगी तथा स्वघोषित आधार पर आयात तथा निर्यातों को कस्टम अधिकारियों से छुड़ाने की स्वतन्त्रता होगी।

12. खुली सामान्य लाइसेंन्स व्यवस्था (Open General Licencing)- 2002-07 की आयात निर्यात नीति में 50 मदों को खुले सामान्य लाइसेंन्स व्यवस्था के अन्तर्गत लाया गया है। अब मात्रात्मक प्रतिबन्ध न्यूनतम स्तर तक कम कर दिये गये है। केवल मात्रात्मक प्रतिबन्ध उन वस्तुओं तक ही सीमित रह गये है जिनका आयात अन्तर्राष्ट्रीय नियमों के अन्तर्गत हो सकता है। इनमें प्रमुख है कुछ विशेष प्रकार की युद्ध सामग्री, वन्य जीव उत्पाद तथा पर्यावरण की सुरक्षा के लिए प्रतिबन्धित मदें सम्मिलित है।

13. प्रत्यक्ष विदेशी विनयोग को प्रोत्साहन (Encouragement to Direct Foreign Investment)- भारत में प्रत्यक्ष विदेशी विनियोग को प्रोत्साहित करने के लिए इस नीति में यह व्यवस्था की गयी है कि विदेशी कम्पनियाँ अपने पुराने औद्योगिक प्लान्टों को ज्यों की त्यों भारत में बिना लाइसेंन्स के पुनः स्थापित कर सकती है। इसके लिए केवल यह शर्त है कि उनका मुल्य ह्रास लगाने के बाद मूल्य 5 करोड़ रूपाये से अधिक होना चाहिए।

14. पूँजीगत वस्तु निर्यात प्रोत्साहन योजना में परिवर्तन (Change in Capital Good Export Scheme)- निर्यातकों को सहायता पहुँचाने के उद्देश्य से, पुँजीगत वस्तु निर्यात प्रोत्साहन योजना में महत्वपूर्ण परिवर्तन किये गये है। इन परिवर्तनों के अन्तर्गत 100 करोड़ रूपये से अधिक पूँजीगत वस्तु निर्यात प्रोत्साहन लाइसेंन्सों के लिए अब निर्यात बाध्यता की अवधि 12 वर्ष होंगी। यह अवधि उद्योग की स्थापना के 5 वर्ष पश्चात प्रारम्भ होगी। वर्तमान में निर्यात बाध्यता की अवधि 8 वर्ष है।

15. निर्यात योजनाओं का सरलीकरण (Simplification of Export Schemes)- सभी निर्यात योजनाओं के सरलीकरण के लिये प्रयास किये जायेंगे जिससे लाइसेंन्स मिलने में विलम्ब को कम किया जा सके। प्रार्थना पत्र में लगायी जाने वाली फीस में कटौती की गयी है। विदेशी व्यापार के महानिदेशक के सभी 32 कार्यालयों को पूरी तरह कम्प्यूटरीकृत कर दिया गया है। अब निर्यातक कम्प्यूटर पर इटरनेट के माध्यम से पूरा काम सम्पन्न कर सकेंगे। निर्यातकों को विभिन्न कार्यालयों के चक्कर लगाने से मुक्ति प्रदान की गयी है। सरकारी घोषणा के अनुसार अब तक 75 प्रतिशत लाइसेन्स प्रार्थना पत्र कम्प्यूटर पर ऑन लाइन दर्ज किये जा रहे है तथा शेष पर कार्यवाही हो रही है।

16. सीमा शुल्क में कमी (Reduction in Custom Duty)- आयात किए गये कच्चे हीरों पर सीमा शुल्क घटा कर शून्य किया जाएगा। भारत को हीरों के लिये विश्व का प्रमुख अन्तर्राष्ट्रीय केन्द्र बनाने के लिये कच्चे हीरों पर से लाइसेंस प्रणाली समाप्त कर दिये जाने का प्रावधान निर्यात-आयात नीति 2002-2007 में किया गया है।

17. रूपया ऋण भुगतान सुधार (Rupee Debt Payment Reform) - रूस के साथ चल रही रूपया ऋण भुगतान योजना के तहत निर्यात पर भी कुछ प्रतिबन्धों को समाप्त किया जाएगा।

निर्यात-आयात नीति 2002-2007 के उपर्युक्त वर्णित प्रावधानों के अध्ययन से यह स्पष्ट है कि नवीन नीति में कुछ संवेदनशील वस्तुओं के निर्यात को छोड़कर सभी वस्तुओं पर से मात्रात्मक प्रतिबन्ध हटा लिए गए। कुटीर व हस्तशिल्प उद्योगों पर विशेष ध्यान दिया गया है तथा हार्डवेयर क्षेत्र के निर्यात को बढ़ावा देने के लिये इलेक्ट्रोनिक्स हार्डवेयर प्रौद्योगिकी

पार्क योजना में संशोधन कर इस क्षेत्र को विश्व व्यापार संगठन के सूचना प्रौद्योगिकी समझौतों के तहत शुन्य शुल्क क्षेत्र बनाने की भी घोषणा की गई है।

प्रशंसात्मक पहलू
(Appreciable Aspects)

वर्तमान नियात-आयात नीति 2002-07 में भारत के विदेशी व्यापार के औचित्यपूर्ण विस्तार हेतु अनेक प्रावधानों की व्यवस्था की गयी है। इस प्रयोजन हेतु कुछ रियायतें दी गयी है, साथ ही विदेशी व्यापार से सम्बन्धित विभिन्न क्षेत्रों में विद्यमान कार्यप्रणाली को युक्तिसंगत बनाने का प्रयास किया गया है। अनेक मात्रात्मक प्रतिबन्धों को या तो इटा दिया गया है अथवा उन्हें यूक्तिसंगत बना दिया गया है। इस नीति के निम्नलिखित प्रशंसात्क पहलू हैं :

1. निर्यात वृद्धि (Export Growth) - विशेष आर्थिक क्षेत्रों को प्रोत्साहन देने के प्रावधान से दसवी योजना (2002-07) में भारत के निर्यात में औसतन वार्षिक निर्यात वृद्धि 11.9 प्रतिशत प्राप्त करना सम्भव हो सकेगा। इससे 2007 तक भारत के निर्यात बढ़कर 80 अरब यू. एस. डालर तक पहुँच जाने की सम्भावना है।

2. अफ्रिकन देशों के साथ व्यापार (Trading with African Countries)- इस नीति में अफ्रिका के देशों के साथ व्यापार बढ़ाने पर ध्यान केन्द्रित किया जाना भी एक सराहनीय प्रयास है। इससे इन देशों के साथ भारत के निर्यातों को सकारात्मक प्रोत्साहन प्राप्त होगा। अफ्रिका के बाजारों की अब तक भारतीय निर्यातों में उपेक्षा रही है। इस नीति में अफ्रिका के साथ व्यापार के नये द्वारा खुले है।

3. बैंकें की विदेशों में शाखाएँ (Bank Branches Abroad) - इस नीति में भारतीय बैंकों को विदेशों में शाखाएं स्थापित करने हेतु हो प्रौत्साहन मूलक वातावरण प्रदान करने की बात कही गयी वह भी एक अनुठा प्रयास है। इससे निर्यातकों को अन्तराष्ट्रीय दरों पर अन्तर्राष्ट्रीय वित्त प्राप्त करने में सुगमता रहेगी। इससे निर्यातकों को कम लागत पर कोषों की उपलब्धि भी होगी जिससे उनकी प्रतिस्पर्धी शक्ति का विस्तार होगा। ऐसा बैंकिंग वातावरण पूर्व में आर्थिक क्षेत्रों (Economic Zones) के लिए ही उपलब्ध था।

4. निर्यात संवर्द्धन परिषद (Exports Promotion Councils)-जनवरी 2003 में निर्यातोन्मुखी इकाईयों के लिए निर्यात संवर्द्धन इकाईयों की स्थापना किया जाना निर्यात-आयात नीति में किया गया एक महत्वपूर्ण प्रयास है। यह हो जाने के पश्चात निर्यातोन्मुखी इकाईयों की काफी समय से एक पृथक निर्यात संवर्द्धन परिषद की स्थापना की माँग पूरी हो गई है।

5. कृषि निर्यातों पर प्रतिबन्ध समाप्त (Abolition of Restriction on Agricutural Export) - इस नीति में अनेक कृषि पदार्थों के निर्यात पर से निर्यात प्रतिबन्धों, जैसे पैकेजिंग तथा पंजीकरण प्रतिबन्ध, को हटा लिये जाने के भी सकरात्मक प्रभाव होंगें।

6. कुटिर क्षेत्रों तथा हस्तशिल्प निर्यात (Export of Cottage and Handicraft) –भारत के निर्यातों में कुटिर उद्योगों तथा हस्तशिल्प वस्तुओं का लाभगत 50 प्रतिशत भाग होता है। अत: एग्जिम नीति में इन क्षेत्रों को जो छूट तथा प्रोत्साहन पैकेज की घोघणा की गई है उससे निर्यात वृद्धि के रूप में सकारात्मक प्रभाव परिलक्षित होगें।

7. माल जब्ती से मुक्ति (Freedom From Seize of Goods) – इस नीति का यह एक अत्यन्त प्रशंसात्मक पहलू है कि इसके अन्तर्गत की गई घोषणा के अनुसार व्यापार के किसी माल को जब्त नहीं किया जायेगा क्योंकि यह निर्यातकों की वितरण समय तालिका को प्रभावित करते हुए विर्निमान प्रक्रिया को अवरूद्ध करता है।

गम्भीर कमजोरियां

(Searious Shortcomings)

नि:सन्देह निर्यात-आयात नीति 2002-07 भारत के विदेशी व्यापार के विकास तथा विस्तार की दिशा में एक बहुआयामी प्रयास है। इस नीति में भारतीय निर्यात के आकार में वृद्धि तथा आयातों को युक्तिसंगत बनाने के प्रयास किये गये है। निर्यात-आयात नीति के अनेक प्रयास अभिनन्दनीय है, किन्तु, साथ हो नीति के कतिपय प्रयास आलोचना योग्य भी है। इस नीति की कतिपय गम्भिर कमजोरियां निम्न प्रकार हैं:

1. अवास्तविक निर्यात लक्ष्य (Un-realistic Export Target) -निर्यात आयात नीति में जो 11.9 प्रतिशत औसत वार्षिक निर्यात का लक्ष्य आगामी पाँच वर्षों के लिए नियत किया गया है वह दसवीं योजना में सकल देशीय उत्पादन की औसत 8 प्रतिशत वृद्धि दर प्राप्त करने की दृष्टि से अवास्तविक प्रतित होता है। 1991-2000 के दौरान भारत के निर्यात की वार्षिक दर 9.8 प्रतिशत को देखते हुए 11.9 प्रतिशत के लक्ष्य को अवास्तविक ही कहा जायेगा।

2. कृषि निर्यात (Agricultural Export)- निर्यात-आयात नीति 2002-07 में कृषि निर्यात को बढ़ाने की बात कही गयी है। इसके पीछे प्रमुख मंशा गेहूँ के निर्यात को बढ़ाना है जिससे भारत में गेहूँ के बफर स्टॉक को कम किया जा सकें। किन्तु भारत का गेहुँ गुणवत्ता में ठीक नहीं होने के कारण इसके उचित मूल्य प्राप्त होने में आशंका है। ऐसी स्थिति में निर्यात बढ़ाने की आड़ में यदि गेहूँ ओने-पोने मूल्य पर बेच दिया जाता है यह अनुपयुक्त होगा।

3. कृषि - निर्यात क्षेत्र (Agro-Export Zones) - कृषि निर्यातों को प्रोत्साहन की दृष्टि से कृषि निर्यात क्षेत्रों की स्थापना पर निर्यात-आयात नीति में अधिक बल दिया गया है। यह अपेक्षा की गयी है कि ये कृषि निर्यात क्षेत्र कृषि निर्यातों की वृद्धि गें सहायक सिद्ध होंगें। इन निर्यात क्षेत्रों की सफलता में कुशल परिवहन प्रणाली के विकास तथा विद्यमानता का विशेष महत्व होता है, किन्तु भारतीय परिवहन व्यवस्था की कुशलता की जो वर्तमान स्थिति है उसे देखते हुए इन कृषि-निर्यात क्षेत्रों के विकास की सम्भावना अत्यन्त क्षीण है।

4. निर्यात संवर्द्धन क्षेत्र (Export Promotion Zone) - यद्यपि निर्यात संवर्द्धन के उद्देश्य से निर्यात-आयात नीति में विशेष आर्थिक क्षेत्रों की स्थापना तथा विकास पर भारी बल दिया गया है। किन्तु विगत अनुभव दर्शाता है कि पूर्व में इन निर्यात संवर्द्धन क्षेत्रों द्वारा

कोई विशेष अथवा श्रेष्ठ कार्य-निष्पादन का प्रदर्शन नहीं किया गया है। यदि भविष्य में इसी प्रकार की पुनरावृत्ति होती है तो इन क्षेत्रों पर किया गया व्यय बर्बाद होगा।

5. कुटीर तथा लघु उद्योग (Small and Cottage Industries) -निर्यात-आयात नीति में, कुटीर तथा हस्तशिल्प क्षेत्र को कतिपय रियायतें देने की बात कही गयी है, परन्तु सर्वाधिक महत्वपूर्ण पहलु, अर्थात बैंक साख प्रबन्ध की उपयुक्त व्यवस्था स्थापित करने की दिशा में कोई घोषणा नहीं की गयी है।

6. रियायतों तथा राहतों में कमी (Reduction in Concession and Relief Measures) - निर्यात आयात नीति में पूर्व में प्रचलित कतिपय रियायतें तथा राहत उपयों में कमी की घोषणा की गयी है। इसका भारतीय वस्तुओं के निर्यात पर विपरीत प्रभाव पड़ने की सम्भावना है।

7. सीमा-शुल्क कटौती का लाभ नहीं (No Benefits of Reduction in Excise Duty) - इस नीति में गैर-तराशे हीरों पर सीमा शुल्क हटा कर इन्हें शुल्क मुक्त रखने की घोषण की गयी है। किन्तु रत्नों एवं आभुषणों के निर्यात में वैसे ही कमी हो रही है। भारत के निर्यातों में रत्न एवं आभुषणों का भाग 1995-96 में 60.1 प्रतिशत था,वह 1999-2000 में 28 प्रतिशत रह गया। केवल आयात शुल्क कटौती से ही निर्यात को आवश्यक प्रोत्साहन प्राप्त नहीं होगा।

निर्यात-आयात नीति का विदेशी व्यापार संवृद्धि में अत्यन्त महत्त्वपूर्ण स्थान है। भारत में अब तक जो निर्यात-आयात नीति का निर्माण किया गया है उसके अन्य अनेक उद्धेश्यों में सर्वाधिक महत्वपूर्ण राष्ट्रिय आवश्यकताओं को पूर्णतः सन्तुष्ट करते हुए निर्यात वृद्धि रहा है जिससे प्रतिकूल भुगतान सन्तुलन के आकार को कम किया जा सके। इस दिशा में कुछ सफलता भी प्राप्त हुई है।

प्रत्येक विकासशील देश के लिए निर्यातों का महत्व बहुत अधिक होता है। विकास की आवश्यकताओं को पूरा करने के लिए यह आवश्यक हो जाता है कि मशीनों एवं तकनीकी ज्ञान का अधिक से अधिक आयात किया जाय। इन बढ़ते हुए आयातों का भुगतान निर्यातों को बढ़ाकर ही किया जा सकता है; अन्यथा देश को विदेश से भारी मात्रा में ऋण लेने होंगें और उन पर ब्याज देना होगा। सन् 1945 में भारत का विदेशी व्यापार प्रतिकूल अवस्था में था। इस स्थिति को अनुकूल बनाने हेतु राष्ट्र के आर्थिक निती निर्माता इस दिशा में प्रयत्नशील है। कि हमारे निर्यात बढ़े और अनावश्यक आयात प्रभावी नियन्त्रण स्थापित किये जाये। स्वतन्त्रता के पश्चात् निती निर्धारकों का व्यापार नीति की तरफ ध्यान विशेष रूप से आकर्षित हुआ जिसके परिणास्वरूप और आयात को सीमित करने और निर्यात को अधिकाधिक बढावा देने कि दिशा में सजग प्रयास प्रारम्भ हुये। पंचवर्षीय योजनाओं के सुचारू रूप से संचालन और उनकी सफलता भी देश के निर्यात संवर्द्धन प्रयत्नों की सफलता पर निर्भर है। निर्यात के क्षेत्र और उनकी मात्रा विस्तार के साथ साथ उनके विविधीकरण की और भी ध्यान दिया जाना प्रारम्भ हुआ।

द्वितीय एवं तृतीय पंचवर्षीय योजनाओं की अवधि में हमारे आयातों में जिस तेजी से वृद्धि हुई उसी अनुपात में हम अपने निर्यातों में वृद्धि नहीं कर सके। अतः हमारा व्यापार

शेष विपक्ष में बढ़ता गया और देश के समक्ष भुगतान-सन्तुलन का संकट बढ़ता गया। पिछले ऋणों पर मूल एवं ब्याज की किस्तों का बोझ बढ़ता गया और दूसरी ओर विदेशों से प्राप्त होने वाली सहायता की धनराशि में कमी होने लगी। इस विषम स्थिति का सामना करने के लिए भारत सरकार द्वारा निर्यात-सम्बर्द्धन के लिए विशेष प्रयास किये गये। वस्तुत: हमारे आर्थिक विकास की सफलता और हमारी अर्थ-व्यवस्था का उज्ज्वल भविष्य हमारी निर्यात संवर्द्धन प्रयासों की सफलता पर ही निर्भर है।

निर्यात संवर्द्धन का अर्थ
(Meaning of Export Promotion)

निर्यात बढ़ाने के प्रत्यक्ष और अप्रत्यक्ष दोनों प्रकार के प्रयत्नों किये जाते हैं। प्रत्यक्ष प्रयत्न वे हैं जिनके द्वारा निर्यात की जाने वाली वस्तुएओं का उत्पादन बढ़ाये जाने तथा उसका मूल्य कम किये जाने के प्रयत्न किये जाते हैं, निर्यातकों को आर्थिक सहायता एवं साख उपलब्ध करायी जाती है तथा निर्यात बढ़ाने के अन्य अनेक प्रत्यक्ष प्रयत्न किये जाते हैं । अप्रत्यक्ष प्रयत्न वे हैं जिनके द्वारा निर्यात माल को बन्धन मुक्त किया जाता है, उससे कर हटाये जाते हैं अथवा घटाये जाते हैं, निर्यातकों को प्रेरणा और प्रोत्साहन प्रदान किये जाते हैं और उनके मार्ग कीं क्रिया विधि संबंधी कठिनाइयों को न्यूनतम उन्हें विविध सुविधाएं प्रदान की जाती है।

निर्यात सम्बर्द्धन की आवश्यकता व महत्व
(Need and Importance of Export Promotion)

भारत जैसे विकासशील देश में भुगतान शेष में घाटे को कम करने, विदेशी ऋण भार को कम करने, विदेशी सहायता पर देश को निर्भरता समाप्त करने, विदेशी व्यापार ढाँचे में परिवर्तन करके उसे सुदृढ़ बनाने तथा व्यापार की दिशा में अनुकूल परिवर्तन करने के लिए और नियोजित विकास को सफल बनाने हेतु निर्यात-सम्बर्द्धन की आवश्यकता है। भारत में विदेशी विनिमय की कठिनाइयाँ लगातार बनी हुई हैं तथा देश में अधिकांश वस्तुओं का घरेलू बाजार विस्तृत होने से तथा निजी क्षेत्रों द्वारा निर्यात व्यापार में निराशाजनक प्रगति करने से निर्यात-सम्बर्द्धन की आवश्यकता अधिक बढ़ जाती है। निर्यात-सम्बर्द्धन की आवश्यकता का औचित्य हम निम्न रूप में सिद्ध कर सकते हैं:

(1) आर्थिक आत्मनिर्भरता प्राप्त करने के लिए (For Self-Reliance)- भारत में प्रत्येक पाँच वर्षीय योजना को पूरा करने हेतु विदेशी सहायता पर निर्भरता बढ़ी है। योजना के आरम्भ में विभिन्न देशों ने सहायता के प्रति उदार दृष्टिकोण अपनाते हुए हमें बड़े पैमाने पर सहायता दी। परन्तु भारत-पाक, भारत-चीन युद्धों के समय विदेशी सहायता आर्थिक हितों के विपरीत रही। अत: विदेशी सहायता पर निर्भरता समाप्त करना जरूरी हो गया। देश को आत्मनिर्भर बनाने व विदेशी सहायता से उत्पन्न बुरे प्रभाव को दूर करने के लिए निर्यात व्यापार द्वारा अधिक विदेशी मुद्रा प्राप्त करने की आवश्यकता है जो निर्यात-सम्बर्द्धन द्वारा सम्भव है। अप्रैल 1980 में हमारे विदेशी विनिमय कोष में 5,000 करोड़ रुपये जमा होना एक अच्छी शुरूआत थी किन्तु इसके बाद से इसमें कमी हुई है।

(2) आर्थिक कठिनाइयों को दूर करने हेतु (To Remove Economic Constraints)- भारत को स्वतन्त्र होने के बाद भी अनेक कठिनाइयों का सामना करना पड़ा। जनसंख्या वृद्धि के साथ-साथ खाद्यान्नों की कमी भारत की भयंकर समस्या बन गयी। जिससे विदेशों से खाद्यान्न आयात करना पड़ा। भारत का विभाजन होने के फलस्वरूप कच्चे माल के उत्पादन क्षेत्र भारत से निकल गये जिससे हमारा निर्यात घट गया व हमें कच्चा माल प्राप्त करने के लिए विदेशों पर निर्भर रहना पड़ा। रूई तथा पटसन के निर्यात में बहुत कमी हो गयी। इन कठिनाइयों के निवारण हेतु निर्यात सम्बर्द्धन जरूरी हो गया।

(3) व्यापार-शेष को पक्ष में करने हेतु (For Favourable Balance of Trade)- भारत का व्यापार-शेष द्वितीय विश्व महायुद्ध के बाद से ही विपक्ष में है अर्थात देश के आयात निर्यातों की तुलना में अधिक रहे हैं। देश के भुगतान शेष को धनात्मक बनाने के लिए निर्यात जरूरी है जो कि सरकारी प्रौत्साहन के बिना बढ़ने असम्भव है। अतः व्यापार-शेष को पक्ष में लाने हेतु निर्यात-सम्बर्द्धन आवश्यक है।

(4) निर्यात व्यापार ढाँचे को सुदृढ़ करने हेतु (For a Strong Export Trade Base)- भारत स्वतन्त्र होने से पूर्व तक कच्चे माल का निर्यातक व पक्के माल का आयातक था। स्वतन्त्रता के पश्चात् हमें परम्परागत निर्यात व्यापार को कम करने के स्थान पर नवीन निर्मित माल को निर्यात करने की तीव्र आवश्यकता महसूस हुई जिसे पूर्ण करने हेतु निर्यात-सम्बर्द्धन आवश्यक है।

(5) विदेशी ऋण भार को कम करने हेतु (To reduce Foreign Debt Burden)- पंचवर्षीय योजनाओं के दौरान भारत ने विदेशों से व अन्य अन्तर्राष्ट्रीय संस्थाओं से भारी मात्रा में ऋण प्राप्त किया। अतः ऋणों के पुनः भुगतान हेतु विदेशी विनिमय की आवश्यकता है जो निर्यात-सम्बर्द्धन द्वारा ही सम्भव है।

विदेशी ऋणों पर मूलधन की किश्त एवं ब्याज के भुगतान के रूप में ऋण सेवा (Debt-Servicing) का भार इधर तेजी से बढ़ा है। सन् 1981-82 में यह 837 करोड़ रुपये था।

(6) औद्योगीकरण की गति को तेज करने हेतु (To Accelerate the Pace of Industrialisation)- भारत में तीव्र औद्योगिक विकास के लिए मशीनों, पेट्रोल, कच्चे माल तथा पूँजीगत सामान का अधिक आयात करना आवश्यकता है। इनके भुगतान के लिए निर्यात बढ़ाना हमारे देश के लिए एक अनिवार्यता है।

निर्यात व्यापार के मार्ग में कठिनाइयाँ
(Constraints in Our Export Trade)

(1) ऊँचा मूल्य स्तर (High Price Level)- भारत में मूल्यों का स्तर तीव्र गति से बढ़ रहा है, जिससे अनेक वस्तुओं का मूल्य बढ़ता जा रहा है। मूल्य वृद्धि से विदेशियों के लिए हमारे निर्यात महँगे होते हैं। उच्च तकनीक अपनाकर तथा लागतों में कमी करके ही हम विदेशी बाजारों में प्रतियोगिता का सामना करना सकते हैं ।

(2) सीमित बाजार (Low Market Potential)- भारत में निर्यातों के सन्दर्भ में परम्परागत वस्तुओं का अधिक महत्त्व है, साथ ही वस्तु का बाजार कुछ ही देशों में हैं;

जहाँ स्थिति क्षणिक भी विपरीत होने पर व्यापार को हानि वहन करना पड़ता है। इसके लिए निरन्तर नवीन बाजारों की खोज का कार्य करना होगा जिससे कि बाजार का क्षेत्र व्यापक बन सके।

(3) प्रचार का अभाव (Lack of Publicity) - भारत की वस्तुओं का विदेशी भूमि पर बहुत कम प्रचार एवं प्रसार होने से विदेशी ग्राहकों को वस्तुओं के विषय में पर्याप्त जानकारी नहीं प्राप्त होती है।

(4) निम्न स्तर का माल (Inferior Quality of Goods)- भारत में उत्पादित माल पुरानी मशीनों, आधुनिकीकरण के अभाव व उत्पादन की परम्परागत विधियों के कारण निम्न स्तर का होता है, जिससे हमारा माल विदेशी प्रतियोगिता में अपने पाँव जमाने में असमर्थ रहता है।

(5) उत्पादकों एवं निर्यातकों का दृष्टिकोण (Outlook of Manufacturers & Exporters)- भारत के उत्पादक व निर्यातक लाभ बढ़ाने की भावना के वशीभूत होकर अनेक अनुचित तरीकों का सहारा लेते हैं जिससे विदेशों में भारत की साख को धक्का लगता है। उदाहरणार्थ, काली मिर्च में अखाद्य वस्तुओं की मिलावट, रूस को भेजे गये जूतों में चमड़े के स्थान पर गत्तों का प्रयोग आदि व्यवहारों के कारण हमारे माल की साख विश्व बाजार में गिरी है।

(6) विदेशी प्रतियोगिता (Foreign Competition)- भारत की अधिकतर निर्यात होने वाली वस्तुओं को विकसित व विकासशील देशों से कड़ी प्रतियोगिता का सामना करना पड़ता है, इससे अधिकांश वस्तुओं को प्रेतियोगिता में बेचना पड़ता है।

(7) विकसित देशों द्वारा ऊँचे तटकर (High Tariffs by Developed Nations)- विकसित देशों में से अनेक ने हमारी वस्तुओं के आयात पर भारी तटकर लगा रखा है, जिससे हमें उन देशों में माल बेचने में कठिनाई होती है।

निर्यात संवर्द्धन की आवश्यकता

(Need of Export Promotion)

(1) देश में आर्थिक विकास तथा आत्मनिर्भरता के लक्ष्य को प्राप्त करने के के लिए निर्यात संवर्द्धन आवश्यक माना जाता है।

(2) प्रतिकूल व्यापार शेष को ठीक करने के लिए निर्यातों में वृद्धि करना आवश्यक है। निर्यातों में वृद्धि हेतु निर्यात संवर्द्धन आवश्यक होता है।

(3) किसी भी देश के निर्यात उसके आयातों के भुगतान की व्यवस्था करते हैं। इय दृष्टि से निर्यात संवर्द्धन आवश्यक हो जाता है।

(4) निर्यात संवर्द्धन से देश की आय एवं उत्पादन को बढ़ाया जा सकता है। विदेशी व्यापार में वृद्धि होने के कारण देश की आय बढ़ती है, जिससे और अधिक निर्यात उद्योग प्रोत्साहित होंगे।

(5) आर्थिक विकास हेतु निर्यातों को बढ़ाना आवश्यक होता है। निर्यात वृद्धि के लिए नये-नये उद्योगों की स्थापना की जायेगी जिससे रोजगार में वृद्धि होगी व परिवहन तथा संचालन के साधनों का विकास होगा, तथा जिससे देश का आर्थिक विकास तीव्र होगा।

(6) निर्यात के लिए आज अन्तर्राष्ट्रीय बाजार में बहुत प्रतिस्पर्धा है। अत: कीमत एवं किस्म में निर्यातित वस्तु का अच्छा होना नितान्त आवश्यक है।

(7) निर्यात संवर्द्धन के अंतर्गत करों में छूट, परिवहन में रियायतें तथा सस्ती वित्तीय साख एवं जोखिम से सुरक्षा प्रदान करना आवश्यक होता है।

(8) नई-नई वस्तुओं के निर्यात में वृद्धि करना तथा निर्यात के लिये नये-नये बाजारों की खोज करना नितान्त आवश्यक है।

(9) इसके अतिरिक्त, औद्योगिकरण की गति तीव्र करने, सामरिक महत्त्व की वस्तुों के आयात, भुगतान सन्तुलन में साम्यता इत्यादि के लिए भी निर्यात संवर्द्धन आवश्यक है।

सरकार द्वारा निर्यात संवर्द्धन के लिए किए गए प्रयास
(Government Efforts for Export Promotion)

स्वतंत्रता प्राप्ति के पश्चात् से ही सरकार निर्यात वृद्धि के लिए प्रयत्नशील है। सरकार ने निर्यात बढ़ाने के लिए जो प्रयास किए उनमें से मुख्य निम्न है :

1. जाँच समितियों की नियुक्ति (Appointment of Enquiry Committees)

निर्यात संबंधी समस्याओं का अध्ययन करने के लिए विभिन्न समितियों की स्थापना व्यापार क्षेत्र के विशेषज्ञों की अध्यक्षता में नियुक्ति की गयी। इस प्रयोजन हेतु समय-समय पर जो विभिन्न समितियां नियुक्त की गई उनका संक्षिप्त विवरण निम्नलिखित है :

(1) गोरवाला समिति, 1949 : यह निर्यात संवर्द्धन समिति, देश के विभाजन तथा द्वितीय विश्व युद्ध से उत्पन्न भुगतान सन्तुलन की कठिनाइयों का अध्ययन करने तथा उन्हें दूर करने के उपायों और साधनों के संबंध में सुझाव देने के लिए *श्री ए. डी. गोरवाला* की अध्यक्षता में गठित की गयी थी।

(2) डीसूजा समिति, 1957 : सरकार ने *श्री बी. एल. डीसूजा* की अध्यक्षता में एक और समिति की नियुक्ति की। वर्ष 1957 की भुगतान सन्तंलन कठिनाइयाँ कुछ भिन्न प्रकार की थी, क्योंकि उस समय पंचवर्षीय योजनाओं के सहयोग से देश की अर्थ व्यवस्था का विकास करने के लक्ष्य पर चलना आरम्भ कर दिया गया था। इस स्थिति में ही निर्यात संवर्द्धन ने देश के विकास संबंधी कार्यक्रम में एक अत्यन्त महत्वपूर्ण कड़ी कारूप धारण किया। इस समिति ने भारतीय व्यापार का मूल्यांकन अन्तर्राष्ट्रीय स्तर पर किया और निम्न सुझाव दिये :

(i) कुछ विशेष वस्तुओं के निर्यात को बढ़ाने के लिए विशिष्ट उपाय सुझाये।
(ii) समिति ने उत्पादन की लागत में कमी करने की आवश्यकता पर जोर दिया।
(iii) निर्यात योग्य वस्तुओं को उत्पादन कर तथा बिक्री कर से पूर्णत: मुक्त करने का जोर दिया।

(3) मुदालियर समिति, 1961 : तृतीय योजना में निर्यात लक्ष्यों की पूर्ति के लिए सुझाव हेतु मुदालियर समिति की नियुक्ति की गयी। इस समिति ने समस्त आयात-निर्यात, व्यापार नीति और कार्याविधि तथा निर्यात संवर्द्धन प्रयत्नों की समीक्षा की। इस समिति ने निम्न निर्यात संवर्द्धन हेतु निम्न सुझाव दिये:

(i) निर्यात संबंधी उद्योगों के लिए कच्चा माल, मशीनरी आदि हेतु आवश्यक विदेशी मुद्रा की व्यवस्था होनी चाहिए।

(ii) सरकार को चाहिए कि वे आन्तरिक उपभोग पर एक उपकर लगायें तथा इस कर से प्राप्त आय का उपयोग निर्यात व्यापार में सहायता करने के लिए करें।

समिति की अनुशंसा में निर्यात अनिवार्यतः होना चाहिये। इसके, अतिरिक्त समिति ने अन्तर्राष्ट्रीय मेले में भाग लेने, विदेशी यात्रियों की संख्या में वृद्धि करने, राजकीय व्यापार, किस्म नियंत्रण तथा निर्यात जोखिम आदि के सम्बन्ध में महत्वपूर्ण सुझाव दिये। सरकार ने इनमें कुछ सुझावों को कार्यान्वित भी किया ।

2. निर्यात संवर्द्धन संगठनों की स्थापना
(Establishment of Export Promotion Organisation)

निर्यात संवर्द्धन के कार्यों को सुचारू रूप से चलाने के लिए कुछ संस्थागत संगठन बनाये गये हैं, जिनका विवरण निम्नलिखित है-

(1) व्यापार मण्डल (Trade Boards) - मई 1962 में इस बोर्ड की स्थापना की गयी। इस बोर्ड का कार्य व्यापार तथा वाणिज्य के सभी पहलुओं पर विचार करना तथा उनके संबंध में सरकार को सलाह देना है। अन्तर्राष्ट्रीय व्यापार में वृद्धि के लिए विशेषतया निर्यात वृद्धि के लिए प्रयत्न करना बोर्ड का प्रमुख कार्य है। बोर्ड ने समय-समय पर निर्यात व्यापार से संबंधित वस्तुओं तथा देशों के विषय में विश्लेषण किया है तथा निर्यात संबंधी अवसरों के विषय में जानकारी प्राप्त करायी है। उत्पादन व्यय में क़मी, साख-सुविधा, जहाज तथा भाड़े की समस्या, विदेशों में व्यापारिक प्रतिनिधियों की नियुक्ति आदि विषयों पर इसने महत्वपूर्ण सुझाव दिये हैं। बोर्ड ने देशी व्यापार संस्थान की भी स्थापना किये जाने की भी अनुशंसा की है। बोर्ड द्वारा कुछ समितियाँ भी बनायी गयी हैं जो विदेशी व्यापार के विभिन्न पहलुओं का अध्ययन करती है।

(2) निर्यात संवर्द्धन निदेशालय (Export Promotion Directorate) - इसकी स्थापना अगस्त 1957 में की गयी । इसका प्रमुख कार्य निर्यातकों को आवश्यक सुचनाएं तथा सहायता देना तथा व्यापार मण्डल के आदेशों व सुझावों को कार्यान्वित करना है। निदेशालय ने चार क्षेत्रीय कार्यालय तथा बम्बई, कलकत्ता और तमिलनाडु में तीन पोर्ट कार्यालय बनाये है।

(3) निर्यात संवर्द्धन सलाहकार परिषद (Export Promotion Advisory Council) - इसकी स्थापना केन्द्रीय स्तर पर की गयी है। इस समिति में व्यापार के प्रतिनिधि होते हैं। समिति सरकार को निर्यात नीति की समीक्षा करती है, तथा सरकार को इस विषय में सलाह देती है।

(4) क्षेत्रीय निर्यात संवर्द्धन सलाहकार समितियाँ (Regional Export Promotion Councils) –देश के विभिन्न भागों से निर्यात की संभावनाओं तथा समस्याओं पर यह समितियाँ विचार करती है। अपने क्षेत्र की निर्यात समस्याओं के सम्बन्ध में ये समितियाँ सरकार का ध्यान आकर्षित करती हैं। ये समितियाँ माह में एक बार मिलती हैं तथा अपने-अपने क्षेत्र की उद्योग तथा व्यापार संबंधी समस्याओं पर विचार करती है और सुझाव देती हैं। समितियों का नेतृत्व स्थानीय व्यापार व उद्योग के अवैतनिक निर्यात संवर्द्धन सलाहकारों द्वारा किया जाता है। इस समय बम्बई, कलकत्ता, तथा मद्रास बन्दरगाहों पर ये समितियाँ कार्य कर रही है।

(5) निर्यात संवर्द्धन परिषदें (Export Promotion Councils) –इन परिषदों की स्थापना स्वायत्तशासी निगमों के रूप में की गयी है। इनमें उद्योग व व्यापार के प्रतिनिधि तथा सरकार के प्रतिनिधि होते हैं। ये परिषदें अपने उद्योग की वस्तुओं का निर्यात बढ़ाने के लिए प्रयत्न करती है। इस समय देश में इस प्रकार की 19 परिषदें कार्य कर रही है, जो अलग अलग सूती वस्त्र, काजू, मसाला, तम्बाकू, चमड़ा, रेशम, रेयन, रासायनिक पदार्थ, खेल के सामान, फल, इंजीनियरी का सामान आदि के निर्यात संवर्द्धन संबंधी कार्य कर रही है।

(6) वस्तु मण्डल (Commodity Boards) –निर्यात संवर्द्धन परिषदों के अतिरिक्त बहुत से बोर्ड गठित किये गये हैं जैसे टी बोर्ड, काफी बोर्ड, सिल्क बोर्ड ऑल इंडिया हैण्डलूम बोर्ड आदि। ये बोर्ड संबंधित वस्तुओं के निर्यात के विषय में सूचना व सहायता देते हैं। ये बोर्ड निर्यात संवर्द्धन परिषदों के समान कार्य भी करते हैं।

(7) भारतीय विदेशी व्यापार संस्थान (Indian Institute of Foreign Trade) –भारत सरकार द्वारा इस संस्थान की स्थापना सन् 1964 में विदेशी व्यापार प्रबंध में प्रशिक्षण, अनुसंधान तथा बाजार सर्वेक्षण इत्यादि के विकास के लिए की थी। इस संस्था के प्रमुख कार्य निम्नांकित हैं –

(i) अन्तर्राष्ट्रीय व्यापार की आधुनिक विधियों से संबंधित प्रशिक्षण देना।

(ii) विपणन, सर्वेक्षण क्षेत्र, तथा बाजार सर्वेक्षण की व्यवस्था करना।

(iii) विदेशी व्यापार की समस्याओं के सम्बन्ध में अनुसंधान करना।

(8) व्यापार विकास प्राधिकरण (Trade Development Authority) –सन् 1971 में इस प्राधिकरण की स्थापना की गई थी। इसकी स्थापना के मुख्य उद्देश्य छोटे तथा मध्यम श्रेणी के उद्यमियों की निर्यात क्षमताओं को बढ़ाना है। इस प्राधिकरण का मुख्य कार्यालय नई दिल्ली में हैं। यह प्राधिकरण उद्यमियों को नये बाजारों की जानकारी देता है, निर्यात विकास के लिए सेवाएँ उपलब्ध कराता है, माल के उत्पादन तथा निर्यात में सहायता देता है।

(9) भारतीय पैंकिंग संस्थान (Indian Institute of Packing) – पैंकिंग से संबंधित नवीन सामग्री का पता लगाने, पैंकिंग की नवीनतम रीतियों का आविष्कार करने तथा उनकी जानकारी देने के लिए मई, 1966 में इस संस्थान की स्थापना भारत सरकार द्वारा की गई थी।

(10) भारतीय व्यापार मेला प्राधिकरण (Trade Fair Authority of India) -भारतीय व्यापार मेला प्राधिकरण की स्थापना 11 मार्च 1977 को की गई थी। इस प्राधिकरण के प्रमुख उद्देश्य औद्योगिक तथा अन्य व्यापारिक वस्तुओं के निर्यात के लिए मेले तथा प्रदर्शनियों के विकास तथा इनके आयोजनों की व्यवस्था करना तथा उसमें भाग लेना, भारत तथा विदेशी शोरूम स्थापित करना तथा इन मेलों से संबंधित वस्तुओं के व्यापार से संबंधित क्रियाओं को व्यवस्थित करना है।

(11) वाणिज्य मंत्रालय (Commerce Ministry) सन् 1985 में सरकार के पुर्नगठन के बाद भारत के विदेशी व्यापार के नियंत्रण तथा विकास की जिम्मेदारी वाणिज्य मंत्रालय को सौंपी गई थी। विदेशी व्यापार से संबंधित सभी कार्य करने का दायित्व इस मंत्रालय के वाणिज्य विभाग का है। विदेशी व्यापारिक संबंधों, राज्य-व्यापार, निर्यात संवर्द्धन उपायों तथा कुछ निर्यात उद्योगों के विकास एवं नियंत्रण का उत्तरदायित्व इसी विभाग की है।

3. सार्वजनिक व्यापारिक संस्थानों की स्थापना
(Establishment of Public Sector Commercial Institutions)

भारत में निर्यातों के प्रोत्साहन तथा आयातित माल के उचित वितरण हेतु सरकारी क्षेत्र में कुछ संस्थाएँ स्थापित की गई है। इनमें निम्नांकित उल्लेखनीय हैं -

(1) राजकीय व्यापार निगम (State Trading Corporation) -व्यापार निगम की स्थापना सन् 1956 में भारत के निर्यातों में वृद्धि करने तथा आवश्यक आयातों की व्यवस्था करने के उद्देश्यों से की गई थी। इस निगम के माध्यम से विदेशी व्यापार इस प्रकार से किया जाता है, जिससे सामाजिक लक्ष्यों की पूर्ति में सहायता मिले।

(2) खनिज एवं धातु व्यापार निगम (Minerals and Metals Trading Corporation) -सन् 1963 में इस निगम की स्थापना राज्य व्यापार निगम से अलग रूप में की गई थी। इसके पहले खनिज एवं धातु का निर्यात, राज्य व्यापार निगम द्वारा किया जाता था। इस निगम का प्रमुख कार्य खनिज एवं धातुओं का आयात-निर्यात करना है।

(3) चाय व्यापार निगम (Tea Trading Corporation) -एक सरकारी कंपनी के रूप में इस निगम की स्थापना सन् 1971 में की गई थी। इस निगम का कार्य सभी प्रकार की चाय का घरेलू तथा विदेशी व्यापार करना है। निगम चाय बागानों तथा गोदामों के प्रबंध का कार्य करता है। निगम की प्रबंध व्यवस्था केन्द्र सरकार के द्वारा होती है।

(4) अभ्रक व्यापार निगम (Mica Trading Corporation) - इस निगम की स्थापना सन् 1972 में खनिज एवं धातु व्यापार निगम की सहयोगी संस्था के रूप में की गई जो अभ्रक निर्यात में संलग्न है।

(5) भारतीय चल चित्र संवर्द्धन निगम (Indian Movies Export Corporation) - यह निगम चलचित्र सर्वेक्षण का कार्य करता है। राज्य व्यापार निगम की सहायक कंपनी के रूप में चलचित्रों के निर्यात एवं प्रचार तथा बाजार सर्वेक्षण का कार्य करता है।

4. निर्यात वित्त सुविधाओं का विस्तार

(Expansion of Export Finance Facilities)

निर्यात व्यावसायियों को वित्तीय सुविधा उपलब्ध कराने के लिए राष्ट्रीयकृत बैंक अल्पकालीन वित्त की व्यवस्था करते हैं। किन्तु दीर्घकालीन एवं मध्यकालीन वित्त हेतु निम्नांकित संस्थाएँ महत्वपूर्ण भूमिका निभा रही हैं :

(1) निर्यात साख तथा गारन्टी निगम (Export Credit and Guarantee Corporation) -सन् 1964 में इस निगम की स्थापना की गई। यह निर्यात बीमा सुविधाएँ प्रदान करता है जो सामान्यत: साधारण बीमा कंपनियों के द्वारा प्रदान नहीं की जाती है। निर्यातकों को निगम द्वारा इसकी निर्यात साख गारन्टी पॉलिसी के आधार पर बैंकों से ऋण प्राप्त करवाया जाता है। निगम बैंकों को निम्न प्रकार को वित्तीय गारण्टियां प्रदान करता है।

(1) पैंकिग साख गारंटी (Packing Credit Guarantee)

(2) हस्तान्तरण गारंटी (Tranfer Guarantee)

(3) निर्यात निष्पादन गारंटी (Export Performance Guarantee)

(4) निर्यात-वित्त गारंटी (Export Finance Guarantee)

(5) पोत लदानोत्तर निर्यात साख गारंटी (Post-Shipment Export Credit Guarantee)

(2) सरकार द्वारा सुपूर्द किए गए अन्य कार्य (Performed other Work-Assigned by Government) -निगम उन सभी कार्यों को भी करता हैं जो निर्यात वृद्धि हेतु समय-समय पर सरकार द्वारा इसे सौंपे जाते हैं जैसे -विदेशी बाजारों का सर्वेक्षण, सरकार व निर्यातकर्त्ता तथा संबंधित बैंक के मध्य आवश्यक संबंध स्थापित करने के लिए उत्प्रेरक के रूप में कार्य करना।

(3) बैंकों द्वारा अल्पकालीन वित्त व्यवस्था (Short Term Finance) -सन् 1980 में छ: बैंकों के राष्ट्रीयकरण से कुल 20 बैंकों का राष्ट्रीयकरण हो चुका है। इन बैंकों के द्वारा भी प्राथमिकता के आधार पर निर्यात वृद्धि के लिए अल्पकालीन ऋणों की व्यवस्था की जाती है।

(4) आयात निर्यात बैंक की स्थापना (Establishment of Import-Export Bank) - सरकार ने आयात-निर्यात बैंक की स्थापना 1982 में की गई। यह बैंक आसान शर्तो पर निर्यातों तथा आयातों के लिए ऋण देता है। बैंक ने एक ऐसे कोष की स्थापना भी की है जो अन्तर्राष्ट्रीय बाजारों का अध्ययन करने के लिए व्यय करता है। इस बैंक का मुख्य कार्यालय मुम्बई में स्थापित किया गया है।

(5) ग्रीन कार्ड (Green Card) - ऐसी संस्थाओं को जो कि शत-प्रतिशत निर्यात कार्यों में संलग्न हैं, केन्द्रिय सरकार द्वारा उन्हें ग्रीन कार्ड जारी किया जाता है। इन संस्थाओं को सरकार उन सभी मामलों में उच्च प्राथमिकता प्रदान करती है जिससे तथा उनका कार्य निर्बाध रूप से चलता रहे।

5. निर्यात सबर्द्धन की अन्य प्रोत्साहन योजनाएँ
(Other Export Promotion Schemes)

निर्यात संवर्द्धन हेतु उपर्युक्त वर्णित उपायों के अतिरिक्त निम्नलिखित प्रोत्साहन योजनाएँ भी प्रभावी है:

(1) निर्यात सदन (Export House) - भारत सरकार ने कुछ प्रसिद्ध व्यापारिक संस्थाओं एवं प्रचुर मात्रा के निर्यातकों को 'निर्यात सदन' नाम की मान्यता प्रदान की है। जिन कंपनियों, सहकारी समितियों अथवा व्यापार संघों का वार्षिक निर्यात, चुनी गई वस्तुओं का एक करोड़ रूपये और अन्य उत्पादनों का 5 करोड़ रूपय से अधिक है, उन्हें सरकार 'निर्यात सदन' घोषित कर सकती है।

(2) विशेष निर्यात सफलता के पुरस्कार देना (Export Awards) - सन् 1969 से भारत सरकार ने सफल निर्यातकों को पुरस्कार देकर प्रोत्साहित करने की योजना प्रारम्भ की। यह विचारधारा पश्चिमी देशों से ली गयी है। ब्रिटेन में रानी पुरस्कार और संयुक्त राज्य अमरीका में राष्ट्रपति पुरस्कार दिये जाते हैं और असाधारण उत्साह दिखाने वाले निर्यातकों को योग्यता के प्रमाण पत्र दिये जाते हैं। इन इनामों को प्रतिवर्ष एक विशेष समारोह आयोजित करके वितरित किया जाता है जिससे कि निर्यातक अपने आपकों गौरवान्वित समझे और भविष्य में अधिकाधिक उत्साह दिखाने की उन्हें प्रेरणा मिले।

(3) विदेशों में औद्योगिक उधम (Industrial Ventures Abroad) - भारत की पंचवर्षीय योजनाओं की प्रगति के साथ साथ देश के औद्योगिक उत्पादन में वृद्धि हुई है और देश अब अपनी आवश्यकताओं की पूर्ति के अतिरिक्त मशीनें, यंत्र-उपकरण और तकनीकी ज्ञान का निर्यात भी करने लगा है। भारतीय उद्योगपति अब विदेशों में उद्योग स्थापित करने में रूचि दर्शाने लगे हैं। यह निर्यात बढ़ाने की नयी युक्ति है। इससे हमारे देश की प्रतिष्ठा भी बढ़ेगी।

(4) विपणन विकास निधि (Marketing Development Fund) -निर्यात संवर्द्धन परिषदों एवं अन्य संस्थाओं को निर्यात वृद्धि के निमित्त आर्थिक सहायता देने के विचार से जुलाई सन् 1963 में भारत सरकार ने विपणन विकास निधि स्थापित की थी। इसका उद्देश्य भारतीय माल की खपत के लिए विदेशी बाजारों का विकास करना है।

(5) प्रदर्शन केन्द्र (Demonstration Centres) - कुछ देशों में भारतीय दुतावासों की देख रेख में स्थायी प्रदर्शन -कक्ष, व्यापार केन्द्र भी खोले गये हैं जहाँ भारतीय माल के नमूने प्रदर्शित किये जाते है। कोलम्बों, बैंकांक, न्यूयार्क, लंदन, सैनफ्रांसिसकों, काहिरा, टोकियों, जकार्त्ता, सिंगापुर, जेनेवा, पेरिस, औटावा, लाओस इत्यादि नगरों में ऐसे केन्द्र खोले जा चुके हैं।

(6) प्रदर्शनियाँ एवं मेले (Exhibitions and Fairs) --भारत के वर्तमान बाजारों को बनाये रखने, विदेशों में भारतीय माल की माँग बढ़ाने तथा निर्यात वस्तुओं के लिए नये बाजार खोलने के विचार से भारत सरकार ने अन्तर्राष्ट्रीय प्रदर्शनियों और मेले संगठित करने अथवा उनमें भाग लेने की व्यवस्था की है। देश के अन्दर भी औद्योगिक प्रदर्शनियां समय समय पर आयोजित की जाती है, जहाँ भारतीय माल का प्रदर्शन किया जाता

है। इस काम को भारत सरकार का व्यापारिक मेला प्राधिकरण करता है जिसने मार्च 1977 से कार्य आरम्भ किया।

(7) परिवहन सुविधाएँ (Transport Facilities) –परिवहन संबंधि कठिनाइयां भी निर्यात वृद्धि में बाधा डालती है। इस असुविधा को दूर करने के लिए भारत सरकार के रेल परिवहन और पोतचालन सभी मंत्रालय समान रूप से चिन्तित रहते हैं। भारतीय रेलें निर्यात वस्तुओं हेतु डिब्बे देने और माल को शीघ्र बन्दरगाह तक पहुँचाने के कार्य को प्राथमिकता प्रदान करती है। कुछ निर्यात वस्तुओं के रेल–भाड़े 20 से 40 प्रतिशत तक कम दर से लिए जाते है।

(8) गुणवत्ता नियंत्रण (Quality Control) – निर्यात बढ़ाने के लिए माल का गुणवत्ता नियंत्रण परम आवश्यक है। निम्न कोटि का माल निर्यात करने के कारण कई बार भारत उत्पाद की बनी हुई साख को धक्का लग चुका है और हमारा निर्यात कम हो गया है। भारत सरकार का इस और गत वर्षों में आकर्षित हुआ है और गुणवत्ता नियंत्रण के लिए व्यापक व्यवस्था की गयी है। इस काम को करने के लिए वर्ष 1964 में निर्यात निरीक्षण परिषद स्थापित की गयी। यह परिषद सभी निर्यात वस्तुओं के अनिवार्य गुणवत्ता–नियंत्रण एवं लदान पूर्व निरीक्षण की व्यवस्था करती है। कलकत्ता और दिल्ली में परिषद के मुख्य कार्यालय हैं तथा बम्बई व कोचीन में इसके क्षेत्रीय कार्यालय हैं। राज्य सरकारों ने भी अपने यहाँ गुणवत्ता नियंत्रण विभाग स्थापित किये हैं। निर्यात संवर्द्धन परिषदें और भारतीय मानक संस्था भी निर्यात माल की गुणवत्ता सुधार का प्रयास करती हैं। कुछ वस्तुओं को निर्यात से पूर्व अनिवार्य रूप से प्रतिमानित व चिन्हित किया जाता है।

(9) काण्डला स्वतंत्र व्यापार क्षेत्र (Kandala Free Trade Zone) –भारत सरकार ने काण्डला बन्दरगाह पर 320 एकड़ क्षेत्र का स्वतंत्र व्यापार क्षेत्र विकसित किया है। इस क्षेत्र के अंतर्गत सम्मिलित हुए अथवा बने हुए माल पर आयात व निर्यात कर (Taxes) नहीं लगते। इस प्रकार विदेश से माल मँगाकर उसका इस क्षेत्र मे परिष्करण करके बिना आयात कर दिये निर्यात किया जा सकता है।

(10) शान्ताक्रुज इलेक्ट्रोनिक्स निर्यात परिष्करण क्षेत्र (Electronics Export Procesing Zone) –सन् 1973 में शान्ताक्रुज (मुम्बई) मे इलेक्ट्रोनिक्स निर्यात परिष्करण क्षेत्र की स्थापना की गयी जहाँ बिजली के सामान पर परिष्करण कर उसे बिना आयात निर्यात कर दिये निर्यात किया जा सकता है। इस क्षेत्र में उद्योग स्थापिन्न करने के लिए एक बोर्ड बना है जो एकीकृत केन्द्र के रूप में कार्य करता है।

(11) समुद्री उत्पाद निर्यात विकास प्राधिकरण (Marine Export Products Development Authority) –अगस्त 1972 में प्राधिकरण को एक वैधानिक निकाय के रूप में स्थापित किया गया। इसका मुख्यालय कोचीन में हैं तथा कोचीन, मद्रास, बम्बई एवं कलकत्ता में क्षेत्रीय कार्यालय हैं। इसका कार्य समुद्री उत्पादन के महत्वपूर्ण और सम्भाव्यता वाले क्षेत्रों की आवश्यकता की पूर्ति करना है। विदेशों में हुए मेलों और प्रदर्शनियों में भाग लेकर अथवा भारत में मेलों और प्रदर्शनियों का आयोजन कर प्राधिकरण भारतीय समुद्री उत्पादों को लोकप्रिय बनाता है।

6. निर्यातोन्मुख इकाइयों तथा निर्यात परिष्करण क्षेत्र योजनाएँ

(Export Oriented Units and Export Processing Zone Schemes)

सरकार ने निर्यातोन्मुख इकाइयों तथा निर्यात परिष्करण क्षेत्र योजनाओं को और अधिक उदार बना दिया है। निर्यात प्रसंष्करण क्षेत्र की इकाइयाँ निर्यात व्यापार और राज्य व्यापार गृहों के माध्यम से भी निर्यात कर सकती हैं तथा पट्टे पर मशीने लगा सकती हैं। इन इकाइयों में शत-प्रतिशत विदेशी इक्विटी भागीदारिता की अनुमति भी प्रदान कर दी गई है।

(1) निर्यात परिष्करण क्षेत्र (Export Processing Zones) इन क्षेत्रों की स्थापना का उद्देश्य भारत से निर्यातित वस्तुओं के लिए उपयुक्त वातावरण तैयार करना है जिससे वह अन्तर्राष्ट्रीय प्रतियोगिता में अपना स्थान बना सकें। भारत में वर्तमान में ऐसे 8 निर्यात प्रोसेसिंग क्षेत्र हैं। सार्वजनिक क्षेत्र में ऐसे 7 क्षेत्र कांडला (गुजरात), सांताक्रुज (मुम्बई), फाहटा (पश्चिमी बंगाल), नोएडा (उत्तरप्रदेश), कोचीन (केरल), चैन्नई (तमिलनाडु) तथा विशाखापट्टनम (आन्ध्रप्रदेश) में स्थित हैं। शांताक्रुज इलेक्ट्रोनिक्स निर्यात संसाधन क्षेत्र विशिष्ट रूप से इलेक्ट्रोनिक सामान तथा रत्नों के लिए हैं, जब कि अन्य क्षेत्र सभी प्रकार के उत्पादों के लिए है।

निर्यात संवर्द्धन हेतु, आधारभुत संरचना सुदृढ़ करने के उद्देश्य से सरकार ने पहली बार निजी क्षेत्र में दो 'एक्सपोर्ट प्रोसेसिंग जोंस' स्थापित करने की अनुमति दिसम्बर 1994 में प्रदान की थी। इनमें से एक मुम्बई (महाराष्ट्र) में तथा दूसरा सूरत (गुजरात) में स्थापित किया जाना था। सूरत के निर्यात प्रोसेसिंग केन्द्र ने सन् 1995 से कार्य प्रारम्भ कर दिया है। दोनों ही निर्यात प्रोसेसिंग क्षेत्रों में मुख्यतत: रत्नों एवं आभुषणों से संबंधित इकाइयाँ स्थापित की जाएंगी।

निर्यात संवर्द्धन के लिए देश में विशेष आर्थिक परिक्षेत्रों की स्थापना की घोषणा केन्द्रिय वाणिज्य एवं उद्योग मंत्री मुरासोली मारन ने 31 मार्च, 2000 को वित्तीय वर्ष 2000-01 की एक्जिम पॉलिसी के तहत की थी। चीन में स्थापित किये गये आर्थिक परिक्षेत्रों के अनुभव पर स्थापित किए जाने वाले इन परिक्षेत्रों में अन्तर्राष्ट्रीय प्रतिद्वन्द्वी वातावरण प्रदान किया जाना है।

(2) निर्यातोन्मुखी इकाइयाँ (Export Oriented Units) -सरकार ने निर्यात प्रोसेसिंग क्षेत्रों के पूरक के रूप में 1981 से शत प्रतिशत निर्यात करने वाली इकाइयों की एक योजना प्रारम्भ की थी। इस योजना के अंतर्गत आने वाली इकाइयों द्वारा निर्यातों के लिए उत्पादन क्षमता को बढ़ाने के लिए अनेक प्रकार के प्रोत्साहन दिए जाते हैँ। अन्तर्राष्ट्रीय बाजार में प्रतियोगी बनाने हेतु इन इकाइयों को मशीन, कच्चा माल, उपकरण तथा शुल्क मुक्त उपभोग वस्तुओं के आयात की भी स्वीकृति प्रदान की गई हैं। निर्यात-आयात नीति के अंतर्गत कृषि क्षेत्र को वरीयता देते हुए निर्यात घरानों तथा व्यापारिक गृहों आदि की योग्यता निर्धारित करते समय कृषि निर्यात को दोगुना भार देने का निर्णय लिया गया हैं।

(3) निर्यात गृह, निर्यात व्यापार गृह तथा स्टार ट्रेड़िग गृह (Export Trading Houses and Star Trading House) -निर्यात गृहो, व्यापार गृहों तथा स्टार ट्रेड़िग गृहों की योजना का उद्देश्य पहले से स्थापित निर्यातकों तथा बड़े निर्यात गृहों की

बाजार क्षमता में वृद्धि करना है। वे पंजीकृत निर्यातक, जिनका अनेक वर्षो तक निर्यात निष्पादन उच्च बना हुआ है उन्हें निर्यात व्यापार गृह अथवा स्टार ट्रेड़िग गृह का स्तर प्रदान किया जाता है। इनके लिए प्रति दर्ष एक निश्चित न्यूनतम औसत शुद्ध निर्यात आय अर्जन करना आवश्यक होता है। 31 दिसम्बर, 1999 तक देश में 6 व्यापार गृह तथा 39 स्टार ट्रेड़िग गृह कार्यरत थे।

(4) निर्यात संवर्द्धन औद्योगिक पार्क (Export Promotion on Industrial Park) – निर्यात संवर्द्धन में राज्यों की भूमिका सुनिश्चित करने के उद्धेश्य से केन्द्र सरकार ने राज्यों में निर्यात संवर्द्धन औद्योगिक पार्क स्थापित करने की योजना बनाई है। इसमें 75 प्रतिशत केन्द्रिय अनुदान की व्यवस्था है, किन्तु इसकी भूमि की लागत राज्य सरकारों को स्वयं वहन करनी होगी। जयपुर के निकट सीतापुरा में देश के पहले निर्यात संवर्द्धन औद्योगिक पार्क का औपचारिक उद्घाटन केन्द्रिय वाणिज्य राज्यमंत्री ने 22 मार्च, 1997 को किया। 365 एकड़ क्षेत्र में फैले इस औद्योगिक पार्क का विकास राजस्थान औद्योगिक निवेश निगम द्वारा केन्द्र सरकार के सहयोग से किया गया है। इसकी कुल लागत 47.15 करोड़ रूपये आई है। इसमें केन्द्रीय सहायता 10 करोड़ रूपये की हैं। उल्लेखनीय है कि निर्यात संवर्द्धन औद्योगिक पार्क की स्थापना के लिए केन्द्र सरकार कुल लागत का 75 प्रतिशत या अधिकतम 10 करोड़ रूपये तक की आर्थिक सहायता प्रदान करती है।

भावी निर्यात संवर्द्धन के लिए सुझाव
(Suggestions for Future Export Promotion)

15 अगस्त सन् 1947 में देश के स्वतन्त्र होने के उपरान्त सरकार द्वारा इस सन्दर्भ में अनेक व्यवस्थाएँ की गयी है जिससे निर्यातों में वृद्धि तो हुई; फिर भी विदेशी व्यापार को प्रोत्साहित करने हेतु अनेक सुझाव प्रस्तुत किये गये है जो निम्न हैं:

(1) निर्यात उत्पादन (Export Production) –विस्तार और विविधीकरण के साथ वर्तमान उत्पादन क्षमता का पूर्णतम उपयोग किया जाना आवश्यक है। इसके लिए राजकोषीय प्रेरणा द्वारा निर्यात प्रधान उद्योगों में विनियोग को आकर्षक बनाने की नितान्त आवश्यकता है।

(2) गुणवत्ता सुधार (Quality Improvement) –भारत के निर्यात माल गुण की दृष्टि से उच्च कोटि का होना चाहिए। इसके लिए निर्यात संवर्द्धन परिषदों, अन्वेषण संस्थाओं, गुणवत्ता नियन्त्रण प्रयोगशालाओं एवं भारतीय मानक संस्था इत्यादि द्वारा सम्मिलित रूप से प्रयासों द्वारा निरन्तर प्रयत्न करने चाहिए।

(3) कच्चा माल बैंक (Raw Material Bank)–महत्वपूर्ण कच्चा माल, मशीनें एवं यंत्र उपकरण सुविधापूर्वक उद्योगों को उपलब्ध होने चाहिए। इस संबंध में 'कच्चा माल बैंक' स्थापित किये जाने का सुझाव अत्यन्त महत्वपूर्ण है।

(4) वित्त एवं साख (Finance and Credit)–भारतीय वित्तीय संस्थाओं का यह कर्त्तव्य है कि वे निर्यात उद्योगों को प्रतियोगी ब्याज दर पर पर्याप्त अल्पकालीन साख की व्यवस्था करें।

(5) निर्यात माल की ढुलाई (Transportation of Export Goods) -रेल, सड़क, जहाज व बन्दरगाह सुविधाओं का आधुनिकीकरण किया जाय तथा निर्यात माल की ढुलाई को अत्यधिक महत्व प्रदान किया जाए।

(6) माल गोदाम सुविधाएँ (Godown Facilities) -विदेशी वितरण स्थलों में पर्यात मालगोदाम सुविधाएँ बढ़ाई जायें जहाँ ग्राहकों को भारतीय माल आवश्यकतानुसार प्राप्त हो सके।

(7) चयनात्मक (Selectivity) -इस समय देश में अनेक निर्यातकर्त्ता हैं। इनमें से चयन प्रक्रिया द्वारा अधिक क्षमता वाले कुशल निर्यातकों निर्यात हेतु को विशेष सुविधाएँ और सहायता दी जाऐ।

(8) निर्यात सदन (Export Houses) -निर्यात सदनों को श्रेणीबद्ध निर्यात माल के, आयात संग्रह एवं वितरण का अधिकार प्रदान किया जाना चाहिए, तथा इन्हें अपनी लक्ष्यपूर्ति के निमित्त कर-प्रेरणा दी जानी चाहिए।

(9) एकल खिड़की व्यवस्था (Single Window System) -अनुदान एक अल्पकालीन सहायता है, किन्तु दीर्घकालीन निर्यात संवर्द्धन का एकमात्र उपाय लागत प्रतियोगिता है। अतः किसी ऐसी संस्था अथवा अधिकारी की आवश्यकता है। जहाँ से सभी निर्यात छूटें एक साथ मिल सकें, निर्यातकों को अनेक अधिकारियों के पास भटकना न पड़े।

(10) कृषि -आधारित निर्यात (Agriculture Based Export) -अनाज, दालें, फल, सब्जियाँ, अण्डे इत्यादि कृषि-आधारित निर्यात वस्तुओं के लिए एक पृथक निर्यात संवर्द्धन परिषद की स्थापना की जाए।

(11) क्षेत्रीय सहयोग (Regional Cooperation) -व्यापार एक द्विपक्षीय प्रक्रिया है जिसके सुचारू संचालन के लिए हमें विकासशील देशों के साथ व्यापारिक एवं तकनीकी संबंध सुदृढ़ करते रहना चाहिए।

(12) विदेशों में विपणन अभियान (Marketing Camparign in Foreign Counting) -भारत द्वारा अधिकाधिक बिक्री-विशेषज्ञ विदेश भेजने चाहिए जिन्हें पर्याप्त विदेशी विनिमय दिया जाना चाहिए।

(13) निर्यात लक्ष्य (Export Targets) -हमें प्रतिवर्ष प्रति-उद्योग एवं प्रति-निर्यात वस्तु के लक्ष्य निर्धारित करने चाहिए और उन्हें प्राप्त करने के हर सम्भव प्रयत्न करने चाहिए।

(14) निर्यात संवर्द्धन संस्थाएँ (Export Promotion Institutions) -निर्यात संवर्द्धन परिषदों को एक सफल मूल्यांकन कार्यक्रम बनाना चाहिए और अनुभव के आधार पर निर्यात बढ़ाने के नये-नये उपाय पता लगाते रहना चाहिए।

(15) निर्यात प्रचार (Export Publicity) -फिल्म, टेलीविजन, प्रदर्शनी प्रदर्शन इत्यादि प्रचार साधनों के लिए ग्राहक की भाषा का उपयोग करना चाहिए।

(16) निर्यात प्रबन्ध (Export Management) –नवीन वस्तुओं के निर्यात की और अधिक ध्यान देना चाहिए, क्योंकि इस दिशा में भारत पिछले वर्षो में अच्छी सफलता प्राप्त कर चुका है। हमारे इंजीनियरी वस्तुओं की माँग विश्व के उद्योग-प्रधान देशों में तीव्र गति से बढ़ रही है। इस बात की आवश्यकता है कि हम निर्यात बिक्री व्यवस्था का आधुनिक तकनीकी आधार पर प्रबंध करें और व्यापार संगठन को अन्तर्राष्ट्रीय व्यापार गृहों के समकक्ष बनाये।

(17) लघु उद्योग निर्यात (Small-Scale Exports) –लघु उद्योगपतियों को संयुक्त बिक्री व्यवस्था द्वारा अपने माल का निर्यात बढ़ाने को प्रोत्साहित करना चाहिए।

(18) सूचना प्रौद्योगिकी का विकास (Development of Information Technology) –विदेशों में हमारे माल की माँग एवं खपत की सूचना का अभाव निर्यात वृद्धि में बाधक है। अतः विश्व बाजारों की माँग की ठीक-ठाक एवं सामयिक जानकारी प्राप्त करते रहने की नियमित व्यवस्था की जाए। उपर्युक्त सुझावों को यदि उचित रूप से क्रियान्वित किया जाये तो निर्यातों में निश्चित रूप से वृद्धि की जा सकती है।

प्रश्न

1. भारत में निर्यात संवर्द्धन पर एक लेख लिखिये।

   Write an essay on Export Promotion in India.

2. भारत में निर्यात संवर्द्धन हेतु किये गये प्रयासों की विवेचना कीजिये। निर्यात संवर्द्धन हेतु अपने सुझाव दीजिये।

   What effords have been made for export promotion in India. Discuss. Give your suggestion for export promotion.

3. निर्यात संवर्द्धन से आप क्या समझते है तथा इसकी भारत में क्या आवश्यकत है। भारत द्वारा इस दिशा में किये गये प्रयासों की विवेचना कीजिये।

   What do you mean by export promotion. What are its needs in India. Discuss briefly effords made by India in this direction.

□□□

18

विदेशी व्यापार
(Foreign Trade)

विदेशी व्यापार का प्रत्येक राष्ट्र की अर्थव्यवस्था में महत्त्वपूर्ण भूमिका होती है। कोई भी राष्ट्र विदेशी व्यापार से अलग थलग रह कर अपनी राष्ट्रीय व्यवस्था का निर्बाध पूर्वक संचालन नहीं कर सकता। विदेशी व्यापार के अध्ययन में, विदेशी व्यापार का आकार, आयात तथा निर्यातों की संरचना तथा विदेशी व्यापार की दिशा आदि अनेक महत्वपूर्ण पक्षों को सम्मिलित किया जाता है। किसी भी देश के व्यापार में वृद्धि आर्थिक विकास का सूचक माना जाता है। किन्तु, यदि आयातों की मात्रा अधिक रहे तथा निर्यात अपेक्षित दर के अनुरूप नहीं बड़े तो भुगतान शेष में असंतुलन की स्थिति उत्पन्न हो जाती है। भुगतान सन्तुलन में निरन्तर असंतुलन की स्थिति नुकसानदेय सिद्ध होती है। भारत के विदेशी व्यापार तथा भुगतान शेष में स्वतन्त्रता के पश्चात् महत्वपूर्ण प्रवृत्तियों का उदय हुआ है। भारत के विदेशी व्यापार तथा भुगतान शेष में विगत वर्षों में घटित हुई प्रवृत्तियों का संक्षिप्त विवरण निम्न प्रकार है:

विदेशी व्यापार का महत्व
(Importance of Foreign Trade)

प्रत्येक देश की अर्थव्यवस्था में विदेशी व्यापार का महत्त्वपूर्ण स्थान होता है। रोबर्टसन के अनुसार, "विदेशी व्यापार आर्थिक विकास का इन्जन है।" (Foreign Trade is an engine of economic growth-Robertson) विदेशी व्यापार में सक्रिय भागीदारी द्वारा ही (1) राष्ट्र अपने प्राकृतिक साधनों का उचित प्रयोग कर सकता है, (2) अतिरिक्त उत्पादन का निर्यात कर सकता है, (3) विदेशों से तकनीकी जानकारी आदि प्राप्त कर सकता है, (4) प्राकृतिक संकट के समय आवश्यक तथा अन्य वस्तुएं प्राप्त कर सकता है, (5) विदेशी व्यापार के द्वारा औद्योगीकरण के लिए आवश्यक पूँजी, मशीनें तथा कच्चा माल प्राप्त किया जा सकता है, (6) विदेशी व्यापार उपयुक्त नियन्त्रण द्वारा रोजगार, उत्पादन, कीमत,

औद्योगिकरण तथा देश के आर्थिक विकास पर उचित प्रभाव डाला जा सकता है। (7) विदेशी व्यापार द्वारा ही दूसरे देशों से आर्थिक विकास के लिए आवश्यक सहायता तथा अन्य उपकरण प्राप्त किये जा सकते हैं। यही कारण है कि भारत के योजना आयोग ने विभिन्न पंचवर्षीय योजनाओं में विदेशी व्यापार के विकास को बहुत अधिक महत्त्व दिया है।

विदेशी व्यापार की मुख्य विशेषताएं

(Main Features of Foreign Trade)

स्वतन्त्रता के पश्चात् भारत के विदेशी व्यापार की मुख्य विशेषताएँ निम्नलिखित है:

(1) कुल राष्ट्रीय आय का बढ़ता हुआ प्रतिशत (Increasing Share of Gross National Income of World Trade) - भारत के विदेशी व्यापार का कुल राष्ट्रीय आय में काफी महत्व है। 1950-51 में भारत का विदेशी व्यापार (आयात+निर्यात) शुद्ध राष्ट्रीय आय का 12 प्रतिशत था। 1997-98 में यह बढ़कर शुद्ध राष्ट्रीय आय का 22 प्रतिशत हो गया है।

(2) विश्व के विदेशी व्यापार में घटता हुआ भाग (Less Percentage of World Trade) - विश्व के विदेशी व्यापार में भारत के विदेशी व्यापार का भाग निरन्तर घटता जा रहा है। 1950-51 में विश्व के कुल आयात व्यापार में भारत का भाग 1.8 प्रतिशत था तथा निर्यात व्यापार में भाग 2 प्रतिशत था। 2000 में आयात व्यापार में भारत का भाग कम होकर 0.63 प्रतिशत तथा निर्यात व्यापार में 0.6 रह गया है।

(3) समुद्री व्यापार (Oceanic Trade) -भारत का अधिकांश व्यापार समुद्री मार्ग से होता है। भारत में पड़ौसी देशों जैसे नेपाल, अफगानिस्तान, बर्मा, श्री लंका, आदि से व्यापारिक सम्बन्ध काफी कम है। इसलिए भारत का 68 प्रतिशत विदेशी व्यापार समुद्री मार्गों द्वारा सम्पन्न होता है।

(4) थोड़े बन्दरगाहों पर निर्भर (Dependence on a few Ports) - भारत का विदेशी व्यापार विशेष रूप में तीन बन्दरगाहों बम्बई, कलकत्ता, और मद्रास के द्वारा होता है। इसके फलस्वरूप इन बन्दरगाहों पर काफी दबाव रहता है। अब भारत सरकार ने कांडला, कोचीन, विशाखापटनम आदि बन्दरगाहों का विकास किया है।

(5) व्यापार के परिमाण तथा मूल्य में वृद्धि (Increase in Volume and Value of Trade) -स्वतन्त्रता के बाद से भारत के विदेशी व्यापार के परिमाण तथा मूल्य में निरन्तर बढ़ी मात्रा में वृद्धि हुई। भारत अब पहले से कई गुणा अधिक मात्रा तथा मूल्य की वस्तुओं का आयात तथा निर्यात करता है। सन् 1939 में आयात 152 करोड़ रूपये के तथा निर्यात 169 करोड़ रूपये के हुए। भारत के विदेशी व्यापार का कुल मूल्य 321 करोड़ रूपये था। स्वतन्त्रता के समय 1948-49 में कुल विदेशी व्यापार 792 करोड़ रूपये का था। 1990-91 में यह बढ़कर 75,750.49 करोड़ रूपये का हो गया। 2000-01 में भारत के विदेशी व्यापार का मूल्य बढ़कर 4,29,246 हो गया जिसमें 2,01,674 करोड़ रूपये के मूल्य का निर्यात तथा 2,27,512 करोड़ रूपये का आयात किया गया।

(6) निर्यात व्यापार के स्वरूप में परिवर्तन (Change in the Composition of Exports) - स्वतन्त्रता के बाद भारत के निर्यात व्यापार के स्वरूप में भी परिवर्तन हुआ है। स्वतन्त्रता से पूर्व भारत कृषि वस्तुओं तथा कच्चा माल जैसे पटसन, कपास, चाय, तिलहन, चमड़ा, अनाज, काजू तथा खनिज पदार्थों का निर्यात करता था। बहुत सा तैयार माल भी निर्यात किया जाता था। अब भारत तैयार माल जैसे मशीनें, सिले-सिलाए कपड़े, हीरे-जवाहरात, चाय, जूट का तैयार समान, काजू इलैक्ट्रोनिक्स के सामान आदि का भी निर्यात काफी मात्रा में करने लगा है।

(7) आयात व्यापार के स्वरूप में परिवर्तन (Change in the Composition of Imports) - स्वतन्त्रता के पश्चात् भारत के आयात व्यापार के स्वरूप में भी परिवर्तन हुआ है। स्वतन्त्रता से पहले भारत अधिकतर उपभोग वस्तुओं, जैसे दवाइयां, कपड़ा, मोटर गाड़िया, बिजली का सामान, लोहा, इस्पात आदि का आयात करता था। परन्तु अब पैट्रोल, मशीने, रसायन, खाद्य अनाज, तिलहन, कच्चे माल, इस्पात, तेल, कपास आदि का आयात अधिक मात्रा में किया जाता है।

(8) विदेशी व्यापार की दिशा (Direction of Foreign Trade) -किसी देश के विदेशी व्यापार की दिशा से हमारा अभिप्राय उन देशों से होता है जिनके साथ व्यापार किया जाता है। स्वतन्त्रता से पहले भारत का सबसे अधिक विदेशी व्यापार इंग्लैण्ड से होता था परन्तु अब इसमें काफी कमी आ गई है। अब यूरोपियन यूनियन (EU) का भारत के निर्यात तथा आयात व्यापार में सबसे अधिक भाग है। भारत के विदेशी व्यापार में जापान, रूप अमेरिका तथा पैट्रोल निर्यात करने वाले देशों का भी महत्व बढ़ गया है।

(9) व्यापार शेष (Balance of Trade) - स्वतन्त्रता से पूर्व भारत का व्यापार शेष अनुकूल (Favourable) रहा। परन्तु स्वतन्त्रता के बाद यह प्रतिकूल (Unfavourable) हो गया अर्थात् आयात में निरन्तर वृद्धि एवं निर्यात में निरन्तर गिरावट। सन् 1944-45 में व्यापार शेष 42 करोड़ रूपये के मूल्य का भारत के पक्ष में था। परन्तु सन् 1946 में ही व्यापार शेष प्रतिकूल होना शुरू हो गया। 1990-91 में व्यापार शेष का घाटा 10,635 करोड़ रूपये था। जो कि बढ़कर 2000-01 में 25,898 करोड़ रूपये हो गया। योजनाओं की अवधि में केवल 1972-73 तथा 1976-77 के दो वर्षों में ही भारत का व्यापार शेष अनुकूल रहा है।

(10) निर्भर व्यापार (Dependent Trade) -भारत का विदेशी व्यापार अधिकतर विदेशी जहाज कम्पनियों, बीमा कम्पनियों तथा बैंकों पर ही निर्भर रहता है। स्वतन्त्रता के पश्चात् सरकार ने इस ओर विशेष ध्यान देना प्रारम्भ किया है। पंचवर्षीय योजनाओं में व्यापारिक समुद्री जहाजों का भारत में ही निर्माण प्रारम्भ हुआ है। भारतीय बैंकों तथा बीमा कम्पनियों ने भी इस ओर विशेष ध्यान देना आरम्भ कर दिया है।

(11) विदेशी व्यापार पर सरकारी नियन्त्रण (State Control on Foreign Trade) - भारत सरकार विदेशी व्यापार पर पूर्ण नियन्त्रण रखती है। सरकार की विदेशी व्यापार की नीति का प्रमुख उद्देश्य निर्यात को बढ़ावा देना है। अनावश्यक वस्तुओं का आयात बिल्कुल बन्द कर दिया गया है। निर्यात को बढ़ाने के लिए कई संस्थाएं स्थापित की गई हैं जैसे - (अ) व्यापार बोर्ड (Board of Trade) (ब) निर्यात विकास समितियां (Export

Promotion Councils) (स) निर्यात निरीक्षण सलाहकार समितियां (Expost Inspection Advisory Councils) (द) निर्यात साख तथा गारन्टी निगम (Export Credit and Guarantee Corporation) (य) प्रदर्शनी निर्देशक (Director of Exhibition) आदि।

(12) सरकार द्वारा विदेशी व्यापार (Foreign Trade by Government) – सरकार ने विदेशी व्यापार के निर्बाध संचालन की मंशा से कई निगम स्थापित किये हैं जैसे – (अ) राजकिय व्यापार निगम (State Trading Corporation) की स्थापना 1956 में की गई। इस निगम ने 2001-02 में लगभग 1582 करोड़ रूपए का विदेशी व्यापार किया था। (ब) खनिज तथा धातु व्यापारिक निगम (Mineral and Metal Trading Corporation) की स्थापना 1963 में खनिज पदार्थों तथा धातुओं का निर्यात करने के लिए की गई है। इस निगम द्वारा 2001-02 में 7,243.65 करोड़ रूपये का कारोबार किया गया।

स्वतन्त्रता के पश्चात भारत का विदेशी व्यापार
(Foreign Trade of India after Independence)

स्वतन्त्रता के पश्चात और विशेष रूप से 1951 के पश्चात से जब भारत ने प्रथम पंचवर्षीय योजना आरम्भ की, तो भारत के विदेशी व्यापार में अनेक परिवर्तन घटित हुए है। इस परिवर्तन का अध्ययन भी चार भागों में किया जायेगा।

(1) विदेशी व्यापार का परिमाण (Volume of Foreign Trade) – स्वतन्त्रता प्राप्ति के पश्चात् तथा पंचवर्षीय योजनाओं की अवधि में भारत के विदेशी व्यापार में वृद्धि हुई है। वर्ष 1946-47 में भारत का विदेशी व्यापार 507 करोड़ रूपये का था। सन् 1951 में यह बढ़कर 1,250 करोड़ रूपये का हो गया। सन् 2001-02 में भारत के विदेशी व्यापार का आकार बढ़कर 4,54,217 करोड़ रूपये हो गया। सन. 1951 के बाद महत्वपूर्ण औद्योगिक प्रगति के फलस्वरूप विदेशी व्यापार की पूरी तरह कायापलट हो गई है। अब यह व्यापार कुछ ही देशों या कुछ ही वस्तुओं तक सीमित नहीं है। आज विश्व के लगभग सभी देशों के साथ भारत के व्यापारिक सम्बन्ध है और निर्यात होने वाले या आयात किए जाने वाले सामान की सूची में लगभग (7,500) वस्तुएं है।

(2) विदेशी व्यापार का स्वरूप (Composition of Foreign Trade) – स्वतन्त्रता के पश्चात् पंचवर्षीय योजनाओं में भारत के विदेशी व्यापार के स्वरूप में भी काफी परिवर्तन आया है। जिन वस्तुओं का पहले भारत से निर्यात किया जाता था, जैसे अनाज, कपास आदि उनका आयात किया जाने लगा। इसके विपरीत भारत के निर्यातों में तैयार माल, लोहा व इस्पात, इन्जीनियरिंग वस्तुओं, जवाहरात का अंश काफी बढ़ गया।

(अ) निर्यात व्यापार की रचना में परिवर्तन (Change in the Composition of Exports) –सन् 1947 के पश्चात् भारत के निर्यात व्यापार में महत्त्वपूर्ण परिवर्तन हुए है। स्वतन्त्रता प्राप्ति से पहले भारत चाय, जूट, कपड़े, चमड़े, कच्चे लोहे, काजू तथा मसालों का अधिक निर्यात करता था। अब अनेक प्रकार की तैयार वस्तुओं का निर्यात किया जाने लगा है जैसे पूंजीगत माल (मशीनें), इन्जीनियंरिंग समान, रासायनिक उत्पादन, सिले सिलायें कपड़े,

हीरे जवाहरात, तैयार भोजन, हस्तशिल्प आदि। भारत के परम्परागत निर्यातों में चाय, जूट तथा कृषि पदार्थों का 1950-51 में कुल निर्यात में हिस्सा 55 प्रतिशत था। 1997-98 में यह काम होकर केवल 18.8 प्रतिशत रह गया। भारत के निर्यातों में जूट का हिस्सा 2000-01 में मात्र 0.4 प्रतिशत तथा चाय का हिस्सा 1.0 प्रतिशत रह गया है। इसके विपरीत इन्जीनियरिंग वस्तुओं का भाग जो 1961 में कवेल 0.05 प्रतिशत था वह 2001-02 में बढ़कर 15.6 प्रतिशत हो गया।

(ब) आयात व्यापार की रचना में परिवर्तन (Change in the Composition of Imports) - सन. 1947 के पश्चात भारत के अयात व्यापार की रचना में हुए निरन्तर परिवर्तनों के परिणाम स्वरूप अनाज, कपास, जूट के आयात काफी बढ़ गये थे। अब ये कम हो गये हैं। भारत द्वारा पैट्रोलियम, खाद, इस्पात, लोहा, अलौह धातुएं, औद्योगिक कच्चे माल, मशीनरी, पूंजीगत सामग्री, खाने के तेल, रसायन, बिना तराशे जवाहरात के आयात अब बढ़ गये हैं।

(3) विदेशी व्यापार की दिशा (Direction of Foreign Trade) - स्वतन्त्रता के पश्चात् विदेशी व्यापार की दिशा में अनेक परिवर्तन घटित हुए। विदेशी व्यापार की दिशा में हुए परिवर्तनों का संक्षिप्त विवरण निम्न प्रकार है :

(अ) निर्यात व्यापार की दिशा में परिवर्तन (Change in the Direction of Export Trade) -वर्ष 1950-51 से पहले भारत का अधिकतर निर्यात व्यापार इंग्लैण्ड, राष्ट्रमण्डल के देशों तथा अमेरिका से था। 1951-52 में भारत के 27 प्रतिशत निर्यात इंग्लैण्ड या यू. के. को, 18.6 प्रतिशत यू. एस. ए. को तथा 2.2 प्रतिशत जापान को होते थे। भारत के निर्यात व्यापार में रूस का भाग केवल 1.2 प्रतिशत, यूरोपियन यूनियन (E.U.) का 5.9 प्रतिशत था। वर्ष 2000-01 में भारत का निर्यात व्यापार में यू. के. का भाग कम होकर 5.2 प्रतिशत तथा यू. एस. ए. का 20.9 प्रतिशत रह गया तथा जापान का भाग बढ़ कर 4.0 प्रतिशत तथा रूस का बढ़ कर 2.0 प्रतिशत हो गया। EU के देशों अर्थात् बेल्जियम, फ्रांस लक्समबर्ग, जर्मनी, नीदरलैण्ड, यू. के., इटली, डेनमार्क तथा आयरलैंड का भाग बढकर 25.5 प्रतिशत तथा पैट्रोलियम, निर्यात करने वाले देशों का भाग बढ़कर 10 प्रतिशत हो गया। भारत नये देशों जैसे केनिया, अर्जेटाइना, बेल्जियम आदि से भी व्यापार अब करने लगा है।

(ब) आयात व्यापार की दिशा में परिवर्तन (Change in the Direction of Imports) स्वतन्त्रता से पहले अधिकतर आयात व्यापार भी इँग्लैण्ड, अमेरिका आदि से होता था। 1951-52 में भारत के आयात व्यापार में अमेरिका का भाग 33.6 प्रतिशत, यू. के. का 18.0 प्रतिशत, रूस का 0.2 प्रतिशत था। 2000-01 जापान का भाग बढ़कर 3.6 प्रतिशत तथा रूस का 1.0 प्रतिशत हो गया, EU के देशों का भाग बढ़कर 23.8 प्रतिशत तथा O.P.E.C. के देशों का भाग बढ़कर 23.1 प्रतिशत हो गया।

(4) व्यापार शेष (Balance of Trade) -स्वतन्त्रता के पश्चात् से अभी तक भारत के व्यापार शेष में निरन्तर घाटे का क्रम दृष्टिगत हुआ। स्वतन्त्रता के पश्चात् केवल 1972-73 में पहली बार व्यापार शेष अनुकूल हुआ था। किन्तु 1973-74 में यह पुनः प्रतिकूल हो गया है। यद्यपि 1976-77 में पुनः अनुकूल हो गया । भारत के निर्यात स्वतन्त्रता के बाद काफी बढ़ गये है। परन्तु आयात और भी अधिक मात्रा में बढ़ गये।

भारत के मुख्य आयात तथा निर्यात

(Main Imports and Exports of India)

स्वतन्त्रता प्राप्ति के पश्चात् से भारत के विदेशी व्यापार के आकार में निरन्तर वृद्धि के कारण आयात की मात्रा संरचना तथा वस्तुओं की संख्या में महत्वपूर्ण बदलाव आया है। भारत लगभग 7500 वस्तुओं के आयात तथा निर्यात करता है। भारत के आयात तथा निर्यात निरन्तर बढ़ते जा रहे है। भारत के मूख्य आयात-निर्यात निम्नलिखित है:

प्रमुख आयात

(Chief Imports)

भारत के आयात सम्बन्ध विश्व के लगभग सभी महत्व राष्ट्रों से विकसित हो चुके है। इसके बावजूद भारत द्वारा अनेक वस्तुओं का आयात किया जाता है।

भारत के प्रमुख आयातों का संक्षिप्त विवरण निम्न प्रकार है:

(1) मशीनरी (Machinery) -भारत के औद्योगीकरण की आवश्यकताओं के कारण सबसे अधिक आयात मशीनों का किया जाता है। इन मशीनों का अमेरिका, इंग्लेण्ड, पश्चिमी, जर्मनी, जापान, रूस तथा यूरोप से आयात हुआ है। भारत द्वारा 2001-02 में 23,405 करोड़ रूपये की मशीनरी का आयात किया गया।

(2) लोहा और इस्पात (Iron and Steel) -भारत अभी तक लोहे एवं इस्पात के उत्पादन में आत्मनिर्भर नहीं हुआ है। अत: प्रतिवर्ष काफी इस्पात विदेशों से मंगवाना पड़ता है। यह अधिकतर जर्मनी, अमेरिका, इंग्लेण्ड, इटली तथा फ्रांस से मंगवाया जाता है। 1997-98 में 5,595 करोड़ रूपये का लोहा तथा इस्पात बाहर से मंगवाया गया। भारत द्वारा 2001-02 में 3,976 करोड रूपये का लोहा-इस्पात आयात किया गया।

(3) लौह-हीन धातुएं तथा धातुओं का सामान (Non-Ferrous Metals and Metal Products) -लोह-हीन धातुएं जैसे जस्ता, तांबा, टिन तथा इन धातुओं द्वारा निर्मित पदार्थ हमें दूसरे देशों से मंगवाने पड़ते हैं। ये धातुएँ मलाया, ब्राजील, अमेरिका आदि देशों से मंगाई जाती है। इस मद के अन्तर्गत 1997-98 में 3,377 करोड़ रूपये आयात 2001-02 में 3086 करोड़ रूपये हुआ।

(4) पैट्रोल तथा पैट्रोल उत्पादन - भारत अपनी मांग का 35 प्रतिशत पैट्रोल विदेशों से मंगवाता है। यह पैट्रोल, ईरान, ईराक, कुवैत, तथा सऊदी अरब से आता है। 1997-98 में 30,538 करोड़ रूपये तथा 2001-02 में 66,769 करोड़ रूपये का पैट्रोल तथा अन्य पैट्रोल का आयात किया गया।

(5) यातायात के साधन (Transport Equipment) - देश के आर्थिक विकास के लिये यातायात के साधनों की बहुत आवश्यकता है। इसके लिये मोटरें, समुद्री जहाज, हवाई जहाज आदि दूसर सामान विदेशों से मंगवाने पड़ते हैं। यातायात का सामान अधिकतर जर्मनी, इटली, जापान अमेरिका तथा ब्रिटेन से आयात किया जाता है। 1997-98 में 3,368 करोड़ रूपये का यातायात का सामान विदेशों से आयात किया गया। 2001-02 में 5,482 करोड़ रूपये के परिवहन उपकरणों का आयात किया गया।

(6) रासायनिक खाद (Chemical Fertilizers) -भारत में कृषि उत्पादन को विकसित करने के लिये रासायनिक खाद की बहुत आवश्यकता है। अत: रासायनिक खाद काफी मात्रा में आयात की जा रही है। यह खाद अमेरिका, रूस तथा E.U. के देशों से विशेष रूप से आयात की जाती है। 1997-98 में 3,755 करोड़ रुपये की खाद का आयात किया गया। 1999-2000 में 6063 करोड़ रुपये तथा 2000-01 में 3,407 करोड़ रुपये की रासायनिक खादों का आयात किया गया।

(7) खाद्यान्न (Foodgrains) -विभाजन के बाद खाद्यान्नों की देश में बहुत कमी की गई थी। इस कमी को आयात द्वारा पूरा किया जाता था। खाद्यान्न अमेरिका, आस्ट्रेलिया, कैनेड़ा, बर्मा तथा अर्जेन्टाइना से मंगवाये जाते हैं । सन् 1997-98 में 1,061 करोड़ रुपयेके खाद्यान्न विदेशों से आयात किये गये। जबकि 1995-97 में कवेल 481 करोड़ रुपये के खाद्यान्न ही आयात किये गये थे। खाद्यान्न के आयातों में वृद्धि होने के मुख्य कारण गेहूं के आयातों में होने वाली वृद्धि थी। वर्तमान में खाद्यान्नों के आयात में महत्वपूर्ण कमी हुई है।

(8) ऊन (Wool) -भारत में ऊन आस्ट्रेलिया, न्यूजीलैण्ड आदि देशों से आयात की जाती है। 1995-98 में 593 करोड़ रुपये की ऊन आयात की गई। आयात की गई कच्चा ऊन का मूल्य 2001-02 में 623 करोड़ रुपये हो गया।

(9) काजू (Cashewnuts) -भारत में विदेशों से कच्चा काजू आयात किया जाता है। इसे तैयार करके पुन: निर्यात कर दिया जाता है। वर्ष 1970-71 में 29 करोड़ रूपये के काजू आयात किये गये। 1997-98 में काजू के आयात बढ़कर 744 करोड़ रूपये तथा 2000-01 में 962 करोड़, किन्तु 2001-02 में कम होकर 431 करोड़ रूपये हो गए।

(10) कागज (Paper) -भारत स्वीड़न, चेकोस्लोवाकिया आदि कई देशों के कागज बोर्ड आदि का भी आयात करता है। 1997-98 में विदेशों से 1,844 करोड़ रूपये के कागज तथा कागज का तैयार माल आयात किया गया। 2001-02 में रद्दी कागज, पेपर तथा पेपर बोर्ड तथा अखबारी कागज का 3536 करोड़ रूपये का आयात किया गया।

(11) रसायन (Chemical) -भारत में विदेशों से कई प्रकार के रसायन, दवाइयां, रंगने का सामान आदि मंगवाए जाते हैं। 1997-98 में 12,128 करोड़ रूपये तथा 2001-02 में 15,471 करोड़ रूपये के रसायनों किया गया।

(12) खाने के तेल (Edible Oil) -भारत में पिछले कुछ वर्षों से खाने के तेलों तथा तिलहन के आयात काफी बढ़ गये हैं। परन्तु 1997-98 में इनके आयात बढ़कर 2,733 करोड़ रुपये के हो गये। तेलों का आयात अधिकतर यू.एस. ए. कैनेड़ा, आदि से किया जाता है। 2001-02 में भारत द्वारा 6,465 करोड़ रुपये का खाद्य तेल आयात किया गया।

(13) हीरे जवाहरात (Precious Stones) - भारत में हीरे जवाहरात के आयात पहले से काफी बढ़ गये हैं। उन्हें तराश कर दुबारा निर्यात किया जाता है। ये अधिकतर बैल्जियम, अमेरिका, आदि देशों से आते हैं। 1997-98 में 11,680 करोड़ रुपये के हीरे जवाहरात आयात किये गये। 2001-02 में हीरे-जवाहरात का अयात बढ़कर 22,046 करोड़ रुपये हो गया।

आयातों की संरचना में परिवर्तन
(Change in the Composition of Imports)

स्वतन्त्रता के बाद आयातों की संरचना में निम्नलिखित परिवर्तन हुये हैं :

(1) कृषि पदार्थों के आयातों में परिवर्तन (Change in Imports of Agricultural Products) - स्वतन्त्रता के पश्चात् भारत के आयातों में कृषि पदार्थों विशेष रूप से गेहूं का प्रतिशत भाग बहुत अधिक था। परन्तु हरित क्रान्ति के बाद भारत के आयातों में खाद्य पदार्थों का कुल आयातों में प्रतिशत भाग काफी कम हो गया है। 1970-71 में कृषि पदार्थों का कुल आयातों में भाग 14.6 प्रतिशत था परन्तु 2001-02 में कम हो कर 4.5 प्रतिशत हो गया।

(2) मध्यवर्ती वस्तुओं के आयात में वृद्धि (Increase in Imports of Intermediate Goods) - कई प्रकार की मध्यवर्ती वस्तुओं जैसे कच्चे काजू, धातु के रूप में रत्न आदि के आयातों में काफी वृद्धि हुई है। इन वस्तुओं का प्रयोग करके तैयार वस्तुयें बना कर उनका निर्यात् कर दिया जाता है। उदाहरण के लिये 1870-71 में 29 करोड़ रु. के कच्चे काजू तथा 25 करोड़ रु. के रत्नों का आयात किया गया था। 2001-02 में काजू गिरी आयात बढ़कर 431 करोड़ रु. तथा मोती, बेशकीमती, कीमती पत्थर के आयात 22046 करोड़ रु. हो गये। इसका मुख्य कारण भारत में श्रम का सस्ता होना है।

(3) पैट्रोलियम का आयातों में प्रथम स्थान (Petroleum Enjoys First Place in Imports) - भारत के आयातों में पैट्रोलियम का प्रथम स्थान है। 1970-71 में केवल 163 करोड़ रूपये के मूल्य के पैट्रोलियम का आयात किया गया था, परन्तु 1996-97 में इनके आयातों का मूल्य बढ़कर 30538 करोड़ रु. हो गया। पेट्रोलियम तथा पैट्रोलियम उत्पाद का आयात 2000-01 में बढ़कर 71,497 करोड़ रु. हो गया। 2001-02 में पैट्रोलियम तथा पैट्रोलियम उत्पाद का आयात 66,769 करोड़ रु. का हुआ। विगत वर्षों में इस मद भुगतान की गयी राशि में महत्वपूर्ण वृद्धि के उत्तरदायी के दो मुख्य कारण है एक तो पैट्रोलियम कीमतों में होने वाली वृद्धि तथा दूसरा भारत के बढ़ते हुए उद्योगों तथा यातायात के लिये पैट्रोलियम की मांग में होने वाली वृद्धि।

(4) पूंजीगत पदार्थों के आयात में वृद्धि (Increase in Imports of Capital Goods) -भारत के औद्योगिक विकास के फलस्वरूप पूंजीगत पदार्थों जैसे: मशीनों, बिजली के यन्त्रों, धातुओं, यातायात के सामान के आयात में काफी वृद्धि हुई है। उदाहरण के लिए 1970-71 में 404 करोड़ रु. के पूंजीगत पदार्थों का आयात किया गया, परन्तु 1997-98 में इनके आयात बढ़कर 26,532 करोड़ रूपये तथा 2001-02 में 28,059 करोड़ रु. के हो गये। पूंजीगत पदार्थों के आयातों में वृद्धि के प्रमुख उत्तरदायी कारण है: (1) पूजीगत पदार्थ देश की पूंजी निर्माण के आवश्यक तत्त्व हैं। देश के आर्थिक विकास के साथ साथ पूंजी निर्माण की दर बढ़ती जा रही है। इसके फलस्वरूप पूंजीगत पदार्थों के आयात भी बढ़ने की प्रवृत्ति दर्शाते हैं। (2) आधुनिक मशीनों का अधिक आयात देश की विवशता बन चुकि है। (3) इन्जिनियरिंग उद्योग के विकास के लिये आधुनिक तथा उन्नत मशीनों तथा औजारों के अधिक आयात की आवश्यकता की अनदेखी किया जाना असम्भव है, (4) पूंजीगत पदार्थों के लिये उदारवादी आयात नीति का अनशरण किया जा रहा है।

(5) रासायनिक खाद के आयात में वृद्धि (Increase in Imports of Chemical Fertiliser) -भारत में हरित क्रान्ति के कारण रासायनिक खाद की मांग काफी बढ़ गई है। रासायनिक खाद के घरेलू उत्पादन के अपर्याप्त होने के कारण अनेक प्रकार की रासायनिक खादों के आयातों में काफी वृद्धि हुई है। सन् 1970-71 में कवेल 85 करोड़ की रासायनिक खाद का आयात किया गया परन्तु 1997-98 में इनके आयात बढ़कर 3755 करोड़ रूपये के हो गये।

संक्षेप में भारत में अनाज के आयातों में कमी हो गई हैं परन्तु मध्यवर्त्ती वस्तुओ, कच्चे माल, पैट्रोल तथा पंजीगत वस्तुओं था रासायनिक खाद के आयातों में काफी वृद्धि हुई।

आयातों की दिशा में परिवर्तन
(Change in the Direction of Imports)

स्वतन्त्रता के पश्चात् भारत के आयातों की दिशा में महत्वपूर्ण परिवर्तन हुए है। पूर्व में जिन देशों के साथ महत्वपूर्ण आयात होता था, उसके स्थान पर अन्य अनेक नवीन राष्ट्रों का उदय हुआ।

भारत के आयातों की दिशा में हुए परिवर्तन को निम्न विवेचन में दर्शाया गया है:

(अ) स्वतन्त्रता से पहले भारत के काफी अधिक आयात इंग्लैण्ड से होते थे। 1950-51 में आयात व्यापार में इंग्लेण्ड का भाग 18.5 प्रतिशत था अब यह कम होकर 6.3 प्रतिशत रह गया है।

(ब) भारत 1950-51 में सबसे अधिक आयात अमरीका से करता था। 1950-51 में भारत के आयातों में अमरीका का भाग 18.8 प्रतिशत था परन्तु 2001-02 में यह कम होकर 6.0 प्रतिशत हो गया।

(स) भारत सबसे अधिक आयात यूरोपीयन यूनियन देशों अथात यू. के., जर्मनी, इटली, फ्रांस, लक्समबर्ग, नीदरलैण्ड, आयरलैण्ड, बेल्जियम तथा डेनमार्क से करता है। 2001-02 में कुल अयातों में इन देशों का भाग 19.8 प्रतिशत था।

(द) तेल निर्यात देशो का संगठन (OPEC-Orgainisation of Petroluem Exporting Countries): तेल निर्यातक संगठन के देशों अर्थात् सऊदी अरब, ईरान, ईराक, ब्राजील आदि देशों से भीभारत काफी मात्रा में आयात करता है। इन देशों का कुल आयात में भाग बढ़कर 23 प्रतिशत हो गया है। यह 2000-01 में गिरकर 5.1 रह गया।

(य) रूस (U.S.S.R.): रूस के विघटन के बाद रूप से किये जाने वाले आयात काफी कम हो गये हैं। रूस से आयात व्यापार की मांग कम होकर केवल 1.7 प्रतिशत रह गई है।

(र) जापान (Japan): जापान से भारत को होने वाले आयातों में काफी वृद्धि हुई है। 1950-51 में जापान का आयात माल 2.9 प्रतिशत था परन्तु 2000-01 में यह बढ़कर 1.0 प्रतिशत हो गया।

(ल) विकासशील देशों (Developing Countries) से भारत का विदेशी व्यापार बढ़ रहा है। इन देशों का भारत के आयात व्यापार में भाग बढ़कर 17.5 प्रतिशत हो गया। अफ्रिका के साथ किये जाने वाले आयातों के प्रतिशत में वृद्धि हुई है।

उदारवादी आयात नीति
(Liberalised Import Policy)

सन् 1991 में विश्व अर्थव्यवस्था में उदारवादी प्रवृत्ति का उदय हुआ तथा विश्व के अनेक विकसित एवं विकासशील राष्ट्रों द्वारा नवीन आर्थिक नीति की घोषणा की गई। नई आर्थिक नीति के अन्तर्गत भारत की आयात नीति को भी अधिक उदारवादी बना दिया गया है। भारत सरकार की नई आयात-निर्यात नीति की घोषणा 31 मार्च 1997 को तथा अभी हाल ही में 2001 में की गईं। वर्तमान व्यापार नीति 2002-2007, पाँच वर्ष, अर्थात 2007 तक प्रभावी रहेगी। सरकार प्रतिवर्ष इनमें संशोधन करती रहती है। नवीनतम संशोधनों की के अनुसार: (अ) देश में जिन वस्तुओं का उत्पादन कम होता है उनका पर्याप्त मात्रा में आयात करके कीमतों में अनुचित वृद्धि को रोकना, (ब) अर्थव्यवस्था के आधुनिकीकरण के लिये आवश्यक मशीनों तथा आधुनिक तकनीकों के आयात को आसान बनाना। (स) उद्योगों की उत्पादन क्षमता के पूर्ण उपभोग के लिये आवश्यक कच्चे माल तथा कलपुर्जों के आयात की सुविधा में वृद्धि करना। (द) वस्तुओं का आयात करने से जो विदेशी प्रतियोगिता बढ़ेगी, घरेलू उत्पादकों को उसका सामना करने के लिये अपने उत्पादन की गुणवत्ता में वृद्धि तथा लागत कम करने की प्रेरणा देना। भारत द्वारा जो उदारवादी आयात नीति की मुख्य विशेषतायं निम्नलिखित है।

(1) लाईसेन्सों में कमी (Reduction in Licensing)- आयात लाइसेन्सों की संख्या में कमी कर दी गई है। निर्यातकों को यह सुविधा दी गई है कि निर्यातों के फलस्रूप जितनी विदेशी मुद्रा प्राप्त करेंगें वे उसकें कुछ भाग का अपनी इच्छानुसार स्वीकृत वस्तुओं का आयात करने के लिये प्रयोग कर सकेंगे। इस प्रकार उन्हें बिना किसी लाइसेंन्स के आयात करने की सुविधा प्रदान की गई है।

(2) पूंजीगत पदार्थों के आयातों का सरलीकरण (Simplification of Imports of Capital Goods)- पूंजीगत पदार्थों के आयातों की विधि को सरल बना दिया गया। नए कारखाने या वे कारखाने जो अपनी क्षमता का निरन्तर विस्तार करना चाहते है। केवल रिजर्व बैंक की अनुमति पत्र प्राप्त करके पूंजीगत पदार्थों अर्थात् मशीनों, यन्त्रों आदि का अयात कर सकते हैं।

(3) खुली सामान्य सूची में वृद्धि (Increase in Open General List OGL)- खुली सामान्य सूची से अभिप्राय उन मदों की सूची से है जिनका बिना कोई लाइसेंस या सरकारी अनुमति के आयात किया जा सकता है। नई आयात नीति में इस सूची की मदों में काफी वृद्धि कर दी गई हैं। उसका अभिप्राय यह है कि जिन वस्तुओं के आयात पहले प्रतिबन्धित थे उन्हें अब मुक्त कर दिया गया है।

(4) केवल सार्वजनिक क्षेत्र की एजेन्सियों द्वारा किये जाने वाले आयातों में कमी (Reduction in Canalised Items) : केवल सार्वजनिक क्षेत्र की एजेन्सियों जैसे

STC या MMTC आदि द्वारा किये जाने वाले मदों की सूची में कमी कर दी गई है। इसके फलस्वरूप सूची से हटाई गई वस्तुओं का आयात अब निजी क्षेत्र द्वारा भी किया जा सकता है।

(5) आयात करों में कमी (Reduction of Imports Duties)- नई आयात नीति में आवश्यकता को ध्यान में रखकर आयात करों में काफी कमी की गई हैं। इसके फलस्वरूप आयातों को प्रोत्साहन प्राप्त हुआ है।

(6) निजी भंडार गृहों की स्थापना (Establishment of Private Warehousing)- नई आयात निर्यात नीति में यह भी व्यवस्था की गई है कि निजी कम्पनियों को बंधक भंडारगृह स्थापित करने की अनुमति दी जायेगी। इनमें वे आयातित सामान का भंडार कर सकेंगी। यह सामान निर्यातकों तथा लघु उद्योगों को उचित मूल्य पर तथा थोड़ी मात्रा में भी बेचा जा सकेगा। इससे निर्यातकों को सही समय पर कच्चा माल मिल सकेगा और उनके निर्यात लक्ष्य में कोई बाधा नहीं आयेगी।

मुख्य निर्यात
(Main Exports)

स्वतन्त्रता के पश्चात देश के निर्यात बढ़ाने के विशेष प्रयत्न किये गये हैं। इन प्रयासों में निःसन्देह सफलता प्राप्त हुई है।

भारत के मुख्य निर्यातों का संक्षिप्त विवेचन निम्न प्रकार प्रस्तुत किया जा सकता है:

(1) पटसन का सामान (Jute Products)- भारत में निर्यात में पटसन के सामान का स्थान पूर्व के वर्षों में पहला था परन्तु 1994-95 में यह 25 वां हो गया। यह भारत के लिये डालर कमाने का मुख्य साधन था। पटसन की बनी वस्तुएं अधिकतर अमेरिका, जापान, बैल्जियम, रूस, ब्रिटेन, तथा कैनेड्रा को जाती है। भारत द्वारा 1997-98 में 363 करोड़ रूपये तथा 2001-02 में 633 करोड़ रूपये के सामान का निर्यात किया गया है।

(2) चाय a)- विश्व में चाय का सबसे अधिक निर्यात भारत द्वारा किया जाता है। 1997-98 में 1,505 करोड़ रूपये तथा 2001-02 में 2814 करोड़ रूपये की चाय विदेशों में भेजी गई। विश्व बाजार में भारत की चाय के प्रमुख ग्राहक, ब्रिटेन, रूस, ईरान, मिस्त्र, जापान तथा जर्मनी हैं। आजकल रूस को भी काफी मात्रा में चाय निर्यात की जाती है। भारत से सर्वाधिक चाय ब्रिटेन को निर्यात की जाती है।

(3) सूती कपड़ा तथा सिले सिलाएं कपड़े (Cloth and Apparels)- भारत द्वारा सूती कपड़े तथा वस्त्रों का निर्यात प्रमुख रूप से किया जाता है। 1997-98 में 12,094 करोड़ रूपये का सूती कपड़ा विदेशों को भेजा गया तथा 14,032 करोड़ रूपये के सिले सिलाये कपड़े निर्यात किये गये। भारत द्वारा 2000-01 तथा 2001 -02 में क्रमशः 25,478 करोड़ रूपये तथा 23,877 करोड़ रूपये के सिले सिलाए वस्त्रों का निर्यात किया गया।

(4) कच्ची धातुएं (Metallic Ores)- भारत में कच्ची धातुएं जैसे मैगनीज, अभ्रक तथा लोहा विदेशों को भेजा जाता है। ये धातुएं अमेरिका तथा जापान आदि देशों को

भेजी जाती है। 1997-98 में 1,763 करोड़ रूपये का लोहा 25 करोड़ रूपये का अभ्रक तथा 17 करोड़ रूपये का मैगनीज विदेशों को भेजा गया। 2001-02 में 6020 करोड़ रूपये का अयस्क व खनिज निर्यात किया गया।

(5) मसाले (Spices)- भारत द्वारा अनेक प्रकार के मसाले जैसे काली मिर्च आदि का निर्यात किया जाता है। यह निर्यात इंग्लेण्ड, जर्मनी, इटली, जापान, रूस, सऊदी अरब, अमेरिका आदि देशों को किया जाता है। 1997-98 में 1,408 करोड़ रूपये तथा 2001-02 में 1497 करोड़ रूपये के मसाले विदेशों को भेजे गये।

(6) चमड़ा तथा चमड़े का सामान (Leather and Leather Products)- भारत से चमड़ा, जुते, चमड़े का दूसरा सामान, विदेशों को भेजा जाता है। इसके प्रमुख ग्राहक इँगलेण्ड, संयुक्त राज्य अमेरिका, फ्रांस, जर्मनी, रूस, इटली आदि देश है 1997-98 में 5,461 करोड़ रूपये तथा 2001-02 में 6,108 करोड़ रूपये के मूल्य का चमड़े का सामान विदेशों को भेजा गया।

(7) खल (Oil Cakes)- भारत से खल भी काफी मात्रा में निर्यात की जाती है। मुख्य ग्राहक जापान, नीदरलैण्ड, तथा ब्रिटेन आदि देश है। 1997-98 में 3,404 करोड़ रूपये तथा 2001-02 में 2263 करोड़ रूपये की खल का निर्यात किया गया।

(8) तम्बाकू (Tobacco)- भारत द्वारा प्रमुख रूप से तम्बाकू का निर्यात किया जाता है। भारत से तम्बाकू, मुख्य रूप से इंगलैण्ड, जापान, रूस तथा नेताल को निर्यात किया जाता है। 1997-98 में तम्बाकू का निर्यात बढ़कर 1,058 करोड़ रूपये हो गया। 2001-02 में भारत द्वारा तम्बाकू का निर्यात गिरकर 808 करोड़ रूपये हो गया।

(9) कॉफी (Coffee)- भारत से कॉफी का निर्यात बढ़ता जा रहा है। भारत से काफी यम. एस.ए., इटली तथा योगोस्वालाविया आदि देशों को भेजी जाती है। 1997-98 में 1,622 करोड़ रूपये की कॉफी का निर्यात किया गया। यद्यपि 2001-02 में काफी निर्यात गिरकर 1095 करोड़ रूपये रह गया।

(10) जवाहरात (Jewellery) - भारत से किये जाने वाले निर्यातों में सबसे अधिक वृद्धि जवाहरात के निर्यात में हुई है। भारत से हांगकांग, यू. एस. ए. तथा बेल्जियम, जापान आदि कई देशों को कई प्रकार के जवाहरात निर्यात किये जाते हैं। वर्ष 1997-98 में 19,014 करोड़ रूपये तथा 2001-02 में 34,845 करोड़ रूपये के जवाहरात निर्यात किये गए।

(11) काजू (Cashew Kernels)- काजू के निर्यात से भारत को अपेक्षाकृत अधि लाभ प्राप्त होता है। भारत से काजू रूस, अमेरिका, तथा जापान आदि देशों को भेजे जाते हैं। 1997-98 में 1,384 करोड़ रूपये तथा 2001-02 में 1652 करोड़ रूपये के काजू निर्यात किय गये।

(12) इन्जीनियरिंग का सामान (Engineering Goods)- भारत से इन्जीनियरिंग का सामान बंगलादेश, ईराक, जापान, रूस, नाईजीरिया, आंदि देशों को भेजा जाता है। 1997-98 में 18,354 करोड़ रूपये तथा 2001-02 में 27,406 करोड़ रूपये का इंजीनियरिंग का सामान निर्यात किया है।

(13) हस्तकला (Handicrafts)- भारत के कुटीर उद्योगों द्वारा निर्मित हस्तकला का सामान जैसे हाथी दांत की वस्तुएं विदेशों को निर्यात की जाती है। ये वस्तुएं अमेरिका, जर्मनी, सऊदी अरब तथा मध्य पूर्व के देशों को भी निर्यात की जाती है। 1997-98 में 5,310 करोड़ रूपये के मूल्य का हस्तकला का सामान निर्यात किया गया। 2001-02 में हस्तकला निर्यात कम होकर 2618 करोड़ रूपये रह गया।

निर्यातों की रचना में परिवर्तन

(Change in Composition of Exports)

स्वतन्त्रता के पश्चात भारत के निर्यात व्यापार में महत्वपूर्ण परिवर्तन हुए है। स्वतन्त्रता प्राप्ति से पहले भारत द्वारा चाय, जूट, चमड़े, कच्चे लोहे तथा मसालों का अधिक निर्यात था। अब अनेक प्रकार की तैयार वस्तुओं का निर्यात किया जाने लगा है। जैसे पूंजीगत माल (मशीने) इन्जीनियरिंग सामान, रसायन उत्पादन, सिले-सिलाये कपड़े, हीरे, तैयार भोजन, हस्तशिल्प आदि। भारत के परम्परागत निर्यातों में चाय, जुट तथा खनिज पदार्थों का 1950-51 में कुल निर्यात में हिस्सा 55 प्रतिशत था। 2001-02 में जूट का हिस्सा मात्र 0.4 प्रतिशत तथा चाय का हिस्सा केवल 9.6 प्रतिशत रह गया। इसके विपरीत इन्जीनियरिंग वस्तुओं का भाग जो 1951 में केवल 0.05 प्रतिशत था वह 2001-02 में बढ़कर 13.11 प्रतिशत हो गया। भारत के निर्यातों की रचना में निम्नलिखित मुख्य परिवर्तन हुये हैं:

(1) कृषि पदार्थों के निर्यातों के प्रतिशत में कमी (Decline in Percentage of Exports of Agricultural)- स्वतन्तन्त्रता के पश्चात् कृषि पदार्थों के निर्यातों का कुल निर्यातों में प्रतिशत भाग कम होता जा रहा है। उदाहरण के लिये 1970-71 में कृषि तथा सम्बन्धित पदार्थों के निर्यातों का कुल निर्यात में 31 प्रतिशत भाग था परन्तु 1997-98 में यह कम होकर 18.8 प्रतिशत तथा 2001-02 में 9 प्रतिशत भाग रह गया। इसका मुख्य कारण यह है कि देश की जनसंख्या में बहुत अधिक वृद्धि हो जाने के कारण कृषि पदार्थां की घरेलू मांग काफी अधिक बढ़ गई है। इसके फलस्वरूप कृषि पदार्थ निर्यात के लिये उपलब्ध नहीं हो पाते।

(2) परम्परागत वस्तुओं के निर्यातों के प्रतिशत में कमी (Deline in Percentage of Exports of Conventional Items)- भारत अधिकतर निर्यात परम्परागत वस्तुओं जैसे चाय, जुट, खाद्यान्न आदि कृषि पदार्थों तथा खनिज पदार्थों का करता था। 1970-71 में इन परम्परागत वस्तुओं का कुल निर्यात में 41 प्रतिशत भाग था। परन्तु अब इनका भाग कम होकर केवल 20 प्रतिशत रह गया। इसका मुख्य कारण इन पदार्थों की घरेलू मांग में वृद्धि हो जाने के कारण निर्यात के लिये कम मात्रा का उपलब्ध होना है। देश के औद्योगिकरण में वृद्धि हो जाने के कारण कच्चे माल की देश में ही खपत बढ़ गई हैं।

(3) तैयार माल के निर्यातों में प्रतिशत वृद्धि (Increase in Percentage of Exports of Manufacturing)- स्वतन्त्रता के पश्चात् भारत के निर्यातों में तैयार माल के प्रतिशत में काफी अधिक वृद्धि हुई है। उदाहरण के लिय 1970-71 में भारत के कुल निर्यातों में तैयार माल का भाग 56 प्रतिशत था परन्तु 2000-01 में यह बढ़कर 72.9 प्रतिशत हो गया।

(4) जवाहरात तथा सिलेसिलायें कपडों के निर्यात का बढ़ता हुआ महत्व (Increasing Importance of Exports Readmades Cloth etc.) – भारत के कुल निर्यातों में जहॉ पहलं जुट तथा चाय का सबसे महत्तवपूर्ण स्थान था वहां अब उनका स्थान जवाहरात तथा सिले सिलाये कपड़ों के निर्यातों ने ने लिया है। भारत के कुल निर्यातों में जवाहरात का स्थान प्रथम तथा सिले सिलायें कपडों का तीसरा स्थान है।

(5) पैट्रोलियम पदार्थों के निर्यात (Exports of Petroleum Products) – भारत अब पैट्रोलियम पदार्थों का भी काफी निर्यात करने लगा है। 1970–71 में इन पदार्थों के निर्यात का मूल्य केवल 13 करोड़ रूपये था। अब यह 2001–02 बढ़कर 10107 करोड़ रूपये हो गया है। इससे सिद्ध होता है कि देश में पैट्रोलियम उद्योगों का विकास हो रहा है।

(6) कृषि निर्यातों की संरचना में परिवर्तन (Change in Composition of Agricultural Exports) – कृषित निर्यातों की संरचना में काफी परिवर्तन दृष्टिगत हुआ है। 1997–98 में इनके निर्यात क्रमशः 1,622 करोड़ रू., 1058 करोड़ रू. तथा 4,314 करोड़ रू. मछलियों तथा उनसे बने पदार्थो के निर्यात् में विगत वर्षों में बहुत अधिक वृद्धि हुई। 1970–71 में चावल का निर्यात नहीं किया जाता था। परन्तु 1997–98 में 840 करोड़ रूपये तथा 2001–02 में 3,174 करोड़ रूपये मूल्य के चावल का निर्यात किया गया। यह वास्तव में नीति क्रान्ति तथा हरित क्रान्ति का परिणाम है। जूट के निर्यातों में कोई विशेष वृद्धि नहीं हुई।

(7) इन्जीनियंरिंग के सामान, हस्तकला तथा चमड़े के सामान के निर्यातों में वृद्धि (Increase in Engineering Goods, Handicrafts and Leather Products) – भारत के निर्यातों में इन्जीनियरिंग के सामान, हस्तकला तथा चमड़े के सामान का महत्त्व वर्तमान वर्षों में काफी बढ़ गया। 1970–71 में इन्जीनियरिंग के सामान हस्तकला तथा चमड़े के सामान के निर्यातों का मूल्य क्रमशः 198 करोड़ रू., 73 करोड़ रू. तथा 80 करोड़ रू. था। 2001–02 में इनके निर्यात बढ़कर क्रमशः 27406 करोड़ रू., 2618 करोड़ रू. तथा 1951 करोड़ रू. हो गया।

निर्यातों की दिशा में परिवर्तन
(Change in the Direction of Exports)

स्वतन्त्रता के पश्चात भारत के निर्यातों की दिशा में अनेक महत्वपूर्ण परिवर्तन हुए है। भारत के निर्यातों में विगत वर्षों में निम्नलिखित मुख्य परिवर्तन दृष्टिगत हुये हैं:

(अ) स्वतन्त्रा से पहले भारत के सर्वाधिक निर्यात व्यापार इंग्लेण्ड से होते थे। 1950–51 में भारत के निर्यातों में इंग्लैण्ड का भाग 27 प्रतिशत था परन्तु 2000–01 में यह कम होकर केवल 5.2 प्रतिशत रह गया।

(ब) भारत द्वारा अमरीका से काफी मूल्य के निर्यात किये जाते थे। 1950–51 में भारत के निर्यात व्यापार में अमरीका का भाग 18.6 प्रतिशत था। अब यह बढ़कर 20.9 प्रतिशत हो गया। इस प्रकार अमरीका को किये जाने वाले निर्यातों में निरन्तर वृद्धि हो रही है।

(स) भारत सबसे अधिक निर्यात यूरोपियन यूनियन के देशों को करता है। इन देशों में इंगलैण्ड, जर्मनी, बैल्जियम, फ्रांस, लग्समबर्ग, नीदरलैण्ड, इटली, डैनमार्ग आदि शामिल है। इन देशों का 2000-01 में निर्यातों में भाग 23 प्रतिशत था।

(द) पैट्रोलियम निर्यातक देशों के संगठन (Organisation of Petroleum Exporting Countries-OPEC) को भी काफी मात्रा में निर्यात किये जाने लगे है। 1997-98 में इन देशों का कुल निर्यात में भाग 10 प्रतिशत जो बढ़कर 2000-01 में 10.9 प्रतिशत हो गया।

(य) सन् 1950-51 में भारत के निर्यात व्यापार में रूस का भाग केवल 1.2 प्रतिशत था परन्तु 1997-98 में यह बढ़कर 2.6 प्रतिशत किन्तु 2000-01 में गिरकर 2.0 प्रतिशत रह गया।। रूस के विघटन के कारण इसमें अधिक वृद्धि नहीं हो सकी है।

(र) भारत के निर्यात व्यापार में जापान का महत्व बढ़ता जा रहा है। 1950-51 में भारत के निर्यात व्यापार में जापान का भाग केवल 2.2 प्रतिशत था। परन्तु 1997-98 में यह बढ़कर 5.5 प्रतिशत हो गया। किन्तु 2000-01 में कम होकर 4.0 प्रतिशत रह गया।

(ल) भारत कई विकासशील देशों जैसे कीनिया, इथोपिया, नाइजीरिया, अर्जेन्टाइना आदि को भी निर्यात करने लगा है। इन देशों को किये जाने वाले निर्यातों में भी निरन्तर वृद्धि हो रही है।

भारत के भुगतान शेष
(India's Balance of Payments)

भारत के भुगतान शेष के प्रतिकूल या घाटे का होना एक गम्भीर समस्या है। इस समस्या का विस्तृत अध्ययन करने से पहले यह जानना आवश्यक है कि भुगतान शेष से क्या अभिप्राय है।

अर्थ (Meaning) भुगतान शेष से अभिप्राय उस लेंन देन से है जिसमें किसी देश के निश्चित समय में अन्य देशों के साथ होने वाले सभी आर्थिक लेन देन का उल्लेख होता है। किसी देश के भुगतान शेष में वस्तुओं, सेवाओं तथा पूंजी के सभी प्रकार के आयात तथा निर्यात सम्मिलित होते है। व्यापार शेष तो भुगतान शेष का केवल एक भाग है, क्योंकि व्यापार शेष में केवल वस्तुओं के आयात तथा निर्यात ही सम्मिलित किया जाता है। भुगतान शेष के दो खाते हैं - (1) चालू खाता (Current Account) चालू खाते में (अ) वस्तुओं अर्थात् व्यापार की दृश्य मदों के निर्यात तथा आयात के अन्तर को सम्मिलित किया जाता है। तथा (ब) सेवाओं जैसे बीमा, बैंकिंग आदि अर्थात अदृश्य मदों के निर्यात तथा आयात के अन्तर को सम्मिलित किए जाते हैं। (2) पूंजी खाता (Capital Accounts) - इसके अन्तर्गत पूंजीगत भुगतानों तथा प्राप्तियों को सम्मिलित किया जाता है। भुगतान शेष के अनुकूल या प्रतिकूल होने से हमारा अभिप्राय चालू खाते के अनुकूल या प्रतिकूल होने से है। भुगतान शेष के घाटे से अभिप्राय यह है कि भारत के दृश्य तथा अदृश्य आयात अधिक है तथा उनकी तुलना में दृश्य और अदृश्य निर्यात कम हैं। भुगतान शेष के अनुकूल होने का अर्थ है कि भारत.का विदेशी व्यापार लाभकर है अर्थात् भारत के दृश्य और अदृश्य निर्यात अधिक हैं तथा तुलना में दृश्य और अदृश्य आयात कम हैं।

भुगतान शेष की प्रवृत्तियां
(Trends of Balance of Payments)

स्वतन्त्रता के पश्चात् से ही भारत का भुगतान शेष प्रतिकूल रहना प्रारम्भ हो गया दूसरे महायुद्ध के दौरान भारत का भुगतान शेष अनूकूल रहा है। युद्धकाल में भारत ने मित्र देशों को काफी मात्रा में निर्यात किए तथा तथा बदले में आयात बहुत कम मात्रा में किये। इंगलैण्ड पर स्टलिंग क रूप में भारत का 1733 करोड़ रूपये का कर्जा चढ़ गया परन्तु विभाजन के तुरन्त बाद भारत के निर्यातों की अपेक्षा आयात काफी बढ़ गए।

चालू खाते के घाटे को पूंजीगत खाते से पूरा किया जाता है। इसके अन्तर्गत निम्नलिखित प्राप्तियों को शामिल किया जाता है। (अ) विदेशी सरकारों तथा अन्तर्राष्ट्रीय संस्थाओं से कर्जा, (ब) निजी विदेशी क्षेत्र से कर्जे तथा उनके द्वारा निवेश, (स) बैंकों से प्राप्त फण्डस। यदि इन स्त्रोतों से भुगतान शेष के चालू खाते का घाटा पूरा नहीं होता तो शेष धाटे को देश की विदेशी मुद्रा भण्डार को कम करके पूरा किया जाता है।

प्रतिकूल भुगतान शेष के कारण
(Causes of Unfavourable Balance of Payments)

भुगतान शेष में उत्पन्न हुए घाटे को पूरा करने के लिए सरकार अल्पकालीन उपायों (जैसे संचित विदेशी मुद्रा कोष का प्रयोग, अन्तर्राष्ट्रीय मुद्रा कोष से ऋण तथा विदेशी ऋण या अनुदान प्राप्त कर ले) द्वारा अस्थायी राहत प्राप्त कर सकती है। इन उपायों से भुगतान शेष की समस्या का स्थायी समाधान नहीं किया जा सकता है। जब तक भुगतान शेष में निरन्तर घाटा उत्पन्न करने वाले के कारण विद्यमान रहते है, देश भुगतान संतुलन में प्रतिकूलता अनुभव करता रहेगा। यह भी समभव है कि कोई देश इस समस्या के समाधान के अस्थायी उपायों पर आश्रित रहते हुए एक दिन ऐसी अवस्था में पहुँच जाय जब (अ) उसके संचित विदेशी विनिमय कोष समाप्त हो जाय, (ब) अन्तर्राष्ट्रीय मुद्रा कोष से सामान्य और विशिष्ट योजनाओं के अन्तर्गत समस्त ऋण प्राप्त कर लिये जाये, तथा (स) कोई राष्ट्रीय तथा विदेशी सरकार अथवा संस्था सरकार को और अधिक उधार देने के लिए राजी न हो। अतः सर्वाधिक सुरक्षित स्थिति यही है है कि भुगतान शेष में प्रतिकुलता के कारणों का विश्लेषण कर उपाय सुझाये जाय। भारत के भुगतान शेष के प्रतिकूल होने के कारण निम्नलिखित हैं :

(1) मशीनों का आयात (Import of Machinery)- स्वतन्त्रता के पश्चात, भारत में मशीनों का आयात दो कारणों से बढ़ गया। प्रथम, द्वितीय महायुद्ध में कारखानों से अधिक काम लिया गया। इससे उनकी मशीने घिस गई तथा पुरानी पड़ गई। इनको बदलने के लिए विदेशों से काफी मूल्य की नई मशीनें मंगवानी पड़ी। द्वितीय, पंचवर्षीय योजनाओं के कारण देश के औद्योगिकरण के लिए भी बहुत अधिक मूल्य की मशीनों तथा तकनीक के आयात ने भारत के भुगतान शेष को प्रतिकूल कर दिया।

(2) युद्ध सामग्री का आयात (Import of War Equipment)- स्वतन्त्रता के पश्चात् भारत को एक बार चीन तथा दो बार पाकिस्तान के साथ युद्ध लड़ना पड़ा। भारत को चीन तथा पाकिस्तान से रक्षा करने के लिए विदेशों से अधिक मूल्य की युद्ध सामग्री मंगवानी पड़ी। इनके आयात ने भी भुगतान शेष को असन्तुलित बना दिया।

(3) उपभोक्ता वस्तुओं की अधिक्क मांग (More Demand of Consumption Goods)- युद्ध के बाद न केवल विदेशी बल्कि भारतीय वस्तुओं की मांग भी बढ़ गई। पहले तिलहन, चाय, कच्चा लोहा अधिक मात्रा में निर्यात किये जाते थे परन्तु अब इनका उपयोग देश के अन्दर ही बढ़ गया है। अत: उन वस्तुओं का निर्यात कम होने लगा है जिनकी विदेशों में अधिक माँग थी।

(4) मूल्य असन्तुलन (Price Disequilibrium)- राजकोषीय आयोग की रिपोट के अनुसार 1945 के पश्चात् से भारत में वस्तुओं के घरेलू किमतों और विदेशी व्यापार प्रसारण बढ़ गया है। अनाज के दाम बढ़ने के कारण दूसरी वस्तुओं के दाम बढ़े। इसके कारण आयात बढ़े तथा निर्यात कम हो गया।

(5) विदेशों में दुतावास (Embassies)- भारत को स्वतन्त्रता के बाद विदेशों से सम्बन्ध स्थापित करने के लिए विश्व के लगभग सभी देशों में दूतावास कार्यालय खोलने पड़े। इन पर काफी खर्च करना पड़ता है। इसके फलस्वरूप भी भुगतान शेष प्रतिकूल हो गया है।

(6) विदेशी प्रतियोगिता (Foreign Competition) - भारत मुख्य रूप से पटसन, चाय तथा कपड़े का निर्यात करता है, परन्तु अब इन वस्तुओं में विदेशी प्रतियोगिता बढ़ने लगी है, जैसे- जूट में बंगला देश से तथा चाय में लंका और पूर्वी अफ्रीका से। इसके कारण भारत के निर्यात कम हो गए।

(7) पैट्रोल की कीमतों में वृद्धि (Increase in the Price of Petrol) पिछले कई वर्षो से पैट्रोल की कीमतों में वृद्धि होने के कारण भी आयात का मूल्य बहुत अधिक बढ़ गया है। सन् 1973 में पैट्रोल की कीमत दो डालर प्रति बैरल थी अब यह बढ़कर 36 डालर प्रति बैरल हो गई। इसके फलस्वरूप पैट्रोल के आयात का मूल्य बहुत बढ़ गया। 1970-71 में केवल 136 करोड़ रूपये के पैट्रोल का आयात किया गया। सन् 1994 में पैट्रोल का आयात बढ़कर 18,046 करोड़ रूपये का हो गया। कुल निर्यात का 24 प्रतिशत भाग पैट्रोल के आयात पर खर्च किया जाता है।

(8) विदेशी ऋणों पर ब्याज का भुगतान (Payments of Interest on Foreign Loans)- सरकार ने विदेशों से लगभग 9,040 करोड़ डार के ऋण लिये हैं। इन ऋणों पर 1994 में लगभग 372 करोड़ डालर का भुगतान ऋण सेवाओं के रूप में विदेशों को दिया गया है। इसके फलस्वरूप भी भुगतान शेष असन्तुलित हो जाता है।

(9) निर्यात में कम वृद्धि (Less Growth of Exports)- सन् 1976 तक देश के निर्यात में आयात की तुलना में कम वृद्धि हुई उसके फलस्वरूप भुगतान शेष का असन्तुलन बढ़ गया। सातवीं योजना के आरम्भ से ही यह स्थिति उत्पन्न हो गई। आयात तथा निर्यात का अन्तर बहुत अधिक बढ़ गया है। इस कारणवश भी भुगतान शेष प्रतिकूल हो गया है।

भुगतान शेष के असन्तुलन को ठीक करने के उपाय
(Measures to Correct Disequilibrium in the Balance of Payments)

भुगतान शेष में असन्तुलन होने का मुख्य कारण निर्यात की अपेक्षा आयात का अधिक होना है। इसलिए भुगतान शेष के असन्तुलन को ठीक करने के लिए दो उपाय किये जाने चाहिए। भुगतान शेष को अनुकूल बनाने के लिए निर्यात बढ़ाने (Export Promotion) तथा आयात कम किये जाने चाहिए। इसके अतिरिक्त आयात प्रतिस्थापन्न (Import Substitution) किया जाना चाहिए। भुगतान शेष के असन्तुलन को ठीक करने के लिए निम्नलिखित उपाय अपनाने चाहिए -

(1) **निर्यातों को प्रोत्साहन** (Promotion to Exports)- भुगतान सन्तुलन के प्रतिकूल होने पर निर्यातों को बढ़ाना सर्वोत्तम उपाय है। इस उद्देश्य की पूर्ति के लिए निर्यातों पर से सभी कर हटा देने चाहिए, निर्यात उद्योगों को कच्चे माल तथा यातायात की सुविधाएं कम लागत पर प्रदान की जानी चाहिए जिससे निर्यात वस्तुओं की कीमतें कम हों। इसके अतिरिक्त इन उद्योगों को बैंकिंग तथा साख की अधिक सुविधाएं तथा वित्तीय सहायता दी जानी चाहिए। वस्तुओं के निर्यात को बढ़ावा देने के लिए विदेशी बाजार में प्रचार किया जाना चाहिए तथा विदेशियों की रूचि के अनुसार वस्तुओं का निर्माण किया जाना चाहिए।

(2) **उत्पादन में वृद्धि** (Increase in Production)- देश के आयात कम करने तथा निर्यात बढाने के लिए यह आवश्यक है कि देश में कृषि, उद्योगों और खानों का उत्पादन बढ़ाया जाए। भारत के निर्यात में जूट के सामान, चाय तथा सूती कपड़े तथा कॉफी का बहुत महत्व है। पंचवर्षीय योजनाओं में इन तीनों के उत्पादन में वृद्धि करने के अनेक सार्थक प्रयत्न किया गये हैं। कई नई वस्तुओं का निर्यात किया जा रहा है जैसे मशीनें, बिजली के पंखे, साईकिलें, सिले-सिलाये कपड़े, हौजरी का सामान, लोहा और इस्पात, जवाहरात तथा जूते आदि। निर्यात उद्योगों को अन्तर्राष्ट्रीय मूल्यों पर कच्चे माल की उपलब्धि कराई जानी चाहिए। देश में सीमेंट, खाद लोहें तथा इस्पात, चीनी आदि उद्योगों की उत्पादन क्षमता का पूर्ण उपयोग किया जाना चाहिए।

(3) **व्यापारिक समझौते** (Trade Agreements)- अन्तर्राष्ट्रीय व्यापारिक परिदृश्य में बहुत अधिक तेजी से परिवर्तन हो रहे है। विदेशों में व्यापार बढ़ाने के लिए हमारी सरकार दूसरे देशों की सरकारों से कई समझौते करती है। व्यापार बढ़ाने के लिए विदेशों के कई व्यापारिक प्रतिनिधि मण्डल भारत आते हैं। इसी प्रकार कई व्यापारिक प्रतिनिधि मण्डल भारत से विश्व के अनेक देशों में भ्रमण करते हैं। भारत विश्व व्यापार संगठन आदि अन्तर्राष्ट्रीय संस्थाओं का सक्रिय सदस्य है। विगत वर्षों में भारत के दक्षिण एशिया तथा सार्क, उत्तरी पूर्वी, एशिया, दक्षिण-पूर्व एशिया, स्वतन्त्र राष्ट्रकुल देश एवं बाल्टिक देश आदि के साथ अनेक व्यापारिक समझौते की क्रियान्विति हुई है तथा आपकी व्यापाकरिक सम्बन्ध मजबूत हुए है। इस दिशा में और अधिक प्रयास किये जाने चाहिए।

(4) **विदेशी निवेश को प्रोत्साहन** (Encouragement to Foreign Investment)- भुगतान सन्तुलन की प्रतिकूलता को दूर करने का यह महत्वपूर्ण उपाय है। इसके अन्तर्गत विदेशी उद्योगपतियों को भारत में पूंजी लगाने के लिए प्रोत्साहित किया जाता

है। विदेशी पूंजी को आकर्षित करने के लिए विशेष सुविधाएं प्रदान की जाती है। इससे निर्यात वस्तुओं का उत्पादन बढ़ता है और इसी प्रकार निर्यातों को प्रोत्साहन मिलता है। परन्तु विदेशी पूंजी के निवेश में सरकार को अत्यन्त सावधानी से काम लेना चहिए जिससे विदेशी पूँजीपति देश की अर्थव्यवस्था पर अपना प्रभुत्व न जमा लें।

(5) विदेशी पर्यटकों को आकर्षित करना (Attraction to Foreign Tourists)- विदेशी पर्यटकों को आकर्षित करने के लिए देश के विभिन्न प्रदेशों में आकर्षक पिकनिक स्थानों का निर्माण करना चाहिए। सरकार इस प्रकार के स्थानों को विकसित करने में पर्याप्त धन राशि व्यय करे इनके अतिरिक्त विदेशी पर्यटकों को यातायात तथा अन्य सुविधाऐं प्रदान कि जानी चाहिए। इन विदेशी पर्यटकों से पर्याप्त मात्रा में विदेशी मुद्रा प्राप्त होती है।

(6) भारतीय मुद्रा का अवमूल्यन (Devaluation of Indian Currency)- अवमूल्यन का अर्थ है किसी देश की मुद्रा का मूल्य दूसरे देशों की मुद्रा के मूल्य की अपेक्षा कम हो जाता है। किसी मुद्रा के अवमूल्यन की आवश्यकता मुख्य रूप से उस समय होती है जब देश के आयात, निर्यात से अधिक होने लगते हैं। अवमूल्यन के कारण आयात महंगा हो जाता है तथा निर्यात सस्ता हो जाता है। भारत में प्रथम अवमूल्यन 1949 में किया गया। 6 जून, 1966 को भारतीय रूपये का फिर से अवमूल्यन कर दिया गया। रूपए का मूल्य कम होकर 118 ग्रेन सोना या 13.3 सेन्ट्स रह गया। 1991 में रूपये का तीसरी बार अवमूल्यन कर दिया गया।

(7) मुद्रा विस्फीति या कीमतों में कमी (Deflation)- इसका अभिप्राय यह है कि देश में उत्पादित वस्तुओं की कीमतों को कम किया जाए। इसके फलस्वरूप देश के द्वारा निर्यात की जाने वाली वस्तुएं विदेशियों को सस्ती प्राप्त हो सकेगी। इसके कारण देश के निर्यात बढ़ेंगें।

(8) आयातों पर नियन्त्रण (Restriction on Imports)- भुगतान संतुलन को सुधारने का दूसरा महत्वपूर्ण उपाय आयातों पर रोक लगाना है। आयातों को कम करने के लिए निम्नलिखित उपाय सुझाये जा सकते हैं - (अ) विलासितापूर्ण वस्तुओं के आयातों पर प्रतिबन्ध लगाना, (ब) आयात की जाने वाली वस्तुओं का देश में ही उत्पादन करने का प्रयत्न करना, (स) अति आवश्यक वस्तुओं के आयात पर लाइसेंस व्यवस्था लागू करना, (द) विभिन्न वस्तुओं के आयात का कोटा निर्धारित करना, (य) नए आयात कर लगाना तथा पुराने करों में वृद्धि करना, (र) आयात की जाने वाली वस्तुओं के माल भाड़े में वृद्धि करना, (ल) स्वदेशी वस्तुओं के उपभोग की भावना जागृत करना, (व) आयातित वस्तुओं के लिए कम साख सुविधाएं प्रदान करना, इत्यादि।

(9) आयात प्रतिस्थापन (Import Substitution)- भुगतान सन्तुलन शेष के घाटे को पूरा करने के लिए आयात प्रतिस्थापन का बहुत अधिक महत्व है। "आयात प्रतिस्थापन का अर्थ है आयात की जाने वाली किसी वस्तु का कुल या आंशिक रूप से देश के कच्चे माल तथा तकनीकी ज्ञान द्वारा उत्पादित उसी प्रकार के कार्य करने वाली वस्तु द्वारा प्रतिस्थापन करना" इसका मुख्य उद्देश्य आयात को कम करना है। उदाहरण के लिए

स्वतन्त्रता से पहले साईकिलें, सिलाई की मशीनें, बिजली के पंखे आयात किये जाते थे। परन्तु अब इनका देश में ही उत्पादन होने लगा है। इसी प्रकार बिजली उद्योग के लिए आयात किए गए तांबे के तार के स्थान पर देश में बने एल्यूमीनियम के तार का उपयोग किया जाने लगा।

संक्षेप में, निर्यात बढ़ाकर तथा आयात कम करके भुगतान शेष के घाटें के कम किया जा सकता है, भारत सरकार ने निर्यात प्रोत्साहन तथा आयात प्रतिस्थापन के लिए कई उपाय किए गए हैं।

प्रश्न

1. स्वतन्त्रता प्राप्ति के पश्चात् भारत के विदेशी व्यापार की घटना और दिशा में हुऐ परिवर्तनों का संक्षिप्त वर्णन कीजिये।

   What changes are taken place in composition and direction of India's Foreign Trade after independence.

2. भारत के मुख्य निर्यात तथा आयात क्या है। भारत में विगत वर्षों में निर्यात तथा आयात की संरचना में क्या महत्वपूर्ण परिवर्तन हुए है।

   What are the main import and export in India. What are the important changes taken place in the composition of Export and Import of India.

3. भारत के भुगतान सन्तुलन की वर्तमान स्थिति तथा आधुनिक प्रवृत्तियों की संक्षेप में विवेचना कीजिये। भुगतान असन्तुलन की समस्या को दूर करने हेतु आपके क्या सुझाव है।

   Discuss briefly recent trends in Balance of Payment in India. What suggestions have you to correct imbalance in balance of payment.

□□□